Christian Klösch, Kurt Scharr, Erika Weinzierl

„Gegen Rassenhass und Menschennot"

Nichts ist schwerer
und nichts erfordert
mehr Charakter,
als sich
in offenem Gegensatz
zu seiner Zeit
zu befinden
und laut zu sagen:
Nein

K. Tucholsky, Schnipsel

Christian Klösch, Kurt Scharr, Erika Weinzierl

„Gegen Rassenhass und Menschennot"

Irene Harand – Leben und Werk
einer ungewöhnlichen Widerstandskämpferin

StudienVerlag
Innsbruck
Wien
München
Bozen

Nationalfonds der Republik Österreich
für Opfer des Nationalsozialismus

© 2004 by Studienverlag Ges.m.b.H., Amraser Straße 118, A-6020 Innsbruck
e-mail: order@studienverlag.at
Internet: www.studienverlag.at

Gedruckt mit Unterstützung durch das Bundesministerium für Bildung, Wissenschaft und Kultur in Wien, das Land Tirol, die Stadt Wien sowie den Nationalfonds der Republik Österreich für Opfer des Nationalsozialismus.

Buchgestaltung nach Entwürfen von Kurt Höretzeder
Satz: Studienverlag/Karin Berner
Umschlag: Kurt Höretzeder
Titelbild: Portrait von Irene Harand 1937. Besitz Fr. E. Brhel
Rückseite: „Verschlussmarken" der Harand-Bewegung

Gedruckt auf umweltfreundlichem, chlor- und säurefrei gebleichtem Papier.

Bibliografische Information Der Deutschen Bibliothek
Die Deutsche Bibliothek verzeichnet diese Publikation in der Deutschen Nationalbibliografie; detaillierte bibliografische Daten sind im Internet über <http://dnb.ddb.de> abrufbar.

ISBN 3-7065-1918-6

Alle Rechte vorbehalten. Kein Teil des Werkes darf in irgendeiner Form (Druck, Fotokopie, Mikrofilm oder in einem anderen Verfahren) ohne schriftliche Genehmigung des Verlages reproduziert oder unter Verwendung elektronischer Systeme verarbeitet, vervielfältigt oder verbreitet werden.

Danksagung

Zunächst möchten wir dem Jubiläumsfonds der Österreichischen Nationalbank, dem Österreichischen Nationalfonds für die Opfer der Nationalsozialismus, dem österreichischen Kulturforum Moskau (BMAA) und dem Otto-Mauer-Fonds Wien danken, die mit ihren finanziellen Förderungen dieses Forschungsprojekt möglich machten.

Unser besonderer Dank gilt jenen Personen und Institutionen, die uns bei der Forschung und beim Zustandekommen des vorliegenden Bandes unterstützt haben:

Evelyn Adunka, Andreas Barth, Ernestine Brhel, Fabian Fusseis, Joseph Hausner, Birgit Kirchmayr, Hannah Lessing, Joshua M. Lupkin, Mathias Male, Evelina Merhaut, Jan Prusa, Stephan Roth, Nina Scholz, Ursula Seeber, Veronika Seyr, Walter Siegl, Diane R. Spielmann, Otto Strasser, Helene Unterguggenberger, Friederike Zeitlhofer

Herbert H. Lehman Suite and Papers and Rare Book & Manuscript Library of the Columbia University in New York City, Leo Baeck Institute New York, Dokumentationsarchiv des Österreichischen Widerstandes, Österreichische Exilbibliothek im Literaturhaus Wien, den Mitarbeitern des Kriegsarchivs der Russischen Föderation in Moskau, Phonogrammarchiv der Russischen Föderation in Moskau, Diözesanarchiv Wien und schließlich dem Studienverlag Innsbruck.

Geleitwort

Viele historische Werke über die Zeit der Shoah kamen in den letzten Jahren auf den Markt. Wenn die meisten dieser Bücher die schrecklichen Ereignisse jener Zeit behandeln, so gibt es auch Werke, die über Lichtblicke, z.B. über die wenigen Gerechten, die zu jener Zeit oft unter Gefährdung ihres Lebens Widerstand geleistet haben, berichten.

Es ist wichtig, auch diesen Aspekt des Holocaust zu behandeln und gleichzeitig nicht zu vergessen, dass dies die wenigen rühmlichen Ausnahmen waren. Ein Großteil der damals in Deutschland und Österreich Lebenden waren jedoch weder Täter noch Opfer. Sie waren stumme Zeugen, die oft durch die schon früh beginnende Propaganda zumindest beeinflusst waren.

Ich freue mich daher, dass nun eine Biographie über die österreichische Widerstandskämpferin Frau Irene Harand und eine kommentierte Textedition in Auswahl ihres bekanntesten Werkes „Sein Kampf – Antwort an Hitler" erschienen ist. Denn sie hat schon früh die falschen und ungerechten Argumente erkannt und mit Mut bekämpft.

Der interessierte Leser wird den Geist und die Zivilcourage dieser bedeutenden Frau schätzen.

Prof. Paul Chaim Eisenberg
Oberrabbiner

Geleitwort II

Irene Harand war zeitlebens überzeugte Christin und führte ihren Kampf gegen Antisemitismus, Nationalsozialismus und die Menschennot ihrer Zeit immer aus ihrem Glauben. In „Sein Kampf" legte die damals 35-Jährige die programmatische Basis für den von ihr 1933 gegründeten „Weltverband gegen Rassenhass und Menschennot". Mit klarem Blick hatte sie das Verbrecherische und Menschenverachtende des Nationalsozialismus erkannt und entlarvte in einer sehr volksnahen und bildlichen Sprache all die falschen Vorurteile und den Hass gerade gegenüber dem jüdischen Volk, den Hitler in „Mein Kampf" als Grundlage seiner Politik formuliert hatte. Der Schlussabsatz ihres Werkes lautet: „Das Hakenkreuz bedeutet eine große Gefahr für die Menschheit. Das Hakenkreuz ist die größte Gefahr des Jahrhunderts. Wenn wir ihr begegnen wollen, müssen wir gerade die Waffen anwenden, die dem Hakenkreuz fremd sind: Idealismus und Opfermut, Vernunft und Liebe, Wahrheit und Gerechtigkeit."

Allein schon ihr Motto: „Ich kämpfe gegen den Antisemitismus, weil er unser Christentum schändet", ist Ausdruck dieser überzeugten Haltung. Gerade deswegen schreckte sie nie davor zurück, auch jene zu kritisieren, die aus dem eigenen Lager dem Antisemitismus oder dem Nationalsozialismus erlegen waren. Anderseits fand sie aber auch immer Menschen in der Kirche, die sie unterstützten, so Kardinal Theodor Innitzer, den sie oft traf und dem sie ein Exemplar ihres Buches widmete. In seinem Dankschreiben würdigte der Kardinal das „freimütige" Werk und schloss mit den Worten: „Der letzte Absatz Ihres Buches möge Gemeingut und Parole aller Nicht-Nazi werden!"

Vielleicht hatte Kardinal Innitzer das aufrüttelnde Buch auch im Gedächtnis, als er am 13. Februar 1936 bei der Einweihung der neuen Räume des Pauluswerkes in Wien betonte: „… In einer Zeit, wo der Rassenhass und die Vergötzung der Rasse ihre Triumphe feiern, ist es gut, wenn wir von der alten Kultur unseres Vaterlandes Österreich aus betonen, dass wir einen anderen Standpunkt einnehmen … Wenn Christus, der Herr, gesagt hat, sie sollen alle eines sein, so sind die Brüder im Judentum nicht ausgeschlossen … Wir werden die große Parole Gerechtigkeit und Liebe im Auge behalten, gerade in einer Zeit – ich sage das nicht Ihnen zuliebe, es sollte viel öfter gesagt werden –, in der den Juden das elementarste Naturrecht abgesprochen wird. In dieser Zeit sollen wir auf unsere Fahne schreiben, dass wir diese Auffassungen nicht nur nicht teilen, sondern sie so niedrig hängen, wie sie es verdienen."

Möge die kommentierte auszugsweise Textedition von „Sein Kampf" zusammen mit den umfassenden Forschungsarbeiten über Irene Harand und ihr Werk das Bewusstsein stärken, dass die Sicherung von Freiheit und Würde aller Menschen in jeder Generation als Aufgabe neu gestellt ist und bleibt.

Christoph Kardinal Schönborn
Erzbischof von Wien

Inhaltsverzeichnis

Danksagung	5
Geleitwort von Paul Chaim Eisenberg	7
Geleitwort II von Christoph Kardinal Schönborn	9

I. Vorwort und Einleitung der Autoren — 15

Gedanken einer Annäherung — 17

    Drei Zugänge – ein Leben — 18

Geschichte Österreichs 1900-1938 im Überblick — 21

„Aber die Pflicht war: zu widerstehen" – Biographische Notizen zu einem Leben für den Widerstand — 31

Die zögerliche Wiederentdeckung einer Vergessenen — 43

    „To this day, I am shamed that I survived them" – Erinnerung und Wiederentdeckung in den USA — 45

    „What I want to do now is to educate young people" – Die Philatelie entdeckt Irene Harand — 46

    „Die Krönung meines Lebens" – Ehrung in Israel — 49

    „Mir hat's das Herz gebrochen, als man mich ausgebürgert hat" – Späte Anerkennung in Österreich — 51

II. „… Das Schlimmste ist, dass eine Idee sterben soll …" Die Weltbewegung gegen Rassenhass und Menschennot — 55

Bürgerliche österreichische Gegner des Nationalsozialismus bis 1938 mit besonderer Berücksichtigung von Moriz Zalman — 57

Vorgänger und geistige Wurzeln der *Harandbewegung* — 79

    Der *Verband der Sparer und Kleinrentner* Österreichs und die erste *Österreichische Volkspartei* — 79

Widerstand und Ständestaat — 97

    „… propagandistisch mehr Schaden als Nutzen …" – *Harandbewegung* und *Vaterländische Front* – Gedanken zu einem einseitigen Verhältnis — 98

    Harandbewegung und die österreichische Sozialdemokratie — 104

„Keine Not – kein Hass – kein Krieg" – 109
Der Weltkongress und die Bewegung –
Eine Idee als wehrloses Opfer gesellschaftlicher Realität

Das Wort im Kampf gegen die Lüge – die *Gerechtigkeit* 123

Wie wirbt man für eine ‚Gerechte Sache'? 131

    Die Auslandsreisen 135

    „Eine Harand-Schallplatte – Irene Harand spricht" 138

    Sichtbare Zeichen des Widerstands 139

    Wirtschaftliche Maßnahmen 143

„Lauter Unwahrheiten, nichts als Lug und Trug" – 153
Der Kampf gegen den Nationalsozialismus

    ‚Christ-sein' und Antisemitismus 153

    „Mit Hitler darf es keine Kompromisse geben" 157

    „Ich glaube an die Menschheit" – Ende und Neubeginn 163

Die Zerschlagung der *Harandbewegung* in Österreich 169

    „Diesmal darf es kein ‚Versagen' geben" – Irene Harands Kampf 169
    in Paris und London um Österreichs Unabhängigkeit.

    „Gott hat seine Gebete nicht erhört" – Die Zerschlagung 171
    der Bewegung und die Verhaftung Zalmans

    „Von diesem dreiblättrigen Kleeblatt haben wir nun zwei wieder 173
    gesehen" – Der Prozess gegen Moriz Zalman und Herta Breuer

    „… eine der übelsten Hetzzentralen …" – Wahrnehmung der *Harand-* 179
    bewegung während der NS-Zeit

III. Irene Harand im Exil 183

„Es gilt zunächst Menschenleben zu retten" – im Londoner Exil 185

„Ich träume von einer ‚Friedenskonferenz aller Völker'" – 187
Die Évian Konferenz im Juli 1938

„I say the beginning is here too" – Im New Yorker Exil 189

„… und wir werden doch noch helfen können …" – 192
Aktivitäten für österreichische Flüchtlinge

„Cure the European disease" – Als engagierte Kämpferin in den USA	197
„Womanhood represents a tremendous dynamic power for good" – Irene Harand und die *Anti Nazi League*	200
„… to foster the old-Austrian culture …" – Engagement in österreichischen Exilorganisationen in New York	204
Das *Austrian American Center*	208
Das *Austrian Institute for Science, Arts and Economy*	211
„Sende mir Namen und Adressen von hungernden Kindern!" – Irene Harand und das Nachkriegsösterreich	214

Schlussbemerkung: Irene Harand. Eine Annäherung an ein Genie des Gefühls	217

IV. „Sein Kampf – Antwort an Hitler" – Ausgewählte Textstellen — 223

Einleitung der Herausgeber	225
Zeitgenössische Kritiken zu *Sein Kampf*	228
Sein Kampf – Antwort an Hitler	231
Nachgewiesene Literatur aus *Sein Kampf* bzw. *So oder So*	255
Anmerkungen	259

Anhang — 291

Literaturverzeichnis	293
Quellenverzeichnis	299
Verzeichnis der Arbeiten von Irene Harand	305
Verzeichnis der Verschlussmarken der *Harandbewegung*	315
Personenindex	319

I.
Vorwort und Einleitung der Autoren

Gedanken einer Annäherung

In diesem Buch wird versucht, Leben und Werk von Irene Harand vorzustellen. Dabei ist größtmöglicher Wert darauf gelegt worden, dass die Protagonistin selbst oft zu Wort kommt. Viele ihrer Aussagen, Gedanken und Haltungen sind deshalb – mehr als üblich – im Text oder Anmerkungsteil aufgenommen worden, damit auch ein vertiefendes Weiterarbeiten für den interessierten Leser, den Lehrer und alle anderen, denen diese Zeit oftmals noch viele Fragen aufgibt, möglich ist.

Die vorliegende Arbeit teilt sich in zwei große Bereiche, eine engere Biographie, die sich der unmittelbaren Lebensdaten von Irene Harand und der Erinnerung an sie im Nachkriegsösterreich annimmt, und in eine weitere Biographie, in welcher weitestgehend, auf bisher unbekanntem Quellenmaterial beruhend, der Versuch unternommen wird, ihr Leben und Werk eingehend – über die erschienenen, ohnedies sehr kurzen und zumeist nur einem eingeweihten Leserkreis bekannten Darstellungen – nachzuzeichnen.

Während sich die wenigen, ohnedies oberflächlichen Zeitungsartikel auf die spärlichen in der Öffentlichkeit bekannten Fakten über Irene Harand bezogen, waren die wissenschaftlichen Arbeiten mit dem Problem konfrontiert, ein biographisches Bild von Irene Harand und ihrer Bewegung zu entwerfen, ohne dabei auf Dokumente der Bewegung selber zurückgreifen zu können. So standen ihnen im Wesentlichen nur ihre Publikationen (*So oder So*, *Sein Kampf* oder die *Gerechtigkeit*), Interviews mit ihr und die wenigen Materialien aus den österreichischen Archiven zur Verfügung. Erst die unerwartete Entdeckung von österreichischen Aktenbeständen in einem bis zum Beginn der neunzehnneunziger Jahre nicht zugänglichen Moskauer Archiv, unter denen sich auch die Vereinsbestände der *Harandbewegung* befinden[1], öffnete neue Möglichkeiten für eine umfassendere Annäherung an die vielfältigen Tätigkeiten dieser mutigen Frau. Die Autoren des vorliegenden Buches haben bereits in kleineren Arbeiten mit dem Blick auf eine seit langem geplante Biographie über Irene Harand auf die Möglichkeiten und neuen Perspektiven dieser Bestände hingewiesen.[2] Die Bemühung dieses Buches liegt daher darin, neben bereits Bekanntem einerseits die Sichtweise der *Harandbewegung* auf Basis ihrer eigenen Dokumente zu erweitern. Gestatten diese Archivbestände doch auch einen intimen Blick in die Organisation und die existenziellen Probleme der *Weltbewegung gegen Rassenhass und Menschennot*, die oftmals der eigenen optimistischen Selbstdarstellung in der für die Mitglieder bestimmten *Gerechtigkeit* gegenüberstehen. Andererseits blieb bis heute das trotz aller Ereignisse nach 1938 ungebrochen von Enthusiasmus geprägte Schaffen Irene Harands im US-amerikanischen Exil unbeachtet, obwohl sie ihre Kontakte zu Österreich nie abbrechen hat lassen. Dieses neue und erste Buch über Irene Harand richtet sich daher an eine breite Leserschaft und ist bemüht, dem umfangreichen Wirken dieser lange Zeit in Vergessenheit geratenen österreichischen Widerstandskämpferin gerecht zu werden.

Den Autoren ist es auch ein Anliegen, auf die Dissertation von Josef Hausner hinzuweisen, der durch sein intensives Studium der *Gerechtigkeit* die persönliche Bekanntschaft mit Irene Harand und in freundschaftlicher Diskussion viele Facetten aus ihrem Leben herausgearbeitet und dadurch wesentlich mitgeholfen hat, diese von Irene Harand herausgegebene Zeitschrift als Quelle besser zu erschließen. Schlussendlich bedanken sich die Autoren, denen es trotz vieler Mühen um die Finanzierung gelungen ist, ein lange ausständiges Denkmal für diese ungewöhnliche österreichische Widerstandskämpferin vorzulegen und damit zum Weiterleben einer Idee ein klein wenig beigetragen zu haben, bei den Unterstützern dieses Projektes. Allen voran gilt unser Dank Herrn Kardinal Erzbischof Dr. Christoph Schönborn und dem Otto-Mauer-Fonds, die durch ihre schnelle und unkomplizierte Hilfe den eigentlichen Start des Projektes überhaupt erst ermöglicht haben. Ebenso verpflichtet fühlen sich die Autoren dem Jubiläumsfonds der Österreichischen Nationalbank und dem Nationalfonds der Republik Österreich, durch deren Finanzierung das Gesamtprojekt weitgehend bestritten werden konnte. Auch dem österreichischen Außenministerium in Person von Botschafter Dr. Walter Siegl und der Frau Kulturattaché Mag. Veronika Seyr von der österreichischen Botschaft in Moskau sei an dieser Stelle für ihre Unterstützung herzlicher Dank zuteil. Nicht zuletzt ist den vielen unermüdlichen wie hilfreichen Archivmitarbeitern in Moskau, Wien und New York, die – vor allem in Moskau – trotz schlechtester und schwieriger Umstände die Autoren bestens unterstützt haben, ein ehrliches Dankeschön auszusprechen.

Drei Zugänge – ein Leben

Aus der Sicht heutiger, kurzlebiger Maßstäbe der Gesellschaft erscheint das Leben von Irene Harand nicht als Erfolgsgeschichte. Gewohnt, alles nach seinem unmittelbaren Nutzen zu bewerten und zu schätzen, finden wir bei dieser Frau kaum etwas, das diesen Kriterien entspricht. Und doch ist das Leben und Werk dieser vergessenen österreichischen Widerstandskämpferin zeitlos faszinierend und auf seine Weise unzweifelhaft erfolgreich verlaufen.

Das Leben von Irene Harand war immer wieder gekennzeichnet durch unerwartete Brüche und Wendungen, die sie einen neuen Weg einschlagen ließen. So etwa am Ende der 20er Jahre, als sie die Bekanntschaft des Rechtsanwaltes Dr. Moriz Zalman machte. Eine zufällige Bekanntschaft, die Irene Harand aus ihrem unpolitischen, selbstzufriedenen Dasein herausriss und sie in eine von steter Angst um den Erfolg der Sache, aber auch von tiefer innerlicher Zufriedenheit, anderen helfen zu dürfen, getragene, fast ruhelose Existenz katapultierte. Und 1938. Das Jahr der Emigration und des Neubeginns. Alexander Pjatigorskij – ein weltweit bekannter Sowjet-Dissident und Philosoph – formulierte in seinem kürzlich auch in deutscher Sprache erschienenen Buch *Erinnerung an einen fremden Mann*[3] folgende Gedanken: „*Seinen Lebensplan zu ändern ... ist unglaublich schwierig, es ist noch schwieriger, als im Erwachsenenalter in eine andere Sprache zu wechseln. Das stelle ein ganz außerordentliches Risiko dar. Ein Mensch, der zum Beispiel in der Mitte seines Lebens seinen Lebensplan ändert, kann sich unverhofft am Ende eines anderen Lebens oder vielleicht gar am Beginn seines eigenen wieder finden ... Am sinnlosesten überhaupt wäre es, in eine andere Welt wegzugehen und dort sein bisheriges Leben fortzusetzen ...*".

Irene Harand war 1938 gezwungen, ihr Leben grundlegend zu verändern, in die Emigration zu gehen und eine für sie neue Sprache zu erlernen. Im Gegensatz zu unzähligen anderen Auswanderern, die daran zerbrachen, hatte es Irene Harand – wohl nicht zuletzt auf Grund ihres unerschütterlichen Glaubens und ihres starken Gefühls der Hoffnung – geschafft, in eine völlig andere Welt zu übersiedeln, ohne dort gedanklich im Leben der alten, nicht mehr bestehenden Welt fortzuexistieren. Für sie war es ein Neubeginn, der nicht versuchte, das entwurzelte Vergangene gleichsam zu konservieren und ohne den heimatlichen Untergrund in gleicher Weise fortzuführen, sondern die erhabene Idee mit neuen, dem veränderten Dasein angepassten Mitteln fortzuleben. Die Autoren dieses nunmehr vorliegenden Buches, an dem sie seit 1998 arbeiteten, um Irene Harand der weitgehenden Vergessenheit im österreichischen Bewusstsein zu entreißen, kamen auf ebenso unterschiedliche Weise in Kontakt mit dieser Frau. Erika Weinzierl beschäftigte sich seit den 1960er Jahren mit der Frage des Widerstandes gegen den Nationalsozialismus. In ihrer wissenschaftlichen Auseinandersetzung stand dabei vielfach das nicht nur im 20. Jahrhundert so gespannte Verhältnis zwischen Christen und Juden im Vordergrund des Interesses. Während dieser Studien kreuzte sie immer wieder den Weg dieser ungewöhnlichen Frau, die ihr eigenes Leben dem Brückenbau und dem tieferen Verständnis von Christen und Juden gewidmet hatte.[4] Christian Klösch und Kurt Scharr ‚begegneten' Irene Harand Ende der 1990er Jahre während ihres Auslandszivildienstes. Christian Klösch, der am New Yorker Leo Baeck Institut arbeitete, später für das Wiener Literaturhaus und die österreichische Historikerkommission tätig war, erfuhr über das zweite Leben von Irene Harand in ihrer Emigration. Ihr erstes Leben, das im März 1938 ein so dramatisch abruptes Ende fand, beschäftigte den dritten Autor Kurt Scharr, der erst während des Vorstellungsgespräches beim damaligen österreichischen Botschafter in Moskau, Dr. Walter Siegl, auf Irene Harand aufmerksam wurde. Stellte ihm dieser doch die unerwartete und mit einem ‚Nein' beantwortete Frage: ‚Kennen Sie Irene Harand?'. Erst seit wenigen Jahren war bekannt, dass sich in einem Moskauer Sonderarchiv nahezu alle Unterlagen der *Harandbewegung* erhalten hatten und diese bisher von österreichischer Seite – wie viele andere Akten auch – nicht einmal eines Desinteresses wert gewesen waren. Letztendlich war es nur allen drei zusammen möglich, sich dem Leben von Irene Harand möglichst verständnisvoll anzunähern und ihrer Persönlichkeit weitgehend gerecht zu werden. Kann Irene Harand heute noch gefragt sein, machen ihre Antworten, die sie vor mehr als 60 Jahren gesucht und gegeben hat, im Europa des 21. Jahrhunderts noch Sinn? Kommt sie nicht aus einem völlig anderen, vergangenen, weit hinter uns liegenden Europa?

Im Jahr 2004 ein Buch über sie vorzulegen muss mehr, weit mehr sein als bloße biographische Notiz. In den Wochen und Monaten nach den Präsidentschaftswahlen in Frankreich 2002, den Vorwahldiskussionen um die deutschen Liberalen, dem Rechtstrend der europäischen Regierungen seit den 1990er Jahren hat sich ein neues Schlagwort bemerkbar gemacht: Intellektuelle und kritische Vordenker sprechen vom ‚Faschismus der Wohlhabenden'. Gesellschaftliche Tabu-Themen werden mit Vorliebe von rücksichtslosen, auf ihre kurzfristigen Wahlerfolge und Umfragezuwächse bedachten Politikern aufgegriffen und stimmenheischend in den gesellschaftlichen Raum geschleudert. Eine offene, ehrliche Diskussion mit dem Ziel einer gemeinsamen Lösung ist nicht beabsichtigt, hetzt man doch schon zum nächsten medienwirksamen Thema. Die Gefahr, dass diese Entwicklung einem entgleiten könnte, wird beiseite geschoben oder bewusst ins Kalkül gezogen. Die Frage, ob sich in den letzten fünfzig Jahren die Einstellungen der Gesellschaft verändert haben, muss mit einem deutlichen ‚Ja' beantwortet werden. Immerhin waren es für Europa fünfzig Jahre des relativen Friedens, Krisen und Problemen entgegnete man in demokratischer Diskussion. Jugoslawien hat man in diesem Prozess leider zu lange übersehen. Die Frage aber, ob sich die grundsätzlichen Vorurteile und Einstellungen der Menschen seit der Zeit Irene Harands vor 1938 geändert haben, kann kein so klares ‚Ja' als Antwort erwarten. Der allgemeine Maßstab des gesellschaftlichen Wohlstandes hat sich ohne jeden Zweifel zum Besseren verändert. Die existenzielle Not der 30er Jahre ist heute den meisten Menschen, besonders der Jugend, nicht einmal mehr ein Begriff und schon gar keine vorstellbare Größe. Aber selbst im Meer des relativen Wohlstandes leben Verlierer, Außenseiter und Unzufriedene, die zu lange im toten Winkel der öffentlichen, stets weiter hetzenden, haltlosen, erfolgsverwöhnten Gesellschaft lagen. Ein nicht zu unterschätzender Faktor, den sich Populisten gerne zu Nutze machen. Dabei erfinden sie kaum etwas Neues, sie bedienen sich lediglich der alten Strickmuster und kollektiven Schuldzuweisungen. Sündenböcke sind gefragt. Die Logik spielt dabei keinerlei Rolle. Gerade deshalb braucht es zu jeder Zeit Menschen wie Irene Harand und zeitlose Ideale. Menschen, die sich trauen, aufzustehen und laut zu sagen ‚Nein!', Menschen, die zum Nachdenken auffordern und das eigene Gewissen zwingen, von Zeit zu Zeit über seinen eigenen, begrenzten Rand der Wahrnehmung hinauszuschauen. Genauso wie uneigennützige, vorausschauende Ideale, die einem Vorbild und Wegweiser zugleich sind, ohne für sich selbst den Anspruch der Absolutheit zu erheben. Irene Harand und ihre ganz eigene Idee von einer besseren Welt gehören zu diesen. Der über herkömmliche Maßstäbe hinausgehende Erfolg von Irene Harand liegt nicht in messbaren Ergebnissen ihres Lebens, sondern in der fast gänzlichen Aufgabe des Eigenen zugunsten der Hilfe für den Nächsten. Eine Hilfe, die ohne Gegenrechnung des zu erwartenden Ertrages ihr Auskommen findet. Ein unermüdliches Streben nach mehr Toleranz und Verständnis unter den Menschen, getragen von einer Hoffnung, die alle Rückschläge und Niederlagen überdauerte, ohne anzuhalten oder jemals aufzugeben. Ein Streben für eine bessere Zukunft ohne Rassenhass und Menschennot. Für eine Jugend, die sich ihrer Vorurteile anderen gegenüber bewusst ist und nicht in all ihrem Streben auf einen berechenbaren Ertrag aus ist, sondern lediglich ein bisschen mehr an Zufriedenheit für sich selbst erwartet, indem man am Ende seines Lebens sagen kann: ‚Ich glaube an diese Menschheit'. Die Idee von Irene Harand ist nicht gestorben. Ihr Leben für die Idee soll uns kritisches Vorbild sein!

Christian Klösch, Kurt Scharr und Erika Weinzierl

Geschichte Österreichs 1900-1938 im Überblick

Die Jahrhundertwende war für die Habsburgermonarchie eine zwiespältige Zeit. Vor allem in der Haupt- und Residenzstadt Wien blühte die Fin-de-Siècle-Kultur. Gleichzeitig litten tausende, vor allem aus dem Norden und Osten zugezogene Arbeiter in den Zinskasernen der Vorstädte unter Wohnungsnot und Elend. Die Innenpolitik war durch das nicht gelöste Nationalitätenproblem überschattet. Nur die Ungarn hatten durch den Ausgleich von 1867 ihre Autonomie erlangt. Die Slawen, an ihrer Spitze die Tschechen, kämpften erbittert und vergeblich um ihre Gleichberechtigung. Das 1907 den Männern gewährte allgemeine Wahlrecht sollte den Nationalitätenkonflikt entschärfen. Es gelang nicht. Außenpolitisch war die Donaumonarchie trotz ihrer territorialen Größe mehr eine Mittelmacht. Daran konnte auch die Annexion von Bosnien und der Herzegowina, die 1878 besetzt worden waren, nichts ändern. In Mitteleuropa bestimmte das Deutsche Reich die Politik. Der seit 1848 regierende Kaiser Franz Joseph war alt und seinen Ratgebern ausgeliefert. Dennoch war den Eliten klar, dass es vor allem seine Person war, die die Monarchie noch zusammenhielt. Dass der Thronfolger Franz Ferdinand den Staat durch die Gleichberechtigung der Slawen in einen trialistischen umbauen wollte, war bekannt. Die Schüsse in Sarajewo am 28. Juni 1914 beendeten nicht nur sein Leben, sie waren das Fanal für das Ende einer Epoche. Österreichische Politiker und Militärs drängten zur Abrechnung mit Serbien, dem ein auf Ablehnung zielendes kurzfristiges Ultimatum gestellt wurde. Auch der Bündnispartner Deutsches Reich drängte mehr, als er zurückhielt. Nach Ablauf des Ultimatums erklärte Österreich-Ungarn am 28. Juli 1914 Serbien den Krieg. Ihm folgte zwei Tage später die Vollmobilmachung Russlands, des großen Bündnispartners Serbiens. Am 1. August erklärte das Deutsche Reich Russland den Krieg, am 3. Frankreich. Am 4. marschierten deutsche Truppen in Belgien ein, worauf England am gleichen Tag dem Deutschen Reich den Krieg erklärte. Vom 6.-12. folgten die Kriegserklärungen Österreich-Ungarns an Russland, Serbiens an Deutschland, Frankreichs und Englands an Österreich-Ungarn. Der gegen Serbien geplante Blitzkrieg war zu einem europäischen Krieg geworden, der sich innerhalb von 4 Jahren auf alle deutschen Kolonien ausdehnte und nach dem Kriegseintritt Amerikas 1917 fast alle Völker der Welt betraf.

Der Krieg verlief wechselvoll. Konnte 1914/15 noch von einem Bewegungskrieg mit überwiegenden Erfolgen der Mittelmächte die Rede sein, so änderte sich das ab 1915. Mit dem Kriegseintritt Italiens an der Seite der Entente war eine dritte, die Südfront, eröffnet. An der Westfront erstarrte nach der Marneschlacht im September 1914 der Kampf zum jahrelangen Stellungskrieg. Nach dem durch den deutschen uneingeschränkten U-Bootkrieg provozierten Kriegseintritt der USA Anfang 1917 war das Kräftegleichgewicht nicht mehr gegeben. Daran änderte der nach der bolschewistischen Oktoberrevolution in Russland im Oktober 1917 am 5. März 1918 abgeschlossene „Brotfrieden" von Brest-Litowsk ebenso wenig wie die Friedensbemühungen des nach dem Tod Kaiser Franz Josephs im November 1916 auf den Thron gelangten Neffen Franz Ferdinands, Kaiser Karl I. Sein „Oktobermanifest" 1918, das allen Nationalitäten der Monarchie Gleichberechtigung zusicherte, kam zu spät. Als der Waffenstillstand am 3. November 1918 unterzeichnet wurde, war das Reich bereits zerfallen. Noch im Oktober hatten die Tschechen, Slowaken und Südslawen ihre Selbständigkeit erklärt. Am 21. Oktober hatte sich in Wien unter dem Vorsitz des sozialdemokratischen Abgeordneten Karl Renner die Provisorische Nationalversammlung für Deutschösterreich konstituiert. Am 11. November verzichtete Kaiser Karl auf den Thron, am 12. November 1918 wurde vor dem Parlament die Erste Republik ausgerufen. Das von der Provisorischen Nationalversammlung einstimmig beschlossene „Gesetz über die Staats- und Regierungsform von Deutschösterreich" begann mit folgenden Artikeln: „1) Deutschösterreich ist eine demokratische Republik. Alle öffentlichen Gewalten werden vom Volke eingesetzt. 2) Deutschösterreich ist ein Bestandteil der Deutschen Republik. Besondere Gesetze regeln die Teilnahme Deutschösterreichs an der Gesetzgebung und Verwaltung der Deutschen Republik sowie die Ausdehnung des Geltungsbereiches von Gesetzen und Einrichtungen der Deutschen Republik auf Deutschösterreich."

Der Krieg hatte die österreichisch-ungarische Armee mehr als 1 Million Tote und dauernd Vermisste gekostet – von ihnen starben ca. 400.000 in russischer, ca. 50.000 in serbischer und mehr als 30.000 in italienischer Gefangenschaft. 1,943.000 Soldaten waren verwundet worden und 1,200.000 waren in Kriegsgefangenschaft geraten, aus der viele erst nach Jahren in die Heimat zurückkehrten. Die Kriegskosten sollen mehr als 90 Milliarden Kronen betragen haben. Die Staatsverschuldung war jedenfalls vom Juli 1914 bis November 1918 von 13 auf 72 Milliarden Kronen gestiegen. Die Inflation betrug 1914-1924 14.000%. Die daraus resultierende Verarmung traf vor allem die Mittelschichten und die Bezieher kleiner Renten und Pensionen.

Die Heimkehr der Frontsoldaten bedingte das Ausscheiden vieler Frauen aus dem Arbeitsleben. Trotzdem war die Arbeitslosigkeit ein die Geschichte der ganzen Ersten Republik überschattendes Problem. Dennoch war die Mitte der Zwanzigerjahre ihre beste Zeit. Bei den Wahlen im Februar 1919, bei denen auch die Frauen erstmals wählen konnten, errangen die Sozialdemokraten die relative Mehrheit. Sie schlossen mit den Christlichsozialen eine Koalition, die bis Juni 1920 dauerte. In diesen ersten schweren Jahren der Republik ermöglichte die Zusammenarbeit der beiden großen Parteien die Bewältigung einer Reihe von Krisen. Dazu gehörten zwei Putschversuche der Kommunisten im April und Juni 1919, die rasch niedergeschlagen wurden, ebenso wie die Annahme des Friedensvertrages von St. Germain im September 1919. Durch ihn verlor Österreich das Sudetenland an die Tschechoslowakei, Südtirol, Triest und das Küstenland an Italien, Teile der Südsteiermark an Jugoslawien. Kärnten blieb infolge des Abwehrkampfes und der Abstimmung am 10. Oktober 1920 – an beiden nahmen Kärntner und Slowenen für den Verbleib bei Österreich teil – ungeteilt. Der einzige Gebietsgewinn war das damalige Westungarn, das nachmalige Burgenland. Schließlich bestand das Territorium der Republik aus 84.000 km², auf denen 6 1/2 Millionen Einwohner lebten. Dass die Bürger des neuen, armen Kleinstaates diesen nicht für lebensfähig hielten und daher mehrheitlich den Anschluss an das Deutsche Reich wünschten, ist nicht verwunderlich.

Neben der Sicherung des Staatsgebietes waren die Ordnung des inneren Gefüges der Republik und dessen Legalisierung die wichtigste Aufgabe der österreichischen Regierung und Volksvertretung. Karl Renner hat sich ihr von Anfang an gestellt und alle Vorarbeiten für eine neue Verfassung des Bundesstaates Österreich eingeleitet. In dem mit ihrer Konzeption betrauten Unterausschuss des Parlaments spielte der Rechtstheoretiker Prof. Hans Kelsen, der Verfasser der Reinen Rechtslehre, die wichtigste Rolle. Sie ist trotz des Bruches der sozialdemokratisch-christlichsozialen Koalition im Juni 1920 am 1. Oktober in Kraft getreten. Die Kelsen-Verfassung ist – von Ergänzungen abgesehen – auch heute noch die Verfassung der Republik Österreich. Erst im Mai 2003 ist von der ÖVP-FPÖ-Koalitionsregierung ein Konvent zur Erarbeitung einer neuen Verfassung eingesetzt worden.

Die Sanierung der Währung ist nur mit Hilfe der Genfer-Völkerbundanleihe von 1922 gelungen, die auch die Einführung der Schillingwährung zur Folge hatte. Obwohl – wie schon gesagt – die Mitte der Zwanziger Jahre die wirtschaftlich und politisch besten Jahre der Ersten Republik waren, kam es doch noch in der ersten Hälfte zur Bildung bewaffneter Formationen der beiden großen politischen Lager: der Heimwehr, die den Christlichsozialen nahestand, und des Republikanischen Schutzbundes der Sozialdemokraten. Die Deutschnationalen formierten sich im Frontkämpferverband. Sie gewannen an Bedeutung nach dem 15. Juli 1927, dem Fanal für den blutigen Februar 1934. Am 30. Jänner 1927 hatten im kleinen burgenländischen Schattendorf Frontkämpfer einen Kriegsinvaliden und ein Kind erschossen. Das Schöffengericht sprach am 14. Juli 1927 in Wien die Todesschützen auch von der Anklage der Notwehrüberschreitung frei. Daraufhin zogen am frühen Morgen des 15. Juli tausende erbitterte Arbeiter aus den Vorstädten zu einer Demonstration in die Innenstadt. Nach einem Zusammenstoß mit berittener Polizei wurde die Menge in Richtung Justizpalast abgedrängt. In ihn drangen nun Demonstranten ein, warfen Aktenbündel auf die Straße. Dort wurden sie angezündet und als Flammenbündel wieder in das Gebäude geworfen. Es stand bald in Flammen. Da die Menge auch nach den beschwörenden Aufrufen des beliebten sozialdemokratischen Bürgermeisters Karl Seitz die Feuerwehr nicht durchließ, nahm der Brand immer größere Dimensionen an. Daraufhin holte der Polizeipräsident Johann Schober unter Umgehung von Seitz von Bundeskanzler Seipel die Ermächtigung für die Bewaffnung von Teilen der Polizei ein und ließ die Umgebung des Justizpalastes mit Waffengewalt räumen. 89 Tote, darunter 4 Polizisten, und 1057 Verletzte gehörten zur blutigen Bilanz jenes Tages, der sogar die Tschechoslowakei und Ungarn zu einer kurzfristigen Mobilisierung an ihren Grenzen veranlasste. Obwohl den Demonstranten der Gedanke eines gewaltsamen Umsturzes fern gelegen war und ein Großteil der Opfer schaulustige Wiener gewesen waren, hatten die Zeitgenossen den Eindruck, dass eine bedeutsame Schlacht geschlagen worden war, deren unumstrittene Sieger Seipel, Schober und die Heimwehr waren. Ihr Eindruck war richtig.

Ende der Zwanzigerjahre bahnte sich eine zunehmende Abwendung von der Demokratie nicht nur in Österreich an, obwohl es in Österreich noch 1929 zu einer einvernehmlichen Novellierung der Verfassung kam, der zufolge der Bundespräsident künftig vom Volk zu wählen war. In der Ersten Republik ist es dazu jedoch nicht mehr gekommen. In Italien war seit 1925 ein faschistisches Regime unter dem Duce Mussolini an der Macht, in der Weimarer Republik gewannen Hitler und der Nationalsozialismus immer mehr Anhänger. Die im Oktober 1929 von den USA ausgehende Weltwirtschaftskrise steigerte auch in Österreich die ohnedies große Arbeitslosenzahl. Das trieb den großsprecherischen antidemokratischen Parteien Wähler zu. Bei den Landtagswahlen im April 1932 in fünf österreichischen Bundesländern erhielt die NSDAP 336.000 Stimmen (16%).

Im Jänner 1932 war die zehnjährige christlichsoziale-großdeutsche Koalition wegen des Scheiterns des österreichisch-deutschen Zollunionsprojekts zerbrochen. Im Mai bildete der 40-jährige christlichsoziale Landwirtschaftsminister in den vorangegangenen Kabinetten Ender und Buresch, Dr. Engelbert Dollfuß, mit dem Heimatblock und dem Landbund eine Regierung. Sie besaß im Parlament allerdings nur eine Mehrheit von einer Stimme, da bei den Nationalratswahlen im November 1930 die Sozialdemokraten die stärkste Partei geworden waren. Es gelang Dollfuß, die schon von Buresch eingeleiteten Verhandlungen für eine neue Völkerbundanleihe im Ausmaß von 300 Millionen Schilling zum Abschluss zu bringen. Am 15. Juli 1932 wurde in Lausanne der Anleihevertrag unterzeichnet. Dennoch war damit der Staatshaushalt nicht saniert. Auch die außenpolitische Situation verschlechterte sich dramatisch. Am 30. Jänner 1933 war Hitler zum deutschen Reichskanzler ernannt worden.

Im März 1933 war der Staat nicht in der Lage, die Gehälter der Eisenbahner auf einmal auszuzahlen, wogegen diese streikten. Die Opposition, Sozialdemokraten und Großdeutsche, brachte einen Misstrauensantrag gegen die Regierung ein. Bei der Auszählung der Stimmzettel kam es zu einem Formfehler – es gab von einem Sozialdemokraten zwei Namenszettel, von seinem Nachbarn keinen –, über dessen Beilegung sich Regierung und Opposition nicht einigen konnten. Daraufhin legte der sozialdemokratische Präsident Karl Renner sein Amt nieder. Ihm folgten der Christlichsoziale Ramek und der Großdeutsche dritte Präsident Straffner, jeder unter begeistertem Applaus seiner Parteifreunde. Sie waren sich – im Gegensatz zu Dollfuß – der Tragweite ihres in der Geschäftsordnung nicht vorgesehenen Entschlusses nicht bewusst. Die Sitzung wurde vertagt. Dollfuß bot Bundespräsident Miklas unverzüglich seinen Rücktritt an. Dieser betraute Dollfuß jedoch sofort mit der Weiterführung der Regierung und vergab sich damit seine einzige Möglichkeit zur Flottmachung des Parlaments. Schon am 7. März erließ die Regierung eine Kundmachung, in der es hieß, dass sie im Amte und von der „Selbstausschaltung" des Parlaments nicht betroffen sei. Die vom dritten Präsidenten Straffner für den 15. März einberufene Sitzung des Nationalrates wurde auf Anordnung der Regierung durch Polizeieinsatz verhindert. Von nun an regierten die Regierungen Dollfuß und Schuschnigg bis 1938 ohne Parlament zunächst mit Hilfe des Kriegswirtschaftlichen Ermächtigungsgesetzes von 1917. Da das Ergebnis der deutschen Wahlen vom 5. März 1933 die Herrschaft Hitlers besiegelt hatte, vermieden die Sozialdemokraten angesichts der drohenden nationalsozialistischen Gefahr den offenen Widerstand und einen Generalstreik, sogar nach der Auflösung des Republikanischen Schutzbundes am 31. März 1933. Im Mai 1933 wurde wegen eines Bombenattentats die österreichische NSDAP verboten. Einer offiziell uneingeschränkten autoritären Herrschaft standen daher ernstlich nur mehr die Sozialdemokraten im Weg. Sie wurden besonders von der Heimwehr durch Waffensuchen in sozialdemokratischen Parteiheimen und andere Schikanen provoziert. Auf diese Weise kam es auch zum Bürgerkrieg im Februar 1934.

Als am 12. Februar 1934 das Linzer Parteiheim im Hotel Schiff nach Waffen durchsucht wurde, gab der Kommandant des oberösterreichischen Schutzbundes Richard Bernaschek mit Schüssen das Signal zum Aufstand des Schutzbundes. In Wien, Steyr, St. Pölten, Kapfenberg, Bruck an der Mur, Wörgl, vor allem in den Industriezentren des Landes, kam es zu bewaffneten Erhebungen des Schutzbundes. Sie wurden von der Polizei, der Heimwehr und dem Bundesheer innerhalb zweier Tage niedergeschlagen. Am 14. Februar um 23 Uhr sicherte Dollfuß über den Rundfunk den noch Kämpfenden Pardon zu, wenn sie bis zum Mittag des nächsten Tages die Waffen niederlegten. Sie kamen dem Aufruf nach. Der Gegner war zu stark gewesen. Am 15. Februar war der Bürgerkrieg zu Ende.

Die Regierung verfügte über 80.000 bis 85.000 Mann, der Schutzbund theoretisch über 60.000, doch kämpften tatsächlich nur ca. 10.000 Schutzbündler. Die Kämpfe hatten bei der Exekutive 128 Tote und 409 Verwundete gefordert, auf Seiten des Schutzbundes und unter der Zivilbevölkerung nach Schätzungen 200 Tote und mehrere hundert Verwundete. Insgesamt 9 Schutzbundführer, unter ihnen der schwer verletzte Karl Münichreiter, wurden vom Standgericht zum Tode verurteilt und hingerichtet. Acht Sozialdemokraten wurden vom Bundesheer in Holzleiten erschossen. Die Sozialdemokratische Partei war schon während der Kämpfe aufgelöst, ihre prominenten Führer, soweit sie nicht, wie Otto Bauer und Julius Deutsch, in die Tschechoslowakei geflohen waren, verhaftet worden.

Am 1. Mai 1934 wurde die am Tage zuvor vom noch einmal zusammengerufenen Rumpfparlament beschlossene Verfassung feierlich proklamiert. Sie begann mit der Präambel: „Im Namen Gottes, des Allmächtigen, von dem alles Recht ausgeht, erhält das österreichische Volk für seinen christlichen, deutschen Bundesstaat diese Verfassung." Das Wort Republik kam in ihr nicht mehr vor. Alle Macht des „ständisch geordneten Bundesstaates" lag bei der Bundesregierung.

Im September 1933 wurde in Wöllersdorf bei Wiener Neustadt nach deutschem Vorbild das erste politische Anhaltelager errichtet, in das zunächst nur Nationalsozialisten, nach dem Februar 1934 aber auch Sozialdemokraten gebracht wurden. Die Nationalsozialisten hatten bereits 1933 Pläne für einen bewaffneten Aufstand geschmiedet, in die Tat setzten sie ihn im Juli 1934 um. Am 25. Juli 1934 gelang es zu Mittag, 154 als Soldaten des Bundesheeres verkleidete bewaffnete Nationalsozialisten nach der Wachablöse in den Hof des Bundeskanzleramtes einzufahren. Ohne auf Gegenwehr zu stoßen, konnten sie innerhalb einer Viertelstunde das ganze Gebäude besetzen. Dollfuß stieß bei der Suche nach einem Fluchtweg auf eine Gruppe der Putschisten unter der Führung Otto Planettas. Dabei wurde er von einem Schuss Planettas und später noch durch einen zweiten in den Hals getroffen. Ohne die Erfüllung seines Wunsches nach einem Priester und Arzt ist er am Nachmittag seinen Verletzungen erlegen.

In Wien war der Putsch am Abend des 25. Juli beendet. Bewaffnete Aufstände von Nationalsozialisten in der Steiermark, im Burgenland, in Kärnten, Oberösterreich und Salzburg konnten von der Exekutive und der Heimwehr rasch niedergeschlagen werden. Am 30. Juli waren in ganz Österreich die Kämpfe beendet. Mehr als 220 Tote und über 700 Verletzte waren die Opfer. Von den Aufständischen in ganz Österreich wurden 73 standgerichtlich zum Tode verurteilt. An 13 wurde das Urteil vollstreckt.

Der Nachfolger von Dollfuß, der bisherige Justiz- und Unterrichtsminister Dr. Kurt Schuschnigg, verlor auch noch die Unterstützung Mussolinis, der im Juli 1934 noch italienische Truppen an der Brennergrenze aufmarschieren hatte lassen. Im Abessinienkrieg war er in einem solchen Ausmaß von der Hilfe Hitlers abhängig, dass er sich der Realisierung von dessen nächstem Ziel, dem Anschluss Österreichs an das Deutsche Reich, nicht mehr entgegenstellen konnte, was er auch Schuschnigg mitteilte. Daher war das österreichisch-deutsche Abkommen vom 11. Juli 1936, das so genannte „Gentleman-Agreement", schon eine Vorstufe des Anschlusses. Es enthielt die Anerkennung der vollen Souveränität Österreichs durch die deutsche Reichsregierung sowie die Erklärung beider Regierungen, dass sie die Innenpolitik des anderen Landes einschließlich der Frage des österreichischen Nationalsozialismus als eine innere Angelegenheit des anderen betrachteten, auf die sie weder direkt noch indirekt einwirken würden. Auslegungsdifferenzen über eben diesen Vertrag führten zum Besuch Schuschniggs am 12. Februar 1938 bei Hitler auf dem Obersalzberg.

Hitler beschimpfte den ohnedies deprimierten österreichischen Bundeskanzler im rüdesten Ton wegen „des ununterbrochenen Volksverrats in der österreichischen Geschichte der Vergangenheit und Gegenwart". Schließlich drohte er mit dem Einmarsch deutscher Truppen, der SA und der „Österreichischen Legion", die aus aus Österreich geflohenen Nationalsozialisten bestand, in Österreich. Nach diesem Vorspiel kam es zur Unterzeichnung des „Protokolls über die Besprechung vom 12. Februar 1938" durch Hitler und Schuschnigg. Es enthielt folgende Forderungen Hitlers: die Anerkennung des Nationalsozialismus in Österreich als eine der *Vaterländischen Front*, die alle anderen Parteien ersetzt hatte, völlig gleichberechtigte Bewegung; die Verpflichtung Schuschniggs, Seyß-Inquart als Innenminister und Dr. Fischböck als Finanzminister in seine Regierung aufzunehmen, alle verhafteten österreichischen Offiziere und Beamte wieder einzustellen. Weiters waren ein regelmäßiger Austausch von Offizieren der beiden Armeen vorgesehen sowie die Angleichung des österreichischen Wirtschaftssystems an das deutsche. Schuschnigg sollte bis zum 15. Februar verbindlichen Bescheid geben, ob diese Forderungen von der österreichischen Regierung angenommen wurden.

Die Entscheidung der führenden österreichischen Politiker über das Berchtesgadener Protokoll fiel in der Nacht vom 14. auf den 15. Februar in den Amtsräumen des Bundespräsidenten Miklas. Dieser hatte die größten Bedenken gegen das Protokoll und vor allem gegen die Aufnahme Seyß-Inquarts in die Regierung, dann aber aus Furcht vor einem deutschen Einmarsch ebenfalls nachgegeben. Daher wurde am 15. Februar um 2 Uhr früh das neue Kabinett mit Seyß-Inquart als Innen- und Sicherheitsminister gebildet.

Hitler seinerseits erklärte am 20. Februar vor dem Deutschen Reichstag anlässlich seines Berichtes über Berchtesgaden, dass es auf Dauer für eine Weltmacht unerträglich sei, „an ihrer Seite Volksgenossen zu wissen, denen aus ihrer Sympathie oder

Verbundenheit mit dem Gesamtvolk, seinem Schicksal und seiner Weltauffassung fortgesetzt schwerstes Leid zugefügt werde."

Diese Rede gab den österreichischen Nationalsozialisten weiteren Auftrieb. Sie veranstalteten laufend Kundgebungen, die größten in der Steiermark. Angesichts des steigenden Drucks von innen und von außen antwortete Schuschnigg am 24. Februar vor dem Bundestag direkt auf die Rede Hitlers: Die österreichische Regierung erachte es als ihre erste und selbstverständliche Pflicht, mit allen ihren Kräften die unversehrte Freiheit und Unabhängigkeit des Vaterlandes zu erhalten. Die Devise sei: „Rot-weiß-rot bis in den Tod!" Außerdem entschloss sich Schuschnigg, einem Rat zu folgen, der Ende Februar mehrmals in der französischen Presse aufgetaucht und auch vom französischen Gesandten in Wien Puaux lanciert worden war: Er gab den Auftrag zur geheimen Vorbereitung einer Volksabstimmung am ersten Sonntag nach ihrer Verkündigung. Wahlberechtigt sollten alle Österreicher über 24 Jahre sein.

Zur Vorbereitung dieser Wahl gehörte auch die Aufnahme von Kontakten mit den Sozialdemokraten. Am 3. März kam es zu einer Aussprache mit einigen führenden Sozialdemokraten unter Führung des Gewerkschafters Hillegeist. Die Sozialdemokraten erklärten, dass sie Schuschnigg unter folgenden Bedingungen unterstützen würden: gleiche Betätigungsfreiheit wie die Nationalsozialisten, freie Wahlen im Gewerkschaftsbund, Herausgabe einer Tageszeitung und Garantie eines sozialen Kurses. Die Verhandlungen über diese Forderungen wurden in der Nacht vom 10. zum 11. März erfolgreich abgeschlossen. Am Abend des 11. März sollte ein Mitglied der „Revolutionären Sozialisten" über den Rundfunk die österreichischen Arbeiter auffordern, bei der mittlerweile für den 13. März vorgesehenen Wahl für die Unabhängigkeit Österreichs zu stimmen. Unter diesen Voraussetzungen hätte Schuschnigg mit einer Mehrheit von bis zu 70% der Stimmen rechnen können. Dazu kam es jedoch nicht mehr, da es bereits am 11. März zur eigentlichen Machtübernahme der Nationalsozialisten gekommen war.

Durch Verrat einer Sekretärin hatte Hitler bereits am 8. März von der geplanten Volksabstimmung erfahren, die unter keinen Umständen stattfinden durfte. Hitler befahl die Ausarbeitung von Plänen für einen sofortigen Einmarsch in Österreich und den Mobilmachungsbefehl für die 8. Armee. Ein Demmissionsschreiben Schuschniggs und der Text der Widerrufung der Abstimmung über den Rundfunk wurden entworfen. Der Direktor des Wiener Kriegsarchivs und seit dem Juliabkommen 1936 Minister ohne Portefeuille im Kabinett Schuschnigg, Dr. Glaise-Horstenau, der sich zu diesem Zeitpunkt auf einer Vortragsreise durch Deutschland befand, sollte die Berliner Texte nach Wien bringen, was er allerdings verweigerte.

Am Morgen des 11. März überbrachten dann Glaise-Horstenau und Seyß-Inquart Schuschnigg das Ultimatum Hitlers, die Volksabstimmung innerhalb einer Stunde abzusetzen, sie um einige Wochen zu verschieben und sodann nach dem Vorbild der Saarabstimmung durchzuführen.

Schuschnigg weigerte sich zunächst, informierte die ausländischen Diplomaten in Wien, ließ den Jahrgang 1915 zu einer Waffenübung einberufen und die Frontmiliz aufbieten. Dem für 14 Uhr einberufenen Ministerrat legte er drei Verhaltensmöglichkeiten vor: 1. Ablehnung des Ultimatums mit gleichzeitiger Kündigung des Berchtesgadener Abkommens; 2. Annahme des Ultimatums und Rücktritt des Kanzlers; 3. Annahme der Berliner Forderungen bezüglich der Durchführung der Abstimmung, aber nicht deren Verschiebung. Obwohl sich der Ministerrat für den dritten Vorschlag entschied, entschloss sich Schuschnigg während eines anschließenden Gespräches mit dem Bundespräsidenten zur Absage der Volksabstimmung. Zu diesem Zeitpunkt war aber der von Hitler und Göring festgesetzte Termin für das Ultimatum bereits abgelaufen. Daher hatte Hitler schon am Mittag des 11. März den ersten Befehl für den spätestens am nächsten Tag geplanten Einmarsch der deutschen Truppen in Österreich erteilt. Nach dem Eintreffen der Nachricht von der Verschiebung der Volksabstimmung war dann Göring die treibende Kraft. Wegen des angeblichen Bruches des Berchtesgadener Abkommen verlangte er telefonisch von Seyß-Inquart den Rücktritt Schuschniggs und die Bildung einer nationalsozialistischen Regierung durch Seyß-Inquart bis spätestens 17 Uhr. Sollte das nicht gelingen, würden die deutschen Truppen sofort einmarschieren.

Nun kapitulierte Schuschnigg und bot Miklas seinen Rücktritt an. Der Bundespräsident suchte daraufhin verzweifelt einen Nachfolger für die Kanzlerschaft, doch alle von ihm Befragten lehnten wegen der Aussichtslosigkeit der Lage ab.

Göring ließ mittlerweile Miklas mitteilen, dass der Einmarsch der deutschen Truppen noch in der gleichen Nacht beginnen werde, falls er Seyß-Inquart nicht bis spätestens 19 Uhr 30 mit der Regierungsbildung beauftrage.

Um einen hoffnungslosen blutigen Kampf zu vermeiden, gab Schuschnigg schließlich auf. Um 19 Uhr 25 informierte er über den Rundfunk die Österreicher über das deutsche Ultimatum und seinen Rücktritt: „So verabschiede ich mich in dieser Stunde von dem österreichischen Volke mit einem deutschen Wort und einem Herzenswunsch: Gott schütze Österreich!"

Miklas kapitulierte erst, als er erfahren hatte, dass der deutsche Rundfunk meldete, Seyß-Inquart habe um das Eingreifen deutscher Truppen zur Wiederherstellung von Ruhe und Ordnung ersucht. Um Mitternacht unterzeichnete er die Ernennung Seyß-Inquarts zum Bundeskanzler und wenig später auch die Liste der neuen Kabinettsmitglieder.

Dennoch überschritten am frühen Morgen des 12. März 1938 die ersten deutschen Truppeneinheiten die österreichische Grenze. Sie wurden vom Jubel großer Teile der österreichischen Bevölkerung empfangen, zum Teil sogar mit Blumen überschüttet.

Dieser Empfang veranlasste Hitler, persönlich nach Österreich zu kommen, „um das Grab seiner Eltern zu besuchen." Die ihn in seiner oberösterreichischen Heimat umbrandende Begeisterung und das sichere Bewusstsein von der Nichteinmischung der Großmächte bewogen ihn dazu, noch am 13. März in Linz das österreichische Bundesheer der deutschen Wehrmacht einzuverleiben und die Ausarbeitung eines Anschlussgesetzes anzuordnen. Es wurde schon am selben Nachmittag Seyß-Inquart und Miklas zur Unterschrift vorgelegt. Der Bundespräsident verweigerte die Unterzeichnung. Zuletzt erklärte er sich an der Ausübung seines Amtes gehindert und übertrug gemäß Artikel 77 des Bundesverfassungsgesetzes seine Funktionen dem Bundeskanzler. Daraufhin unterzeichnete Seyß-Inquart das „Gesetz über die Wiedervereinigung Österreichs mit dem Deutschen Reich". Dem Ministerrat teilte er dieses Faktum lediglich mit und ließ den Text des Gesetzes ohne Verlesung im Ministerrat sofort veröffentlichen. Die ersten Artikel lauteten: „1. Österreich ist ein Land des Deutschen

Reiches; 2. Sonntag, den 10. April 1938, findet eine freie und geheime Volksabstimmung der über 20 Jahre alten Männer und Frauen Österreichs über die Wiedervereinigung mit dem Deutschen Reich statt." Ebenfalls noch am 13. März ernannte Hitler seinen Spezialisten für Volksabstimmungen, den Gauleiter der Saarpfalz Bürckel, zum kommissarischen Leiter der NSDAP in Österreich.

1933 war das Parlament ausgeschaltet worden, 1934 die Sozialdemokratie durch einen Bürgerkrieg. 1938 verschwand der Staat Österreich für sieben Jahre von der Landkarte Europas.

Erika Weinzierl

„Aber die Pflicht war: zu widerstehen"[5] – Biographische Notizen zu einem Leben für den Widerstand

Der Widerstandsbegriff nimmt in der heutigen Diskussion über den Nationalsozialismus ein nahezu unüberschaubar gewordenes Forschungsfeld ein. Um den Widerstand vom persönlichen Miterleben zu einem auch für spätere Generationen nachvollziehbaren Begriff beziehungsweise wissenschaftlichen Thema zu machen, sind von vielen Seiten Vorschläge gemacht worden, den Widerstand zu definieren, klarer zu umreißen. Doch all diese Versuche mussten letztendlich scheitern, weil sie der Vielfalt seiner durch die zunehmende Beschäftigung mit dieser Zeit immer wieder neu entdeckten Facetten niemals entsprechen konnten. Das umfangreich dokumentierte persönliche Erleben und Wahrnehmen des Widerstandes passte nicht in ein herkömmliches Konzept wissenschaftlicher Betrachtung.[6]

Die allgemeine Widerstandsdiskussion in Österreich war mit dem Einsetzen des Kalten Krieges während der Jahre 1947 und 1948 und sicherlich auch mit dem wirtschaftlichen Aufbruch der fünfziger Jahre stark rückgängig. Erst die Gründung des Dokumentationsarchives des österreichischen Widerstandes 1963 schuf in Österreich eine breite Basis für Forschung und Erfahrungsaustausch. Lange Zeit außerhalb jeder Betrachtung lag aber der weibliche Widerstand[7] und jene Form einer ideellen, von außen wirkenden Opposition auf das System des Nationalsozialismus. Irene Harand stand für beides. Diese junge Frau, die sich ihr Wissen durch umfangreiche Lektüre und zahlreiche Diskussionen selbst aneignete, keine universitäre Bildung besaß und erst durch ihren eigenen, starken Willen den Mut aufbrachte, gegen Unrecht aufzustehen, erkannte schon sehr früh die drohende Gefahr, als sie von der männlich dominierten Politik, wenn überhaupt, dann nur mit einem Lächeln wahrgenommen wurde. In ihren ersten Ausgaben der Zeitschrift *Gerechtigkeit* schreibt sie voller Erschütterung über das, was 1933 geschehen war, dass es „mit Hitler keine Kompromisse geben darf"[8], denn „die Schwäche, die die Welt Deutschland gegenüber zeigt, wird sich noch bitter rächen. Das Hakenkreuz nützt seine Zeit richtig aus. Es rüstet zum fürchterlichsten Kriege".[9] Bis aber Irene Harand diese mutige Überzeugung gewonnen hatte, vergingen Jahre an Arbeit, Studium und es vollzog sich ein fundamentaler Wandel in ihrer gesellschaftlichen Einstellung.

Am 7. September 1900 kam Irene in Wien als Tochter von Sophie Markely und Franz Wedl zur Welt.[10] Die Mutter – evangelisch – entstammte einer siebenbürger-sächsischen Familie, seit ihrem 19. Lebensjahr wohnte sie in Wien.[11] Ihr Vater – Irenes Großvater – war Militärkommandant von Hermannstadt. Der katholische Vater, ein gebürtiger Nikolsburger, besaß in der Reichshauptstadt einen mittleren Betrieb[12], die Familie war somit Teil des gut saturierten österreichischen Bürgertums, einer gehobenen Mittelschicht.[13] Ebenso wie ihrer älteren Schwester Grete, oblag es auch ihr, sich als Frau auf ihre zukünftigen Aufgaben vorzubereiten. Der Pflicht- und einer wirtschaftlichen Mittelschule folgte eine zweijährige, weiterbildende Schule der Mademoiselles Divish in der Schaumburggasse im IV. Wiener Gemeindebezirk, wo sie Französisch als Fremdsprache erlernte und ihr – immer im Hinblick auf das bürgerlich vorgezeichnete Leben – feine Umgangsformen sowie alle Notwendigkeiten zur Führung eines Haushaltes beigebracht wurden.[14] Ein geplantes Studium war ihr aus gesundheitlichen Gründen und den weltkriegsbedingten ‚ziemlich ungünstigen Umständen' ihrer Generation verwehrt geblieben.[15] Ihren späteren Mann Frank Harand, den sie 1919 heiratete, lernte die junge Frau während eines Tanzkurses kennen, zu dem sie ihre Eltern, eigentlich gegen ihren Willen, verpflichteten.[16] Frank Harand (1895–1975), Hauptmann a. D. der k. u. k. Armee, wurde in Prag geboren und gehörte einer alten Offiziersfamilie an.[17] Nach dem Abschluss der Meidlinger Militärakademie 1915 rückte er an die russische Front und wurde später als Offizier an die Isonzofront versetzt.[18] Am Kriegsende, als Irene einen beträchtlichen Teil ihres Erbes durch die Inflation verloren hatte, arbeitete sie als Sekretärin in verschiedenen Unternehmen und ihr Mann übernahm bald die Stelle eines gut bezahlten Verkaufsmanagers in einer großen Wiener Schokoladenfirma.[19] Die existenzielle Absicherung, die mit dem Beruf ihres Mannes seit Mitte der neunzehnzwanziger Jahre verbunden war, erlaubten Irene Harand, deren Ehe kinderlos geblieben war, eigenen Interessen nachzugehen. Frank Harand unterstützte seine Frau in ihren Bestreben voll und ganz. Ihr Heim und Familienglück bildeten für sie ein ‚ungeheures Kräftereservoir', das ihr stets half, diesen zehrenden und leidenschaftlich geführten Kampf immer wieder von neuem zu bestreiten.[20]

Politik und Wirtschaft waren in Irenes behüteter Jugend kein Thema gewesen, eigentlich mehr ‚verschlossene Bücher', die zu lesen sie damals nicht verlangte.[21] Eine weitgehend religiöse und vor allem tolerant liebevolle Erziehung gehörte dagegen zu den wichtigsten Erfahrungen in ihren jungen Jahren. Die Mutter, so betont Irene Harand immer wieder in ihren Schriften, die sich trotz ihrer protestantischen Herkunft entschlossen hatte, ihre Kinder katholisch zu erziehen, „impfte ihr den Sinn für Gerechtigkeit und Menschenliebe schon seit frühester Kindheit" ein.[22] Nur einmal in ihrem Leben erhielt sie von ihrer Mutter eine Ohrfeige, als sie von dieser verlangte, den Lehrer zu überzeugen, sie in der Klasse zu versetzen, damit sie nicht mit einer ‚dreckigen Jüdin' in der gleichen Bank sitzen musste.[23]

Einem jungen, von Gerechtigkeitstreben und tiefer Liebe zu den Menschen erfüllten Mädchen konnten freilich die Ereignisse des sie umgebenden Weltbrandes nicht verborgen bleiben. Die pazifistische Grundeinstellung von Irene Harand wurzelte zweifellos in der leidenschaftlichen Erfahrung einer von den Ereignissen des Ersten Weltkrieges überforderten Jugendlichen. Als 36-Jährige erinnert sie sich daran: „Ich … habe als junges Kind den furchtbaren Krieg miterlebt und habe meine schönsten Jungmädchenjahre in einem Winkel sitzend weinend zugebracht. Ich konnte es nicht verstehen, dass die Menschheit so grausam sein soll, sich gegenseitig auszurotten und ich habe als 15-jähriges Mädchen an meine Mutter die Frage gestellt: ‚Mama, was würdest du tun, wenn du ein Mann wärst? Würdest du in den Krieg ziehen, würdest du Menschen, die du nie gesehen hast und die dir nie etwas getan haben, niederschießen?' Meine Mutter konnte mir nicht antworten. Es sind ihr einfach nur die Tränen über die Wangen gerollt. Sie stellte an mich eine Gegenfrage, nachdem sie mich gütig in ihre

Arme geschlossen hat: ‚Ja, mein Kind, wenn jemand auf dich eine Pistole anlegt, dann wirst du wahrscheinlich in höchster Angst versuchen, dem andern zuvorzukommen.' Und ich erinnere mich, dass ich geantwortet habe: ‚Nein, das würde ich nicht! Ich würde mich lieber erschießen lassen, als jemand anderen erschießen.'"[24] In späteren Schriften vergaß sie nie zu betonen, wie wichtig es für die Glaubwürdigkeit der Christen sei, die Grundsätze der Religion – vor allem die Nächstenliebe – auch zu leben, „jeder Krieg war ein Unrecht und der Friede, den er gebar, war ebenfalls ein Unrecht. Darum ist es notwendig, dass sowohl zwischen Mensch und Mensch und zwischen Staat und Staat alles nicht durch Gewalt und Krieg, sondern durch Nächstenliebe und Gerechtigkeit geregelt werde". Einen ihrer Vorträge beendet sie mit den Worten der Hoffnung, die aus der schrecklichen Erfahrung des ersten Weltkrieges entstanden war, „wir sollen nicht erst Frieden schließen, nachdem Millionen von jungen Menschenleben vernichtet, blühende Städte und Länder verwüstet, Schmerz und Verzweiflung in die Seele von Millionen von Opfern des Krieges und seiner Folgen gebracht wurde. Wir sollen Frieden schließen, bevor noch der Krieg begonnen hat. Nur ein solcher Friede kann gerecht, vernünftig und vor allem wahrhaft christlich sein. Ein solcher Friede wäre das schönste Geschenk für unsere Generation".[25]

Der Zugang zu ihrem späteren Lebensthema, dem Rassenhass und dem Antisemitismus, gestaltete sich noch persönlicher und war weitgehend von Einzelerlebnissen geprägt. Im Elternhaus, so Irene Harand in einem autobiographischen Aufsatzmanuskript aus den sechziger Jahren, gab es keinen Antisemitismus. Lediglich durch ihre jüdische Tante, mit der die Kinder mehrere Sommer verbrachten und die nach dem frühen Tod ihrer Mutter auch ihre Erziehung übernahm, sowie durch einige Familien aus dem Freundeskreis mit einem jüdischen Ehepartner kam Irene in den Kontakt mit dieser Religion und sicherlich auch mit den Problemen, denen sie im alltäglichen Leben in einer zum Teil stark antisemitischen Umwelt ausgesetzt waren.[26] Ein für ihren späteren Werdegang zweifellos prägendes Erlebnis hatte Irene während der Sommermonate, die sie mit ihrer Familie wie fast alle bürgerlichen Familien Wiens außerhalb der Großstadt u. a. in Pfarrkirchen bei Bad Hall verbrachte. Während die Mutter noch einige geschäftliche Erledigungen hatte, sollte die ältere Schwester, die damals neunjährige Grete, mit den Kindern voraus ins Quartier gehen. Einheimische Bauernkinder, die sich auf der gegenüberliegenden Straßenseite rauften, begannen plötzlich den Stadtkindern hinterher zu laufen und schrieen ihnen dabei ‚Jud, Jud, Jud' zu, woraufhin Grete erschreckt mit ihnen im Laufschritt nach Hause eilte. Jahrzehnte später stellte sich Irene Harand die Frage „Hat sie unsere städtische Kleidung gereizt? War es, weil sie von ihren Eltern ‚wussten', dass alle Sommerfrischler Faulenzer sind? Waren es die ‚feinen' Schuhe mit Lackkappen an unseren Füßen, die ihren Unwillen, ja mitunter ihre Verachtung erweckten? – Warum ist mir ein Erlebnis, das ich als Fünfjährige hatte, bis zum heutigen Tag noch in Erinnerung? Wenn man zu Tode erschrickt, wenn man das erste Mal eine Welt von Feinden um sich fühlt, vergisst man das niemals". In Rückbesinnung auf dieses einschneidende Erlebnis unterließ es die Sechzigjährige aber nicht, auch danach zu fragen, aus welchem Grund diese Dorfbuben so etwas getan haben und wo dafür die Ursachen liegen. Typisch für Irene Harand ist, dass sie es nicht beim Beschreiben des Geschehens belässt, sondern nach den Hintergründen sucht und sich für das Schicksal dieser Dorfbuben interessiert.[27] Von

Elternhaus und persönlichem Erleben bereits sensibilisiert, erlebte Irene ein weiteres Mal alltäglichen Antisemitismus – diesmal in den Straßen Wiens während des Krieges. Als sie sich vor einer Bäckerei um Brot anstellte, begannen ein paar Jugendliche einen ebenfalls in der Reihe stehenden, alten jüdischen Flüchtling aus Galizien als ‚Saujud' zu beschimpfen, der nur allein deswegen gekommen wäre, um ihnen allen das Brot wegzunehmen. Schockiert ergriff das Mädchen die Partei des alten Mannes und stellte die Jungen zur Rede: „Begreifst du denn nicht, wie schmählich dein Betragen ist? Es ist ja ein Österreicher, wie du, und hat ja wegen des Krieges Haus und Heim verloren. Dir geht es doch besser, du hast ein Dach über dem Kopf und nun missgönnst du dem Armen das Stückchen Brot". Zuhause angekommen erzählte sie davon ihrer Mutter, die mir ihrer Reaktion den Buben gegenüber nicht zufrieden war, denn „Hass kannst du mit Hass nicht vertreiben, für diese Aufgabe bedarf es besserer und stärkerer Kräfte".[28] Auch nach dem Krieg verspürte Irene Harand nie Hass, obwohl sie vielleicht allen Grund dazu gehabt hätte.

Eine andere, wichtige Wurzel, welche die junge Frau letztendlich dazu bewegte, sich mit dem Antisemitismus und seinen Ursachen auseinander zu setzen, ging von ihrem Mann bzw. seiner Familie aus. Durch ihre Heirat kam Irene Harand in einen Kreis, in dem der Antisemitismus ungefragt zum guten Umgangston zählte, von dem allerdings einzelne, persönlich gut bekannte Juden als seltene positive Ausnahme betrachtet wurden.[29] Nach dem Krieg musste die junge Gattin mit ansehen, wie das Leben eines jüdischen Frontkameraden und engen Freundes von Frank Harand ungeachtet seiner Verdienste durch das kommunistische Regime in Ungarn buchstäblich ‚zertreten' wurde.[30] Ihr Mann war es auch, der von seinen Reisen in die Provinz als Vertreter berichtete. Im Frühjahr besuchte er die verschiedenen Geschäfte außerhalb der Hauptstadt, mit denen seine Firma Kontakte besaß. Dabei begrüßte man ihn sehr oft mit den Worten „Also jetzt sind die Juden aus Wien wieder da, es muss bald Sommer werden", denn wer aus Wien kam, konnte ihrer Ansicht nur ein Jude sein.[31]

Einer ihrer Freunde, ein fünfundsiebzigjähriger, durch die Inflation verarmter Adeliger, hatte sich mit der Bitte um Hilfe an sie gewandt. Dieser Mann hatte vor dem Krieg all seine Liegenschaften und seinen Besitz an seinen Sohn überschrieben und gedacht, von den Erträgen aus seinen Wertpapieren den Lebensabend für sich und seine Frau bestreiten zu können. Der Krieg und der darauf folgende wirtschaftliche Zusammenbruch machten aus ihm schlagartig einen bettelarmen, hungernden Menschen. Als er an seinen Sohn, der alles geerbt hatte, herantrat, musste er bitter enttäuscht erfahren, dass dieser ihn nicht unterstützen wollte. Durch Zufall geriet Irene Harand mit ihrem Anliegen, nachdem sie von vielen anderen, christlichen Anwälten, die hohe Honorarvorauszahlungen für den Fall verlangten, die ihr Freund nicht in der Lage war zu leisten, enttäuscht war, an den jüdischen Rechtsanwalt Moriz Zalman.[32] Dieser willigte nicht nur ein, den Fall zu übernehmen – ohne dafür im vorhinein ein Honorar zu verlangen –, er bestritt auch noch aus seiner eigenen Tasche während der letzten Phase des Prozesses, den er zu Gunsten seines Klienten entscheiden konnte, einen monatlichen Betrag, der dem alten Herren seinen Lebensunterhalt bis Prozessausgang sicherzustellen half.[33] Dieses erste Zusammentreffen mit einem jüdischen Rechtsanwalt und die Erfahrung einer unerwarteten Selbstlosigkeit, ja Aufopferung für seine Klienten, ließen Irene Harand letztendlich sich ihrer bis da-

Oesterreichische Volkspartei

Hauptleitung: Wien I. Spiegelgasse 4

Sekretariate: Wien XVIII., Währingergürtel 7, X., Columbusgasse 18 und XII., Schönbrunnerstraße 190

Tel. R-22-3-35, R-21-710

Für einen großen **RAUB**

wird Stimmung gemacht

Die

„**Neustabilisierung** des **Schillings**"

auf ca. 80 Prozent steht auf der Tagesordnung

Darüber sprechen Parteiobmann Rechtsanwalt **Dr. Zalman** und Frau Irene **Harand**, Hauptmannsgattin, in der

MASSENVERSAMMLUNG

Donnerstag, 8. d. M. ½8 Uhr abends, im Rest. Wimberger, VII., Neubaugürtel 34-36

Eintritt gegen Vorweisung dieser Einladung

Der Kampfausschuß der
Oesterreichischen Volkspartei

Verleger und für den Inhalt verantwortlich Irene Harand. Druck: Druck- und Verlagsanstalt Melantrich A. G. Beide Wien, IX., Pramergasse 6.

Abb. 1 und 2: Versammlung der ÖVP, Irene Harand tritt als Rednerin auf und zeichnet bereits als für den Inhalt verantwortliche Verlegerin. Im früheren Flugblatt scheint noch die alte Adresse der ÖVP auf. Auch hier setzt sich Irene Harand bereits mit dem Antisemitismus auseinander. ÖNB, Flugblattsammlung 1932.

Unzufriedene aller Parteien!

Die alten Politiker zeigen uns keinen Weg zur Rettung. Darum die allgemeine Flucht aus den Reihen der alten Parteien.
Die Radikalen von rechts (Heimwehr, Hakenkreuz) und von links (Kommunisten) schicken sich an, ihre Erbschaft anzutreten.
Ihr Sieg würde bedeuten:
Diktatur, Bürgerkrieg, Pogrome, Verschärfung der Not und des Elends.
Darum:

Hinein in die Oesterreichische Volkspartei!

die alle Mitbürger **ohne Unterschied des Glaubens und der Rasse** zum Kampfe gegen die drohende **Unterdrückung der Volksfreiheiten** und **für die schleunigste Beseitigung der Wirtschaftskrise** aufrufen will.
Verteidigt Eure Freiheit, bevor es zu spät ist!
Die Oesterreichische Volkspartei veranstaltet Mittwoch, den 10. Februar d. J., 7 Uhr abends, im Hotel Post, Wien I, Fleischmarkt 24 (Eingang Drachengasse), eine

Tagung der „Freien Tribüne"

zu der Sie hiemit geziemend eingeladen werden.

Tagesordnung:
1. Wie wir die Devisenordnung loswerden können!
   Referent: Rechtsanwalt Dr. Zalman, Obmann der Oesterreichischen Volkspartei.
2. Bietet der Talmud Anhaltspunkte, die den Rassenhaß rechtfertigen?
   Referentin: Frau Irene Harand, Hauptmannsgattin.
3. Krise der Demokratie in Oesterreich
   Referent: Dr. Benno Ziemand.

Bei dieser Tagung werden Anfragen beantwortet, die sich auf unsere Wirtschaft, insbesondere auf den Schilling und die Schillingwerte beziehen.
Regiebeitrag: Für die ersten 10 Reihen 50 g, für alle übrigen Plätze 30 g.

DIE HAUPTLEITUNG DER
OESTERREICHISCHEN VOLKSPARTEI
Wien I, Spiegelgasse 4

☞ Es wird gebeten, die Einladung mitzubringen. ☜

———————— Abschneiden und einsenden! ————————

An die Oesterreichische Volkspartei, Wien I, Spiegelgasse 4. Ich trete der Oesterreichischen Volkspartei bei. Ich nehme zur Kenntnis, daß der Mitgliedsbeitrag 10 g monatlich beträgt.

Name: _____ Beruf: _____

Adresse: _____

Eigentümer und für den Inhalt verantwortlich Franz Tilla, Privatbeamter, Wien, I., Spiegelgasse 4. — Druck: Druckerei- und Verlags-A.-G. Ignaz Steinmann, Wien, IX., Universitätsstraße 6—8.

Abb. 2

hin unkritisch im Kopf schwelenden, rassistischen Vorurteile gegen Juden bewusst werden und sollten für ihren weiteren Weg bestimmend sein. Jahre später, im Rückblick auf diese Zeit gestand sie sich in einer Selbstreflexion ein „von 20-27 meine Schuld – nur für mich gelebt!!".[34] Moriz Zalman war es in den zwanziger Jahren durch seine Beharrlichkeit gelungen, gegenüber dem österreichischen Staat eine finanzielle Entschädigung für Tausende durch die Inflation mittellos gewordene Kleinanleger (‚Kleinrentner') durchzusetzen. Kurz darauf entschloss sie sich, beim *Verband der Kleinrentner und Sparer Österreichs* aktiv mitzuarbeiten. Zalman wurde immer mehr zu einer maßgebenden Bezugsperson und einem Mentor für Irene Harand.[35]

Arbeitete Irene Harand zunächst als Sekretärin, später als Stellvertretende Obfrau neben Zalman im *Kleinrentnerverband*, so sammelte sie bereits Ende der zwanziger Jahre in der *Welt am Morgen*, eine vom Verband herausgegebene Zeitung, erste publizistische und organisatorische Erfahrungen, bei denen sich schon ihre spätere, leidenschaftliche Arbeit gegen Rassenhass und Menschennot abzuzeichnen beginnt.[36] Enttäuscht von der Radikalisierung der Parteien in der Ersten Republik, entschloss sich Irene Harand, gemeinsam mit Moriz Zalman 1930 eine eigene Partei – die erste *Österreichische Volkspartei* – ins Leben zu rufen.[37] Sie selber war bis 1932, so wie ihr Vater, Mitglied in der *Christlich Sozialen Partei*.[38] Zalman sympathisierte bis dahin mit den Sozialdemokraten, die auch lange Zeit die *Kleinrentnerbewegung* unterstützten. Gegenüber den linken Parteien der ersten Republik war Irene Harand aus mehreren Gründen skeptisch. Die Sozialdemokraten erschienen ihr zeitweise ‚nicht übermäßig demokratisch'[39], dazu kommt sicherlich auch noch die Enttäuschung, die sie über Moriz Zalman und den *Kleinrentnerverband* erfahren hat, als deren Interessen zu Beginn der dreißiger Jahre von den Sozialdemokraten fallen gelassen wurden, was zur Einstellung der ersten Zeitung *Die Welt am Morgen* führte. Die Radikalität der Kommunisten, verbunden mit ihren Forderungen nach Abschaffung von Privateigentum und Kollektivierung – noch dazu im Hinblick auf die zu dieser Zeit immer wieder kolportierten Schreckensmeldungen aus der Sowjetunion – mussten auf die mit bürgerlichen Werten groß gewordene Irene Harand verständlicherweise abstoßend wirken. Selbst der illusionären Vorstellung einer Gleichberechtigung aller Menschen, unabhängig von ihrer Herkunft, einer Bewegung, die den Rassenhass bekämpfte und den Antisemitismus strikt ablehnte, konnte sie nichts abgewinnen. Das Erlebnis eines guten Freundes und Frontkameraden ihres Mannes – jüdischer Abstammung –, der während des Krieges sein erster Adjutant war und dessen Familie durch das kommunistische Regime in Budapest schwer zu leiden hatte, überzeugte sie von der verlogenen Realität dieser politischen Weltanschauung.[40]

Irene Harand – sicherlich für ihre Zeit ein äußerst unübliches Beispiel einer politisch aktiven Frau aus bürgerlichen Kreisen – betrachtete die Einstellung vieler Aktivistinnen, dass Frauen – hätten sie in der Politik mehr Einfluss – es besser machen würden, mit distanzierter Skepsis einer kritischen Weltanschauung. In ihren Augen erschien „jede Gleichmacherei, weil die Natur uns schon ungleich erschaffen hat, für falsch. Die Uniform in der Kleidung und die Uniform im Denken, die Uniform im Wohnen und die Uniform im Krieg wie im Frieden halte ich für das größte Unglück, das Männer erdacht haben. Und trotzdem sind wir Frauen mitschuldig, weil uns diese Uniform zunächst einmal in der Kleidung der Männer sehr gut gefallen hat … Es ist ganz falsch, nach *dem* Manne oder nach *der* Frau zu rufen, die dem Wahnsinn ein Ende bereiten, Jeder von uns ist *der* Mann oder *die* Frau, das heißt alle zusammen sind an allem schuld und alle zusammen nur können diese Schuld abtragen".[41] Ein kritischer Leser könnte hier wohl den Unterton einer Kollektivschuld oder die traditionelle Rollenzuweisung Mann-Frau herauslesen. Das würde aber bedeuten, die Idee Irene Harands in ihrem Kern nicht erkannt zu haben. Ihr geht es eindeutig nicht um die Verteidigung althergebrachter Rollenschemata – ist sie doch selber das beste Gegenbeispiel dafür – auch von Kollektivschuldzuweisungen ist sie weit entfernt. Letzteres gewinnt ja erst um die Holocaust-Diskussion nach 1945 an eigenständiger

Bedeutung. Irene Harand argumentiert vielmehr aus einer prinzipiellen politischen Gleichheit von Mann und Frau heraus, die zunächst niemand bevorteilt, lediglich allen die gleiche Anfälligkeit für menschliche Fehler bescheinigt.

Während dieser Zeit begann sich Irene immer mehr für den Antisemitismus und Rassismus ihrer Zeit zu interessieren. Ein erstes Ergebnis ihrer autodidakten Fortbildung veröffentlichte sie 1933 unter dem Titel *So oder So – die Wahrheit über den Antisemitismus*. Wahrscheinlich durch ihre Freunde und durch die Vorgänge im Deutschen Reich – Adolf Hitler wurde im Jänner desselben Jahres zum Reichskanz-

Abb. 3: *Die politische Flugschrift* So oder So *zählt zu den ersten Arbeiten (1933), mit denen Irene Harand in die Öffentlichkeit trat. Deutlich auch hier die Symbole der späteren Bewegung.*

ler ernannt – bestärkt, entschloss sie sich im Herbst 1933 zur Herausgabe einer eigenen Zeitschrift *Gerechtigkeit*.[42] Mit diesem wöchentlich erschienenen Blatt schuf sie eine für möglichst viele Leser zugängliche Plattform, auf der offen über den Rassismus und Antisemitismus diskutiert werden konnte, das dabei gleichzeitig auch tiefergehende, kritische Analysen beinhaltete und Berichte über die Vorgänge in Deutschland seit der Machtergreifung der Nationalsozialisten lieferte. Zwei Jahre später fasste Irene Harand ihre Ideen und Studien in einer programmatischen, außerordentlich kritischen und oftmals fast dialektischen Auseinandersetzung mit Hitlers *Mein Kampf* zusammen. Das Buch *Sein Kampf – Antwort an Hitler* war die ideologische Basis für die 1933 von ihr gegründete *Harandbewegung – Weltorganisation gegen Rassenhass und Menschennot*.[43]

Bis März 1938, als sie von einer Vortragsreise – durch die politischen Ereignisse überrollt – nicht mehr in ihre geliebte Heimat zurückkehren konnte, stellte Irene Harand ihr Leben, ihre ganze Kraft in den Dienst für ein unabhängiges Österreich und für die Idee einer zukünftigen Welt ohne Rassenhass. Im Gegensatz zur intellektuellen Opposition gegen den Nationalsozialismus von kirchlicher als auch von universitärer Seite, wie sie die noch zu erwähnenden Fischer und Hildebrand vertraten, bemühte sich Irene Harand um die ärmeren Schichten der Bevölkerung, die von der politischen Entscheidungsfindung – außer in Vorwahlzeiten – größtenteils ausgeschlossen waren und auch dafür in ihrem täglichen Ringen um die weitere Existenz von Familie und Heim kaum Zeit fanden. In gerade dieser Gruppe aber erkannte sie das Reservoir, aus dem Populisten ihre, zunächst auf demokratischem Wege erreichte Macht, zu stützen suchten. In ihrem typischen, volksnahen und einfach logischen Stil, schreibt sie „Mein Kampf ist gegen jeden Hass gerichtet, egal, ob er uns von rechts oder links serviert wird, es ist eine geschickte Vergiftung im Interesse der braunen und der roten Bolschewisten, wenn wir immer wieder zu hören bekommen: ‚Entweder Hakenkreuz oder Hammer und Sichel.' Weder die Pest noch die Cholera bringt einem kränkelnden Menschen die Heilung, sondern das Dritte, nämlich eine gesunde Lebensführung, frische Luft und anständiges Essen".[44] Sehnlichst wünschte sie sich Friede und Glück, an dem alle Menschen teilhaben sollten „Ich muß arbeiten, arbeiten – damit diesen Frieden dieses Glück alle genießen … und mir meines gönnen".[45]

Im September 1938 verließ sie gemeinsam mit ihrem Mann, dem die Flucht über die Tschechoslowakei aus dem schon besetzten Österreich in letzter Minute gelang, Europa in Richtung New York, wo bereits ihre Schwester, die mit einem Bruder von Frank Harand verheiratet war, seit einigen Jahren wohnte.[46] Viele ihrer in Europa verbliebenen Anhänger und auch ihr enger Freund und geistiger Mentor Moriz Zalman starben in den jede Menschlichkeit hinter sich lassenden Todeslagern der Nationalsozialisten.[47] Jahre danach schildert sie selber die abenteuerlichen Umstände der Flucht ihres Gatten, das Schicksal ihres Mitarbeiters Joseph Führer und die vergeblichen Versuche, Moriz Zalman zu retten: „Ich war zur Zeit als Hitler Österreich besetzen liess in London. Mein Mann und Dr. Zalman sind noch spät nachts, nachdem Dr. Schuschnigg im Radio gesprochen hatte, mit dem Auto, indem sich auch die Freundin des Dr. Zalmans – Frl. Magdalena Zimmermann befand zur tschechischen Grenze gefahren, die aber bereits gesperrt und auf der österr. Seite von S. A. Leuten besetzt war. Alle drei mussten wieder zurück und wurden leider separiert von Freunden und Verwandten aufgenommen. Mein zweiter Mitarbeiter Josef Führer und seine Frau Anny, die mein Mann auch aufsuchte, konnten sich nicht entschliessen den alten Vater zurückzulassen und haben die Flucht abgelehnt. Josef Führer war Staatsbeamter, wurde sofort entlassen und später verhaftet und eingesperrt, dem Konzentrationslager ist er nicht eingeliefert worden, hat aber auch so viel Arges erdulden müssen, weil er als Christ gegen den Antisemitismus gekämpft hat. Mein Mann versuchte Kontakt mit Dr. Zalman zu bekommen, aber ohne Erfolg. Eine Woche später ist er schwarz über die Grenze nach der Tschechoslowakei gegangen. Als er nach Prag kam, hat er sich sofort an den tschechischen Abgeordneten Klein gewendet, der einen Tschechen nach Wien sandte, dem es endlich gelang, Dr. Z.'s Aufenthalt ausfindig zu machen. Er brachte ein Passbild zurück und fuhr noch am selben Tag mit einem tschechischen Pass – unter falschen Namen – für Dr. Z. zurück. Inzwischen war ich in London schon verständigt worden und habe selbst die Einreise nach England betrieben. Mein Mann kam mit einem Flugzeug zuerst nach Amsterdam und dann nach London. Dr. Zalman fuhr nach der Schweiz, wurde erkannt und an der Grenze verhaftet. Er ist am 29. Mai 1940 in Oranienburg-Sachsenhausen gestorben. Ja 2 Jahre 2 Monate und 2 Tage lang ist er ermordet worden. Nichts half. Selbstverständlich hatte ich sofort, als ich am 10. September 1938 nach den Staaten kam, Affidavit, Schiffskarte, ja sogar eine Berufung als Professor für Dr. Zalman besorgt, doch die Nazi gaben ihn nicht frei".[48]

Trotz dieser schweren persönlichen Niederlage setzte sie ihre Arbeit für Österreich in ungebrochener Kraft fort und rief schon 1939 in New York mit einer Reihe von Emigranten das *Austro-American-Center* ins Leben.[49] 1943 entstand unter ihrer Leitung, ebenfalls in ihren neuen Heimatstadt New York ein Institut für jüdische Schriftsteller und Künstler, die Österreich 1938 verlassen mussten, das spätere *Austrian Forum*.[50] Jahre nach dem Zweiten Weltkrieg verlieh Yad Vashem der außergewöhnlichen Frau 1968 den Status einer Gerechten unter den Völkern.[51]

Irene Harand verlebte ihre letzten Lebensjahre in New York als aktive Präsidentin des *Austrian Forums*. Am 2. Februar 1975 starb Irene Harand im 75. Lebensjahr im Jamaica Hospital im New Yorker Stadtteil Queens, wo sie und ihr Mann ihre letzten Lebensjahre verlebt hatten. Neben ihrem Mann überlebten sie ihr Bruder und ihre Schwester.[52] Am 27. Juni 1975 wurde die Asche von Irene Harand in einem Ehrengrab der Stadt Wien im Urnenhain des Wiener Zentralfriedhofs unter der Nummer 153 (rechte Arkade innen) im Beisein ihres Mannes beigesetzt. Frank Harand folgte ihr nur ein Jahr später. Carry Hauser, Präsident der Aktion gegen Antisemitismus, hielt beim Begräbnis von Irene Harand die Laudatio: „Sie war eine unerschrockene Kämpferin, erfüllt vom Geist der Gerechtigkeit und der Liebe zu den Menschen, sie war uns allen wahrhaft ein Vorbild, das wir nachzuleben uns bemühen müssen."[53] Von ihrem Tod nahm man im offiziellen Österreich keine Notiz. Erst im September 1990 benannte die Gemeinde Wien auf Initiative des damaligen Hauptgeschäftsführers der österreichischen Volkspartei Dr. Peter Marboe und der ÖVP-Bezirksrätin Dr. Beatrix Scherlacher ein Wohnhaus in der Judengasse Nr. 4 im I. Bezirk *Irene-Harand-Hof*.[54]

Nicht nur ihr Widerstand, sondern auch ihr Leben passen schwer in vorgegebene Strukturen bisheriger Betrachtungen, die sich kaum ihrer Beispielhaftigkeit und in gewisser Weise sehr couragierten Vorbildlichkeit für heute erinnern. Das Schicksal

Abb. 4: Urnengrab von Irene und Frank Harand – Wiener Zentralfriedhof, rechte Arkade innen, Nr. 153. Photo: K. Scharr 2001.

Abb. 5: Irene-Harand-Hof *in der Judengasse 4, Wien I. Photo: K. Scharr 2001.*

von Irene Harand und der mit ihr verbundenen *Bewegung gegen Rassenhass und Menschennot* ist in mehrfacher Hinsicht beispielhaft für die besondere Form ihres Widerstandes, der durch die Ereignisse vom 12. März 1938 und die darauffolgenden Jahre des Krieges, der Vernichtung und der Ausbreitung eines rücksichtslos mordenden Hasses über Europa zwar erschüttert wurde, aber in seiner tief christlich geprägten Haltung nicht gebrochen werden konnte. Irene Harand sah es zeitlebens, ungeachtet aller Rückschläge und Enttäuschungen, nicht nur als Pflicht an, zu widerstehen – wie das Wladyslaw Bartoszewski formulierte – sondern sie war, wie sie selber schreibt, aus einer von ihrem Herzen ruhelos angetriebenen, natürlichen Selbstverständlichkeit und einem christlichen Gerechtigkeitsempfinden immer „bereit, mit meiner ganzen Person für meinen Kampf einzustehen".[55]

Die zögerliche Wiederentdeckung einer Vergessenen

Die Weltanschauung von Irene Harand in den dreißiger Jahren ist ohne Zweifel als bürgerlich konservativ und in steigendem Maße monarchistisch zu bezeichnen. Mit ihrer tief christlich verwurzelten Lebensauffassung wurde sie zur Trägerin eines äußerst aktiven Widerstandes, der sich gegen Nationalsozialismus und den im politisch-gesellschaftlichen Leben ihrer Zeit mehr und mehr um sich greifenden Antisemitismus richtete. Im Einparteien-Ständestaat der *Vaterländischen Front* sah sie als überzeugte Anhängerin österreichischer Unabhängigkeit die einzige Möglichkeit eines dauerhaften Widerstandes gegen den sich vom Deutschen Reich her aggressiv ausbreitenden Nationalsozialismus. Irene Harand gehörte in Österreich bis zum Anschluss im März 1938 zu den wenigen engagierten Kämpfern gegen diese drohende Gefahr. Im Gegensatz zu Dietrich von Hildebrand (1889-1977) oder zum Franziskanerpater Zyrill Fischer (1892-1945)[56] – beide Vertreter der katholischen Widerstandsbewegung in Österreich – versuchte Irene Harand mit ihren Schriften und ihrer Arbeit, breite Volksschichten zu erfassen und dabei gleichzeitig Lösungsvorschläge zu bieten, die das Problem an der Wurzel fassen sollten. Trotzdem schien diese Form des Widerstandes nach 1945 in Österreich nahezu vergessen zu sein.

Die Gründe dafür sind vielfältig. Einerseits war es den Nationalsozialisten gelungen, eine etwaige Erinnerung durch gründliche Vernichtungsarbeit zu verhindern. Die Unterlagen der *Harandbewegung* verschleppte eine Spezialabteilung des Reichssicherheitshauptamtes nach Berlin. Sie galten nach dem Krieg bis zu Beginn der neunziger Jahre als verschollen.[57] Ihre Schriften wurden verboten und verbrannt, viele der ehemaligen Anhänger und Sympathisanten fanden den Tod in den Konzentrationslagern oder waren rechtzeitig emigriert und nach 1945 nicht mehr in ihre alte Heimat Österreich zurückgekehrt.[58] So scheint beispielsweise die Hauptschrift Irene Harands *Sein Kampf – Antwort an Hitler* in bibliographischen Verzeichnissen erstmals 1949 wieder auf.[59] Andererseits war das politische Klima im Nachkriegsösterreich für das Entstehen einer ernstgemeinten Diskussion über die Jahre vor dem Anschluss nicht gerade günstig. Österreich hatte sieben Jahre lang nicht existiert und die Moskauer Deklaration der alliierten Außenminister vom Oktober 1943 bestärkte viele in ihrer einfachen, aber bequemen Ansicht, dass Österreich selbst zu den Opfern des Nationalsozialismus gehörte. Die Zeit des faschistisch autoritären Ständestaates von 1933-1938 beeinflusste die gesellschaftliche Situation der Zweiten Republik nachhaltig, wurde aber niemals Gegenstand einer tiefergehenden Diskussion, sondern blieb oberflächlicher Bezugspunkt politischer Tageskultur im Wettstreit der beiden Großparteien. Die schleppende gesellschaftliche Auseinandersetzung mit dem Geschehen und das vorerst weitgehend fehlende Interesse der historischen Forschung in Österreich an dieser Zeit trugen ihr Übriges zum Vergessen von Irene Harand bei.

So ist es kaum verwunderlich, dass diese Vertreterin eines raren, weil christlich-konservativ geprägten Widerstandes und ihrer *Weltorganisation gegen Rassenhass und Menschennot* in Österreich erst 1969 durch die Historikerin Erika Weinzierl wiederentdeckt wurde, ein fast emotionaler Zeitungsartikel unter dem Titel *Eine große Österreicherin* im *Wiener Kurier* von 1947, der an die Tätigkeit Irene Harands im Vorkriegsösterreich erinnerte, sollte bis dahin die letzte öffentliche Erwähnung sein.[60] Weinzierl begann schon 1963 in einem richtungsweisenden Aufsatz, sich mit den österreichischen Katholiken und ihrem Verhältnis zum Nationalsozialismus auseinanderzusetzen, ohne dabei aber auf Irene Harand zu stoßen.[61] Die Tatsache, dass Irene Harand 1969 von Yad Vashem, der nationalen Holocaustgedenkstätte in Israel, den Ehrentitel einer Gerechten unter den Völkern verliehen bekommen hatte, rückte ihren selbstlosen Kampf um ein unabhängiges Österreich und gegen den Antisemitismus erneut in das allerdings kurzlebige Interessensfeld von Politik und Gesellschaft. Zu ihrem 70. Geburtstag erinnerten sich ihrer plötzlich einige österreichische Tageszeitungen, die sich mit Glückwünschen an die gerade in Wien weilende Schriftstellerin Irene Harand einstellten. Über den unermüdlichen Kampf und das Schicksal ihrer Bewegung erfährt der Leser aber nichts.[62] Die wissenschaftliche und gesellschaftlich-historische Auseinandersetzung mit Irene Harand und ihren Ideen blieb in Österreich aber bis Mitte der neunziger Jahre auf Erika Weinzierl beschränkt. In ihrem umfangreichen Aufsatz über die christliche Solidarität am Beispiel Irene Harands würdigt die Autorin erstmals kritisch die ideengeschichtliche Welt und den Kampf dieser mutigen Widerstandskämpferin gegen den Antisemitismus.[63]

In den Vereinigten Staaten, die nach der unfreiwilligen Emigration im März 1938 zur zweiten Heimat Irene Harands und ihres Gatten Frank wurden, entstand 1974 eine weitgehend – auch von der Forschung – unbeachtet gebliebene und unveröffentlichte Dissertation von Joseph Hausner.[64] Hausner, selbst ein aus Czernowitz stammender Emigrant und in den 1930er Jahren jugendlicher Mitkämpfer bei der *Harandbewegung*, konnte in dieser umfassenden, aber nur schwer zugänglichen Arbeit auf zahlreiche Kontakte mit im Exil lebenden Österreichern und auf persönliche Interviews mit Irene Harand zurückgreifen, zu der er selbst eine enge Bekanntschaft pflegte. Hausner traf Irene Harand persönlich erst in den 1960er Jahren in New York. Der briefliche Kontakt war 1938 abgerissen. Zum Gedenken an die 1975 verstorbene Widerstandskämpferin erschienen ein paar größtenteils biographische Nachrufe von C. T. Aronsfield und L. Begov.[65] In Österreich erinnerte *Die Presse* zu diesem Anlass an das Schaffen „einer der aktivsten Kämpferinnen gegen den Nationalsozialismus".[66] J. Haag von der University of Georgia versuchte in zwei größeren Aufsätzen das Schicksal der Bewegung um Irene Harand darzustellen und setzte dabei auf einen größeren Kontext mit der Geschichte der Juden in Österreich überhaupt.[67] Einen ähnlichen Zugang wählte B. F. Pauley von der University of Central Florida in seiner *Geschichte des österreichischen Antisemitismus*. Pauley schildert Irene Harand als den „mutigsten Gegner sowohl des Antisemitismus wie auch des Nationalsozialismus, den Österreich oder wahrscheinlich ganz Mitteleuropa in den dreißiger Jahren hervorbrachte".[68] Zuletzt entstand 1996 an der Universität Graz eine engagierte Diplomarbeit über Irene Harand, die neben einem intensiven Studium der Zeitschrift *Gerechtigkeit* auch erstmals auf in verschiedenen österreichischen Archiven lagernde

Quellen zurückgreift und damit das Bild der *Harandbewegung* um einige Facetten bereicherte.[69]

Im gleichen Jahr gab die österreichische Botschaft in Tel Aviv eine von M. Meisels verfasste Broschüre über die österreichischen Gerechten heraus. Den ohnedies wenigen Gerechten unter der österreichischen Bevölkerung – zu denen seit 1969 auch Irene Harand zählt – sollte hier ein, wenn auch spätes, nach außen hin sichtbares ‚Denkmal' einer gerade in Österreich oftmals gebrochenen Erinnerung gesetzt werden.[70]

„To this day, I am shamed that I survived them" – Erinnerung und Wiederentdeckung einer Vergessenen in den USA

Irene Harand und ihre *Weltbewegung gegen Rassenhass und Menschennot* waren nach 1945 weitgehend vergessen. Der schon erwähnte Artikel von Franz Sobek aus dem Jahre 1947 im *Wiener Kurier* war für Jahrzehnte die einzige publizistische Auseinandersetzung mit der Person und dem Werk Irene Harands. Ihre Publikation *Sein Kampf. Antwort an Hitler* war verschollen und bestenfalls antiquarisch zu finden. Das Buch wurde auch nie in der einschlägigen Literatur rezipiert und geriet somit noch mehr in Vergessenheit.

Irene Harand selbst stellte ihre publizistische Tätigkeit nach 1945 fast vollkommen ein. Hie und da veröffentlichte sie noch kleinere Artikel und Aufrufe. Als Wilhelm Sternfeld sie für eine geplante Publikation über Schriftsteller im Exil kontaktierte, lehnte sie es ab, in diese Anthologie aufgenommen zu werden: „Ich glaube nicht, dass ich in ihre Bibliographie, die Sie vorhaben, hinein gehöre, da ich als Emigrant eigentlich nichts wesentliches mehr veröffentlicht habe. Die verschiedenen kleinen Aufrufe und Artikel, von denen ich nicht einmal mehr weiß, wann und wo sie erschienen sind, zählen nicht."[71]

1962 wurde sie von Josef Fraenkel vom *World Council of Jews from Austria* mit Sitz in London mit der Bitte kontaktiert, für das *Austrian Jewry. The assessment of its history and achievements*[72] einen Artikel über ihre Erfahrungen mit dem Antisemitismus in Österreich vor 1938 zu schreiben. Harand lieferte ein 13-seitiges Manuskript ab, das in essayistischer Form ihren Weg sehr persönlich gefärbt schilderte, doch ging das Buch mit ihrem Aufsatz nie in Druck.[73] So blieb Irene Harand und ihre Arbeit nur eingeweihten Zeitgenossen ein Begriff. Oft wurde sie von ihren Freunden gefragt, ja beinahe gedrängt, ein Buch über ihr Leben zu verfassen, doch sie wollte oder konnte es nicht tun. 1968, am Jahrestag des Anschlusses Österreichs an das nationalsozialistische Deutschland, hielt sie vor ihren Freunden am *Austrian Institute* in New York eine Gedenkrede, die sie mit folgenden Worten einleitete: „I would like to take the opportunity to answer in all openness a question I have been asked again and again ‚Why don't you, Mrs. Harand, write a book about your struggle and your experiences?' The answer is: I would have to write a library of books; I can't describe in one book the thousand lives I lived and suffered with others since 1933. For that I am lacking the strength. It's impossible to describe in words the great shame I felt regarding both the shamelessness of the Nazi thugs and the world's idly standing by. As a human being, I was distressed by the degradation of other human beings. As a women – though childless, but nevertheless a mother of many children – I felt the desperation of mothers. To this day, I am shamed that I survived them. As my excuse and justification I can only say that I tried to help from the beginning."[74]

Irene Harand beschreibt hier eindringlich ihre „Überlebensschuld", die sie offenbar daran hinderte, ihre Erlebnisse in schriftlicher Form zu verarbeiten. Die „Überlebensschuld" als psychologisches Phänomen ist erst in den letzten Jahren in der einschlägigen Literatur beschrieben worden, allerdings nur in Zusammenhang mit Überlebenden der Vernichtungslager und jüdischen Flüchtlingen, die oft nur unter Zurücklassung von Verwandten oder auf Grund des Verzichts der Flucht von Eltern oder Geschwistern gerettet werden konnten.

Eric Lind, ein Philatelist, mit dem Irene Harand in den 1960er Jahren eng befreundet war, fragte sie einmal in einem Brief, ob sie verbittert darüber sei, was aus ihrem Lebenswerk wurde. Sie antworte darauf: „Nein ich bin nicht verbittert, warum auch? Das wäre noch schöner; Sie schreiben: ‚... so bitte ich im Namen derjenigen um Entschuldigung, welche wissen sollten ...' Weder Sie noch ich erwarten von unserer Arbeit irgendetwas Anderes, als das gute Bewusstsein, das Gute und Anständige gewollt zu haben. Traurig, dass viele Menschen nicht verstanden oder verstehen, aber es ist das normale Schicksal aller, die ihrer Zeit und sei es nur ein kleines Stückchen vorauseilen. Ich glaube nicht einmal, dass ich meiner Zeit vorausgeeilt bin. Die menschliche Phantasielosigkeit und Herzensträgheit ist an allen Rohheiten auf der einen Seite und auf der anderen Seite, die Verzagtheit, das ‚Nichtglaubenkoennen' – die Schuld an dem Unglück der Menschheit. Ich habe zuerst in meinem Kampf nur mit dem Herzen gedacht, erst später habe ich geleitet von meinem ersten Mitarbeiter, Lehrer, Freund Dr. Moriz Zalman sozusagen, das ‚jüdische Problem' zu studieren begonnen. Es ist natürlich ein menschliches Problem. Die Christen müssen lernen sich christlich zu betragen, ehe sie es wagen dürfen sich Christen zu nennen."[75]

Als Christin war es Irene Harand offenbar wichtiger, „das Gute" im christlichen Sinne getan zu haben als Rechenschaft vor den Mitmenschen über ihre Taten abzulegen. Diese Haltung würde auch die Zurückgezogenheit erklären, in der Irene Harand nach 1945 lebte. Selbst Angestellte des österreichischen Kulturinstituts, die fast täglich mit ihr zu tun hatten, hatten oft keine Ahnung, was diese einfach und bescheiden wirkende Frau in den 30er Jahren geleistet hatte.

„What I want to do now is to educate young people"[76] – Die Philatelie entdeckt Irene Harand

Irene Harand und ihre *Weltbewegung gegen Rassenhass und Menschennot* waren in Vergessenheit geraten. Einzig, so schien es, Briefmarkensammler interessierten sich noch für die Arbeit der *Harandbewegung*. Der israelische Sammler Charles Hirschfeld konzipierte 1949 in Israel eine Briefmarkenausstellung über den Holocaust und die Vernichtung des Europäischen Judentums. Die Verschlussmarken von Irene Harand erregten Aufsehen und Bewunderung der damaligen Besucher, unter denen sich auch Mitglieder der israelischen Regierung befanden. Hirschfeld, der später nach Kanada auswanderte, verkaufte seine Sammlung an den deutsch-jüdischen Briefmarkensammler Eric Lind. Lind war in Augsburg geboren und als 16-jähriger ins damalige Palästina emigriert. 1950 ließ er sich in Detroit in den USA nieder.[77] Er war von den Verschlussmarken fasziniert, suchte und fand Irene Harand in New York. Sofort begann er mit ihrer Hilfe, ehemalige Mitglieder und Freunde in den USA und Österreich zu kontaktieren. Sein Ziel war es, an Hand der Briefmarken die Geschichte der *Harandbewegung* zu dokumentieren. Zwischen Lind und Harand entwickelte sich eine Freundschafts- und Arbeitsbeziehung, die manchmal den Charakter einer Mutter-Sohn Beziehung annahm. In 1.200 Arbeitsstunden schuf Lind auf 80 Tafeln eine Ausstellung unter dem Titel „Story of a movement", die zum ersten Mal am 11. November 1962 im jüdischen Gemeindehaus in Detroit zu sehen war.[78] Linds Sammlerkollege und Freund Jan Bart, der für einige Briefmarkenmagazine Kolumnen schrieb, begann sich ebenfalls für Irene Harand zu interessieren. Er leitete ein Radiointerview mit Irene Harand in die Wege, das am 6. Dezember 1962 in einer New Yorker Radiostation gesendet wurde. Höhepunkt war die International Stamp Exhibition, die im März 1963 im Statler Hilton Hotel in New York stattfand. In einer dreiteiligen Artikelserie berichtete Jan Bart im Vorfeld der Ausstellung über die Geschichte der *Harandbewegung*.[79] Lind bekam für seine Ausstellung einen Anerkennungspreis der *Judaica Philatelic Society*. Am Abend wurde zu Ehren Irene Harands und ihres Mannes ein Banquet im Rahmen der Ausstellung gegeben, an dem rund 100 Personen teilnahmen. In einem Brief an die ehemalige Sekretärin von Moriz Zalman erwähnte sie, dass auch die beiden Töchter des Dichters Richard Beer-Hoffmann sowie die Schriftstellerin Anita Daniel und Verwandte von Hertha Breuer, der ehemaligen Mitarbeiterin Zalmans, die auch im KZ umgekommen war, anwesend waren. Besonders freute sie, dass ihre Freundin Helene Askenasy eigens aus Vancouver angereist war.[80]

Jan Bart schrieb darüber: „Mme. Harand was introduced at the meeting and she performed a touching act, asking everyone to rise and to pay silent tribute to three of her co-workers who lost their lives in the movement. Then there were those whom she personally saved, bringing them to this country after she had managed to escape from the nazi vise … All in all it was a touching moment which one is not likely to forget."[81]

Lind veröffentlichte in der Folge unter dem Titel „A tribute to a friend and a champion of Justice" in mehreren Zeitschriften Artikel über die *Harandbewegung*. In seinem Enthusiasmus dürfte er es allerdings etwas übertrieben haben, sodass er den Unmut Irene Harands erregte. Die Veröffentlichung eines Artikels in einem linken *News-Letter*, der von dem deutschen Emigranten Peter Lust in Montreal herausgegeben wurde, passte Irene Harand nicht.[82] Sie schrieb darauf einen harschen Brief, in dem sie klarzustellen versuchte, dass sie nicht gelobt und gefeiert werden möchte: „Ich habe alle übertriebenen Dankesbezeugungen abgelehnt, immer wieder daraufhin gewiesen, dass ich nur als denkender und fühlender Mensch meine Christenpflicht zu erfüllen versucht habe. Ich will nicht ausführlich gelobt werden … Ich mag den selbstzufriedenen hochmütigen Wohltäter nicht, habe eine solche ekelhafte Rolle zu spielen immer abgelehnt, erlaube auch niemandem mir gegenüber Wohltäter spielen zu wollen. Ich wünsche, dass Menschen mir helfen einer I d e e zu d i e n e n. Ist das klar? Meine Prinzipien sind: klare und für jedermann sicht- und hörbare Ablehnung jeder Diktatur. Offenes Bekenntnis zur Demokratie (und zwar nicht Volksdemokratie, wie die Russen heute fälschlich ihre Diktatur nennen), weitgehende Unterstützung der jetzigen amerikanischen Administration (durchaus nicht kritiklos, aber den ernsten und guten Willen der Kennedy-Administration anerkennend) und jeder berichtet was er im Dienste der Idee tun kann, schlicht und einfach."[83]

Die neueste Idee die Irene Harand zu dienen versuchte war die Etablierung einer „Awardgesellschaft". Harand erwartete eine stärkere Nachfrage für die Verschluss-Marken. Aus dem Erlös aus der Versteigerung der noch über 200 in ihrem Besitz befindlichen Marken sollte eine Gesellschaft, eine *Harand-Fondation* gegründet werden, die jährlich in amerikanischen und österreichischen Schulen einen Aufsatzwettbewerb für 14-18 jährige Schüler unter dem Titel „Why young people should and have to fight against hatred, prejudice and anti-Semitism?" veranstalten sollte. Eine Jury bestehend aus einem katholischen und einen protestantischem Priester, einem Rabbi und drei Laien sollten am Ende jedes Schuljahres die besten Aufsätze prämieren. In einem Brief an Jan Bart, in dem sie um Unterstützung für diese Idee bat, schrieb sie: „What I want to do now is, to educate young people, and that's the reason why I want to sell the stamps, and within the proceeds distribute awards to the youths and to bring them up as soldiers for peace, for humanity, for esteem, though even that takes much of my strength".[84]

Ein kleinerer Teil des Geldes sollte aber dazu verwendet werden, alte ehemalige Mitglieder der *Harandbewegung* finanziell zu unterstützen. Irene Harand selbst sah sich jedoch mit ihren damals 63 Jahren nicht mehr in der Lage, diese Idee alleine durchzusetzen. Sie hoffte, Jan Bart und Eric Lind für diese Idee gewinnen zu können. An Bart schrieb sie: „My dear, long strained journeys, luncheon-engagements, press-conferences and dinner-speeches (interviews between), all that could I do 30 or more years ago, even till I was in my fortieth, and did it with all my available strength, deep conviction and love for humanity. But now I have to become too old and prematurely used up for such strenuous tasks."[85]

Eric Lind schrieb zwar einige Artikel, in denen er zur Gründung der *Harand-Fondation* aufrief und Jan Bart besuchte mit Irene Harand verschiedene Anwälte, doch die Sache wurde schwieriger, teurer und zeitaufwendiger, als sie es sich vorgestellt hatten. So sollte zuerst das Design der Marken geschützt werden, was wiederum mit hohen Kosten verbunden gewesen wäre. Durch verschiedene Schicksalsschläge in der Familie Harand wurde die Sache auf Eis gelegt. So starb der jüngste Bruder ihres Mannes, der Chemiker war, bei einer Explosion und Irene Harands Schwester drohte im Sommer 1963 vollkommen zu erblinden.

Harand plante, dass nach ihrem Tode ihr Vermögen und das Vermögen ihres Mannes zur Gründung einer *Harand-Fondation* verwendet werden sollte.[86]

Eric Lind jedoch schrieb weiterhin Artikel über die *Harandbewegung* in Briefmarkenzeitschriften und seine Ausstellung „The story of a movement" zeigte er bei philatelistischen Treffen z.B. in Toronto aber auch wieder 1966 in New York.[87]

„Die Krönung meines Lebens" – Ehrung in Israel

Im Jahr 1965 begann jener Prozess der Wiederentdeckung von Irene Harand, der schließlich zur Auszeichnung als „Gerechte der Völker" durch die israelische nationale Holocaust-Gedenkstätte Yad Vashem im Oktober 1968 führte.

Großen Beitrag an dieser Entwicklung hatte der aus Rumänien stammende Joseph Hausner. 1936 bekam der damals 16-jährige Hausner zufällig ein Exemplar der Zeitschrift *Gerechtigkeit* in die Hand. Ihn faszinierte die *Harandbewegung*, vor allem die Idee einer überkonfessionellen Plattform zum Kampf gegen den Antisemitismus in Europa und die Gefahren des Nationalsozialismus. Zusammen mit Marcu J. Bolboceanu trat Hausner der *Harandbewegung* bei. Zwischen Februar 1937 und März 1938 waren die beiden in ständigem Briefkontakt mit dem Büro in der Elisabethstraße 20 und versuchten, ein rumänisches Kongressbüro für den geplanten Weltkongress der *Harandbewegung* zu etablieren. Nach dem Anschluss Österreichs riss der Kontakt mit Irene Harand ab. 1940 erfuhr Hausner, dass Irene Harand über London in die USA emigriert war.[88]

1949 wanderte Hausner von Rumänien nach Israel aus, wo er in einem landwirtschaftlichen Betrieb Arbeit fand und den Polen Avigdor Levanony kennen lernte. Hausner war überrascht, als er hörte, dass Avigdor einer polnisch-zionistischen Jugendgruppe angehörte, die von Irene Harand im Sommer 1934 in der Hohen Tatra besucht wurde.

Im April 1965, einige Monate nachdem Hausner in die USA gezogen war, fand er Irene Harand im New Yorker Telefonbuch.[89] Zwischen Hausner und Irene Harand entwickelte sich bald eine Freundschaft. Hausner war oft zu Gast bei den Harands, wo zeitgeschichtliche Fragen und die Arbeit der *Harandbewegung* diskutiert wurden.

Abb. 6: Joseph Hausner, New York 2000.
Photo: C. Klösch.

Er beschloss, eine Dissertation über die *Harandbewegung* zu schreiben, die auf den Gesprächen mit Irene Harand und den Ausgaben der *Gerechtigkeit* beruhte.[90] Über ihn erfuhren auch Avigdor Levanony und Hans Löw, der ehemalige Leiter der zionistischen Jugendgruppe *Akiba* in Bielsko, die beide nun in Israel lebten, vom Aufenthaltsort Irene Harands. Avigdor und Löw, der auch einige Artikel in der *Gerechtigkeit* verfasst hatte, gründeten daraufhin *The Israel Reception Committee of Friends of Mrs. Irene Harand* mit dem Ziel, sie nach Israel einzuladen. Ursprünglich war der Besuch für Juni 1967 geplant, doch die politischen Spannungen rund um den „Sechs-Tage-Krieg" machten eine Verschiebung der Reise notwendig. Auf Grund gesundheitlicher Probleme von Irene Harand konnten sie und ihr Mann die 14-tägige Reise erst eineinhalb Jahre später im Oktober 1968 antreten.[91] Neben Treffen mit ehemaligen Mitgliedern der Jugendgruppe *Akiba* standen auch Besuche in Tel Aviv, Jerusalem und den heiligen Stätten auf dem Programm. Der Besuch wurde zu einem kleinen Triumphzug für Irene Harand, das Komitee hatte die Reise bis ins kleinste geplant. Bei jeder Station gab es kleine Empfänge, Ehrungen und Wiedersehen mit ehemaligen Wienern, Mitgliedern und Symphatisanten der *Harandbewegung* von damals. Die Harands wurden dabei immer von Mitgliedern des Komitees begleitet. Am 12. Oktober 1968 pflanzte Irene Harand im „Peace Forest" in der Nähe von Jerusalem Bäume in Erinnerung an Josef Führer, Hertha Breuer und Moriz Zalman. Höhepunkt der Reise war der Besuch in Yad Vashem. Gideon Hausner und Benjamin Armon konnten Irene Harand bei dieser Gelegenheit die Mitteilung machen, dass die israelische Holocaust-Gedenkstätte *Yad Vashem* am Vortag beschlossen hatte, sie mit dem Ehrentitel als „Gerechte der Völker" für ihre Arbeit in Österreich vor 1938 und für ihre unermüdliche Hilfe zur Rettung Wiener Juden in den ersten Kriegsjahren auszuzeichnen.[92] Harand nahm die obligatorische Pflanzung eines Johannesbrotbaumes in der Allee der Gerechten selbst vor.

Für die Auszeichnung hatten sich nicht nur das Einladungskomitee und Gideon Hausner besonders eingesetzt, auch Elisabeth Tischler-Hurwitz, die langjährige Sekretärin von Moriz Zalman, hatte schon 1964 von Denver aus Dokumente an das *Institute für the Ritheous Acts* nach Oakland gesandt, ohne zu wissen, dass bereits ein ähnliches Institut in *Yad Vashm* existierte.[93] Ausschlaggebend für die Auszeichnung waren auch die Zeugenaussagen von Mary Schröder, Fred und Trude Gregor, Karl und Franziska Hoffmann sowie Frederic und Gertrude Grinhut, die alle durch den Einsatz von Irene Harand in die USA emigrieren konnten.[94]

Nach ihrer Rückkehr gab sie im *Austrian Institute* am 21. Jänner 1969 einen langen Bericht über die Reise und ihre Erlebnisse. Unter anderem sagte sie damals: „Jetzt zurückdenkend – und ich denke oft zurück – erlebe ich immer wieder aufs neue die einzigartige Landschaft und die Genugtuung zu sehen, wie Menschen verschiedener Kulturen friedlich und ernst zusammenarbeiten. Die ganze Atmosphäre von Wärme und Liebe löste in mir ein unbeschreibliches Glücksgefühl aus, ja, mein Mann und ich hatten den Eindruck, dass das ganze Land und sein Volk Licht und inneren Frieden ausströmen und dass es einfach unmöglich sein müsste, so ein Land zu bedrängen, zu überfallen oder gar in einen Krieg zu zwingen. Sollte die Welt erlauben, dass diese gigantische Aufbauarbeit durch einen neuen Krieg zerstört wird, dann wahrhaftig verdient die Menschheit den Untergang. Ich bin voller Zuversicht, dass dies nie und nimmer geschehen wird. Für uns, meinen Mann und mich, war dieser Besuch in Israel ein ganz großes Erlebnis, ja ich möchte sagen: Es war die Krönung meines Lebens."[95]

„Mir hat's das Herz gebrochen, als man mich ausgebürgert hat" – Späte Anerkennung in Österreich

Irene Harand besuchte Österreich zum ersten Mal wieder 1949. Damit war die größte Sehnsucht nach Land und Leuten vorerst einmal gestillt. Erst Anfang der 1960er Jahre kam sie ein zweites Mal nach Österreich. Die Kontakte zu Österreich intensivierten sich jetzt mehr und gingen über den engen Kreis der ehemaligen MitstreiterInnen hinaus. 1963 erfuhr die *Aktion gegen Antisemitismus* von ihrem Aufenthaltsort und nahm mit ihr Kontakt auf. Irene Harand sah in der *Aktion* die legitime Nachfolgeorganisation ihrer *Harandbewegung*, was die *Aktion* mit Stolz immer wieder kommentierte. Ende der 1960er und Anfang der 1970er Jahre wurden ihre Besuche in Österreich häufiger. Meistens verbrachten die Harands den Sommer in Wien und in der Steiermark, wo noch Geschwister von Frank Harand lebten. 1965 bekam Irene Harand die Mitteilung, dass das Grab von Moriz Zalman im Urnenhain des

Abb. 7: Irene Harand und Bürgermeister Felix Slavik beim Empfang im Roten Salon des Wiener Rathauses 1971. DÖW-Wien.

Abb. 8: Bundeskanzler Josef Klaus (links) und Irene Harand. DÖW-Wien.

Wiener Zentralfriedhofs zum Ehrengrab der Stadt Wien erklärt wurde.⁹⁶ Es ist sehr wahrscheinlich, dass sie bei der Stadt Wien diese Anerkennung angeregt hat. Bei keinem ihrer Besuche in Wien verabsäumte sie es, sein Grab aufzusuchen. Vielleicht entstand bei einem dieser Besuche der Wunsch des Ehepaars Harand, selbst einmal dort in seiner Nähe begraben zu werden. Eine endgültige Rückkehr nach Österreich noch zu ihren Lebzeiten konnten sich die Harands nicht vorstellen. Irene Harands Gefühle Österreich gegenüber waren und blieben gespalten. Daran änderten auch die Ehrungen nichts, die nun, nachdem der Staat Israel den Anfang gemacht hatte, auch die Republik Österreich und die Stadt Wien vornahmen. Das offizielle Österreich ehrte seine ‚Tochter' zu ihrem 70. Geburtstag, wohl durch die Entscheidung Yad Vashems darauf aufmerksam geworden, zum ersten Mal im April 1971, als Irene Harand vom Bundespräsidenten Franz Jonas das Goldene Ehrenzeichen für Verdienste um die Republik Österreich verliehen bekam. Bei der Feier im Generalkonsulat in New York sagte der österreichische Generalkonsul Heinrich A. Gleissner: „Hier ist eine Frau, die das richtige Verhältnis- und den Mut – zum Widerspruch gefunden hat … Sie haben uns ein großes Beispiel vorgelebt. Sie begegneten dem Teufel und trotzten ihm. Sie waren in Ihrer grenzenlosen Güte sanft wie ein Lamm – in ihrem Mut eine Löwin. Sie lehrten uns in schwerster Zeit das Menschentum und den einzelnen anzuerkennen."⁹⁷

Irene Harand antwortete, „Mir hat's das Herz gebrochen, als man mich ausgebürgert hat … Ich kann die Ehrung nur im Namen aller, die litten und aller, die mir halfen annehmen." Mit dem Satz „Wir alle sollen menschliche Menschen werden" schloss sie ihre Dankesrede.[98] Die Verdienste bezogen sich hier allerdings auf ihr Schaffen im *Austrian Forum* in New York und nicht so sehr auf ihre Tätigkeit in Österreich vor 1938![99] Darauf folgte im Juli die feierliche Ehrung der ‚in New York lebenden Wienerin und Publizistin' in einer öffentlichen Veranstaltung im Wiener Rathaus durch den damaligen Bürgermeister Felix Slavik . Am 12. Juli 1971 lud der Bürgermeister Irene und Frank Harand zu einer „Wiener Jause" in den „Roten Salon" des Rathauses, an der auch Vertreter der KZ-Opferverbände des *Dokumentationsarchivs des österreichischen Widerstands* und der *Aktion gegen Antisemitismus* teilnahmen.[100] Der Bürgermeister unterstrich dabei, dass Frau „Irene Harrand (sic!) … zu einem Zeitpunkt gegen Hitler aufgetreten ist, da die meisten Menschen noch nicht ahnen konnten, welche Gefahren die Verwirklichung der faschistischen Thesen für die Juden, für die Deutschen und für die ganze Welt bedeuten sollten".[101] Zuletzt benannte die Gemeinde Wien 1990 ein Wohnhaus in der Judengasse im ersten Bezirk nach Irene Harand. Jedoch erinnert dort bislang keine Inschrift an ihr Leben und ihre Idee.[102]

Abb. 9: Irene und Frank Harand Ende der 1960er Jahre bei ihrem Besuch in Israel. DÖW-Wien.

Irene Harand verlebte ihre letzten Lebensjahre in New York als aktive Präsidentin des *Austrian Forum*. Sie organisierte mit ihren Mitarbeitern mehrere kulturelle, wissenschaftliche, literarische oder musikalische Veranstaltungen im Monat und bereicherte so das Programm des offiziellen *Österreichischen Kulturinstituts* in New York wesentlich. 1975 starb Irene Harand.

Abb. 10: *Am 27. September 2000 fand in Zusammenarbeit mit dem Literaturhaus Wien ein Abend zu Ehren des 100. Geburtstages von Irene Harand statt. Gleichzeitig wurde durch die Herausgeber und die österreichische Post ein Sonderpostamt mit Sonderpoststempel eingerichtet, auf dem Briefmarken österreichischer Literaten auflagen.*

II.
„… Das Schlimmste ist,
dass eine Idee sterben soll …"

Die Weltbewegung gegen Rassenhass und Menschennot

Bürgerliche österreichische Gegner des Nationalsozialismus bis 1938 mit besonderer Berücksichtigung von Moriz Zalman

Von den politisch interessierten, nicht mit dem Nationalsozialismus sympathisierenden Österreichern ist die nationalsozialistische Machtübernahme mit der Ernennung Hitlers zum Reichskanzler am 30. Jänner 1933 mit Sorge aufgenommen worden. Schon von diesem Zeitpunkt an hatte man sich in diesen Kreisen keine Illusionen über den neuen Feind gemacht. Die österreichische Bischofskonferenz, die allerdings im März 1938 eine positive Wahlempfehlung für die „Anschluss"-Volksabstimmung am 10. April 1938 abgab, hat sich erstmals im November 1931 ausführlicher mit dem österreichischen Nationalsozialismus befasst. Der Grazer Bischof Pawlikowski hielt ein Referat über Nationalsozialismus und Heimwehr. Er berichtete über die Kundgebungen des deutschen Episkopats gegen den Nationalsozialismus und den Stand der Bewegung in den einzelnen Bundesländern. Sie sei „infolge der allgemeinen Unzufriedenheit mit den gegenwärtigen Zuständen" ebenso wie die Heimwehrbewegung, überall im Aufstieg begriffen und erfasse besonders die Jugend. Die Bischöfe einigten sich dahingehend, von einem kirchlichem Einschreiten gegen diese Bewegung aus taktischen Erwägungen abzusehen, dafür aber in dem gemeinsamen Fastenhirtenbrief über die Enzyklika „Quadragesimo anno", mit dessen Konzipierung der Apostolische Administrator von Innsbruck-Feldkirch, Bischof Waitz, beauftragt wurde, die Irrtümer aufzuzeigen und abzulehnen.[103]

In ihrem gemeinsamen Fastenhirtenschreiben vom 7. Februar 1932[104] haben die österreichischen Bischöfe dann ausdrücklich erklärt, dass man vom Nationalsozialismus ebensowenig wie von Kommunismus und Bolschewismus erwarten könne, dass er die Übel der Zeit banne. Er drohe im Gegenteil, noch mehr Verwirrung und Feindseligkeit in das Volk hineinzutragen, obwohl sich „eine beträchtliche Anzahl von sonst guten Katholiken" ihm anschließe. Das Programm des Nationalsozialismus selbst schon sei verwirrend und lasse die verschiedensten Auslegungen zu, aber die schriftlichen und mündlichen Äußerungen namhafter Führer zeugten klar von einer außerordentlich feindseligen Einstellung gegen die katholische Religion und Kirche. Wenn dem Bestreben der radikalen Programmverkünder nicht rechtzeitig Einhalt geboten werde, führten sie zu Bürgerkrieg, neuen Revolutionen und neuen Kriegen, und das alles würde noch viel ärgere Übel herbeiführen, als der frühere Weltkrieg und frühere Revolutionen herbeigeführt haben.

Die weitere Entwicklung brachte den Nationalsozialisten nun auch in Österreich dennoch steigenden Erfolg. Bei den Landtagswahlen vom 24. April 1932 in Wien, Niederösterreich, Salzburg, Kärnten und der Steiermark schnitten sie überraschend gut ab. Die Christlichsoziale Partei dagegen verlor bei diesem Wahlgang vor allem in

Wien, übrigens drei Tage nach dem Tod von Kardinal Piffl, fast die Hälfte ihrer bisherigen Wähler. Bischof Pawlikowski beurteilte daher bei der österreichischen Bischofskonferenz Mitte Juni in Salzburg die politische Lage als äußerst unsicher und trist. Die für den Herbst in Aussicht stehenden Wahlen würden neue Einbußen der Christlichsozialen zugunsten der Nationalsozialisten bringen. Was die Stellungnahme der Bischöfe zum Nationalsozialismus betreffe, so könne sie nach dem Beispiel der deutschen Bischöfe nur eine ablehnende sein. Der Wiener Nuntius Sibilia habe erklären lassen: „Das Wesentliche an der Stellung zum Nationalsozialismus ist, ob er der Kirche feindlich gegenübersteht oder nicht. Auf zwei Fragen ist er besonders zu prüfen: 1. Ehefrage, 2. religiöse Erziehung in der Schule. Wenn der Nationalsozialismus in diesen zwei Fragen sich kirchenfeindlich zeigt, können die Katholiken den Nationalsozialisten bei der Wahl ihre Stimme nicht geben. Solange der Nationalsozialismus jeder Feindseligkeit fernsteht, könne den Katholiken die Freiheit gelassen werden, bis die Bischöfe definitive Stellung zum Nationalsozialismus nehmen. Wenn er Garantie leistet, daß er nicht kirchenfeindlich ist, soll man ihn nicht bekämpfen."

Die Bischöfe beschlossen daraufhin, den Klerus anzuweisen, auf der Kanzel zum Nationalsozialismus nur insoweit Stellung zu nehmen, als er in seinem Programm antireligiös sei. In den Versammlungen der katholischen Organisationen solle der Klerus für ausgiebige Aufklärung über die Irrtümer der heutigen Zeit, auch des Nationalsozialismus, sorgen. Die katholische Presse möge sich in grundsätzlichen Artikeln mit dem Programm des Nationalsozialismus auseinandersetzen. Der Linzer Bischof Gföllner stellte außerdem einen Hirtenbrief über die religiösen Irrtümer des Nationalsozialismus in Aussicht.[105] Gföllner legte diesen Hirtenbrief über den wahren und falschen Nationalsozialismus der vom 22.-24. November 1932 in Salzburg tagenden ordentlichen Bischofskonferenz vor. In der folgenden Generaldebatte wurden Für und Wider einer Veröffentlichung des Hirtenbriefes Gföllners erwogen, der schließlich die Abstimmung über die Frage beantragte, ob der Hirtenbrief nun veröffentlicht werden solle oder nicht.

Der Ausgang der Abstimmung wurde von einem Bericht des neuen Erzbischofs von Wien, Theodor Innitzer, bestimmt, den ihm katholisch-nationale Katholiken über positive nationalsozialistische Einstellungen zur Kirche gegeben hatten. Gföllner hat daher den Hirtenbrief mit Datum vom 21. Jänner 1933[106] zunächst allein veröffentlicht. Bischof Pawlikowski von Seckau-Graz[107] und Erzbischof Rieder von Salzburg[108] haben Gföllners Hirtenbrief in ihre Diözesanblätter aufgenommen und sich damit hinter ihn gestellt. In Linz musste der Hirtenbrief, in dem nach der entschiedenen Ablehnung der Irrtümer des Nationalsozialismus ausdrücklich gesagt wurde, es sei unmöglich, „gleichzeitig guter Katholik und wirklicher Nationalsozialist zu sein", binnen weniger Wochen achtmal aufgelegt worden. Er wurde in fremde Sprachen übersetzt[109] und erregte gerade wegen seines zeitlichen Zusammentreffens mit Hitlers Machtergreifung in ganz Europa Aufsehen. Zu den von Gföllner verurteilten Irrtümern gehörte auch der „rassistische" Antisemitismus, den „ethischen" Antisemitismus erklärte er allerdings noch ganz nach alter christlichsozialer Tradition zur „strengen Gewissenspflicht" jedes guten Christen.

Die österreichischen Nationalsozialisten reagierten auf den Hirtenbrief mit schärfsten Angriffen auf den Bischof und die Kirche. Am Gründonnerstag 1933 klebte am

Tor des Gebäudes der Katholischen Pressvereins in Linz ein handgemaltes Plakat, das Christus als einen mit dem Galgenstrick ans Hakenkreuz gehängten Verbrecher darstellte. Darunter stand: „Einmals ist er aus jüdischen Horden von arischen Römern gekreuzigt worden. Jetzt, der Heiland Hitler gebeut's, hängen wir Christus am Hakenkreuz. Heil Hitler! Juda-Christus verrecke!"[110] Bischof Gföllner setzte dieser Blasphemie, die eindeutig nicht „positives Christentum" (Art. 24 des Programms der NSDAP), sondern eine „bolschewistische Greueltat" sei, neuerlich die entschiedene Ablehnung der „grundstürzenden Ideen und falschen Grundsätze eines falschen Nationalsozialismus" entgegen. Er habe diese schon in seinem Hirtenbrief gebrandmarkt, den er unverändert aufrecht erhalte und der alle Diözesanen im Gewissen zu religiösem Gehorsam verpflichte. Den katholischen Eltern lege er besonders ans Herz, ihre heranwachsenden Kinder, vor allem die studierende Jugend, von nationalsozialistischen Kreisen fernzuhalten: „Noch ist es Zeit, aber es ist höchste Zeit!"[111]

Der Gegenstand des ersten Fasten-Hirtenbriefes von Erzbischof Innitzer war der für den Herbst 1933 in Wien geplante „Allgemeine deutsche Katholikentag". Er erinnerte dabei an jene Zeit, in der für die Deutschen die Glaubens- und Volkseinheit noch im vollen Umfang bestand. Nun weise alles darauf hin, „daß der große Kampf der Zukunft in der Seele des deutschen Volkes entscheidend ausgetragen werde." Daraus erwachse den deutschen Katholiken – die österreichischen mit eingeschlossen – eine ungeheure Verpflichtung. Die Betonung der „deutschen" Aufgabe des österreichischen Katholizismus als Bollwerk gegen den Nationalsozialismus und die alte katholische Reichsidee haben dann auch beim Katholikentag selbst, an dem die deutschen Katholiken infolge der von ihrer Regierung verhängten Tausend-Mark-Sperre nicht teilnehmen konnten, eine beträchtliche Rolle gespielt.

Im April 1933 erklärte Innitzer bei der Hauptversammlung der katholischen Männervereine, dass ihm gegenüber Papst Pius XI. erst kürzlich in Rom seine große Besorgnis vor dem gottlosen Bolschewismus ausgesprochen habe und die Kirche alle Bemühungen gegen diesen mit Aufmerksamkeit verfolge. Damit sei aber nicht gesagt, dass die Kirche alle Lehren und Unternehmungen gutheiße, die diese drohende Macht bekämpfe. Mit einer neutralen Stellungnahme der Kirche sei daher noch keine Empfehlung einer Partei ausgesprochen (der NSDAP).[112] Die innenpolitische Entwicklung im Frühjahr und Sommer 1933 mit den Terrorakten der Nationalsozialisten einerseits, dem Verbot der NSDAP durch die Regierung andererseits ließ jedoch eine neutrale Stellung bald als überholt erscheinen. Bischof Pawlikowski von Seckau-Graz warnte daher im Oktober 1933[113] in einem Hirtenbrief über den Katholikentag seine Diözesanen eindringlich vor allen österreichfeindlichen Sendlingen, die als „Wölfe im Schafspelz" Umstürze heraufbeschwören wollen. Für den Klerus erließ Pawlikowski zur selben Zeit Weisungen, in denen er aus religiösem Gesichtspunkt den Gegensatz des Nationalsozialismus zu Christentum und Kirche aufzeigte. Politische Einflußnahme sei nicht Aufgabe des Klerus, aber gerade in diesen unruhigen Zeiten müsse er auf die Gläubigen aufklärend, vermittelnd und beruhigend einwirken.

Auf dieser Linie lag auch die Entscheidung der Bischofskonferenz vom November 1933[114], die nach reiflicher Erwägung der „gegenwärtig besonders heiklen politischen Verhältnisse" beschloß, den Klerus aus der aktiven Politik abzuberufen, was auch einem Wunsch von Bundeskanzler Dollfuß entsprach. Außerdem einigte man sich auf die Publikation eines Hirtenbriefes, in dem im Anschluß an den Katholikentag besonders die Pflichten des katholischen Volkes gegenüber Regierung und Vaterland klargestellt werden sollten. Mit der Konzipierung des Hirtenbriefes wurde Bischof Gföllner betraut.[115] Er übernahm in das Hirtenschreiben die wesentlichen Gedanken aus seinem Hirtenbrief vom Jänner. Die Situation im Deutschen Reich – Abschluss des Reichskonkordats und die entgegenkommende Haltung der deutschen Bischöfe gegenüber der deutschen Regierung wären „nicht im geringsten eine Anerkennung und Billigung der religiösen und kirchlichen Irrtümer des Nationalsozialismus." Alle Welt wisse, wie gespannt das Verhältnis zwischen Staat und Kirche im Deutschen Reich sei, und der Papst habe erst kürzlich von seiner Angst um die Religion in Deutschland gesprochen: „Es darf daher nicht wundern nehmen, wenn auch uns Katholiken Österreichs eine ähnliche Sorge um die Religion erfüllt, falls der Nationalsozialismus bei uns zur Herrschaft käme, und die christliche Religion Österreichs wahrt in ihrem Abwehrkampf gegen den Nationalsozialismus nicht nur ihre berechtigten politischen Rechte und Interessen, sondern errichtet gleichzeitig einen mächtigen Schutzdamm gegen das weitere Eindringen dieser religiösen Irrtümer." Da Nation und Staat voneinander verschieden seien und der Staat über der Nation stehe, verurteilten die Bischöfe das extreme Nationalitätenprinzip, verteidigten die geschichtlichen Rechte des Vaterlandes und begrüßten die Pflege des österreichischen Gedankens. Als vierte und letzte Grundwahrheit aber verkündeten sie: „Über allem Nationalsozialismus steht die Religion, die nicht national, sondern international ist." Sie wüssten sehr wohl, dass nicht alle Anhänger des Nationalsozialismus seine religiösen Irrtümer teilten, aber sie sähen tiefer und blickten weiter und fürchteten daher mit Recht, dass die „Logik der Ideen und Tatsachen sowie äußere Rechtseinflüsse" schließlich doch zu jenem Endergebnis führen würden, „das alle überzeugten Katholiken mit uns Bischöfen ablehnen müssten."[116]

Die Reaktion der deutschen nationalsozialistischen Presse und des deutschen Vizekanzlers von Papen auf diesen Hirtenbrief reichte von Beschimpfungen bis zu maßvoll entrüsteter Zurückweisung.[117] Die vatikanische Tageszeitung *Osservatore Romano* wies dagegen die nationalsozialistischen Angriffe gegen den österreichischen Episkopat entschieden zurück.[118] Bischof Memelauer von St. Pölten betonte dann in seinem Fastenhirtenbrief 1934 neuerlich die kirchliche Lehrautorität der Kirche.[119]

Im Sommer 1934, noch vor dem nationalsozialistischen Attentat auf Dollfuß, erhob der Salzburger Erzbischof Rieder, auf dessen Palais im Mai ein Bombenanschlag verübt worden war[120], vom Krankenbett aus seine Stimme gegen die Sprengstoffattentate, die er als sehr große Sünde verurteilte: „Sünde ist es auch, diesem verbrecherischen Tun die Mauer zu machen durch offenes und verstecktes Sympathisieren, durch Schützen der Frevler! Lasst euch nicht täuschen mit dem Gerede, als ob solches Treiben eine erlaubte Gegenwehr sei gegen eine ungesetzliche Regierung. Ganz schlimme Freveltat ist es, wenn aus politischen Demonstrationsgründen heraus zum Abfall von der katholischen Kirche gehetzt wird, zu unberechenbarem Schaden für einzelne und Familien. Gerade hier zeigt sich blitzgrell, dass letztlich der Kampf nicht um Politik und Nation geht, sondern nur um das katholische Christentum, auf dessen Fundamenten das neue Österreich aufgebaut werden soll."[121]

Ein nachdrückliches Bekenntnis zu Dollfuß und zum autoritären christlichen Ständestaat hat noch im Spätherbst 1934 Bischof Gföllner bei der letzten Generalversammlung des Katholischen Volksvereins für Oberösterreich abgelegt. Der Bischof stellte bei dieser Rede fest, dass sich die Katholiken mit Herz und Sinn zum österreichischen Gedanken bekannten und daher „jeden sogenannten national betonten Kurs" entschieden ablehnten. Im Bereich des Pressewesens forderten sie „die Unterdrückung getarnten Vaterverrats durch versteckt antiösterreichische Artikel."[122] Einige Wochen später veröffentlichten die österreichischen Bischöfe eine gemeinsame „Kundgebung in ernster Zeit und zu ernsten Fragen der Gegenwart", in der sie zum gesellschaftlichen, wirtschaftlichen, bürgerlichen und religiösen Frieden nach dem Naturrecht und den Lehren der Päpste Stellung nahmen. Bei der Behandlung des religiösen Friedens wiesen sie darauf hin, dass die im In- und Ausland von Protestanten verbreitete Nachricht, die Erneuerung des Staatswesens in Österreich habe eine Beeinträchtigung oder gar Verfolgung anderer Bekenntnisse mit sich gebracht, ein besonders bedauerlicher Teil der seit einiger Zeit gegen Österreich betriebenen Lügenpropaganda sei. Die Bestrafung von Protestanten, die sich offenkundig an der „Revolution" (Juliputsch 1934) beteiligt hatten, sei völlig zu Unrecht als religiöse Gehässigkeit angeführt worden.[123]

Bischof Gföllner und der neue Salzburger Erzbischof Waitz waren in der Ablehnung des Nationalsozialismus durch den österreichischen Episkopat sicherlich führend. Sie haben auch auf ihren Klerus in dieser Hinsicht eingewirkt. So veröffentlichte im Herbst 1935 das fürsterzbischöfliche Salzburger Konsistorium eine Weisung an den Klerus, bei Zusendung getarnten Schriftenmaterials sofort Verbindung mit der von Dollfuß 1933 als staatspolitische Organisation gegründeten *Vaterländischen Front* und den Sicherheitsbehörden aufzunehmen. Der Nationalsozialismus habe unter „falscher Flagge" seiner Sorge um die katholische Kirche und den Klerus in Österreich Ausdruck verliehen und vor dem „gegenwärtigen System" gewarnt: „Der hochwürdige Klerus wird, wissend, daß Kirche und Staat nicht dasselbe sind, wünschend, daß Kirche und Staat einträchtig zusammenwirken, seine Einstellung zur Regierung aus dem Gewissen heraus selbst finden, ohne auf Belehrung von dieser Seite her angewiesen zu sein. Auch wird es ihm nicht gelüsten nach einer nationalsozialistischen Regierung, wenn er auch noch so vom Märtyrerwillen für den Notfall erfüllt wäre."

Nach der Ermordung von Dollfuß am 25. Juli 1934, der Niederschlagung des NS-Putsches und der Entsendung des vormaligen Zentrums-Vizekanzlers von Papen als Hitlers Sondergesandter nach Wien ließen die Auseinandersetzungen zwischen dem österreichischen Episkopat und dem Nationalsozialismus etwas nach. Gföllner[124] und Waitz[125] waren aber auch nach dem Juliabkommen von 1936, durch das Österreich außenpolitisch bereits jede Selbständigkeit verloren hatte, das aber der Rektor der Anima in Rom, Weihbischof Hudal, in der *Reichspost* positiv beurteilt hatte,[126] weiterhin führend mit ihren Stellungnahmen gegen den Nationalsozialismus. Gföllner erklärte in seinem Diözesanblatt, dass in der Öffentlichkeit wiederholt Stimmen laut geworden seien, durch die der Anschein erweckt werden konnte, „als ob nunmehr in Österreich kirchlicherseits eine neue Stellungnahme zum Nationalsozialismus erfolgt sei oder erfolgen müsse." Der Hirtenbrief des österreichischen Episkopats vom Dezember 1933 gelte jedoch noch immer. Das Lehr- und Hirtenamt stehe ausschließlich dem Papst und dem regierenden Diözesanbischof zu und bilde für alle Katholiken die verpflichtende Norm in religiösen und kirchlichen Fragen. Erzbischof Waitz wies in seinem Fastenhirtenbrief 1937[127] noch einmal auf die Welle des Nationalsozialismus hin, die in verhängnisvollem Übermaß durch die Länder gehe und zwangsläufig einen Kulturkampf bewirke. Bischof Gföllner hat dann die Enzyklika Papst Pius' XI. *Mit brennender Sorge* vom März 1937 persönlich seinen Diözesanen zur Kenntnis gebracht,[128] während die Enzyklika über den Kommunismus durch die Katholische Aktion verbreitet wurde. Die Kirche in Deutschland stehe Österreich nicht nur räumlich und geschichtlich näher. Die Gefahren, denen die Kirche in Deutschland ausgesetzt ist, seien auch eigene Gefahren, „denen wir ganz gewiß ebenfalls ausgesetzt wären, wenn die vom Papst verurteilte Gedankenwelt des deutschen Nationalsozialismus auch bei uns noch weiter Verbreitung fände oder gar infolge politischer Verhältnisse zur Herrschaft gelangte."

Im November 1937[129] entschloß sich dann die österreichische Bischofskonferenz – wohl veranlasst durch ein Referat von Erzbischof Waitz – zu einer öffentlichen Sympathiekundgebung für Deutschlands Kardinäle und Bischöfe. Sie sprachen ihren deutschen Amtsbrüdern ihre Anteilnahme angesichts der schweren Bedrängnis des katholischen Glaubens, der Geistlichkeit und des katholischen Volkes im Deutschen Reich aus. Sie wiesen ferner darauf hin, dass „viele bemüht sind, solche Verhältnisse, wie sie bei euch sich herausgebildet haben, auch in unserem Staat erstehen zu lassen und der Gottlosigkeit zum Siege zu verhelfen." Obwohl sie darauf vertrauten, dass diese Bemühungen vergeblich sein würden, seien sie sich jetzt der notwendigen Beachtung des Wortes Petri bewusst: „Die Zeit ist da, da das Gericht beim Hause Gottes anfängt. Beginnt es aber zuerst bei uns, was wird das Ende derer sein, die sich dem Evangelium nicht beugen?"

Nicht nur die Bischöfe, sondern auch Priester und Laien, haben für Österreich früh den wahren Charakter des Nationalsozialismus erkannt. Der junge Journalist Ignaz Zangerle meinte in seinem prophetischen Artikel *Zur Situation der Kirche* in Ludwig von Fickers *Brenner* zu Weihnachten 1933,[130] dass das Reichskonkordat „ohne tiefergreifende Auseinandersetzung mit dem sich erst allmählich enthüllenden Gegenüber" zustande gekommen sei. In tiefer Sorge vor der Gewalt des totalen Staates lehnte er das Wirken der Kirche und der Katholiken im Dienste jeglicher Parteipolitik für die Seelsorge als schädlich ab ebenso wie die ideologischen Versuche geistig führender Katholiken, „eine tiefere, ja religiöse Beziehung zwischen Kirche und dem nationalsozialistischen Staat herzustellen."

Auch einige Zeitungen und Zeitschriften wie z.B. die *Reichspost* – von einer kurzen Periode vor und nach dem 11. Juli 1936 abgesehen –, das *Neuigkeitsweltblatt* und andere haben gegen den Nationalsozialismus Stellung bezogen. Die sozialdemokratischen Zeitungen waren ja seit 1934 verboten. Von den von kirchlichen Pressvereinen erhaltenen oder subventionierten Zeitungen erregten das *Linzer Volksblatt*, die *Salzburger Chronik*, die *St. Pöltner Zeitung* und der *Tiroler Volksbote* bei den Nationalsozialisten besonderes Ärgernis.[131]

Geistig führend waren in dieser Richtung die *Wiener Politischen Blätter* Ernst Karl Winters und die seit 1933 von dem aus Deutschland emigrierten Universitätsprofes-

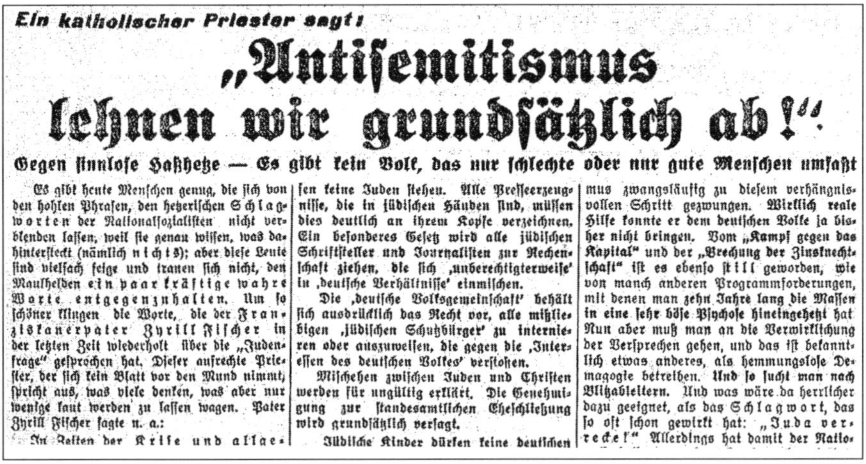

Ein katholischer Priester sagt:

„Antisemitismus lehnen wir grundsätzlich ab!“

Gegen sinnlose Haßhetze — Es gibt kein Volk, das nur schlechte oder nur gute Menschen umfaßt

Es gibt heute Menschen genug, die sich von den hohlen Phrasen, den hetzerischen Schlagworten der Nationalsozialisten nicht verblenden lassen, weil sie genau wissen, was dahintersteckt (nämlich nichts); aber diese Leute sind vielfach feige und trauen sich nicht, den Maulhelden ein paar kräftige wahre Worte entgegenzuhalten. Um so schöner klingen die Worte, die der Franziskanerpater Zyrill Fischer in der letzten Zeit wiederholt über die „Judenfrage“ gesprochen hat. Dieser aufrechte Priester, der sich kein Blatt vor den Mund nimmt, spricht aus, was viele denken, was aber nur wenige laut werden zu lassen wagen. Pater Zyrill Fischer sagte u. a.:

In Zeiten der Krise und allge-

sen keine Juden stehen. Alle Presseerzeugnisse, die in jüdischen Händen sind, müssen dies deutlich an ihrem Kopfe verzeichnen. Ein besonderes Gesetz wird alle jüdischen Schriftsteller und Journalisten zur Rechenschaft ziehen, die sich ‚unberechtigterweise' in ‚deutsche Verhältnisse' einmischen.

Die ‚deutsche Volksgemeinschaft' behält sich ausdrücklich das Recht vor, alle mißliebigen ‚jüdischen Schutzbürger' zu internieren oder auszuweisen, die gegen die ‚Interessen des deutschen Volkes' verstoßen.

Mischehen zwischen Juden und Christen werden für ungültig erklärt. Die Genehmigung zur standesamtlichen Eheschließung wird grundsätzlich versagt.

Jüdische Kinder dürfen keine deutschen

mus zwangsläufig zu diesem verhängnisvollen Schritt gezwungen. Wirklich reale Hilfe konnte er dem deutschen Volke ja bisher nicht bringen. Vom „Kampf gegen das Kapital“ und der „Brechung der Zinsknechtschaft“ ist es ebenso still geworden, wie von manch anderen Programmforderungen, mit denen man zehn Jahre lang die Massen in eine sehr böse Psychose hineingehetzt hat. Nun aber muß man an die Verwirklichung der Versprechen gehen, und das ist bekanntlich etwas anderes, als hemmungslose Demagogie betreiben. Und so sucht man nach Blitzableitern. Und was wäre da herrlicher dazu geeignet, als das Schlagwort, das so oft schon gewirkt hat: „Juda verrecke!“ Allerdings hat damit der Natio-

Abb. 11: Offiziell dokumentierte Querverbindungen der Harandbewegung *oder der* Kleinrentner *zu anderen österreichischen Gruppen, die gegen den Nationalsozialismus auftraten, gibt es nur wenige. Dieser Zeitungsartikel in der* Morgenpost *zeigt aber deutlich, dass diese Gruppen einander sehr wohl gekannt haben und auch eine gewisse Zusammenarbeit stattfand.* Morgenpost, *8. April 1933.*

sor Dietrich von Hildebrand herausgegebene Zeitschrift *Der christliche Ständestaat.* Hildebrand und seine Hauptmitarbeiter Josef Resch, Hans Zeßner-Spitzenberg, Ernst Karl Winter, Heinrich Mataja, Johann Staud, Viktor Frankl, Raimund Poukar, Karl Lugmayer und andere vertraten ein antinationalsozialistisches, monarchistisches, ständestaatliches und katholisches Österreich-Konzept, zu dessen Verwirklichung vor allem nach Winters Wunsch auch die Arbeiterschaft herangezogen werden sollte. Sie bekämpften den Nationalsozialismus und so wie Irene Harand und Moriz Zalman den Antisemitismus, wo immer sie ihn antrafen.[132] Sie waren gegen die „Reichsmystiker“ und „Brückenbauer“ und gegen alle, die Anteil hatten „am Heraufkommen des Dritten Reiches und dem Mangel an Immunität weiter katholischer Akademikerkreise gegenüber dem Nationalsozialismus, der so lange andauert und gefährlich ist, als nicht klar und deutlich erkannt wird, daß der Nationalsozialismus die deutsche Erscheinungsform des Bolschewismus ist und diesem an Gefährlichkeit und Verwerflichkeit nicht im mindesten nachsteht, sondern höchstens an Klugheit und Überlegtheit.“[133]

Dem Abkommen vom 11. Juli 1936 und dem ergänzenden geheimen „Gentleman-Agreement“ vom selben Tag hatte Bundeskanzler Schuschnigg zugestimmt, als er von Italien keine Hilfe mehr erhoffen konnte. Diese Verträge anerkannten zwar die Selbständigkeit Österreichs, machten aber dem Nationalsozialismus weitgehende Zugeständnisse. Gerade von den österreichischen Katholiken ist er daher nicht einheitlich beurteilt worden. Der Chef des Bundespressedienstes Eduard Ludwig hat schon vor der Unterzeichnung um seine Entlassung gebeten, da er „diese Politik nicht weiter vertreten und publizieren“ könne.[134] Als Wortführer der Gegner des Vertrages erklärte E.K. Winter am 19. Juli[135]: „Ein Österreich, das die ‚Traditionspflege‘ proklamiert, den österreichischen Militärmarsch pflegt, im übrigen aber ein ‚deutscher Staat' ist, der die verhängnisvolle Europapolitik Deutschlands mitzumachen sich verpflichtet, ist nicht Österreich, sondern ein Vasallenstaat Deutschlands." Im September hat Winter den 11. Juli, „falls es bei ihm bleibt", als entscheidensten Tag der österreichischen Geschichte seit dem 12. November 1918 bezeichnet. Er lasse nur mehr zwei Lösungen zu, den Untergang oder die Neuschöpfung Österreichs: „Wer für Österreich ist, muß gegen Deutschland sein, denn Deutschland und der nationalsozialistische Staat sind heute identisch."[136]

Im Oktober 1936 brachte der *Ständestaat* einen Artikel aus einer elsässischen Zeitung, in dem vor der Politik des deutschen Sonderbotschafters Papen eindringlich gewarnt wurde: „Wir verhehlen nicht, daß gewisse Ahnungen und Sorgen wegen Österreich unser Herz beschleichen ... Wie immer die politischen Möglichkeiten gewertet werden mögen, auch Österreich wird den Kulturkampf des Dritten Reiches erleben und zwar in noch weit verschärfter Form, wenn es in dieser religiösen Frage, in der es nur ein Ja oder Nein gibt, den Weg der Brückenbauer beschreitet, den Weg des Herren von Papen, den heute heillos in der ganzen Welt kompromittierten Kompromiß zwischen dem Christentum und dem Rassenwahn."[137] Im November 1936 sah sich dann Bundeskanzler Schuschnigg selbst infolge der Angriffe von Funktionären der *Vaterländischen Front* gegen den Abschluss des Abkommens veranlasst, bei einem Amtswalter-Appell in Klagenfurt ausdrücklich zu erklären, dass der Vertrag nur Vereinbarungen von Staat zu Staat enthalte und nichts mit der Stellungnahme der Regierung zum österreichischen Nationalsozialismus, der der Feind des Staates sei und bleibe, zu tun habe.[138]

Richard Schmitz und die Männer des christlichen Gewerkschaftsflügels haben bis zum März 1938 um eine Zusammenfassung aller demokratischen Kräfte Österreichs gerungen und wurden deswegen von Papen und dessen Mitarbeitern als „Volksfront-Anhänger" verdächtigt.[139] Der österreichische Generalstabsangehörige Jansa, der nach dem 15. Februar 1938 für bewaffneten Widerstand gegen Hitler eintrat, ist vom Staatssekretär im deutschen Auswärtigen Amt Ernst von Weizsäcker als Hindernis für ein kameradschaftliches Verhältnis zwischen der deutschen und der österreichischen Armee bezeichnet und daher zum Rücktritt veranlasst worden.[140] Der Präsident der Nationalbank Viktor Kienböck galt den deutschen Diplomaten am 18. Februar 1938 als „Judenfreund" „der die derzeitige Katastrophenpolitik der Juden nicht nur duldet, sondern sogar noch fördert."[141]

Eine besondere Rolle als frühe Gegner des Nationalsozialismus spielten Irene Harand und Moriz Zalman. Erstere war weitgehend vergessen, Zalman ganz. Es kann das mit der bis vor wenigen Jahren ungünstigen Quellenlage zu tun gehabt haben.[142]

Abb. 12: Die Wiener Arbeits- und Wohnadresse von Moriz Zalman. Wiener Adressbuch 1936, Erster Band.

```
Zalman Eugenie, Priv., XVIII. Erndtg. 29.
—  Franz, BBahnassist., XIII. Linzer Str. 332.
—  Karl, Kassenbeamt., XVIII/1 Pienerg. 26.
—  Moriz, JDr., Rechtsanw., I. Elisabeth-
    straße 20, Wohn. V. Margaretengürtel 24-34.
—  Oskar, Jng., VIII. Schlößelg. 11, Stg. 2.
—  Valerie, JDr., Journalist., XVIII/1 Gerst-
    hofer Str. 67.
```

Es könnte aber auch sein, dass der entschiedene Kampf beider – vor allem Irene Harands – gegen den Antisemitismus schon nicht allen Zeitgenossen besonders positiv aufgefallen ist. Mit Irene Harand befasst sich das vorliegende Buch in erster Linie, aber auch Zalman verdient es, der Vergessenheit entrissen zu werden.

Moriz Zalman wurde am 7. November 1882 in Bârlad, Rumänien, als Sohn von Hirsch Zalman und Sandla, geb. Rabinowicz geboren.[143] Die Volksschule besuchte er in Jassy, wo er bei seinem Großvater, einem Rabbiner, wohnte. Die Mittelschule musste er in Bârlad besuchen, weil der Großvater nicht zuließ, dass er am Samstag die Schule besuchte. Die Wohnung der Familie bestand aus Zimmer und Küche, in denen die Eltern und 7 Kinder wohnten.[144] Die ganze Familie hungerte, aber Moriz war ein guter Schüler. Das durch Nachhilfe verdiente Geld lieferte er der Mutter ab, da der Vater nur 25 Lei (ca. 5 Dollar) in der Woche verdiente. Da damals in Rumänien Juden nur Medizin studieren durften und Zalman das nicht wollte, zog er in das österreichische Czernowitz, wo er – wieder mit selbst verdientem Geld – Jus studierte und der jüdisch-nationalen Verbindung „Zaphira" beitrat. Auch während des Gerichtspraktikums in Czernowitz musste er weiter Privatstunden geben, da er monatlich nur ein Schreibpauschale von 2 Kronen (40 Cent) erhielt.

1909 war Zalman erstmals in Wien gemeldet, seit 1912 war er ständig in Wien, 1919 erhielt er das Wiener Heimatrecht.[145] 1913 heiratete er Wally Z., die am 12. Juli 1890 im tschechischen Leipnik geboren war. 1918 wurde die Ehe geschieden. 1921 bis 1932 war er mit Eugenie, geborene Braunsteiner, geboren am 19. März 1899 in Jassy, verheiratet. Die Ehe wurde 1930 geschieden.[146] Aus dieser Ehe stammte die 1938 16 Jahre alte Tochter Jolanda. In seinem Roman *Die Menschheit in der Sackgasse* schrieb Zalman, dass er im Weltkrieg eingerückt war und anfangs 1918 wegen eines Ohrenleidens aus dem Militärdienst entlassen wurde.[147] Zu dieser Zeit hatte er bereits seine erste Broschüre. *Der Rechtsanspruch der Kriegsentschädigung auf volle Genugtuung* veröffentlicht.[148] Seit 1919 kämpfte er für die Einführung einer Ausgleichsabgabe, deren Ertragnis den Besitzern von Kronenwerten und von Kroneneinkommen Genugtuung verschaffen sollte. Er veröffentlichte in der *Schutzaktion für Kronenwerte* einen Aufsatz, in dem er verlangte: die sofortige Einstellung der Notenpresse, Einhebung einer Vermögensabgabe in Gold oder Goldwerten und Schaffung einer Notenbank aus den Erträgnissen dieser Abgabe, schließlich die volle Entschädigung der Besitzer von Kriegsanleihen und Kronenwerten.[149]

Da die Presse über seine Bemühungen überhaupt nichts berichtete, ließ er im Oktober 1919 eine Extraausgabe *Rettet die Kriegsanleihen und die Banknoten!* in einer Auflage von 50.000 Exemplaren drucken. Kaum waren jedoch die ersten Exemplare verteilt, wurde die Auflage behördlich beschlagnahmt und der Herausgeber der Zeitschrift wurde gerichtlich geklagt. Im Juni 1920, als 100 Papierkronen auf den Wert von nur mehr 3 Goldkronen 97 Heller gesunken waren, verlangte Zalman, die im Parlament beratene „Vermögensabgabe" in Gold zu bemessen und einzuheben.[150] Weitere Artikel in dieser Richtung schrieb er in seiner Zeitschrift *Der Steuerträger*. Als dann im Oktober 1922 die Krone auf 1/15.000 ihres Goldwertes gesunken war, entschloß er sich, gemeinsam mit Regierungsrat Brychta die *Schutzaktion für Kronenwerte* zu gründen.[151] Im Frühjahr 1923 hatten sich bereits 30.000 Inflationsopfer bei der *Schutzaktion* gemeldet. Im Sommer führten er und Brychta einen Demonstrationszug von tausenden Menschen über die Ringstraße. Einige trugen Tafeln mit Protesten gegen den „Inflationsraub" mit sich.[152] Zalman selbst hatte sich zu dieser Zeit bereits in seiner Kanzlei in der Inneren Stadt, Spiegelgasse 4, als Steueranwalt etabliert und verdiente gut.[153] Vor dem Winter 1923 hatte er eine weitere Broschüre *Hände weg von den Valuten!* veröffentlicht.[154] Vor den Wahlen wurden Zalman und Brychta von christlichsozialen und sozialdemokratischen Politikern empfangen. Die Christlichsozialen lehnten Zalmans Forderungen ab, die Sozialdemokraten brachten im Nationalrat einen Gesetzesentwurf für ein „Familiengläubigergesetz" ein, das fünf Tage nach den Nationalratswahlen am 26. September 1923 beschlossen wurde. Es sah unter bestimmten Umständen eine Rentenerhöhung vor.[155] 1924 begann Zalman einen Kampf gegen die Versicherungsgesellschaften, die den Versicherten ihre Leibrenten völlig entwertet auszahlten. Wer früher 100 Kronen (20 Dollar) monatlich erhalten hatte, bekam nach Schillingrechnung einen Groschen (1/5 Cent). Zalman klagte deswegen die Versicherungsgesellschaften. Seine Klagen wurden jedoch in beiden Instanzen abgewiesen. Zalman berief daraufhin noch beim Obersten Gerichtshof. Dieser brauchte zwar 5 Monate bis zur Entscheidung, aber im November 1926 urteilte er in einem großen Leibrentenprozess, dass künftig nicht mehr Groschenbeträge ausbezahlt werden dürften und die Versicherungsgesellschaften die Leibrenten nach ihrer Leistungsfähigkeit bezahlen müssten.[156]

Schon wenige Tage nach der Annahme des Familiengläubigergesetzes 1923 wurde Zalman wegen seiner Wahlpropaganda für die Sozialdemokraten in der *Reichspost*,[157] und in den folgenden Jahren auch immer wieder in deutschnationalen Zeitungen angegriffen.[158] Aus den zahlreichen gegnerischen Presseattacken geht allerdings auch hervor, dass Zalman viele neue Anhänger hatte und als der „Heiland der Kleinrentner" galt.[159]

Zalman hatte aber auch Feinde, die Mitarbeiter im *Kleinrentnerverband* gewesen waren. An ihrer Spitze stand Dr. Stephan Wick, der ihn in der sich über Jahre hinziehenden Liquidierung der Österreichischen Kaufmännischen Bank sogar anzeigte, zwei andere Rechtsanwälte schlossen sich ihm an. Zalman war im Juli 1924 in den Vorstand der Bank berufen worden, wurde dort Direktor, machte einen Vertrauten zum Präsidenten und berief weitere Mitarbeiter aus dem Verband in den Vorstand. In der laufenden Presseberichterstattung waren die deutschnationale *Deutschösterreichische Zeitung* (DÖTZ), in der auch Dr. Wick früh seine Anschuldigungen publizierte[160], die *Wiener Neuesten Nachrichten* und die christlichsoziale *Reichspost* Sprachrohr von Zalmans Gegnern. Die *Arbeiter-Zeitung*, die *Neue Freie Presse* und der *Abend* informierten sachlich. In den drei gegen Zalman 1925 vorgebrachten Anzeigen ging es um folgendes: Erstens wurde ihm vorgeworfen, dass er, statt so rasch als möglich die Voraussetzung für die Bestätigung des Ausgleichs der Bank zu schaffen, die Zahlungen der ersten Rate um Monate verzögert und die zur Beschaffung von Barmitteln notwendigen Pfändungen zum Schaden der Ausgleichsmasse statt im November 1924 erst ein Vierteljahr später veranlasst habe. Ferner wurde ihm zum Vorwurf gemacht, dass er sich unmittelbar nach der ersten Ausgleichstagsatzung im Verwaltungsrat der Bank deren Vertretung als Rechtsanwalt zusichern habe lassen. Dadurch habe er nicht nur die Kleinrentner als Gläubiger gegen die Bank vertreten, sondern auch umgekehrt die Bank gegen die Rentner. Weiters wurde Zalman vorgeworfen, dass er zugegeben habe, dass der Ausgleichsverwalter Direktor Julius Weyde ein um 150 Millionen höheres Honorar gefordert habe, als ursprünglich vereinbart wurde. Diese Mehrauszahlung sollte dem *Verband der Sparer und Kleinrentner* zufließen, aber Zalman habe sich selbst davon 100 Millionen für seine Tätigkeit auszahlen lassen. Nach der Anzeige von Dr. Wick, der diese Vorwürfe auch schon in einem „Offenen Brief" an die Mitglieder des Verbandes im Februar 1925 erhoben hatte, sei auch die Verwendung der Bausteine von je 150.000 Kronen aufklärungsbedürftig, die sich Zalman für den von ihm herausgegebenen *Kleinrentner* habe übergeben lassen, über welche Gelder ebenso wenig eine Verrechnung bestehe wie über die Verwendung der Mitgliedsbeiträge.[161]

Eine zweite Strafanzeige betraf die Rolle, die Zalman beim Zusammenbruch der Depositenbank gespielt habe. Er sollte Gelder, die für den Kleinrentnerverband flüssig gemacht wurden, auf sein eigenes Konto einzahlen lassen haben. Es sei auch nachgewiesen worden, dass diese Gelder von der Depositenbank ausbezahlt wurden. Ferner habe der Obmannstellvertreter des Verbandes Baurat Alexius Korn, der zu den Liquidatoren der Kaufmännischen Bank gehörte, aus den von Zalman verwalteten Geldern monatlich 7 Millionen bezogen. Wick führte in seiner Anzeige auch noch an, dass beim Zusammenbruch der Kaufmännischen Bank Direktor Brand von Zalman den Auftrag erhalten habe, den Status der Bank so darzustellen, dass nicht mehr als 25 % als Quote für die Gläubiger herauskämen. Brand brachte aber 35 % heraus, worauf ihm die Anteile abgenommen wurden und Direktor Weyde, der gleichfalls Ausgleichsverwalter der Bank war, mit der Aufstellung des Status betraut wurde.

In einer dritten Anzeige wurde Zalman beschuldigt, dass er entgegen den bestehenden Statuten die Gründung neuer, ihm missliebiger Ortsgruppen des Kleinrentnerverbandes verhindert habe. Über die einzelnen Anklagepunkte führten zum Zeitpunkt der Berichterstattung die Staatsanwaltschaft und die Wirtschaftspolizei Untersuchungen durch.[162]

Zalman wehrte sich in Versammlungen des Kleinrentnerverbandes u.a. am 29. September und am 17. November 1925, was ihm eine Ehrenbeleidigungsklage der Rechtsanwälte Dr. Ettinger, Dr. Günther und auch Dr. Wicks eintrug. Was letzteren betrifft, so gab Zalman zu, diesen als Lügner, Verleumder und Betrüger bezeichnet zu haben.[163] Gegen die Wirtschaftspolizei bzw. gegen einen ihrer Sachverständiger nahm er scharf im *Kleinrentner* Stellung.[164]

Dr. Günther beteiligte sich übrigens auch aktiv an einem offensichtlich politisch motivierten Spaltungsversuch des Verbandes. Am 21. November 1925 trafen sich im magistratischen Bezirksamt Wieden einige unzufriedene Mitglieder des Zalman-Verbandes, um wegen der „subjektiven Geschäftsführung" Zalmans einen neuen „Reichsverband" der Kleinrentner zu gründen, der sich mit den Verbänden der Abgebauten, der Bundesbeamten, Pensionisten u.a. zusammenschließen sollte. Dabei teilte Dr. Günther das Versprechen der Mehrheitsparteien (Christlichsoziale, Großdeutsche) mit, „in allernächster Zeit das Aufwertungsproblem im Parlament zur Sprache zu bringen." Der neue „Reichsverband" wählte zwar einen Präsidenten und einen Obmannstellvertreter[165], doch hat man weiter von ihm nichts gehört – von einer Erwähnung Zalmans wenige Tage später im Rathaus abgesehen.[166]

Die Untersuchungen des Strafgerichts und der Wirtschafspolizei bezüglich der Kaufmännischen Bank und der Depositenbank ergaben keinen Anhaltspunkt für eine Anklage gegen Zalman.[167] Sein Strafregister aus dem Jahr 1939 enthielt nur[168] geringe Geldstrafen in Presseverfahren vor dem Bezirksgericht Wien I aus den Jahren 1924, 1925, 1926 und 1931. Dennoch wurden am 17. März und am 13. April 1926 neuerliche Anzeigen gegen Zalman wegen Verfehlungen gegen die Interessen der Kleinrentner im Zusammenhang mit der Kaufmännischen Bank erstattet, die wiederum zu keiner Anklage führten.[169]

Alle Anstrengungen und wechselseitigen Ehrenbeleidigungsprozesse vor allem zwischen Zalman einerseits und dem Rechtsanwalt Dr. Siegfried Knapitsch andererseits konnten jedoch nicht verhindern, dass das Handelsgericht Wien aufgrund des von Knapitsch eingebrachten Antrages des Vereins der Deutschen im Gottschee im März 1927 über die Kaufmännische Bank den Konkurs verhängte.[170]

Ob Zalman ab Ende März 1927 die Tageszeitung *Welt am Morgen* als Reaktion auf den Konkurs oder ob zur Verstärkung der Außenwirksamkeit des Kleinrentnerverbandes herausbrachte, kann nicht mit Sicherheit beurteilt werden.[171] Dass die Kleinrentner in einer großen Versammlung schon Ende November 1925 in einer Resolution ihre Leitung aufforderten, eine eigene Tageszeitung zu gründen[172], spricht allerdings für die zweite Alternative. Wenn die *Welt am Morgen* auch nur aus 8 Seiten bestand, so war sie doch modern aufgemacht – kein Kleinformat! – und diente Zalman als permanentes Mittel für die Werbung für den Verband und die *Sozialdemokratische Partei*.[173] Auch über seine weiterhin zahlreichen Prozesse wurde in der *Welt am Morgen* ausführlich und genau berichtet. Die *Welt am Morgen* wurde um 10 Groschen verkauft und erschien täglich um 6 Uhr früh, am Montag um 12 Uhr mittags. Auf dem Titelblatt stand „Von 80.000 Österreichern gegründete Tageszeitung zum Kampf für Wahrheit und Gerechtigkeit." Dementsprechend hoch muss die Auflage gewesen sein. Daher waren auch die Rechnungen der Druckerei „Inva" so hoch, dass – zumindest nach der Berichterstattung der Gegner Zalmans – innerhalb von 8 Monaten ein Defizit von fast 3 Milliarden Kronen entstand. Zalman war zunächst nur Chefredakteur gewesen, nach der Gründung der Zeitungsgesellschaft „Die Welt" im Dezember 1927, die von nun an statt des Verbandes die Herausgabe besorgte, war Zalman Chefredakteur und Herausgeber. Gleichzeitig gründete er noch eine *Internationale Korrespondenz*[174], die aber nirgends aufscheint.

Im ersten Jahrgang der *Welt am Morgen* veröffentlichte Zalman auch einen Roman *Die neuen Armen* über das Kleinrentnerwesen und dessen Rettung durch Aufwertung. Der Retter war der „nordische Recke Balder", d.h. Zalman selbst.[175] Als Balder hat er sich ja auch in seinem 1939 in der Gefangenschaft geschriebenen Roman *Die Menschheit in der Sackgasse. Ein Gefangener zeigt den Weg* bezeichnet.[176] Neben seiner Tätigkeit als Anwalt in erster Linie für Kleinrentner und der Prozessführung in eigener Sache hat Zalman ab 1923 jährlich eine einschlägige Monographie veröffentlicht: 1923 im Eigenverlag *Ein Hypothekarprozeß* mit deutschem, englischem und französischem Vorwort. Auf dem Deckblatt der Broschüre steht „Der Verzweiflungskampf der kleinen Rentner und Sparer". Der Inhalt ist die Schilderung der ersten nach der Währungssanierung von 1922 durchgeführten Kleinrentnerprozesse. Es ging dabei um den Rest einer Hypothekarschuld auf einem Haus in Penzing, die ein Ehepaar 1918 erworben hatte. Die Letzteigentümer wollten den Rest 1922 in alten Kronen zahlen, worauf die Gläubiger klagten. Ihre Klage wurde vom Landesgericht Wien abgewiesen. Daraufhin beriefen die von Dr. Zalman vertretenen Kläger. Seine Berufungsklage ist fast eine Geschichte des Hypothekarrechtes. Wie der Prozess letztlich ausgegangen ist, erfährt man nicht.

Eine weit ausführlichere Rechtsgeschichte ist die 1924 im Verlag der Buchhandlung „Altes Rathaus" erschienene Broschüre Zalmans *Die Valorisierung von Kronenforderungen nach österreichischem Recht*. Das Vorwort endete mit dem Satz: „Wer noch im geringsten zweifelt, der soll sich überzeugen, dass die Ausplünderung der Kleinrentner nach den bestehenden Gesetzen auch nicht den Schein einer Berechtigung habe."[177] 1926 erschien *Die Kleinrentnerfrage in Österreich. Gemeinverständlich dargestellt von Rechtsanwalt Dr. Moriz Zalman, Obmann des Verbandes der Sparer und Kleinrentner Österreichs, Verlag des Verbandes der Sparer und Kleinrentner Österreichs, Wien, I. Spiegelg. 4.*

In dieser Publikation, in der von 100.000 organisierten Kleinrentnern die Rede war[178], hielt Zalman noch an der Idee der Golddeckung fest. Alle Inflationsgeschädigten sollten für ihre Verluste Goldobligationen erhalten, wofür ein Ausgleichsfonds gebildet werden sollte, der dem verarmten Mittelstand und der Arbeiterschaft nach sozialen Gesichtspunkten nach einem bestimmten Umrechnungsschlüssel Goldobligationen ausstellt. Dafür wäre jährlich ein Höchstbeitrag von 50 Millionen Schilling über 60 Jahre notwendig. Da das staatliche Gesamtbudget fast 1 Milliarde ausmache, könnte der Staat diese Summe aufbringen.[179] Der Mieterschutz dürfte dafür aber auf keinen Fall aufgehoben werden. Durchsetzen könnten die Kleinrentner diese Forderung nur mit Hilfe der Sozialdemokraten, die sie bei den nächsten Wahlen (1927) daher auch wählen müssten.[180] Christlichsoziale und Großdeutsche kämen dafür wegen ihrer Wählerklientel nicht in Frage. Schon die ersten Vorsprachen der Kleinrentner im Frühjahr 1923 hätten dies deutlich gemacht. Der christlichsoziale Abgeordnete Miklas soll damals erklärt haben: „Wir können für die Kleinrentner nichts tun, weil wir die Sklavenhalter des westlichen Großkapitals sind." (Sic!) Der großdeutsche Abgeordnete Dinghofer habe zu verstehen gegeben, dass seine Partei nicht viel mitzureden habe. Nur der Sozialdemokrat Seitz reagierte positiv: „Wir sehen das Unrecht ein und wir sind gerne bereit mitzuwirken, daß den Großkapitalisten, den Kriegsgewinnern und Schiebern eine Ausgleichsgabe auferlegt werde, deren Erträgnis zur teilweisen Rückzahlung der Ersparnisse der Kleinrentner und Sparer zu dienen hätte."[181] Der damalige Bundeskanzler Seipel erklärte, dass er „die Wirtschaftskreise zu Rate ziehen" und dann Bescheid geben werde. Auch eine Vorsprache beim damaligen Finanzminister Kienböck blieb erfolglos. Die Sozialdemokraten brachten am 11. Juni 1923 den Entwurf eines Sperrgesetzes im Nationalrat ein, dem zufolge Kronenforderungen und Kronenpapiere, die vor dem 1. November 1918 erworben wurden, nicht in Papierkronen zurückgezahlt werden dürften. Unterhaltsforderungen, wie Leibrenten oder Provisionen, sollten nach der Leistungsfähigkeit der Schuldner aufgewertet werden. Christlichsoziale und Großdeutsche lehnten den Entwurf ab.[182]

Obwohl Zalman und der Verband sich immer als parteipolitisch neutral erklärten, standen sie doch von 1923 an mit den Sozialdemokraten in Kontakt, der sich bis zur direkten Wahlempfehlung 1926 steigerte.[183]

Nach der „Kleinrentnerfrage" machte Zalman mit der Veröffentlichung von Monographien eine Pause. Es kann sein, dass sie mit der Chefredaktion der *Welt am Morgen* zu tun hatte, die den Eindruck vermittelt, dass sie Zalman weitgehend selbst geschrieben hat. Dazu kam seine weiterhin intensive Tätigkeit für die Kleinrentner, für die er nach wiederholten Aussagen kein Honorar verlangte.[184]

Wohl aber forderte der Verband von jenen Kleinrentnern, die z.B. Ende 1927 eine Aufwertung der Zinsen ihrer Wiener Gemeindeanleihe erhielten, 25 % ihres Erstbezugs und weitere 25 % von der zu erwartenden Differenz auf die doppelte Aufwertung für das Jahr 1927 als freiwillige Spende für einen Kampf- oder Härtefonds des Verbandes ein.[185] Für die Zuteilung der Aufwertung war eine vom Bürgermeister Seitz eingesetzte Kommission unter der Obmannschaft des Finanzstadtrates Hugo Breitner zuständig, der auch Zalman angehörte. Die Kommission hatte am 19. Dezember 1927 getagt. Am 20. Dezember erhielten alle von der Kommission Berücksichtigten das erwähnte Schreiben mit der Bitte um die Spende. Diesen Brief las der Obmann des Klubs den christlichsozialen Gemeinderäten, Stadtrat Leopold Kunschak, in der Sitzung des Gemeinderates am 23. Dezember vor, wobei er Zalman als „Vampyr" und den Brief als „ausgemachte Lumperei" bezeichnete.[186] Daraufhin erhob sich bei den Gemeinderatsminderheiten (Christlichsoziale und Großdeutsche) ein Tumult – Zalman erwiderte auf den Angriff Kunschaks in der *Welt am Morgen*. Er forderte Kunschak auf, ihn zu klagen, wenn dieser nicht wolle, „daß man ihn zeitlebens ungestraft als einen ehrenlosen Schurken bezeichnete."[187]

Kunschak hat offensichtlich nicht geklagt. In der Sitzung des Gemeinderates am 6. Februar 1928 brachte jedoch der christlichsoziale Gemeinderat Angermayer die Angelegenheit erneut zur Sprache: „Wir hätten erwartet, daß Doktor Zalman seine Konsequenzen dahin zieht, daß er entweder das Vorgehen seines Verbandes widerruft oder aus der Kommission ausscheidet. Nachdem keines von beiden geschehen ist, erklären wir, an den Kommissionssitzungen solange nicht teilzunehmen, als Dr. Zalman die angedeuteten Konsequenzen nicht zieht."[188]

Zalman hat diese Konsequenzen offenbar nicht gezogen, dafür erhielt er am 12. März 1928 eine Vorladung des Polizeikommissariats Meidling wegen Vergehens nach §300 des Strafgesetzes (Aufwiegelungsparagraph), das er laut Spitzel der Kriminalpolizei[189] bei einer Rede über das Aufwertungsproblem[190] im Februar im Meidling begangen haben sollte[191]. Der *Kleinrentnerverband* reagierte daraufhin mit einer Protestversammlung am gleichen Tag in den Eichensälen in Favoriten und einer anschließenden Straßendemonstration[192]. Zalman hielt in den Eichensälen eine temperamentvolle Rede, in der er bestritt, das „Schimpfwortlexikon", das ihm die Polizei vorgehalten habe, je gebraucht zu haben. Am Tag zuvor sei er bei einer Versammlung des Verbandes in St. Pölten gewesen: „Es war einer der schönsten Tage meines Lebens." In den großen Stadtsälen seien weit mehr als 1000 Menschen gewesen, die ihm stürmisch zugejubelt und „Hoch die Sozialdemokratie!" gerufen hätten.[193] Der auch anwesende Bürgermeister Schnofl von St. Pölten habe erklärt: „Ich bin Sozialdemokrat, ich weiß aber, daß viele von den hier Versammelten keine Sozialdemokraten sind, aber ich versichere Sie, in der Kleinrentnerfrage kennen wir keinen Unterschied der Gesinnung, da kennen wir nur den Rechtsstandpunkt, wir sehen nur die Geschädigten, wir werden alles aufbieten, um das geschehene Unrecht gutzumachen."

Zu einem Prozess gegen Zalman wegen Aufwiegelung ist es nicht gekommen, aber die politischen Gegner, damals noch in erster Linie die Christlichsozialen, versäumten keine Gelegenheit, Zalman anzugreifen. Zu Ostern 1928 hatte er in der *Welt am Morgen* einen Artikel „Auferstehung der Gerechtigkeit" veröffentlicht. Ihn nahm das christlichsoziale *Grazer Volksblatt* zum Anlaß, Zalman vorzuwerfen, dass er aus Czernowitz stamme, dass die Regierung Renner den von der Kleinrentnerbewegung so angegriffenen Grundsatz „Krone ist Krone" festgelegt habe, dass Zalman kein „Helfer der Armen", sondern ein falscher Prophet sei, der für die Sozialdemokraten „Zutreiberdienste" leistete. In der *Welt am Morgen*[194] wurde darauf heftig und mit einem Bekenntnis zur Sozialdemokratie erwidert: „Daß Dr. Zalman die Hilfe der Sozialdemokraten angerufen hat, war seine selbstverständliche Pflicht. Da nur die Sozialdemokraten geholfen haben und noch helfen, da sie im Parlament unsere einzige Stütze sind, ist es unsere verfluchte Pflicht und Schuldigkeit, dies immer und überall hervorzuheben, und wir leisten unserer eigenen Sache den größten Dienst, wenn wir mit den Sozialdemokraten bei Wahlen mitkämpfen."

Für die letzten freien Nationalratswahlen am 9. November 1930 war Zalman allerdings nicht mehr für die Sozialdemokratische Partei, sondern für eine neue Partei, die er gemeinsam mit Irene Harand gegründet hatte, eingetreten. Wie er die junge ungewöhnliche Frau kennengelernt hat, beschreiben Hausner und Scharr in gleicher Weise.

Zalman schildert in seinem autobiographischen Roman 1939 die Bekanntschaft ausführlicher. Irene Harand hieß in ihm Isolde Basant. Nach Zalmans Angaben muss sie 1926 mit einem alten steirischen Apotheker und Gutsbesitzer in Zalmans Büro gekommen sein. Der alte Mann hatte die Apotheke und seinen ganzen Besitz seinem Sohn mit einem Übergabevertrag überlassen. 1925 heiratete er seine Wirtschafterin und zog nach Wien-Margareten. Der Sohn erfüllte jedoch die Vertragsbedingungen nicht. Als der Vater deswegen gegen ihn prozessierte, verlor er in allen drei Instanzen und musste mit seiner Frau hungern. Diese versuchte, als Bedienerin wenigstens etwas Geld zu verdienen. Auf diese Weise lernte sie Isolde Basant (Irene Harand) kennen, die Gattin eines Hauptmannes (Frank Harand), der in einer Fabrik als Oberbeamter tätig war.[195] Irene Harand war vom Schicksal Andreas Webers, so nannte Zalman den alten Mann, sehr berührt und beschloß, ihm zu helfen. Weber besaß noch eine Kriegsanleihe von über 200.000 Kronen (20.000 Dollar). Irene Harand verschaffte ihm damit vom (Sozial?-)Ministerium eine Monatsrente von 65 Schilling – zum Leben zu wenig, zum Sterben zu viel. Irene Harand las eines Tages in der *Kleinen Volkszeitung* einen Artikel über die Kleinrentnerbewegung und Zalman. Von der Redaktion erfuhr sie dessen Adresse und dass Zalman Rechtsanwalt sei. Sie suchte ihn auf und erzählte ihm die Geschichte Bergers: „Ich möchte so gern dem alten Herren helfen. Mein Mann würde es sich etwas kosten lassen." Zalman erwiderte, sie dürfe nicht von Bezahlung sprechen und er glaube, Berger helfen zu können. Er reichte gegen Bergers Sohn eine Alimentationsklage ein. Der Prozess dauerte zwar ein Jahr, aber schließlich sprachen alle drei Instanzen Weber eine monatliche Alimentation von 100 Schilling (20 Dollar) zu.

Der Kontakt zwischen Irene Harand und Zalman riss danach nicht ab. Dieser schwärmte noch 1939 von ihr: Schön, jung – sie war 26 Jahre alt, als sie das erste Mal zu Balter (Zalman) kam – voll Energie und Menschenliebe erschien sie Balter als das Muster einer Kämpferin, das Muster eines Menschen, der sich für seine Ideale und opfern kann … „Wie herrlich wäre es", dachte er, „wenn ich diese Frau als Mitkämpferin für unsere Sache gewinnen könnte!"

Der Wunsch Zalmans ging eher in Erfüllung, als er glaubte. Einige Monate nach dem erfolgreichen Ende des Prozesses Berger kam dieser zu Zalman und berichtete ihm, dass Frank Harand seine Stelle verloren hätte: „die braven Leute stehen aller Mittel entblößt da". Zalman fragte, wo die Harands jetzt seien. Berger antwortete, sei seien nach Graz gefahren, um dort eine Beschäftigung zu finden. Zalman bat nun Berger, Frau Harand zu telegraphieren, dass sie sofort nach Wien kommen möge: „Ich will in der morgigen Sitzung der Hauptleitung vorschlagen, daß sie als Sekretärin angestellt wird." Als Irene Harand am nächsten Tag anrief, konnte ihr Zalman mitteilen, dass sie ihren Dienst als Sekretärin des Kleinrentnerverbandes antreten solle.[196]

Irene Harand nahm die Stelle an und begann bald, „eine immer größere Rolle in der Bewegung zu spielen."[197] Sie war nicht nur deren Mitglied, sondern auch Stellvertreterin Zalmans geworden. Im Frühjahr 1930 war – nach der Darstellung Zalmans – sie es, die ihm erklärte: „Eine neue Partei müssen wir gründen. Die alten Parteien haben abgewirtschaftet." Zalman antwortete, dass er über diese Frage viel nachgedacht habe. Eine Partei auf dem Boden der Privateigentümer mit ehrlichen Zielen hätte viel Aussicht. Zalman ereiferte sich immer mehr: „Als wichtigsten Punkt der neuen Partei werden wir die Rückbildung der durch die Inflation zerstörten Kaufkraft des Volkes anführen, Milliarden müssen ihre Auferstehung feiern, damit die Schlote unserer Fabriken rauchen und die fleißigen Hände unserer Arbeiter Güter erzeugen können". Frank Harand fügte hinzu: „Dann wird auch die Bauernschaft gesunden. Je mehr Arbeiter beschäftigt werden, desto größer die Nachfrage nach Lebensmitteln, nach Bodenprodukten." Und so wurde die *Österreichische Volkspartei* gegründet, nachdem ein diesbezüglicher Vorschlag von der Hauptleitung des *Kleinrentnerverbandes* einstimmig genehmigt worden war.[198]

Am 27. August 1930 reichten Zalman[199], der Zuschneider Franz Tilla und die Private Anna Richter als Proponenten die Statuten der *Österreichischen Volkspartei* beim Bundeskanzleramt um Genehmigung ein. Von den angegebenen 9 Zielen der Partei[200] beziehen sich 7 auf allgemeine wirtschaftliche Forderungen. Die Punkte 8 und 9 gehen darüber hinaus: „8. Bekämpfung des Klassen- und Rassenhasses. 9. Alle Bestrebungen zu unterstützen, die auf die Herstellung eines dauernden Friedens und auf den wirtschaftlichen Zusammenschluß der europäischen Staaten abzielen."

Anfang September 1930 wurde in §3 (Mittel zur Erreichung des Zweckes) Punkt 5 „Bewerbung um Mandate bei Wahlen für die öffentliche Körperschaften aller Orte" gestrichen. Die Statuten selbst waren von den drei schon genannten Proponenten und fünf weiteren offensichtlichen Kleinrentnern (Pensionistin, Tischlermeistergattin, Private) für das vorbereitende Komitee unterschrieben. Irene Harand befand sich nicht unter ihnen. Schon am 1. September 1930 veranstaltete die junge *Österreichische Volkspartei* einen Werbeaufmarsch über die Ringstraße.[201] Nach der Schilderung Zalmans nahmen „Tausende Menschen" und drei Musikkapellen daran teil. An der Spitze ging mit einer großen Fahne in der Hand Irene Harand[202]. Sie hatte schon am 11. März 1930 mit dem Rechtsanwalt Dr. Oskar Wessing und Leopold Kail beim Bundeskanzleramt die Satzungen des Vereins „Neuer Mieterschutz" um Genehmigung eingereicht.[203] Der Zweck des Vereins war „die Schaffung einer Vertretung für die Interessen der Mieter Österreichs im Allgemeinen und für die Vereinsmitglieder im Besonderen. Der Wirkungskreis der Vereinigung bezieht sich auf alle Bundesländer Österreichs." Von den Mitteln zur Erreichung des Zweckes §3 sind besonders erwähnenswert die Punkte c) Erhebung über die Art wie die Häuser Österreicher erworben, welche Beträge zum Erwerb des Hauses verwendet wurden und in wessen Eigentum sie stehen. Es soll hierbei auch festgestellt werden, in wieweit das Haus durch die Inflation schuldenfrei geworden ist. Die Honorierung der Rechtsanwälte besorgt der Verein (§9). Der utopische § 3c wird wohl nie in Angriff genommen worden sein. Es ist erstaunlich, daß er von den zuständigen Behörden genehmigt worden ist.[204] Ein Jahr später änderten die Delegiertenversammlung am 3. Februar 1931 und die außerordentliche Mitgliederversammlung am 2. März 1930 einstimmig nur den § 9, Rechtsschutz und Rechtshilfe, dahingehend, dass die Mitglieder – von berücksichtigungswerten Ausnahmen abgesehen – im ersten Jahr der Mitgliedschaft selbst für Anwaltskosten aufkommen müssen.[205] Sehr erfolgreich kann der Verband insgesamt nicht gewesen sein, da seine Leitung am 5. April 1935 die Auflösung der Generaldirektion für öffentliche Sicherheit mitgeteilt hat: „die im Sinne § 26 des Vereinsgesetzes vorgeschriebene Verlautbarung" konnte „wegen mangels der Mittel für die Deckung der Kosten nicht durchgeführt werden."[206]

Die Sozialdemokratische Partei hatte auch in der Gründung des Mietervereines einen Versuch Zalmans gesehen, ihre Mieterorganisation zu spalten. Besonders verärgert war sie allerdings über die Gründung der *Österreichischen Volkspartei* so knapp

Abb. 13: Moriz Zalman – Gründer der Kleinrentnerbewegung *und der ersten Österreichischen Volkspartei. RGWA 520/2/8.*

73

vor den Novemberwahlen 1930 – und ein Jahr nach Annahme des Kleinrentnergesetzes vom 18. Juli 1929[207]. Unter dem Titel „Auch eine Partei."[208] schilderte sie Ende Oktober 1930 die Vorgeschichte „dieser sonderbaren Parteigründung". Dr. Zalman sei als Führer des *Verbandes der Sparer und Kleinrentner* bekannt geworden, der niemals eine sozialdemokratische Parteiorganisation gewesen sei. Weil er aber die größte Kleinrentnerorganisation war, hielten die sozialdemokratischen Abgeordneten schon seit 1923 ständig mit ihm Kontakt. „Im Einvernehmen mit dem Verband brachten die sozialdemokratischen Abgeordneten den ‚Almosenentwurf' des Ministers Schmitz, den unzulänglichen Entwurf der christlichsozialen Abgeordneten Schumacher und schließlich den von Dr. Zalman als ‚Schandgesetz' bekämpften Entwurf des christlichsozialen Abgeordneten Hofer zu Fall. Zalman und der Verband hätten dafür den sozialdemokratischen Abgeordneten wiederholt gedankt." Im Frühjahr 1929 sei Zalman, der mit seinem Verband bis dahin die Aufwertung der Vorkriegsforderungen verlangt hatte, „mit einem bescheideneren Programm vor die Öffentlichkeit getreten: Er verlangte jetzt nur mehr eine teilweise Aufwertung der Zinsen der Vorkriegsvermögen wie sie die sozialdemokratische Wiener Gemeindeverwaltung im Einvernehmen mit dem Verband schon 1927 den Besitzern der Wiener Gemeinschuldenverschreibung gewährt hatte."[209] Zalman schickte dieses neue Programm an die sozialdemokratischen Abgeordneten und bat sie, „den Entwurf als einen Vorschlag zu betrachten, der die Grundlage für einen Kompromiß in der Aufwertungsfrage sein soll."[210] Deshalb traten die sozialdemokratischen Abgeordneten im Juli 1929 mit den bürgerlichen Parteien in Kompromissverhandlungen über eine Lösung der Kleinrentnerfrage ein. Diese Verhandlungen wurden im ständigen Einvernehmen mit dem Verband der Kleinrentner geführt. Dabei gelang es, „die ursprünglichen Vorschläge der bürgerlichen Parteien wesentlich zu verbessern." Aus diesen Verhandlungen ging das „Kleinrentnergesetz" vom 18. Juli 1929 hervor. Der Verband war damals sehr zufrieden damit. Zalman schrieb am Tag nach der Beschlussfassung des Nationalrates, am 19. Juli 1930, an die sozialdemokratischen Abgeordneten einen Dankbrief an die sozialdemokratische Partei „für ihren zähen Kampf um die Verbesserung des Hofer-Entwurfes, der durch die Bemühungen der Partei ein ganz anderes Gesicht bekommen hat." Der Verband habe zwar erwartet, dass gleichzeitig mit der Mietenfrage wenigstens die Zinsenaufwertung beschlossen werde. Die Hauptleitung des Verbandes habe eingesehen, dass diese Junktimierung unmöglich sei und betrachte das Gesetz als Schritt nach vorwärts. Sie bitte die sozialdemokratische Partei, auch künftig, „speziell bei der Durchführung des Gesetzes, ihm die Hilfe nicht zu versagen." Der Satz mit der Junktimierung bezog sich darauf, dass Zalman noch im Frühjahr 1929 verlangt hatte, die Mietzinse 1929 um 5 Groschen für jede Friedenskrone und von 1930 an um 10 Groschen zu erhöhen. Der Ertrag dieser Mietzinserhöhung hätte für die Aufwertung der Zinsen der Vorkriegsvermögen verwendet werden sollen. Die Sozialdemokraten hatten diese Forderung abgelehnt. Das Gesetz vom 18. Juli sah die Bildung eines staatlichen Fonds zur Entschädigung der Kleinrentner vor, aus dem 57 % aller Anspruchsberechtigten eine jährliche Mindestrente von 120 Schilling bekommen sollten.

Bei den Verhandlungen im Hauptausschuss des Nationalrates im Juli 1929 über die Durchführungsverordnung zum Kleinrentnergesetz beantragten die Sozialdemokraten eine Verdoppelung der Rente auf 240 Schilling. Die Regierungsparteien lehnten diese Forderung zwar ab, gestanden aber eine Erhöhung auf 180 Schilling jährlich zu, was 17.000 Kleinrentnern zugute kam. Zalman verschwieg in der *Welt am Morgen* die sozialdemokratische Initiative und lobte die bürgerlichen Parteien. Im Herbst verlangte Zalman von der Sozialdemokratischen Partei u.a., sie solle ihm 100.000 Schilling für die *Welt am Morgen* geben. Die Partei musste diese Forderung selbstverständlich ablehnen, worauf sich Zalman entschloß, „neue Wege" zu gehen.[211]

Zalman stritt das ab, woraufhin die Arbeiter-Zeitung am 31. Oktober[212] mit dem gleichen Titel wie am 26. genauer auf ihren Vorwurf einging. Die sozialdemokratischen Abgeordneten Dr. Eisler und Dr. Schärf[213] hatten als Vertreter ihrer Partei am 23. Oktober 1929 ein Gespräch mit Zalman und drei anderen Vertretern des Kleinrentnerverbandes. Schärf erstattete darüber dem Parteivorstand am 25. Oktober einen schriftlichen Bericht, in dem er mitteilte, dass Dr. Zalman an die Partei drei Wünsche gerichtet habe, von deren Erfüllung er seine weitere Haltung zur Partei abhängig mache: Der dritte Wunsch war, dass die Partei der *Welt am Morgen* 100.000 Schilling zuwende, damit sich das Blatt von einer Bankschuld in gleicher Höhe, die es in Raten von 3000 Schilling monatlich abtragen müsse, befreien könne. ‚Würden diese Begehren zugestanden' dann, meinte Zalman, könne er vor seine Mitglieder hintreten und sagen, das seien ‚Taten'. Könne die Partei diese Zugeständnisse nicht machen, könne sich die *Kleinrentnerbewegung* nicht an die Partei binden und müsse eventuell eine <u>eigene</u> Partei bilden, damit die Bewegung nicht ins reaktionäre Fahrwasser gerate."[214]

Eisler und Schärf erklärten der Delegation, dass sie deren Wünsche dem Parteivorstand mitteilen würden, was sie auch taten. Dieser „lehnte es selbstverständlich ab",[215] Zalman für seine Zeitung 100.000 Schilling zuzuwenden. Schärf wurde beauftragt, dieses Zalman mitzuteilen, was auf telefonischem Weg geschah. „Damit war die Verbindung unterbrochen." Zalman betrat nun die ‚neuen Wege' und begann die Sozialdemokraten wegen der selben Handlungen anzugreifen, für die er der Partei früher gedankt hatte, verschwieg den Lesern seiner Zeitung die Haltung der Partei im Hauptausschuss, lobte die bürgerlichen Parteien und gründete schließlich seine eigene „Partei". Von diesen Feststellungen versuchte Zalman die Aufmerksamkeit durch die Erzählung über einen sozialdemokratischen „Bestechungsversuch" an seiner Sekretärin (Irene Harand?) abzulenken. „Der Herr Doktor muss größenwahnsinnig geworden sein, wenn er glaubt, dass sich eine große Partei wie die unsere für seine Sekretärin interessiere." Traurig sei bei alledem nur eines: „dass sich arme Menschen noch immer von einem gewandten Advokaten so missbrauchen lassen!"[216]

Für die Novemberwahlen 1930 kandidierte die *Österreichische Volkspartei* in allen österreichischen Wahlkreisen mit Ausnahme des Mühlviertels, Vorarlbergs und des Burgenlandes. Zalman selbst kandidierte in den Wahlkreisen IX, X und XII[217], Irene Harand im VI., VII. und VIII. Wiener Bezirk.[218] Die Volkspartei errang wie die Arbeiter-Zeitung vorausgesagt hatte[219], kein Mandat. Nach Zalman erhielt sie ca. 20.000 Stimmen, nach Angabe der Generaldirektion für öffentliche Sicherheit in ganz Wien 8500 Stimmen, bei den Gemeinderatswahlen am 24. April 1932 nur mehr ca. 5000 Stimmen.[220]

Zalman führte den geringen Erfolg der *Österreichischen Volkspartei* noch 1939 auf die „Wahllüge" der Sozialdemokraten über seine angebliche Forderung von 100.000 Schilling für die *Welt am Morgen* zurück. Nicht nur die *Arbeiter-Zeitung*, sondern auch das *Kleine Blatt*, sämtliche bürgerlichen Zeitungen schrieben darüber. „Alle sozialdemokratischen Blätter und Blättchen in Wien und in der Provinz veröffentlichten die Verleumdung in großer Aufmachung. Durch Millionen von Flugblättern drang sie bis in die letzte Hütte der Bauern. Sozialdemokratische Redner sprachen über die hunderttausend Schilling in Versammlungen. Auf dem Marktplatz in Mürzzuschlag flocht Otto Bauer „die Wahllüge in seine Rede ein. Kein Wunder, dass durch diesen vergifteten Pfeil die Chancen der *Österreichischen Volkspartei* stark gesunken waren."[221]

Nach den Wahlen hat Zalman den verantwortlichen Redakteur der *Arbeiter-Zeitung* Dr. Oskar Pollak wegen der 100.000 Schilling-„Verleumdung" geklagt. Zur ersten Verhandlung kam es am 11. September 1931[222]. Pollaks Verteidiger war Dr. Richter, Zalman war mit seinem Vertreter Dr. Wessing erschienen. Die Verhandlung verlief ziemlich turbulent. Der erste Zeuge war Dr. Adolf Schärf, der von der Partei beauftragt war, in Kleinrentnerfragen die Verbindung mit Zalman aufrecht zu erhalten. Schärf schilderte die Beziehungen zwischen der Partei und Zalman. Dieser habe sich oft in der Öffentlichkeit darauf berufen, dass er keiner Partei angehöre. Ihm gegenüber habe er aber wiederholt erklärt, dass „er es als seine Aufgabe betrachte, die Kleinrentnerbewegung der Partei dienstbar zu machen." Im Gegensatz zu Zalman, der immer wieder verlangte, dass die Partei Funktionäre in den Vorstand des Verbandes delegiere, habe er sich im Auftrag der Partei für die vollständige politische Neutralität des Verbandes ausgesprochen. Einmal habe ihn Zalman gefragt, ob er es für gut halte, wenn er (Zalman) der Partei beitrete. Schärf verneinte diese Frage und begründete das damit, dass Zalman dann disziplinär dem Parteistatut unterstehen würde. Im Juli 1929 habe der Verband der Partei in einem herzlichen Schreiben für ihren Einsatz für das Kleinrentnergesetz gedankt und in dessen Zeitung sei die Anerkennung für die Partei wiederholt ausgesprochen und das Gesetz gelobt worden. Im Herbst 1929 konnte man aus der *Welt am Morgen* von Misshelligkeiten zwischen der Zeitungsdruckerei „Inva" und Zalman erfahren. Am 16. September 1929 schrieb die Verbandsleitung an den Parteivorstand, dass er einen „katastrophalen Ausgang" verhindern solle. Es wurde auf die finanzielle Differenz mit der Druckerei hingewiesen und verlangt, „daß auf die Regelung der ungeheuer angewachsenen Schuldenlast Einfluß genommen werde." Der Parteivorstand antwortete am 18. September in einem kurzen Schreiben, „daß die Partei auf diese Angelegenheit keinen Einfluß nehmen könne." Daraufhin kam es auf Wunsch Zalmans am 20. Oktober in der Kanzlei des Abgeordneten Dr. Eisler zu einer Aussprache, die Schärf mitstenographierte. Zalman stellte drei Forderungen: 1) Stadtrat Breitner möge den Betrag von 1 Million Schilling, die der Gemeinderat für die Zinsenaufwertung städtischer Schuldverschreibungen bewilligt hatte, auch für andere, vom Gemeinderat nicht vorgesehene Aufwertungszwecke verwenden. 2) Die Partei und die Gewerkschaften müssten sich grundsätzlich zur Aufwertung bekennen. 3) Die Partei möge dem Kleinrentnerverband finanziell in der Weise helfen, dass sie die Streichung des größten Teils der Schuldenlast von 100.000 Schilling durchsetze. Außerdem wies Zalman auf die damals bevorstehenden Gemeinderatswahlen in Niederösterreich hin und bemerkte: „Ohne Geld keine Zeile …" Darüber regte sich Zalman sehr auf und bezeichnete diese Zitierung „als eine Lüge", woraufhin ihm der Vorsitzende eine Ordnungsstrafe androhte. Schärf berichtete dann noch, dass Zalman nach dieser Unterredung, die zum Bruch mit der Sozialdemokratischen Partei führte, daran ging, eine eigene Partei zu gründen. Außerdem habe Zalman auch bei anderen Parteien „Anlehnung" gesucht, sei aber überall abgelehnt worden. Im Zusammenhang damit kam es zu einer Diskussion über den Begriff „Gesinnungswechsel", in der der Verteidiger Schärfs, Dr. Richter, zu Zalman sagte: „Ja, ich gebe Ihnen zu, in einem Sinne haben Sie keine Gesinnung gewechselt; Sie haben ja keine gehabt." Als nächster Zeuge wurde ein Anhänger Zalmans, Franz Tilla, der bei der Unterredung am 20. Oktober dabeigewesen war, befragt. Er konnte sich zunächst nur daran erinnern, dass Eisler und Schärf auf eine Besprechung der Forderungen Zalmans nicht eingegangen waren. Auf Befragung durch Schärf räumte er schließlich ein, dass Zalman gesagt habe, bei Nichterfüllung seiner Forderungen müsse der Verband „andere Wege gehen." Als nächster Zeuge bestätigte Dr. Eisler die Aussage Dr. Schärfs. Das Gespräch am 20. Oktober habe ihn so beeindruckt, dass er – im Gegensatz zu seiner bisherigen Meinung – dem Parteivorstand mitgeteilt habe, man müsse die Verbindung mit Zalman aufgeben. Die Verhandlung wurde vertagt. Der Prozess endete schließlich mit einem Vergleich.[223] Bemerkenswert ist, dass Tilla vor Gericht – wie viele andere Kleinrentner – die Selbstlosigkeit Zalmans betonte, der ihre Prozesse unentgeltlich geführt und ihnen immer wieder von seinem privaten Geld mit kleineren oder größeren Summen geholfen habe.[224]

Das half allerdings nicht der *Österreichischen Volkspartei*.[225] Zalman versuchte nun wieder, mit wirtschaftspolitischen Publikationen mehr Aufmerksamkeit für die Partei zu erregen. Im Mai 1932 erschien *Die Beseitigung der Not durch Schaffung neuer Kaufkraft. Ein Fünfjahresplan für Österreich und Europa ohne Inflation und Auslandsanleihen* (Flugschriften der Österr. Volkspartei I).[226] In dieser mit Zahlen gespickten Broschüre stellte Zalman die Schaffung eines „Ausgleichsfonds", der schon im ersten Jahr für 5 Milliarden Goldobligationen an alle Bedürftigen, Inflationsgeschädigten, Kriegsinvaliden, Arbeitslosen u.a., ausgeben sollte, als wichtigste Voraussetzung für die Behebung von Not und Arbeitslosigkeit dar. Gemeinsam mit der Umstrukturierung der Wirtschaft und dem Prinzip des Waren- und Leistungsaustausches, der Abschaffung aller Zölle und Steuern mit Ausnahme der Einkommenssteuer werde innerhalb von 5 Jahren die Wiederaufrichtung und „ungeheure Ankurbelung unserer Wirtschaft" erreicht sein.[227]

Ein Jahr später hat Zalman seine ökonomische Utopie etwas verändert und umfangreicher beschrieben.[228] Der „Ausgleichsfonds" spielte noch immer eine wichtige Rolle, stand aber nicht mehr im Mittelpunkt seiner Ausführungen: Nun war es die Abschaffung des Goldes, des „Fluches der Welt"[229] und die „Vita-Währung"[230], die auf der ganzen Welt eingeführt werden sollte. Die „Vita" sollte das „Quantum von Lebens- und Bedarfsgegenständen, das ein Mensch braucht, um einen Monat hindurch notdürftig leben zu können, sein." Sie sollte in jedem Land den Namen der in diesem üblichen Währung tragen. Als Währungseinheit werde sie nur ein abstrakter Maßstab und als Geld auch das allgemeine Tauschmittel sein. Obwohl Zalman dem Staat sehr kritisch gegenüberstand, kam diesem doch eine zentrale Rolle zu. Wer sonst als der Staat hätte „die Umwandlung der Notenbank in einen Ausgleichsfonds und die Einführung einer ‚Vita'-Währung" veranlassen können?

Von der Generaldirektion für öffentliche Sicherheit und den Teilnehmern an den Versammlungen der *Österreichischen Volkspartei* abgesehen,[231] dürften Zalmans Wirtschaftsträume nur wenige zur Kenntnis genommen haben. Für die Kleinrentner und die *Österreichische Volkspartei* blieb Zalman jedoch weiterhin unermüdlich tätig. Er stellte die *Welt am Morgen* ein und gab ab 1932 die täglich zweimal erscheinende *Morgenpost* heraus, die allerdings ab Mitte Juni 1934 nur mehr vierzehntägig erschien.[232]

Die Generaldirektion für öffentliche Sicherheit, die Zalman bis 1929 eine enge Verbindung mit der sozialdemokratischen Partei bescheinigte, hielt fest, dass er seit den ersten Monaten des Jahres 1933 eine neuerliche „politische Wendung" vollzogen habe, „indem er sich mit seiner Partei dem Bundeskanzler Dr. Dollfuß zur Verfügung stellte. Er motivierte dies damit, dass die Regierung den Sparern und Kleinrentnern entgegengekommen sei, indem sie bei der Auflegung der Trefferanleihe die Bezahlung eines Teils des Zeichnungspreises in Vorkriegsanleihe gestattet hat."[233] Im Dezember 1934 vermerkte die Generaldirektion, dass Dr. Zalman, „der in den Kleinrentnerkreisen über einen großen Anhang verfügt, und ein bedeutendes Organisationstalent hat", der *Vaterländischen Front* seine Dienste angeboten habe. Der Bericht über ihn wurde dem Präsidenten der *Vaterländischen Front* übermittelt.[234] Ob er das Angebot Zalmans angenommen hat, geht aus diesem Bericht nicht hervor.

Nach der im September 1933 erfolgten Gründung der *Harandbewegung*, die die Generaldirektion für öffentliche Sicherheit ebenfalls der Initiative Zalmans zuschrieb, war er bei fast allen Veranstaltungen der Bewegung Hauptredner. Die „*Österreichische Volkspartei* und der *Verband der Sparer und Kleinrentner* traten hierdurch vollständig in den Hintergrund."[235]

Im Frühherbst 1937 teilten ein Dr. Ullman und ein Herr Kremser der Bundespolizeidirektion Wien mit, dass der Verein *Österreichische Volkspartei* nach Schaffung der *Vaterländischen Front* jede Vereinstätigkeit eingestellt und sich aufgelöst habe. Die Bundespolizeidirektion Wien hat daraufhin am 28. September 1937 beim Sicherheitsdirektor für Wien die Löschung des Vereins aus dem Vereinskataster beantragt. Wegen fehlender Mittel zur Kostendeckung sei von der vorgeschriebenen Verlautbarung in der Wiener Zeitung abgesehen worden.[236] Ein knappes halbes Jahr später, 10 Tage nach dem sogenannten „Anschluss", wurde Moriz Zalman am 23. März 1938 beim verspäteten Versuch, aus Österreich zu fliehen, an der Vorarlberger Grenze zur Schweiz von der Gestapo verhaftet.[237]

Vorgänger und geistige Wurzeln der *Harandbewegung*

Irene Harand hatte, seitdem sie mit ihrem Freund, dem verarmten Adeligen, zu Moriz Zalman gekommen war, den Kontakt zu ihm nicht mehr abgebrochen und begonnen, im *Verband der Kleinrentner* mitzuarbeiten. Diese ersten Jahre der Zusammenarbeit und Freundschaft mit Moriz Zalman wurden letztendlich entscheidend für die Festigung der politischen Gedankenwelt der damals noch jungen Irene Harand. Viele ihrer späteren Ideen und Vorstellungen, die sie im Kampf gegen Rassenhass und Menschennot zu verwirklichen suchte und durchaus selbständig weiter entwickelte, wurzeln im Programm und in den Anliegen des *Kleinrentnerverbandes*. Die Gründung der ersten *Österreichischen Volkspartei* 1930, an der Irene Harand aktivsten Anteil nahm, markierte einen Wendepunkt in ihrer persönlichen Entwicklung: erstmals übernahm sie als Frau Leitungsfunktionen und traf politische Entscheidungen. Eine Vorstellung, die ihr selbst wenige Jahre vorher wahrscheinlich noch absurd vorgekommen wäre. Ein gewissenhaftes Studium des Antisemitismus dieser Zeit trug sicherlich genauso zur politischen Willensbildung von Irene Harand bei. Um diese späteren Entwicklungslinien der *Harandbewegung* verstehen zu können, ist es notwendig, auch einen zumindest gerafften Blick auf die Vorgängerorganisationen zu werfen und sich dabei die Frage nach den Kontinuitäten von Vorstellungen, Zielen und politischen Haltungen zu stellen.

Der *Verband der Sparer und Kleinrentner* Österreichs und die erste *Österreichische Volkspartei*

Der Ausgang des Ersten Weltkrieges gestaltete nicht nur das politische Gesicht Europas völlig um, sondern er bedeutete auch im Kleinen für Millionen Menschen eine persönliche Tragödie, abseits von überwundenem Krieg, Gefallenen und der neuen politischen Situation. In den Jahren der Inflation, die ihren Höhepunkt in Österreich 1922 erreichte, verloren Zehntausende ihre Existenzgrundlage, schlitterten aus gesicherten Verhältnissen in die gesellschaftliche Haltlosigkeit einer neuen Republik, deren soziales Netz noch denkbar weit gefasste Maschen aufwies. Mühsam Erspartes und in Kriegsanleihen oder auf Bankkonten vermeintlich gut angelegtes Geld, das einer späteren Altersversorgung dienen sollte, schmolz in den Jahren der Inflation zu einem Klumpen Wertlosigkeit. Besonders ältere Menschen waren davon außerordentlich hart getroffen, bot sich ihnen doch kaum die Möglichkeit eines ohnedies dünn gesäten Broterwerbs auf dem überfüllten Arbeitsmarkt. In Österreich existierte nach dem Krieg eine Gruppe von etwa 40.000 Betroffenen – rechnet man ihre unmittelbaren Angehörigen hinzu – dann 80.000, die durch die Geldentwertung an den Rand ihrer Existenz gedrängt wurden.

Abb. 14

Kleinrentnerlos.

Worte und Musik von Karl M. Jäger.

Es zieht ein Mütterlein verlassen, Almosen flehend durch die Straßen, das Schicksal traf die Ärmste hart, sie hatte einst sich Geld erspart, doch als der Krieg schon länger währte, der Staat von jedem Geld begehrte, da borgte sie mit Herz und Hand, ihr Hab und Gut dem Vaterland. Und sie erwarb sich nach der Reihe, des Vaterlandes Kriegsanleihe, nun hat belohnt die edle Tat, mit schnödem Undank ihr der Staat. Ihr

Refrain.

einz'ger Sohn fiel auf dem Felde, der ihre Stütze war und Glück, und von dem ausgeborgtem Gelde gab ihr der Staat nichts mehr zurück, das hat der Ärmsten's Herz gebrochen, nun war sie alter Mittel blos, jetzt muss sie betteln gehn seit Wochen, der Hunger will's! Kleinrentnerlos.

Sie ging in die Fabrik durch Jahre,
Die Mutter mahnte immer: „Spare!
Leg' dir fürs Alter was zurück,
Nicht jedem Mädel blüht das Glück."
Die Tochter tat's. Vom kargen Lohne
Sie legte Krone weg um Krone,
Oft mußte hungern sie dabei
Und auch entbehren mancherlei.
Ja selbst auf Liebesglück verzichten.
Da kam der Krieg und tat vernichten
Des Volkes Kraft, des Geldes Wert,
Hat auch ihr Spargut rauh zerstört.

Refrain:
Das arme Mädel weint nun täglich,
Das Unglück traf sie schwer und hart,
Ihr Schmerz und Jammer war unsäglich,
Sie hatte doch umsonst gespart.
Das Geld entwertet, sie gealtert,
Ihr ganzes Leben freudenlos,
Vor ihr die Zukunft, ach, so traurig,
Und die Moral: — Kleinrentnerlos!

Er diente einst bei einem Grafen,
Man sah in ihm nur einen Sklaven,
Und sein Gehalt war niedrig sehr,
Doch Arbeit gab's um desto mehr,
Er diente trotzdem ohne Reue
Durch vierzig Jahre, stets voll Treue,
Dem Grafen und auch seinem Sohn,
Und dann ging er in Pension.
Der reiche Graf, als Kriegsgewinner,
Gab seinem alten, treuen Diener,
Trotz Kronensturz, als Kavalier,
Die Pension nun in Papier.

Refrain:
Mit tausend und zweihundert Kronen
Ein Jahr zu leb'n in dieser Zeit,
So will er ihm die Treue lohnen;
Wo bleibt da die Gerechtigkeit?
Sie ist fast nirgends mehr zu finden,
Der Egoismus ist heut' groß;
Und diesen muß man überwinden,
Dann gibt es kein — Kleinrentnerlos!

Abb. 15

Abb. 16

Abb. 14 – 17: Verschiedene Wahlwerbungen für die Kleinrentner in der Welt am Morgen. Welt am Morgen *April 1927.*

Dr. Moriz Zalman, ein in Rumänien geborener und seit 1909 bzw. 1912 in Wien lebender Rechtsanwalt, begann sich nach dem Krieg der Anliegen dieser verarmten, zum großen Teil bürgerlich geprägten Bevölkerungsschicht anzunehmen.[238] Als Rechtsanwalt hatte er sich bereits 1917, als die allgemeine Versorgungs- und Kriegslage in Österreich-Ungarn schon längst nicht mehr die Aussicht auf einen baldigen Sieg bot und sich merklich zu verschlechtern begann, in einer Broschüre mit dem Recht der Kriegsgeschädigten auseinandergesetzt.[239] 1922 entschied sich Zalman, einen *Verband der Sparer und Kleinrentner Österreichs* zu gründen, um den Forderungen von 80.000 betroffenen Menschen ein verstärktes politisches Gewicht mit einer Stimme zu verleihen.[240] In Wien, wie in den einzelnen Bundesländern organisierten sich bald Orts- und Ländergruppen. Die Wiener Ortsgruppen der verschiedenen Bezirke unterhielten zu festgelegten Wochenzeiten Auskunftslokale, viele davon in Cafés oder Gasthäusern.[241] Zalman musste erkennen, dass trotz der beachtlichen Mitgliederzahl seines Verbandes an die Durchbringung eines Gesetzes zur finanziellen Abgeltung der Inflationsopfer ohne die Unterstützung einer maßgeblichen politischen Partei nicht zu denken war. Die bürgerlichen Parteien der Christlich-Sozialen und der Großdeutschen erklärten, dass der Staat nicht in der Lage sei, die Gelder für so eine Entschädigung aufzubringen und lehnten eine Unterstützung der Kleinrentner von vornherein ab.[242] Andererseits distanzierten sich die Kleinrentner von den Christlich-Sozialen auf Grund ihrer teilweise stark ausgeprägten, antisemitischen Grundeinstellung.[243] Als Alternative bot sich letztendlich nur die sozialdemokratische Partei, die sich in ihrem Linzer Programm von 1926 ausdrücklich gegen den Rassismus wandte und im Rahmen ihrer sozialpolitischen Forderungen eine „würdige Versorgung der Kriegsbeschädigten und Kriegerwitwen" sowie „Abgaben der durch die Geldentwertung bereicherten Klassen zugunsten der durch die Geldentwertung enteigneten Kleinrentner und kleinen Sparer" in den politischen Vordergrund stellte.[244] Erst mit Hilfe dieser großen und auf einem gut organisierten Apparat basierenden Partei konnten die Kleinrentner unter Zalman an die Verwirklichung ihrer im Grunde genommen bescheidenen Ziele denken.

Noch vor den für Mai 1927 anstehenden Nationalratswahlen entschloß sich die Kleinrentnerbewegung mit der Unterstützung der Sozialdemokraten zur Herausgabe einer eigenen Tageszeitung *Die Welt am Morgen*. Unter dem titelseitig angebrachten Motto der ersten Ausgabe vom März 1927 ‚Von 80.000 Österreichern gegründete Tageszeitung zum Kampfe für Wahrheit und Gerechtigkeit' machten die Herausgeber ihr Ziel, den „größten Betrug der Weltgeschichte der breiten Öffentlichkeit bekannt zumachen", deutlich.[245] In einer streckenweise außerordentlich klassenkämpferischen und polemisierenden Weise, die besonders in den schmalspaltigen Leitartikeln der frühen Ausgaben auf den ersten beiden Seiten, zum Ausdruck kam, schlug sich die für ein weites Publikum ausgerichtete Tageszeitung im Wahlkampf von 1927 eindeutig auf die Seite der Sozialdemokratie. Zalman selbst rief in einem Artikel dazu auf: „Glauben Sie mir, ich habe lange überlegt und genau geprüft, ehe ich unsere Wahlparole ausgegeben habe. Ich habe mich davon überzeugt, daß sie zum Ziele führen wird und darum darf ich Ihnen heute aus innerster Ueberzeugung zurufen: ‚Wählet sozialdemokratisch!'".[246] Mehrfache Einschaltungen und einschlägige Artikel verlangten in den folgenden Wochen vor der Wahl deutlich danach, dass sich die Verbandsmitglieder nicht nur selbst an der Wahl beteiligen sollten, sondern auch ihre Freunde und Verwandten dazu auffordern müßten, sozialdemokratisch zu wählen.[247] Der Verband richtete all seine Hoffnungen auf eine Besserung in der Rentenfrage auf die Sozialdemokratie, deren Parteivorstand sich noch vor den Wahlen dazu verpflichtet hatte, „im neugewählten Parlament ihren ganzen Einfluß geltend zu machen, damit unverzüglich durch Gesetz ein Ausgleichsfonds geschaffen werde, der den Sparern und Kleinrentnern, die sonst kein nennenswertes Vermögen oder kein höheres Einkommen besitzen, ihre entwerteten Kronenpapiere gegen Goldobligationen eintauschen soll".[248]

Wenige Tage nach den Wahlen titelte die *Welt am Morgen* ‚Das Aufwertungsgesetz wird in den nächsten Tagen im Nationalrat eingebracht. Die Sozialdemokraten halten Wort.'[249] Bis zur endgültigen Lösung dieser Frage vergingen noch zwei Jahre, in denen sich Dr. Zalman unermüdlich auch innerhalb der Sozialdemokratie für die Annahme dieses Gesetzes zur Besserstellung der Kleinrentner einsetzte. Rechtzeitig am 3. Juli 1929 kam es zu offenen Demonstrationen der Kleinrentner in Wien, die sich gegen einen Entwurf der Regierung wandten.[250] Noch vor der Sommerpause des Parlaments, die am 18. Juli beginnen sollte, konnte der Gesetzesentwurf im Budgetausschuss positiv erledigt werden. Das Bundesgesetz über die Errichtung eines dementsprechenden Fonds wurde von der Regierung des christlich-sozialen Bundeskanzlers E. Streeruwitz[251] am 26. Juli 1929 dem Parlament vorgelegt und im Nationalrat beschlossen.[252] Die erfolgte Annahme dieses Gesetzes wäre in den letzten Tagen vor dessen Beschluss beinahe noch an den recht eng gesteckten Grenzen für die Anspruchsberechtigung gescheitert. Im § 6 des Gesetzes erweiterte die Regierung letztendlich auf öffentlichen Druck hin die Anspruchsberechtigung mit dem wenig klaren Zusatz, „wenn dadurch die dauernde Leistungsfähigkeit des Kleinrentnerfonds nicht gefährdet wird".[253] Ein weiterer, strittiger Punkt, der die Kleinrentner zur berechtigten Skepsis veranlasste, war die Frage der Finanzierung dieses Fonds, der sich zu 75 % auf den Bund und zu 25 % auf die Gemeinden aufteilte. Der Schlüssel für die entsprechende Belastung der Länder musste jedes Jahr in Absprache mit dem Bundesministerium für Finanzen und dem für Soziales, sowie den Bundesländern festgelegt werden. Um die reibungslose und regelmäßige Durchführung dieses Gesetzes wirklich zu gewährleisten, fehlte es in Österreich an der dafür notwendigen politischen Stabilität. Erlebte doch die junge Republik seit dem Abgang von Streeruwitz im Jahr 1929 bis 1932 vier Bundeskanzler mit jeweils neuen Regierungen.

Für das Rechnungsjahr 1930 sah die damalige Regierung eine Gesamtleistung von sechzehn Millionen Schilling vor. Die Wirtschaftskrise und die schleichende Inflation der beginnenden dreißiger Jahre brachten für den *Verband der Sparer und Kleinrentner* keine dauerhafte Entlastung, sondern verlangten eine stete Weiterführung des Kampfes um ihre Ansprüche. Auch war mit dem Gesetz von der Regierung eindeutig klargestellt worden, dass „die Klagen über die zu geringen Leistungen, die in Aussicht stehen, allzu demagogisch sind, denn man kann füglich vom Bunde nicht verlangen, daß er weiter gehe, als es seine finanziellen Verhältnisse erlauben". In der Öffentlichkeit zeigte man sich mit der getroffenen Lösung zufrieden.[254] Auch die *Reichspost* kritisierte ‚die unverkennbaren Zeichen des Kompromisses', die dieses Gesetz trug, wobei sie aber auch sachlich dazu aufforderte, die Fortschritte des Gesetzes nicht zu übersehen.[255]

Abb. 18: Die Morgenpost *der Kleinrentner fungierte in der kurzen Zeit des Bestehens der ersten ÖVP als wichtiges Kommunikationsorgan.* Morgenpost *Nr. 70, 14. Jänner 1933.*

Daraus wird deutlich, dass mit einer Unterstützung für die weiteren Anliegen der Kleinrentner, auch von Seiten der Sozialdemokratie, nicht mehr zu rechnen war. Das Gewirr der sich innenpolitisch immer mehr zuspitzenden Situation, auf die Österreich zusteuerte, begünstigte darüber hinaus diesen Zustand des für die Kleinrentner fehlenden öffentlichen Rückhalts. Diese Umstände hatten auch ihre Folgen für *Die Welt am Morgen*. Ab 1. Dezember 1929 erschien sie täglich außer Montags, seit 19. August 1930 nur mehr dreimal pro Woche. Endgültig eingestellt werden musste diese Tageszeitung im Oktober 1932. Als letzte verantwortliche Schriftleiterin fungierte Irene Harand, die schon im Mai bis Juni 1930 kurzfristig diese Arbeit übernommen hatte. Der *Welt am Morgen* folgte am 2. Oktober 1932 die *Morgenpost*[256], die sich aber in ihrem äußeren Erscheinungsbild wenig von ihrer Vorgängerin unterschied, mit Ausnahme der deutlich abgenommenen Inserate. Die Redaktion führte bis März 1934 Irene Harand, die zwischenzeitlich von Franz Wenninger (April-November 1934) und endgültig von Moriz Zalman, der die Zeitung bis März 1938 redaktionell leitete, abgelöst wurde.[257] Irene Harand verfügte seit Herbst 1933 über eine eigene, von ihr geleitete Wochenschrift – die *Gerechtigkeit*. Ein weiterer Hinweis für die schrittweise Abkehr des im Grunde kleinbürgerlichen Verbandes von der Sozialdemokratie ist sicherlich in der 1930 erfolgten Gründung der ersten *Österreichischen Volkspartei* zu sehen. Für den antirassistisch eingestellten, bürgerlich dominierten *Kleinrentnerverband* stellte die Sozialdemokratie der ersten Republik die einzige Möglichkeit dar, sich politisches Gehör zu verschaffen, da für sie das rechte politische Spektrum selbst, wenn es bürgerlicher Natur war, als durchwegs antisemitisch nicht annehmbar war und liberale Strömungen schon während der letzten Jahre der Monarchie in Bedeutungslosigkeit versanken.[258]

Wem wird die Oesterreichische Volkspartei helfen?

Die Oesterreichische Volkspartei wird helfen:

1. Den Opfern der Geldentwertung,
denen man durch einen Schurkenstreich das Vermögen geraubt hat.

2. Den Altpensionisten,
mitteln, Rohstoffen und Waren, die in der Welt vorhanden sind, durch Abschaffung oder wesentliche Herabsetzung der Zölle zu billigen Preisen im Wege des Handels und des Gewerbes zuzuführen sind. Auch die Kaufleute werden ein besseres Geschäft machen, wenn der allgemeine Preissturz sich auch für die Verbraucher wird auswirken können.

14. Allen friedliebenden Menschen.
Der Rassenhaß muß strengstens bekämpft und die Verhetzung der Mitbürger gegeneinander muß gesetzlich verhindert werden. Heute ist man gegen Anrempelungen und Anpöbelungen vogelfrei — das muß ein Ende nehmen.

Wer will, daß dieses fast 100 prozentige Wirtschaftsprogramm verwirklicht wird, wählt

die Oesterreichische Volkspartei

Große Versammlungen im II. Bezirk:

Sonntag, 2. November, Bayerischer Hof, Taborstr., 3 Uhr nachm.
Donnerstag, 6. Nov. Restaurant Kadermann im Prater ½8 Uhr abends.

Verleger und für den Inhalt verantwortlich: Franz Tilla, Wien, IX., Pramergasse 6.
Druck: Druck- und Verlagsanstalt „Melantrich" A. G., Wien, IX., Pramergasse 6.

Abb. 19: Ausschnitt aus dem Nationalrats-Wahlprogramm der ÖVP für den 11. November 1930. ÖNB/Flugblattsammlung, ÖVP 1930.

Oesterreichische Volkspartei

Hauptleitung: Wien I. Spiegelgasse 4

Sekretariate: Wien XVIII., Währingergürtel 7, X. Columbusgasse 18 und XII., Schönbrunnerstraße 190

Tel. R-22-3-35, R-21-710

Donnerstag, den 25. August d. J., halb 8 Uhr abends, findet im Restaurant Bayrischer Hof, II., Taborstraße 39, eine

Massenversammlung

statt, bei der Parteiobmann Rechtsanwalt **Dr. Zalman** und Hauptmannsgattin Frau Irene **Harand** über:

„Antisemitismus und Wirtschaftskrise"

sprechen werden

Nach den Referaten freie Diskussion!

Eintritt nur für Mitglieder oder gegen Einladung, die auch am Tage der Versammlung ab 6 Uhr, nach Ermessen der Parteileitung, am Saaleingang ausgefolgt wird

Der Kampfausschuß der
Oesterreichischen Volkspartei

Verleger und für den Inhalt verantwortlich Irene Harand. Druck: Druck- und Verlagsanstalt Melantrich A. G. Beide Wien, IX., Pramergasse 6.

Abb. 20: Ankündigung einer der ersten öffentlichen Auftritte von Irene Harand. Im Impressum erscheint sie bereits als Verleger. ÖNB/Flugblattsammlung, ÖVP 1932.

Lieber Mitbürger!

Du leidest Not? Du zitterst um Deine Existenz? Du fürchtest den Abbau, eine Gehalts- oder Pensionskürzung? Du glaubst die entsetzliche Not unabwendbar? Du verzweifelst nur, weil Du nicht die Riesenberge von Lebensmitteln und Rohstoffen siehst, die die Politiker nicht nach Oesterreich hereinlassen wollen. Wir haben kein Geld, sie zu bezahlen? Komme in das **Sekretariat Floridsdorf** der „Oesterreichischen Volkspartei" und ich werde Dir zeigen, wieviele **Milliarden** wir **jährlich verlieren**, weil unsere Fabriken und Betriebe still stehen oder nur Kurzarbeit leisten. Ich werde Dir über so manches die Augen öffnen, wenn Du mich mit Deinem Besuche beehrst.

Bist Du **ausgesteuert?** Verweigert man Dir, wenn Du arm bist, die ausreichende **Fürsorge?** Hat man Dich als **Kriegsbeschädigten** oder Kleinrentner mit Deinen Ansprüchen unberechtigterweise abgewiesen? Komme und ich werde Dir den Weg der Hilfe zeigen.

Mit dem Gruße „Wahrheit und Gerechtigkeit"

HANS TREJBAL

Bezirkssekretariat Floridsdorf

XXI. Hauptstraße 1

Sprechstunden an Wochentagen von 16—20 Uhr

Abb. 21: Symbolik und wirtschaftspolitische Inhalte der ÖVP setzten sich in der Harandbewegung ungebrochen fort. Der Spruch ‚Wahrheit und Gerechtigkeit' sowie die Waage als Zeichen wurden zu Bestandteilen in der von Irene Harand ab Herbst 1933 herausgegebenen Zeitschrift Gerechtigkeit. ÖNB/Flugblattsammlung, ÖVP 1932.

Die Gründung der *Österreichischen Volkspartei*, die in keinem Zusammenhang mit der antisemitischen *Deutschösterreichischen Volkspartei* Anton Orels stand, war von dem Bemühen vor allem Moriz Zalmans und Irene Harands gekennzeichnet, eine antirassistische politische Plattform für die Anhänger der *Kleinrentnerbewegung* zu schaffen, die weder antisemitisch noch zu radikal in ihren gesellschaftlichen Forderungen auftrat. Diese kleine Partei stand mit ihrer kompromisslosen Haltung gegen den Antisemitismus ziemlich allein auf der politischen Flur und ist ohne Zweifel als ein positives Unikum der Ersten Republik anzusehen. Die *Österreichische Volkspar-*

tei nahm in ihrem Programm schon die wesentlichen Punkte der späteren *Harandbewegung* vorweg und darf somit als Vorläuferbewegung angesehen werden, die nach ihrem Aufgehen in der *Vaterländischen Front* nahtlos in die *Weltbewegung gegen Rassenhass und Menschennot* überging.

Mit 9. September 1930 erfolgte durch Zalman die Eintragung der neuen Partei in das Vereinsregister der Stadt Wien. Satzungen und Ziele gründeten auf zwei Prinzipien. Einerseits sollten die Rechte der werktätigen Bevölkerung gewahrt werden und die wirtschaftliche Situation der Republik eine Besserung erfahren, wobei die Kleinrentnerforderungen hier einen gewichtigen Platz einnahmen. Andererseits schrieb man sich die Bekämpfung des Rassen- und Klassenhasses ins Programm, das alle Bestrebungen unterstützen wollte, die zu einem dauerhaften Frieden und zu einem Zusammenschluss der europäischen Staaten führen sollten.[259] Vor allem die letzten beiden Punkte sind es, die von der späteren *Harandbewegung* zu ihrer Basisforderung gemacht worden sind und die auch gleichzeitig eine ideelle Nähe zur Paneuropabewegung des Grafen Coudenhove-Kalergi aufzeigen, die sich bei Irene Harand später noch vertiefte. Dem Gründungsausschuss, der sich allerdings erst spät – im August 1931 – in Wien konstituierte, gehörte neben Dr. Zalman auch Irene Harand als Schriftführerin an. Bemerkenswert und charakteristisch für die damals unübliche Haltung dieser neuen Partei war, dass von insgesamt 13 Gründungsmitgliedern vier Frauen waren.[260] Bei den Wahlen für die Bezirksvertretungen in Wien 1932 erreichte der Frauenanteil unter den Gesamtkandidaten der Partei 32%, im Vergleich zur CHS (ca. 20%) und SD (16%).[261] Die Wahlen von 1930 und 1932 wurden für die ÖVP zu einem schweren Prüfstein, den sie letztendlich nicht bewältigen konnte.

Mit der Gründung der ÖVP sahen die Sozialdemokratie und die Christlich-Sozialen, dass ihr ein Segment ihrer Wähler abhanden kommen könnte. Um das für die anstehenden Nationalratswahlen am 9. November 1930 verhindern zu können, setzte man gezielt die eigenen Medien gegen die Volkspartei ein. Die junge ÖVP, für die u. a. Irene Harand im VI, VII und VIII Bezirk kandidierte, versuchte sich dem entgegenzustellen, musste aber erkennen, dass ohne einen entsprechenden Parteiapparat und dazu gehörten u. a. weitreichende Massenmedien, diese gegen sie gerichtete Wahlkampagne nicht zu entscheiden war.[262] Letztendlich bedeutete das für die ÖVP, 1930 einen großen Imageschaden, der sich natürlich auf die Wählerschaft auswirkte.[263] Unter dem Motto ‚Für Wahrheit und Gerechtigkeit' versuchte die Kleinrentnerpartei unter ihren Wählern zu punkten. An oberster Stelle stand dabei die Forderung nach ‚Wiedergutmachung' an den Opfern der Geldentwertung und eine Verankerung des Mieterschutzes. Das Schlagwort ‚Gerechtigkeit' sollte die Arbeiterschaft ansprechen, indem man sich die Schaffung von Arbeitsplätzen sowie die Einführung einer Alters- und Invaliditätsversicherung zum Ziel setzte. Die Wählerschaft des Mittelstandes versuchte die ÖVP durch ihre Forderung nach einer ‚Erhöhung der Konsumfähigkeit', welche die Not aller Stände beseitigen und letztlich die Arbeitslosigkeit an ihren Wurzeln bekämpfen helfen sollte, anzuziehen.[264] Den Radikalen von rechts wie links – Heimwehr, Nationalsozialisten und Kommunisten – wollte man eine klare Absage erteilen. Von ihnen erwartete man sich nur Diktatur, Bürgerkrieg, Pogrome und eine Verschärfung des Elends.[265]

Die Ergebnisse der Nationalratswahl von 1930 bestätigten der ÖVP, dass sie ihre ohnedies nur sehr geringe Wählerschaft im Wesentlichen in den Städten besaß. In von der

Abb. 22: Frühes Wahlplakat der Ersten ÖVP. ÖNB, Flugblattsammlung 1930.

Presse angestellten Prognosen hatte man einen Erfolg der Kleinrentnerpartei auf ein Grundmandat schon von vornherein ausgeschlossen.[266] In Wien erreichte sie 0,7% in Linz und Graz lag sie bei 0,4%, was in etwa auch dem österreichweiten Ergebnis gleichkommt. Nur im zweiten Wahlkreis (Mariahilf, Neubau, Josefstadt) kam die Partei knapp an die 1% Marke heran.[267] Zwei Jahre später fanden unter streckenweise chaotischen innenpolitischen Verhältnissen Gemeinderats- und Landtagswahlen statt, die letzten demokratischen der Ersten Republik. Der Leitartikel der *Neuen Freien Presse* vom 24. April 1932 schildert die Situation, in der sich die Demokratie befand, treffend: „Nie wieder dürfen solche Wahlen abgehalten werden. Nicht nur wegen der Todesopfer … nicht nur wegen der infamen Verwilderung, die Bomben schmeißt, weil sie kein geistiges Argument besitzt. Es darf nicht mehr geschehen, daß das freisinnige Bürgertum hilflos, entwaffnet in dem Niemandsland zwischen den Fronten umherirre, ausgeliefert den Geschossen von beiden Seiten … Diese Wahlen des Unsinns bieten eben die Gelegenheit für beide große Antagonisten, einen Urlaub von ihren republikanischen Pflichten anzutreten, nicht das bessere, sondern das schlechtere ich hervorzuholen, statt eine Kette zu bilden und durch stetiges Löschen die Flammen des Untergangs zu bändigen".[268] In so einem Klima konnte es einer kleinen Partei wie der ÖVP, die noch dazu den Anspruch erhob, gegen Rassismus und Antisemitismus aufzutreten, nicht gelingen, sich zu behaupten, obwohl die Kleinrentner diesmal verstärkt durch Wahlversammlungen und Plakataktionen versuchten, auf sich und ihre Forderungen aufmerksam zu machen. Neben dem Kampf um die Interessen der Kleinrentner, die in einer Neustabilisierung des Schillings, was mit einer Abwertung von ca. 20% verbunden gewesen wäre, eine Gefahr heraufziehen sahen, klangen dabei auch Themen an, die sich mit Antisemitismus und Wirtschaftskrise auseinandersetzten. Moriz Zalman und Irene Harand engagierten sich an führender Stelle der ÖVP im Wahlkampf.[269] Beide kandidierten im ersten Wiener Bezirk für den Gemeinderat.[270] Trotz dieser vermehrten Anstrengungen bei den Wiener Gemeinderatswahlen konnte die Kleinrentnerpartei nur ein geringfügiges Stimmenplus gegenüber der Nationalratswahl von 1930 für sich verbuchen, ein Mandat lag auch diesmal in weiter Ferne.[271]

Die Stimmung der Wahlen von 1932 und der Wahlausgang in Österreich und in Preußen, die sich mit Sicherheit nachhaltig auf die spätere Arbeit und politische Haltung von Irene Harand ausgewirkt haben, analysiert *Die Neue Freie Presse* am 25. April in ihrer Abendausgabe pessimistisch „Die Wahlen in Österreich und in Preußen sind nicht als normales Erzeugnis der Gesinnungen der Wählerschaft zu werten. Es sind Wahlen einer Übergangsstimmung, sie sind Wahlen des Zornes und der inneren Verkrampfung … Wichtige Zeit, die zu aktiven Reformen hätte verwendet werden können, wurde verloren. Nun muß die Parole lauten: Rascheste und gründlichste Arbeit! Denn nur die Beseitigung der Volksnot kann den Volkszorn über das Parteiwesen beschwören".[272]

Trotz der bitter eingesteckten Niederlage wurde die Arbeit für die ÖVP nicht fallen gelassen. Einen Tag nach der Einstellung der *Welt am Morgen* erschien am Sonntag, dem 2. Oktober 1932 die erste Nummer der *Morgenpost*. Sie versuchte, die nunmehr für die Kleinrentner weggefallene Kommunikationsbasis der Vorgängerzeitung zu ersetzen. Aber auch hier machte sich das fehlende Kapital sehr schnell bemerkbar. Die anfänglich täglich erscheinende Zeitung musste schon ab Dezember 1932 in eine Wochenzeitung umgewandelt werden, seit März 1934 gab es sie nur mehr 14-tägig. Erst im August 1935 bis zu ihrer endgültigen Einstellung im März 1938 konnte sie wieder wöchentlich erscheinen. Seit Mitte des Jahres 1936 waren allerdings die Seiten fünf bis zwölf ident mit der *Gerechtigkeit*.[273]

Die *Morgenpost* als Organ der Kleinrentner behielt den wirtschaftlichen Schwerpunkt wie schon in der *Welt am Morgen* bei. Der Titelaufsatz der ersten Nummer gibt daher programmatisch den Standpunkt der ÖVP wieder, allerdings mit einem gegenüber der Vorgängerin der *Welt am Morgen* deutlich verschärften Ton, der die Enttäuschung der Kleinrentner über die maßgeblichen politischen Parteien sichtbar machte. Die eher linke, aber demokratische Blattlinie der Vorgängerin verfolgte man weiterhin: „Unser Ziel läßt sich kurz zusammenfassen: Wir wollen beitragen, unseren Mitmenschen Arbeit, Wohlstand und Lebensglück zu verschaffen. Wir wollen unseren Leser darüber aufklären, dass die heutige Art unseres Wirtschaftens ein Wahnsinn ist. Wir wollen positive Vorschläge machen, damit der Irrsinn verschwindet. Wir wollen den Geist des Hasses, des Unrechts und der Lüge, der heute unser öffentliches Leben beherrscht, ausmerzen helfen. Unsere Bestrebungen sind in erster Linie wirtschaftlicher Natur … Wir werden mit Leidenschaft den Versuch einer jeden Diktatur bekämpfen. Wer sollte uns diktieren? Etwa die heutigen Machthaber, deren Unfähigkeit und Gewissenlosigkeit die unsägliche Not verschuldete? Oder sollten vielleicht die Hakenkreuzler an das Ruder kommen, deren Führer in seinem Programme die Lüge und den Hass zu den wichtigsten Hilfsmitteln seiner Propaganda machte. Freilich sind wir mit dem heutigen Parlamentarismus nicht einverstanden. Wir haben keine Volksvertreter, die arbeiten und helfen, sondern Bonzen, die schmarotzen und herrschen … Wir geben ja unsere Stimme nicht mehr den lebenden Menschen, sondern den toten Parteilisten".[274] Die in den Augen der Kleinrentner offensichtlich untätigen und den ‚Volkswillen' ignorierenden Politiker gerieten in den Ausgaben der *Morgenpost* vermehrt zu den schuldtragenden Sündenböcken. Man prangerte an, dass auf Grund des Klubzwangs nicht die 160 vom Volk gewählten Nationalräte Entscheidungen träfen, sondern ‚die obersten fünf Bonzen'.[275] Auch die Politikergehälter entwickelten sich zum Stein des Anstoßes, den Volksvertretern warf man ‚verbrecherische Sorglosigkeit' vor.[276] Ein Grund mehr für die ÖVP, ihre Tätigkeiten fortzusetzen. Am 12. Jänner 1933 veranstaltete sie ihren ersten Parteitag.[277]

‚Nicht mehr reden, sondern handeln!' titelte die *Morgenpost* am 14. Jänner ihren Bericht über den stattgefundenen Parteitag der Kleinrentner. M. Zalman leitete die Tagung mit allgemeinen, in die Geschichte ausgreifenden Überlegungen ein, „wie man den Segen der Natur und den Überfluss, den uns die Technik bringt, den 2 Milliarden Menschen, die die Erde und insbesondere den rund 7 Millionen Menschen, die Österreich bewohnen, zuführen kann". Die für Mai dieses Jahres in London geplante Weltwirtschaftskonferenz bezeichnet er schon als von vornherein verlorene Sache für die Kleinrentner, da es sich dabei lediglich um eine Versammlung von ‚Großkapitalisten, Großwucherern, Großfabrikanten' handeln würde. Klassenkämpferisch fuhr er fort „über unser Schicksal entscheiden Leute, die es längst verstanden haben, ihr eigenes Wohlergehen von unserem Geschicke, vom Geschicke der Massen zu trennen". Auch brachte er die persönlichen Angriffe gegenüber seiner Person zu Wort und verteidigte sich. Er war aber trotzdem bereit, weiterhin für die Sache der ÖVP einzutreten.[278]

Das 14 Punkte umfassende Programm der ÖVP ist von einer teilweise naiven, volksnah-vereinfachenden Sicht der Dinge geprägt. So stand man etwa dem Umstand, dass eine Vielzahl österreichischer Fabriken und Gewerbebetriebe zu dieser Zeit still gelegt war, mit Unverständnis gegenüber und schlug vor, die Betriebe voll arbeiten und Gebrauchsgüter herstellen zu lassen. Gleichzeitig würde sich die Kaufkraft der arbeitenden Bevölkerung wieder erhöhen, die für einen Umsatz der Güter sorgen könnte. Der Nationalbank warf man vor, dass sie für die Ausgabe von Geld Zinsen verlange, die sich wiederum ungünstig auf die Preise der Güter niederschlügen, wenn diese mit

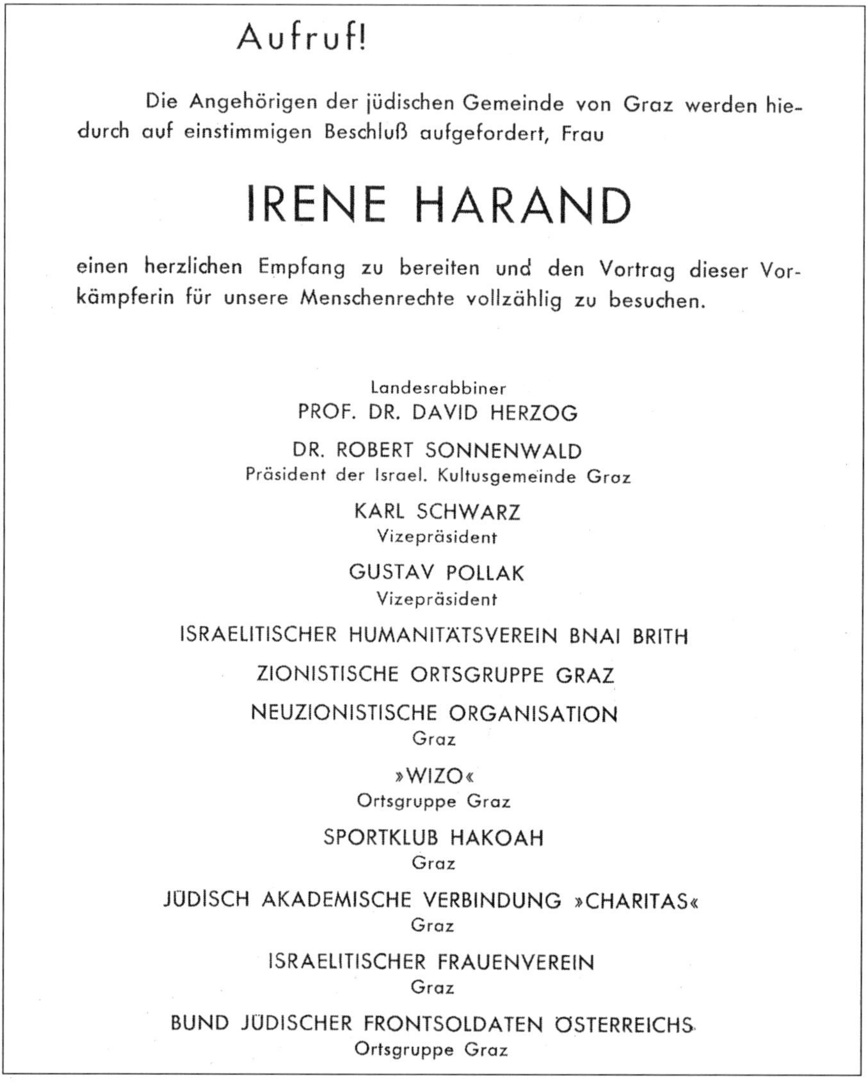

Aufruf!

Die Angehörigen der jüdischen Gemeinde von Graz werden hiedurch auf einstimmigen Beschluß aufgefordert, Frau

IRENE HARAND

einen herzlichen Empfang zu bereiten und den Vortrag dieser Vorkämpferin für unsere Menschenrechte vollzählig zu besuchen.

Landesrabbiner
PROF. DR. DAVID HERZOG

DR. ROBERT SONNENWALD
Präsident der Israel. Kultusgemeinde Graz

KARL SCHWARZ
Vizepräsident

GUSTAV POLLAK
Vizepräsident

ISRAELITISCHER HUMANITÄTSVEREIN BNAI BRITH

ZIONISTISCHE ORTSGRUPPE GRAZ

NEUZIONISTISCHE ORGANISATION
Graz

»WIZO«
Ortsgruppe Graz

SPORTKLUB HAKOAH
Graz

JÜDISCH AKADEMISCHE VERBINDUNG »CHARITAS«
Graz

ISRAELITISCHER FRAUENVEREIN
Graz

BUND JÜDISCHER FRONTSOLDATEN ÖSTERREICHS
Ortsgruppe Graz

Abb. 23: Einladung zum Empfang von Irene Harand durch die jüdische Gemeinde Graz (um 1936). RGWA 500/1/859.

Krediten erzeugt würden. Die Zinsen als gewissermaßen ‚unverdienter Gewinn' aber kämen dabei nur den „Ausländern und reichen Inländern, die die Aktien der Nationalbank besitzen" zu gute. Ebenso wurde die Aufhebung der Mehrwertsteuer gefordert, die keine Rücksicht auf die Einkommensverhältnisse des Einzelnen nimmt und im Gegenzug als sozialer Ausgleich eine Anhebung der Einkommenssteuer verlangt. Zölle und Einfuhrverbote werden als wachstumshemmend und für die Entwicklung der Wirtschaft schädigend angesehen und sollten daher ebenfalls abgeschafft werden. Ein zu errichtender Ausgleichsfonds, der aus den Anteilen der erwirtschafteten Reinerträge gespeist werden sollte, hätte die Aufgabe, soziale Kosten der Alters- und Krankenversorgung zu übernehmen. Weiters verstand die ÖVP ihre Aufgabe darin, den Klassenhass zu bekämpfen, indem man für einen gerechten Ausgleich zwischen Arbeitnehmer und Arbeitgeber sorgt, d. h. dass der Arbeiter genug verdienen müsste, um nicht nur seine Existenz zu sichern, sondern auch die zukünftige Ausbildung seiner Kinder. Der letzte Punkt des Parteiprogramms wendet sich der Bekämpfung des Rassenhasses zu, der als „eine Sumpfpflanze, die nur dort gedeihen kann, wo Not und Elend herrscht" bezeichnet wird.[279] Insgesamt vermittelt dieses Programm den Eindruck einer Art bürgerlich entschärften Sozialdemokratie, die zwar radikale Forderungen in Bezug auf Kapital und Wirtschaftssystem stellt, sich aber eine respektvolle Zurückhaltung gegenüber dem Privateigentum und damit auch dem Unternehmertum auferlegt. Trotz der Unausgegorenheit des vorgeschlagenen Systems muss man ihm einen wesentlichen Aspekt zu gute halten, der anderen Parteien dieser Zeit weitgehend fehlte: der Kampf gegen Klassenhass und Rassismus und das Erkennen eini-

Abb. 24: Rudolf Schubert. Der junge Leiter des Innsbrucker Kongressbüros, das nur kurzen Bestand hatte. Gerechtigkeit.

ger der Hauptwurzeln für den Antisemitismus in der Not der Menschen, sowie ihrer in dieser Lage verständlichen Leichtgläubigkeit gegenüber rücksichtslos der Macht zustrebenden Demagogen in der Politik. Irene Harand baute ihre Bewegung vor allem nach diesen beiden Prinzipien auf, die wirtschaftlichen Forderungen traten in den Hintergrund.

Während die Kleinrentnerpartei ihren ersten Parteitag abhielt und immer noch, trotz verlorener Wahlen, ungebrochen an einer Verbesserung der sozialen Lage in Österreich arbeitete, begannen sich in Österreich und in Deutschland autoritäre Systeme zu etablieren. Die Hoffnung, dass das Wahlresultat von 1932 eine ‚Hochwassermarke des Elends' – wie es der Journalist der *Neuen Freien Presse* in einer Rückschau auf den Wahlausgang umschrieb, sollte sich nicht bewahrheiten.[280] Die politische Entwicklung im Deutschen Reich war für die ÖVP auch im Hinblick auf die österreichische Innenpolitik und die eigene Lage besorgniserregend. Einerseits beobachtete man in Deutschland, wie die Entrechtung der kleinen Parteien seit der Machtergreifung Hitlers schrittweise voranging. Andererseits beunruhigte die Uneinigkeit und Planlosigkeit der österreichischen Politik, die zunehmend autoritären Charakter annahm.[281] Während man die sozialdemokratischen Wähler in einer eigenen Rubrik der Morgenpost, in der sich fiktiv ein Sozialdemokrat und ein Volksparteiler zu den unterschiedlichen Themen äußerten, versuchte anzusprechen, um sie als Wählerschaft zu mobilisieren, getraute man sich mittlerweile sogar, den Kurs von Bundeskanzler Dollfuß offen anzugreifen: „Und doch geht seine Politik auf eine Aushungerung der Bevölkerung hinaus. Er klammert sich an die Macht ... Er zahlt für die Credit-Anstalt eine Milliarde und verweigert den Inflationsopfern das II. Kleinrentnergesetz ... Wir hungern? Es ist genug Brot in der Welt da. Wir frieren? Es ist genug Kohle in der Welt da".[282] Den einsetzenden anti-demokratischen Kurs von Engelbert Dollfuß im März 1933, der mit der Anwendung des kriegswirtschaftlichen Ermächtigungsgesetzes vom 24. Juli 1917 durch die Regierung ab 7. März seinen Anfang nahm und weitgehende Einschränkungen der Verfassung vorsah, beantwortete die ÖVP mit dem schärfsten Protest und der Ankündigung, rechtliche Schritte dagegen zu unternehmen. Gleichzeitig warf man den Sozialdemokraten – neben der Wiederholung, die Kleinrentner verraten zu haben – vor, die Zeichen der Zeit nicht erkannt zu haben und untätig in ihren Sesseln sitzen geblieben zu sein.[283]

Wenn auch da und dort Kritik an der österreichischen Regierung laut wurde, machte sich im Organ der Kleinrentnerbewegung – der *Morgenpost* – dennoch eine gewisse Demokratiemüdigkeit und Parteienverdrossenheit bemerkbar. Forderungen nach der Entmachtung der Parteien wurden laut ausgesprochen, „damit die bösartigen Erscheinungen der Lüge und des Hasses, des Unrechts und der Korruption verschwinden und an deren Stelle die einzigen Grundsätze treten, die ein Gemeinwesen glücklich machen können: Liebe, Wahrheit und Gerechtigkeit."[284] Offensichtlich begannen sich Irene Harand und Moriz Zalman – enttäuscht vom Misserfolg ihrer mit so viel Mühe gegründeten ÖVP und dem ewigen Streit der Parteien – langsam aus der Politik zurückzuziehen. Die Ideen eines Engelbert Dollfuß, der versprach, mit der Parteiwirtschaft aufzuräumen und für ein auch wirtschaftlich starkes Österreich unter einer gemeinsamen – freilich unter ihm stehenden – Führung eintrat, musste ihnen geradezu als einziger Ausweg erscheinen. Noch dazu verstanden es die Vertreter der *Vaterländischen Front* als neue und nunmehr einzige Bewegung in Österreich, die alle anderen Parteien und Verbände in sich aufsog, innerhalb der Kleinrentner mit ihren Parolen über Mieterschutz und wirtschaftlichen Aufbau zu punkten.[285] Besonders wohlwollende Aufnahme fand dabei der von der *Vaterländischen Front* gepredigte ‚gemeinsame Kampf gegen das Hakenkreuz', der vom Bundeskanzler Dollfuß als Hoffnungsträger für ein ‚neues Österreich' geführt werde.[286] Zalman selber bringt diese Ansichten in einem späteren Schreiben an Bundeskanzler Kurt Schuschnigg zum Ausdruck, wohl auch, um sich die Unterstützung der *Vaterländischen Front* für die eigene Sache zu sichern: „Seit der Machtergreifung Hitlers kämpfe ich gemeinsam mit Frau Irene Harand gegen das Hakenkreuz, in dem wir uns bemühten, das Vertrauen unserer Anhänger zur Regierung zu stärken … Ich habe – ohne selbst Sozialdemokrat zu sein – mit der sozialdemokratischen Partei gearbeitet, bis ich mich von ihrer Unaufrichtigkeit überzeugte".[287]

Die Blattlinie änderte sich seit dem Frühjahr 1933 auffällig. Die Kritik an Regierung und dem Führungsstil einzelner Politiker verschwand, die klassenkämpferischen Töne, von denen die *Morgenpost* seit ihrer Gründung geprägt war, verstummten und die wenn auch nur selten vorhanden gewesenen Berichte aus dem Ausland vor allem über Mussolinis Italien haben einen völlig anderen Charakter. Lehnte *Die Welt am Morgen* Benito Mussolini noch als phantasierenden Diktator, der eine Gefahr für Europa darstellte, ab, so erscheint er – nach dem Putsch der Nationalsozialisten in Österreich 1934 und der Gleichschaltung durch die *Vaterländische Front* – in der *Morgenpost* plötzlich als ‚Hoffnung der Menschheit'.[288] Aus einer Meldung der *Reichspost* vom Mai 1933 geht hervor, dass die Volkspartei der Regierung Dollfuß ihre Unterstützung seitens der Presse und ihrer Mitglieder ausgesprochen hat.[289] Der Eindruck, dass auch die *Österreichische Volkspartei* einem gewissen Druck von oben nachzugeben gezwungen war, freilich, ohne dabei unbedingt grundsätzliche Prinzipien über Bord werfen zu müssen, lässt sich nicht ganz abweisen. Immerhin muss man sich die Frage stellen, warum weder Moriz Zalman noch Irene Harand im autoritären und faschistischen Stil der *Vaterländischen Front* sowohl unter Dollfuß als auch Schuschnigg keine größere Gefahr sahen als in der für sie enttäuschend erlebten demokratischen Republik. War der Februaraufstand von 1934 für bürgerliche Kreise derart schockierend gewesen? Nach 1933/34 stellte sich die österreichische Gesellschaft als in zwei große Lager gespalten dar. Ein Umstand, von dem die Nationalsozialisten zwangsläufig profitierten. Haben sich Zalman und Harand einfach mit der neuen politischen Situation in Österreich, nicht ohne eine gewisse Zustimmung, abgefunden? War ihre Enttäuschung vor allem gegenüber den Sozialdemokraten und ihre Furcht vor den radikalen sozialistischen Forderungen wirklich so groß, dass sie eine gefährliche Spaltung der Gesellschaft durch die autoritäre Dollfuß-Diktatur hinnehmen konnten – oder wurde diese Gefahr 1933/34 (noch) nicht als solche wahrgenommen? Ein möglicher Hinweis dafür, dass Irene Harand nicht alle Entscheidungen im ‚neuen Österreich' mittrug, kann darin gesehen werden, dass sich zwar im Laufe des Jahres 1933, nach der Schaffung der *Vaterländischen Front*, die ÖVP endgültig auflöste und jede Vereinstätigkeit einstellte[290], aber gleichzeitig im Herbst des selben Jahres eine absichtlich ‚unpolitische' neue Bewegung ins Leben gerufen wurde, die in einer ideellen Linie mit der ÖVP stand: die *Harandbewegung*.[291]

Im Folgenden wird versucht, die *Weltorganisation gegen Rassenhass und Menschennot* – auch unter dem Aspekt der Beziehungen zum autoritären Österreich – genauer zu betrachten – und sich durch eine eingehende Analyse des Lebenswerkes von Irene Harand gleichsam einer erweiterten Biographie dieser faszinierenden Persönlichkeit zu nähern.

Widerstand und Ständestaat

> *„Nichts gibt uns mehr Anlaß zur Reflexion über die Logik des Übergangs von der die Freiheit des anderen ignorierenden Freiheit zur Despotie als die Erkenntnis dessen, wie die Griechen in ihrem mühevollen Bestreben, sich diese zu eigen zu machen, vielleicht ganz unbemerkt nichts anderes erreichten, als diese Despotie heraufzubeschwören und ihr den Weg zu bereiten."*[292]

Die junge Republik Österreich, entstanden aus der chaotischen Erbmasse der untergegangenen Habsburgermonarchie, bot plötzlich eine Fülle von neuen Freiheiten, die weit über das hinausgingen, was sich noch wenige Jahre zuvor auf ein allgemeines, geheimes (Männer-) Wahlrecht (1907) beschränkt hatte. Einerseits kämpfte Österreich mit schwerwiegenden existentiellen Problemen. Wirtschaftlich musste das Überleben der Republik gesichert werden und psychologisch war ein selbständiges Österreichbewusstsein, eine Identifizierung der Bevölkerung mit ihrem neuen Staat – noch auf sehr unsicheren Fundamenten ruhend – gerade erst im Entstehen begriffen. Diese Unsicherheit begünstigte unter breiten Bevölkerungsschichten die Skepsis am Funktionieren der Republik, als die Erfüllung ihrer Hoffnungen, die sie in die junge Demokratie setzten, in unabsehbare Ferne zu rücken schien. Die öffentliche Stimmung und die politische Situation bedingten sich in ihrer gegenseitigen Wahrnehmung und dem allmählichen Abgleiten ins Radikale, demokratiegegnerische in eine als feindlich wahrgenommene Alltagsrealität. Anderseits hatte die Zeit noch nicht ausgereicht, sich mit dem Wesen der Demokratie auseinander zu setzen, sie verstehen zu lernen. Besonders deutlich wird dies am Duktus der verwendeten Sprache in der Politik, die offen verletzend war und vielfach vor verbalem Terror bis hin zum Mord nicht zurückschreckte. So ist es auch verständlich, wenn es damals als Scheitern der demokratischen Staatsform ausgelegt wurde, sobald diese nicht auf Zuruf automatisch funktionierte und nicht funktionieren konnte. Dass dieses Funktionieren nur auf gefestigter Basis eines ausgedehnten Dialoges in toleranter Haltung zum politischen Gegner möglich ist, wurde erst nach 1945 – durch eine wesentlich, wenn auch auf tragische Weise erweiterte Erfahrung, schrittweise Teil des allgemeinen Bewusstseins. Letztendlich darf es daher weder Irene Harand noch Moriz Zalman zum Vorwurf gemacht werden, dass beide in ihrem aufrichtigen Streben, den Nationalsozialismus zu bekämpfen, der österreichischen Variante einer antidemokratisch, autoritären und katholischen Diktatur faschistischer Prägung erlagen. Trotzdem muss aber die Frage gestellt werden, auf welche Weise diese Annäherung an die *Vaterländische Front* vonstatten ging und wie grundsätzlich sich diese wirklich gestaltete. Damit untrennbar verbunden muss auch das Verhältnis zwischen *Harandbewegung* und Sozialdemokratie, als der größten demokratischen Opposition, Eingang in diese Betrachtungen finden. Ohne diese Beziehung könnte das nachgezeichnete Bild des ständestaatlichen Österreich, in und von dem aus Irene Harand wirkte, nur ein äußerst unvollständiges bleiben.

„Propagandistisch mehr Schaden als Nutzen"[293] – *Harandbewegung* und *Vaterländische Front* – Gedanken zu einem einseitigen Verhältnis

Der 1933 von Bundeskanzler Engelbert Dollfuß gegründeten *Vaterländischen Front*, die nach Inkrafttreten der autoritären Verfassung vom 1. Mai 1934 zur einzigen Trägerin politischer Willensbildung in Österreich emporstieg, haftete von vornherein eine gesellschaftsspaltende Aura an. Die Idee von Dollfuß, ein geeintes, nach außen hin selbstbewusstes und unabhängiges Österreich zu schaffen, erlitt schon mit der Ausschaltung des Parlaments 1933 einen nachhaltigen Imageschaden. Die kompromisslose und blutige Niederschlagung des sozialdemokratischen Februaraufstandes von 1934 beraubte diese politische Vision endgültig ihrer Glaubwürdigkeit für weite Teile der Bevölkerung. Der nationalsozialistische Putschversuch und der Mord an Bundeskanzler Dollfuß im Juli 1934 hinterließen eine in sich gespaltene *Vaterländische Front*. Ein Zustand, der sich über den Rücktritt des Dollfußstellvertreters und Heimwehrführers Rüdiger Fürst Starhemberg 1936 hinauszog und letztendlich bis 1938 nicht mehr überwunden werden konnte. Die dem neuen, nur 34jährigen Bundeskanzler Kurt von Schuschnigg zugefallene Dollfuß-Erbmasse einer de facto entzweiten Gesellschaft, mit einer nationalsozialistischen Terroropposition und in vielen Punkten uneinigen *Vaterländischen Front* entwickelte Schritt für Schritt eine schwerfällige, auf Aussitzen und Stillhalten hinauslaufende Politik gegenüber dem Deutschen Reich. Die Bemühungen um einen ‚Modus Vivendi' mit dem Reich, das zwar immer wieder beteuerte, die Souveränität Österreichs vollauf anzuerkennen, aber in der Realität alles daran setzte, diese mit allen Mitteln zu untergraben, prägten letzten Endes die erfolglose österreichische Politik bis März 1938. Die Haltung des offiziellen Österreich nach dem Tod von Dollfuß gegenüber den Nationalsozialisten war auf weiten Strecken von Zaudern und beruhigenden Zugeständnissen an den mächtigen Nachbarn getragen, denn, so der österreichische Staatssekretär Guido Schmidt, „Eine gegen den deutschen Staat gerichtete Politik sei nicht tragbar" aber „ein Friede mit der Illegalen [NS-Bewegung in Österreich, die vom Deutschen Reich aus gesteuert wurde, Anm. des Autors] ist gleichfalls ausgeschlossen".[294]

Gegen den Strom der Allgemeinheit schwimmenden idealistischen Organisationen wie die *Harandbewegung*, die sich kompromisslos und kämpferisch dem Nationalsozialismus in seiner Ganzheit entgegenstellten, brachten die österreichische Regierung und ihre Vertreter größtes Misstrauen entgegen. Noch dazu, wo wirtschaftlicher und gesellschaftlicher Antisemitismus in Österreich nicht nur geduldet, sondern auch von Regierungskreisen betrieben und gefördert wurden.[295] Die Position der *Vaterländischen Front* zum Nationalsozialismus reichte von vehementer Ablehnung bis hin zu teilweiser Zustimmung. Lediglich in Bezug auf die nicht zu bestreitende Unabhängigkeit Österreichs schien man sich einig. Bei der für Irene Harand bestimmenden Frage des Antisemitismus-Rassismus und seiner unwidersprochenen Bekämpfung ergab sich innerhalb der Front kein einheitlich ablehnendes Bild. Im Gegenteil, gewisse Formen des Antisemitismus galten als durchaus legitim. Trat man gegen ihn auf, dann waren weniger tief menschliche, ethische wie bei Irene Harand als vielmehr wirtschaftliche Gründe die Ursache dafür.[296]

Die *Harandbewegung* und ihre Anliegen erlangten daher nie das Interesse oder gar eine Förderung vom offiziellen Österreich. Das Generalsekretariat der *Vaterländischen Front* nahm zwar das ausländische Presseecho auf die Vorträge von Irene Harand zur Kenntnis, urteilte aber über Versammlungen ihrer Bewegungen eindeutig negativ. Nach „Ansicht und praktischer Erfahrung" des Generalsekretariates seien solche Treffen der *Harandbewegung* „für uns propagandistisch mehr Schaden als Nutzen".[297] Mehr noch, die Tätigkeit der *Weltbewegung gegen Rassenhass und Menschennot* unterlag staatspolizeilicher Aufsicht.[298] Schon 1935 ergingen amtliche Verwarnungen an die Redaktion der *Gerechtigkeit* und die Polizeidirektion Wien erhielt die Anweisung, die Schreibweise der Zeitung ‚auf das Strengste zu überwachen'.[299] Selbst vor einer Beschlagnahme der *Gerechtigkeit* mit dem Vorwurf der ‚Beleidigung von Mitgliedern einer auswärtigen Regierung' machte die staatliche Macht keinen Halt.[300] Im November 1935 erhielt Irene Harand von der Pressepolizei nach einer wiederholten Intervention der deutschen Gesandtschaft in Wien eine Vorladung, die ihr – verbunden mit der unbedingten Aufforderung bei Strafandrohung – „eine Mäßigung ihrer Schreibweise, insbesondere in Bezug auf das Staatsoberhaupt und die Mitglieder der Regierung des Deutschen Reiches" nahe legte.[301] Lediglich in Bezug auf die Unterstützung des für Österreich überlebenswichtigen Tourismus und die Werbung für die österreichische Wirtschaft, um die sich Irene Harand im Rahmen ihrer Bekämpfung der Not und der Arbeitslosigkeit besonders kümmerte, vertrat das Generalsekretariat der Front die Ansicht, dass „jede Organisation, die für Österreichs Wirtschaft Werbemittel anwendet, zum mindesten daran nicht gehindert werden darf".[302] *Harandbewegung* und *Kleinrentnerverband* mussten trotzdem immer wieder Behinderungen durch Teile der *Vaterländischen Front*, den Polizeiapparat oder andere Ämtern einstecken. Anträge wurden erschwert oder abgewiesen, Versammlungen verboten. Da nützte es auch wenig, wenn Moriz Zalman in einem Brief an den Bundeskanzler Schuschnigg ausdrücklich auf die Regierungstreue seiner Bewegung hinwies.[303]

Die Inkonsequenz und die schlussendlich doch zögerlich dem Deutschen Reich entgegenkommende Haltung der Schuschnigg Regierung erfuhr in der österreichischen Realpolitik dieser Zeit keine deutlichere Bestätigung als durch die 1937 erfolgte Zulassung von Hitlers Buch *Mein Kampf* für den Verkauf in Österreich und das fast gleichzeitige Postverbot der Harand-Verschlussbriefmarken für den österreichischen Postverkehr.[304] Von der Seite der österreichischen Regierung war folglich für die *Harandbewegung* und ihre Vorgängerorganisation, die Kleinrentner, kaum Entscheidendes zu erwarten, das helfen hätte können, ihre Ziele zu verwirklichen, im Gegenteil. Wie also stellten sich Irene Harand bzw. ihre *Weltbewegung gegen Rassenhass und Menschennot* und Moriz Zalman der politischen Realität in Österreich? Welches Verhältnis ergab sich aus den tagespolitischen Umständen zur *Vaterländischen Front* und wie weit war man mit der österreichischen Innen- und Außenpolitik einverstanden?

Die Müdigkeit einer ungefestigten Demokratie, verbunden mit der Enttäuschung über die politischen Parteien machten sich 1933 auch in der *Kleinrentnerbewegung* bemerkbar. Von den Sozialdemokraten fühlte man sich verraten und ausgenützt, die Christlich-Sozialen stellten sich gegen die Forderungen der Kleinrentner, die Kommunisten und Nationalsozialisten standen für ein politisches Spektrum, das der kleinbürgerlichen Gruppe ideologisch fremd und untragbar erschien. Aus dieser Situation heraus konnte die Idee eines Einparteienstaates, der versprach, den Parteienstreit zu überwinden, die Unabhängigkeit der Republik zu bewahren und Kommunismus wie Nationalsozialismus in die Schranken zu weisen, zunächst nur willkommen sein. Kritische Stimmen aus den eigenen Reihen, die sich etwa gegen den Notverordnungsparagraphen des kriegswirtschaftlichen Ermächtigungsgesetzes, der seit dem Frühjahr 1933 zur Beseitigung der Demokratie führte, verstummten – zumindest in der Öffentlichkeit.[305] Schon die erste Ausgabe der *Gerechtigkeit* vom 6. September 1933 titelte unter der Überschrift 'Helfet Österreich' mit einem Bild von Bundeskanzler Engelbert Dollfuß in Uniform, den man dabei in fett gesetzten Lettern als ‚Retter der Kultur und Zivilisation in Mitteleuropa' bezeichnete. In der Person des Bundeskanzlers vereinigten sich dabei gleichsam die Hoffnungen auf eine Linderung der wirtschaftlichen Not und auf eine Zurückdrängung des aggressiven Nationalsozialismus: „Wir kämpfen nicht nur für uns, sondern auch für unsere Mitmenschen. Wir stehen im vordersten Schützengraben. Wir verteidigen die wichtigste Stellung im Ringen gegen die braune Barbaren ... Die Verbündete Hitlers ist die Not. Beseitigen oder mildern wir die österreichische Not, so haben wir die Hitler-Gefahr beseitigt".[306] Die Kleinrentner glaubten hingegen in einer starken Regierung unter Dollfuß eine neue Möglichkeit zu erkennen, ihren Forderungen nach Angleichung der Renten zum Durchbruch verhelfen zu können. Eine Hoffnung, die sich nicht bewahrheiten sollte.[307] Zalman unterstützte diese Regierung von Anfang an – nicht zuletzt auch deswegen, da eine Opposition wohl auch ein Ende der Kleinrentner bedeutet hätte. Undemokratische, zuvor in der *Morgenpost* noch heftig kritisierte Maßnahmen derselben Regierung versuchte man sich durch die herrschenden, untragbar gewordenen, teilweise chaotischen politischen Zustände, die ein Regieren wie in ‚normalen Zeiten' unmöglich gemacht hatten, zu erklären.[308]

Das bedingungslose Eintreten für Österreichs Souveränität und das Versprechen des Kanzlers, einen Kampf gegen den Nationalsozialismus führen zu wollen, waren ausschlaggebend sowohl für die Kleinrentner als auch für die *Harandbewegung*, den neuen österreichischen Weg selbst unter autoritärer Führung zu unterstützen. Das mutige, entschiedene und vielfach ohne Zweifel herzliche Auftreten des tief katholischen Dollfuß beeindruckten auch Irene Harand nachhaltig.[309] Gerade in den ersten von ihr im Herbst 1933 als Herausgeberin der *Gerechtigkeit* geschriebenen Leitkommentaren spiegelte sich dieses in Bundeskanzler Dollfuß gesetzte erwartungsvolle Vertrauen eines gangbaren Ausweges aus dem politischen Dilemma der Zeit deutlich wider: ‚Eine Front der Gutgesinnten für Dollfuß'[310] ‚Unser Bundeskanzler Dollfuß'[311] – so der Wortlaut einiger ihrer Artikelüberschriften. Der von Dollfuß entworfene Weg konnte ihrer Ansicht nach nur gemeinsam von allen politischen Kräften beschritten werden – sollte er erfolgreich zum Sieg über den braunen Terror führen, auch wenn dabei im Dienste für die Unabhängigkeit Österreichs die eigenen Parteigrenzen übersprungen werden mussten. In Beiträgen wie ‚Das Hakenkreuz horcht auf' oder ‚Für ein gemeinsames Vaterland' rief Irene Harand mehrmals dazu auf, sich unter der Führung des Bundeskanzlers gegen die Nationalsozialisten in die *Vaterländische Front* einzureihen[312], denn „die Zugehörigkeit zu einer vaterländischen Organisation ist nicht nur patriotische Pflicht aller Österreicher, die ihr Vaterland gegen das Hakenkreuz verteidigen wollen, sondern unter Umständen auch eine Existenzfrage für jeden einzelnen von uns … und durch seine Betätigung im Rahmen einer vaterländischen Gruppe die Abwehraktion und das Aufbauwerk der Regierung fördert"[313]. Frau Harand selbst trat aktiv als Referentin auf Einladung der *Vaterländischen Front* hervor. Die Regierung Dollfuß-Fey[314], wie Irene Harand in diesem Vortrag betonte, hatte für sie europäische Vorbildwirkung einer entschiedenen, kompromisslosen Opposition gegen Hitler.[315]

Der schon erwähnte Bürgerkrieg und das endgültige Verbot der sozialdemokratischen Partei im Februar 1934 änderten nichts an ihrer grundsätzlichen Einstellung, wohl aber begann Irene Harand, vorsichtig gewisse Zustände in Österreich zu hinterfragen – freilich ohne dabei die Frontidee, die für sie doch aus Überzeugung als ‚heilige Sache' galt, anzugreifen. Die von ihr so betitelten „Seitensprünge gewissenloser Unterführer der *Vaterländischen Front*, die niedrigsten Antisemitismus in das Blatt der *Vaterländischen Front* hineinschmuggeln" und als „Verrat an der neuösterreichischen Idee" zu werten seien, änderten aber kaum etwas an ihrer Dollfuß-Bewunderung.[316] Nach dem plötzlichen Tod von Engelbert Dollfuß häufte sich langsam in manchen Punkten gegenüber der *Vaterländischen Front* ihre Kritik, aber immer noch ohne das ‚Erbe des ewigen Kanzlers Dollfuß' grundsätzlich anzuzweifeln. Der latent spürbare Antisemitismus während der neuen Regierung unter Kurt von Schuschnigg wurde zum Thema in der *Gerechtigkeit*. In einem Kommentar zur Gründung des ärztlichen Fachbeirates der *Vaterländischen Front* stellte sich Irene Harand die berechtigte Frage, warum darin kein einziger jüdischer Arzt vertreten war, wenn es doch so viele ‚gute jüdische Ärzte' gäbe.[317] Auch andernorts musste sie antisemitische Strömungen feststellen, die von offizieller Seite ihren Ausgang nahmen.[318] Öffentlich stellte sie jedoch nie die Frage, warum denn dieser Antisemitismus durch die Regierung weder verurteilt noch mit rechtlichen Konsequenzen bekämpft wurde.

Immer mehr musste Irene Harand zur Kenntnis nehmen, dass Österreich in eine Lage der politischen Manövrierunfähigkeit hineingeriet, die letztendlich auf eine Beschwichtigungspolitik zugunsten der Nationalsozialisten hinauslief. In der Öffentlichkeit waren ihr dazu aber sehr enge Rahmen der Kritikmöglichkeit gesetzt, die sicherlich noch durch die eigenen Scheuklappen ihres Glaubens an die Dollfuß-Idee gestärkt wurden. Ihre Kritiklosigkeit zum Bürgerkrieg von 1934 bzw. ihre oftmals einseitige Verteidigung des Regimes in Österreich gerieten zum Kritikpunkt vor allem von Seite der Sozialdemokratie.[319] Die Kommentare der *Gerechtigkeit* zum überraschenden deutsch-österreichischen Abkommen vom 11. Juli 1936 hielten sich vorerst an die ausgegebenen, von einem Erfolg der Wiener Regierung sprechenden, politischen Losungen.[320] Selbst auf ihrer Amerikareise 1937 bemühte sich Irene Harand, Verständnis für die österreichische Lage und das Juliabkommen zu erwecken.[321] Die durchgeführte Amnestie von inhaftierten NS-Terroristen war als Zeichen der politischen Stärke auszulegen.[322] Obwohl Irene Harand besorgte Kreise zu beruhigen suchte und der festen Überzeugung war, dass dieses Abkommen an der Verfassung von 1934 nichts ändern werde bzw. die Rechte aller Bürger Österreichs davon nicht betroffen wären, sah sie nur in einem starken und bestimmten Auftreten der Bewegung in Österreich sowie seiner Anhänger im Ausland die eigentliche Garantie dafür, dass es zu keinen unliebsamen oder unerwarteten Entwicklungen kommen würde, sollte sich der Vertrag als trojanisches Pferd entpuppen.[323] In einem Brief der Wiener Zentralleitung der Weltbewegung wird diese Ansicht einer ‚Schattenseite des Verständigungsabkommens' deutlicher: „Das Hakenkreuz versucht Österreich auf friedlichem Wege mit seinen Ideen zu durchdringen. Wir könnten diesen Tendenzen erfolgreich entgegentreten, wenn uns das Ausland die richtige Hilfe gewähren würde. Die *Harandbewegung* muss so groß und mächtig werden, dass sie auch den maßgebenden Faktoren in Österreich imponiert und zeigt, dass es ihr gelingen kann, in vielen Ländern der Welt soviele Förderer Österreichs zu gewinnen, die gemeinsam unserem Lande mindestens das Leisten können, was wir von Deutschland erwarten", ein wenig weiter gesteht sie umso direkter die fortschreitende Enttäuschung gegenüber der Regierung ein „heute fährt unser Staatssekretär für Äußeres nach Berlin und nach seiner Rückkehr wird die Arbeit noch mehr erschwert sein".[324] Das im Februar 1938 zwischen Hitler und Schuschnigg in Berchtesgaden stattgefundene Treffen, das aus heutiger Sicht wohl als letzte, demütigende Aktion gegenüber der Unabhängigkeit Österreichs angesehen werden darf, ist in der letzten, regulären Ausgabe der *Morgenpost* vom 10. März Thema.[325] Auch wenn in diesem Artikel der Kleinrentnerzeitung die vielzitierte Unabhängigkeit einmal mehr als abgesichert hingestellt wurde, so konnte man dieses Abkommen beim besten Willen nicht mehr vollinhaltlich vertreten und man tat sich schwer, darin einen letzten Funken von Rechtfertigung zu finden. Gerade das verzweifelte Bemühen von Irene Harand, die zum gleichen Zeitpunkt in Paris Gespräche führte und um Hilfe für Österreich bettelte, unterstreichen deutlich, zu welcher Größe die Kluft des Unverständnisses zur *Vaterländischen Front* bereits angewachsen war. Im Aufruf zur Volksabstimmung am 13. März, der in vollem Umfange in einer Extra-Ausgabe der *Morgenpost* abgedruckt wurde, stellte man sich, politisch mit dem Rücken zur Wand gedrängt, eindeutig hinter die durch Schuschnigg vertretenen Ideale unter der Parole: „Für ein freies und deutsches, unabhängiges und soziales, für ein christliches und einiges Österreich! Für Friede und Arbeit und die Gleichberechtigung aller, die sich zu Volk und Vaterland bekennen."[326]

Die Verteidigung der Unabhängigkeit und die damit verbundene Bekämpfung des Nationalsozialismus durch die österreichische Führung waren für Irene Harand Grund genug, den von der Regierung vorgegebenen Weg des ‚neuen Österreich' – trotz mancher negativer Erscheinungen – einzuschlagen, denn für sie gab es eine Kraft, „die in erster Linie dafür bestimmend ist was ich tue. Das ist die Freiheit und Unabhängigkeit Österreichs".[327] Mitglieder der Weltbewegung mussten eine Erklärung unterzeichnen, mit der sie deutlich ihre ‚vaterländische' Einstellung, die Ablehnung kommunistischer, sozialdemokratischer und nationalsozialistischer Gesinnung und ihr Eintreten für Österreich bekundeten.[328] Die Bundesregierung galt ihr als Garant einer kompromisslosen Ablehnung der NS-Politik.[329] Mehr noch, prangerte sie andere Staaten an, die sich mit Hitler zu arrangieren begannen.[330] In Kenntnis ihrer menschlichen Größe und der von ihr vertretenen Ideale kann mit Sicherheit angenommen werden, dass Irene Harand damit im Grunde genommen nicht mehr einverstanden war – nicht einverstanden sein konnte, wollte sie sich selbst und ihre Ideen nicht gänzlich verleugnen. Dem heutigen Leser stellt sich aber die Frage, welche andere, reale Möglichkeit wäre ihr in dieser doch vom – wenn auch mehr auf Ignoranz beruhenden – Wohlwollen der Schuschnigg-Regierung charakterisierten Lage zur Verfügung gestanden, als diese trotz allem zu akzeptieren? Schließlich muss diese Schrittweise, die zaudernde und inkonsequente Annäherungspolitik Österreichs an den Nationalsozialismus des Reichs aus dem, was uns aus der politischen Weltanschauung von Irene Harand bekannt ist, zu einem zehrenden Selbstzweifel an ihrer Tätigkeit stark beigetragen haben. Ein Zweifel, der im Sommer 1937 in einem physischen Zusammenbruch von Irene Harand aus Verzweiflung resultierte, den sie allerdings imstande war, durch den Zuspruch ihrer Freunde zu überwinden, um den Kampf weiterzuführen.

Den spätestens seit dem Bürgerkrieg durch die österreichische Gesellschaft ziehenden Graben von Feindschaft und Verständnislosigkeit zweier sich gegenüberstehender gesellschaftlicher Gruppen schätzte Irene Harand – nicht zuletzt unter dem für sie sicherlich als traumatisch erlebten Mord an Dollfuß während des Juli-Putsches – weit weniger bedrohlich ein als den Nationalsozialismus. Aus ihrer Sicht bedeutete „jede Schwächung der österreichischen Regierung eine Stärkung Hitlers".[331] Außenpolitisch fand sich Irene Harand daher in einer politischen Zwangslage wieder, besonders in Bezug auf die österreichische Italienpolitik. Seit dem versuchten Nazi-Putsch sah die Schuschnigg-Regierung in Benito Mussolini den Garanten für die österreichische Unabhängigkeit und versuchte eine politisch-ideologische Annäherung zu Rom. Eine Schwächung des Duce hätte diesen automatisch in die Nähe zu Hitler-Deutschland treiben müssen, was später ja geschah. Vor diesem Hintergrund argumentierte folglich auch Irene Harand in der *Gerechtigkeit*, ohne dabei aber Italien in seinen imperialistischen Bestrebungen zu verteidigen. Viel wichtiger schien ihr, dass die europäischen Mächte die gefährliche Entwicklung des ‚Hakenkreuzes', wie sie es nannte, zunehmend ignorierten und sträflich unterschätzten: „Hat man denn in London vergessen, welchen Dienst Italien der Menschheit geleistet hat, als es am 25. Juli 1934 seine Soldaten an die österreichisch-italienische Grenze schickte? Hat man denn in Genf gar kein Verständnis für den heldenmütigen Kampf, den das kleine Österreich seit der Machtergreifung Hitlers führen muß?".[332] Italien stand ihrer Meinung nach für das geringere Übel. 1937 schienen sich die Befürchtungen bewahrheitet zu haben. Zalman vertrat die Ansicht, „sollte eine Änderung in der Orientierung Italiens uns gegenüber eintreten, müssten wir dann mit Dampf daran arbeiten, daß die Westmächte uns gegenüber in ganz anderer Weis[e] ihre Pflicht erfüllen".[333]

Der spanische Bürgerkrieg, über den die österreichische Regierung lediglich froh war, dass er sich fern genug von der Heimat abspielte[334], war für Irene Harand immerhin eine in aller Öffentlichkeit ausgesprochene „Barbarei … ein Vorgang, der mit der Zivilisation nichts zu tun hat", Ausdruck eines unzulänglichen Völkerbundes und trauriger Beweis für die „Tatsache, daß die ganze Welt sich ihr Verhalten von den Nationalsozialisten vorschreiben läßt". Eine von der Weltöffentlichkeit hingenommene Barbarei: „Die Nachrichten aus Spanien werden immer greulicher. Aber noch viel entsetzlicher sind die Ruhe und die Gleichgültigkeit, mit denen die Nachrichten von der gesamten zivilisierten Welt aufgenommen werden". Ohne für eine Seite Partei zu ergreifen fragt Irene Harand geradezu anklagend: „Es genügt uns aber vollauf die Tatsache, daß die Gefangenen ganz einfach wie Tiere hingeschlachtet werden, so daß ganze Bäche von Blut in den Straßen der eroberten Städte fließen. Die Welt schaut zu, als ob dieses blutige Schauspiel sie nichts anginge. Wo ist die Menschliche Solidarität? Wo ist das menschliche Empfinden für die Leiden der menschlichen Kreatur?"[335]

Insgesamt bleiben die wenigen Kommentare von Irene Harand zum internationalen Geschehen meist an einer oberflächlichen Analyse einer von ihr selbst eingestandenen fehlenden Einsicht um die wahren Hintergründe hängen. Sie gaben ihr aber den Anstoß über die moralische Wirkung von Propaganda und die Gefährdung allgemein menschlicher Werte zu schreiben. So auch der 1937 zwischen dem japanischen Kaiserreich und China ausgebrochene Krieg, eine Aggression, dem entschlossener Widerstand gegenüberstand. Unter dem Eindruck der eigenen Erfahrung fragte sie sich: „Es scheint, daß man in Genf an die Millionen von Toten und verstümmelten, die Millionen von entsetzlichen Tragödien, die der fürchterliche Krieg heraufbeschworen hat, nicht denkt ... Die Dinge schauen genauso aus wie im Jahre 1914. Auch damals sind die Völker durch die Kurzsichtigkeit der Politiker und die Unfähigkeit der maßgebenden Staatenlenker in den Krieg direkt hineingetorkelt. Soll sich dieser Wahnsinn nun wiederholen?"[336] In ihren Augen war jeder Krieg, egal wo er stattfand, gefährlich für alle Menschen.[337]

Harandbewegung und die österreichische Sozialdemokratie

War das Verhältnis der *Harandbewegung* zur *Vaterländischen Front* geprägt durch Bewunderung und existenzielle Abhängigkeit, so gestaltete sich die Beziehung zur Sozialdemokratie auf einer völlig anderen Ebene, die eine getrennte Betrachtung zwischen der *Weltbewegung gegen Rassenhass und Menschennot* und der ersten ÖVP bzw. der Kleinrentner nicht zulässt. Irene Harand leitete nicht nur, wie schon erwähnt, zeitweise die Redaktion der *Morgenpost*, sondern sie gehörte auch zu den Gründungsmitgliedern der ÖVP von 1930. Daneben darf nicht vergessen werden, dass gerade auf personeller Ebene die Verflechtung zwischen Kleinrentnern und der von Harand geführten Weltbewegung sehr groß war, schließlich teilte man sich seit November 1933 das Büro in der Elisabethstraße. Dass die engere Gruppe von Mitgliedern und Unterstützern beider Interessensgemeinschaften eine in ihrer gesellschaftlich-sozialen Anschauung relativ geschlossene – auch in Bezug auf ihre Herkunft ziemlich einheitliche – war, bekräftigt diese Annahme zusätzlich. Lediglich die inhaltliche Trennung der nach außen vertretenen, aber gemeinsam getragenen Schwerpunkte zwischen beiden ist als einzig wesentlicher Unterschied ausmachbar. Während Irene Harand in ihrer Arbeit und durch die *Gerechtigkeit* in erster Linie das Hauptgewicht auf die Bekämpfung des Rassenhasses legte und dabei selbstverständlich auch auf deren Ursachen Rücksicht nahm, blieben die Kleinrentner, ungeachtet aller von ihnen immer wieder vorgeschlagenen allgemein wirtschaftlichen Verbesserungsvorschläge, der ursprünglichen Forderung nach Anerkennung und Abgütung für die Inflationsopfer treu.

Das politische Heranwachsen von Irene Harand in der von Moriz Zalman geleiteten Kleinrentnergruppierung und die damit einhergehende ideologische Ausformung einer gefestigten Weltanschauung der späteren *Harandbewegung* darf daher bei der Frage nach dem Verhältnis zur Sozialdemokratie nicht unterbewertet bleiben. Eine sachliche Betrachtung dieser gespannten Beziehung kann folglich nur auf Basis von Kleinrentnern und der Bewegung von Irene Harand sinnvoll sein.

Im Grunde genommen hätte die sozialdemokratische Partei Österreichs Menschen wie Irene Harand oder Moriz Zalman, die sich in ihrer Arbeit gegen den Antisemitismus einsetzten und sich um die Not großer Bevölkerungsteile zu kümmern versuchten, näher stehen müssen als konservative Parteibewegungen. Die Sozialdemokratie trug in ihren Statuten nie einen Arierparagraphen, der die Mitgliedschaft von Juden ausgeschlossen hätte. Viel mehr noch, diese Partei setzte sich in ihrem Programm gegen den Antisemitismus ein. Zahlreiche Juden sahen in ihr die einzige Möglichkeit, politisch tätig zu werden. Dennoch fanden sich auch hier Formen des politisch-instrumentalisierten Antisemitismus, den man über die *Arbeiterzeitung* verbreitete.[338] Es waren aber weniger diese spezifischen Formen des Antisemitismus als viel mehr der persönliche Konflikt der Partei mit den Kleinrentnern und die unterschwellige Angst bürgerlicher Kreise vor den – wenn auch nur lauthals angekündigten und nie verwirklichten – klassenkämpferischen Reformen, wie sie etwa Otto Bauer im Linzer Programm von 1926 ansprach, die ein weitgehend von Skepsis und Ablehnung getragenes Klima entstehen ließen.

Die Heftigkeit des verzweifelten, vor allem auf Wien konzentrierten Februaraufstandes der Sozialdemokraten musste zwangsläufig die ohnedies schon mit großen Vorbehalten und teilweise ängstlicher Skepsis gegen die sozialistischen Forderungen belasteten bürgerlichen Kreise in seinem unerwarteten Ausbruch tief schockieren. Für Irene Harand und Moriz Zalman, die zwar im Gegensatz zum wesentlichen Teil des ignoranten oder einfach falsch informierten Bürgertums um die ernste und ausweglose Lage weiter Teile der österreichischen Arbeiterschaft wussten, geschahen die Februarereignisse zu einem Zeitpunkt, da die eigene, enttäuschende Erfahrung mit der Sozialdemokratie, die letztendlich zum Scheitern *Der Welt am Morgen* geführt hatte, noch unverheilte Wunden aufwies. Wunden, die im Fall von Moriz Zalman sicherlich auch tief persönlich ihre Spuren hinterlassen hatten. In einer gratis Extraausgabe der *Morgenpost*, die Bezug auf die Geschehnisse in Wien nahm, wird von einer ‚sozialdemokratischen Revolte' gesprochen, die das Erscheinen der aktuellen Nummer der Zeitung unmöglich machte.[339] Am 17. Februar, als sich das traurige Schicksal der österreichischen Sozialdemokratie der ersten Republik schon klar abzeichnete, titelte die Morgenpost mit einem Leitartikel ‚Das Ende der sozialdemokratischen Partei'. Der tiefsitzende Schock des Aufstandes wich der scheinbaren Nüchternheit, man sah sich schlussendlich in seinen Befürchtungen bestätigt, denn „es kam, wie es kommen mußte. Unaufrichtigkeit, Volksbetrug und Verrat waren in den letzten Jahren das Kennzeichen der sozialdemokratischen Partei". Die Kleinrentnerzeitung versuchte diese Bestätigung gleich durch die eigene, negative Erfahrung mit der Sozialdemokratie zu bekräftigen „Im Jahre 1927 verstanden sie es sogar, durch ihre Strohmänner die Kleinrentner zu bestimmen, eine eigene Tageszeitung zu gründen … in Wahrheit wollten sie nur ein Wahlblatt gründen, denn nach der Wahl verweigerten sie jede Unterstützung für das Blatt und wollten kalten Blutes zusehen, dass die Zeitung und damit die ganze Kleinrentnerbewegung untergehe". Die Mitverantwortung für die verlorene Wahl – eine Niederlage, die nicht ganz zu Unrecht auch in einer Verleumdungskampagne der sozialdemokratischen Presse gründete – und der fortschreitende Erfolg einer Österreich mit Terror überziehenden, illegalen nationalsozialistischen Bewegung wurden daher den oppositionellen Sozialdemokraten zugeschoben. Denn aus der Sicht der *Morgenpost* seien es die auf sich bedachten Parteibonzen gewesen, die der Hitlergefahr nur Ignoranz entgegen gebracht hätten. Alle Hoffnungen konzentrierten sich jetzt auf Dollfuß, denn „der Tag der Abrechnung ist jetzt gekommen ... Mit der sozialdemokratischen Partei endet ein Zeitabschnitt der Geschichte unseres Volkes, der uns Leiden und Jammer brachte. Alle Gutgesinnten in Österreich mögen jetzt ihre Reihen schließen, damit das Aufbauwerk unseres Bundeskanzlers Dr. Dollfuß für das österreichischen Volk gelinge, damit Not und Elend beseitigt und Lebensglück an deren Stelle komme".[340] Deutlicher schälte sich der spezifische Standpunkt von Irene Harand in einer Reihe von von ihr für die *Gerechtigkeit* verfassten Artikeln heraus. Sie bezeichnete die Februarereignisse von 1934 als ‚Unglückstage über Österreich'. „Es sind Unglückstage, weil Menschenblut geflossen ist ... Die sozialdemokratischen Führer waren im Inneren ihres Herzens froh, dass die Regierung scharf und entschlossen gegen die braune Pest vorging ... trotzdem aber suchten sie den Arbeitern Misstrauen zur Regierung Dollfuß einzuflößen".[341] Sie differenzierte dabei deutlich zwischen missgeleiteter Arbeiterschaft und Parteispitze. Dollfuß geriet im Kampf gegen den Nationalsozialismus und die sozialdemokratische Partei zum einzigen ‚Wahrer der Arbeiterinteressen'. Dieser sichtlich schon damals von Irene Harand als existenzbedrohend eingestufte Konflikt mit dem Nationalsozialismus schien schwerwiegend genug, um die doch im Nachhinein als unmäßige Reaktion der Regierung auf den sozialdemokratischen Aufstand – wenn schon nicht zu rechtfertigen, dann doch in ein anderes Licht zu stellen und dem Ausland gegenüber zu verteidigen: „Das Vorgehen der Regierung Dollfuß-Fey war also eine bittere, aber unerlässliche Notwendigkeit".[342]

Aller Feindseligkeit der Politik zum Trotz war Irene Harand viel zu sehr mitfühlender Mensch, um nicht beide Seiten zu sehen und der schwächeren zu helfen. Ein einigender Aufruf um Hilfe für die Opfer und Hinterbliebenen beider Seiten sollte am Beginn einer neuen Suche nach gegenseitigem Verständnis stehen.[343] Zu den Lesern ihrer Zeitung gehörten schließlich auch Sozialdemokraten.[344] Außerhalb der Äußerungen in den Medien kam sie hilfesuchenden, in die Illegalität gedrängten Sozialdemokraten sehr wohl entgegen und unterstützte sie sogar. Dem ‚Österreichische Jugendbund' – eine 1933 von der *Harandbewegung* gegründete und geführte Jugendorganisation – gehörte ein Chor an, dessen Mitglieder sich im Wesentlichen aus jungen Sozialdemokraten und Gegnern des Nationalsozialismus zusammensetzten. Zu Beginn bestand dieser Jugendbund eigentlich nur aus einer Person, dem Sekretär Gerhard Schnap, ein Mitglied der *Harandbewegung*. Mit dem Beitritt von etwa 50 Stimmen unter der Leitung von Fritz Kurzweil entwickelte sich der Chor in ansehnlicher Weise. Neben eigenständigen Konzerten trat diese Sängergruppe auch während Versammlungen und Reden von Irene Harand auf. Der ‚Harand-Chor' bot solcherart einen Deckmantel für illegale sozialdemokratische Treffen und Aktivitäten, obwohl das Gastrecht nie missbraucht wurde.[345]

Ohne Zweifel zeigte die Anbiederungspolitik Österreichs gegenüber dem Reich und die von Regierungsseite ausbleibende Unterstützung Wirkung in der von Harand geführten Bewegung. Gerade das politische Gespür und das ausgeprägte Gerechtigkeitsgefühl von Irene Harand lassen vermuten, dass sie und sicherlich auch Zalman in vielem von der österreichischen Regierung – besonders was ihre Haltung zum Nationalsozialismus betraf – enttäuscht, wenn nicht abgestoßen waren. Irene Harand war aber allem Gegenwind zum Trotz viel zu sehr Idealistin, als dass sie deswegen ans Aufgeben auch nur hätte denken können. In einem privaten Brief äußerte sie sich dazu ganz offen: „Ich kann nicht mit dem Kopf durch die Wand gehen. Ich muss bei meiner Kritik eine gewisse Vorsicht walten lassen. Ich habe mit dieser Taktik in Österreich vieles erreicht … Ich habe nicht nur die breiten Schichten und dadurch die öffentliche Meinung, sondern auch maßgebende politische Kreise durch meine Arbeit beeinflusst".[346] Ihr deswegen politischen Opportunismus vorzuwerfen wäre mehr als ungerecht. Schließlich unterstreicht die Gründung der vermeintlich unpolitischen Weltbewegung zu einem Zeitpunkt, wo alle Parteien – auch die *Österreichische Volkspartei* der Kleinrentner – aufgelöst bzw. zum Eintritt in die *Vaterländische Front* aufgefordert worden waren, deutlich genug den Willen Irene Harands, den Kampf um *Gerechtigkeit* fortführen zu wollen. Und letzteres war für sie nur von Österreich aus möglich.

„Keine Not – kein Hass – kein Krieg“ – Der Weltkongress und die Bewegung. Eine Idee als wehrloses Opfer gesellschaftlicher Realität

Es ist wahrscheinlich nicht unrichtig, wenn man aus heutiger – vielleicht auch schon aus damaliger Sicht den Kongress als Utopie eines Ideals beschreiben würde. Vielmehr noch Utopie als die *Harandbewegung* selbst, die doch schon sehr konkrete Formen angenommen hatte und trotzdem am Großen wenig zu ändern vermochte. Der Kongress und dessen Vorbereitungen konnten, aus vielerlei Ursachen heraus, die hier noch erwähnt werden sollen, ein gewisses Planungsstadium nie überschreiten. Des-

Schweizer!

Gerade wir, die wir einem Volke angehören, das Menschen verschiedener Sprachen, Konfessionen und Rassen in sich schließt, gerade wir haben heute die Aufgabe, voranzustehen in diesem Kampfe um Frieden und Gerechtigkeit.

Der Ruf der Harand-Bewegung ergeht an alle Menschen guten Willens. Tretet der Harand-Bewegung bei, unterstützt sie, arbeitet mit!

BEITRITTSERKLÄRUNG

An die
Weltorganisation gegen Rassenhaß und Menschennot Harand-Bewegung
Wien, I., Elisabethstr. 20

Ich erkläre, Ihrer Organisation beizutreten, und bin bereit, monatlich einen Beitrag von

....

zu zahlen.
Ich nehme zur Kenntnis, daß ich durch die Beitrittserklärung keine finanziellen Verpflichtungen auf mich nehme und daß meine Leistungen freiwillig sind, die ich jederzeit einstellen kann, ohne daß ich dadurch der Mitgliedschaft verlustig werde.

Name: ....

Beruf: ....

Adresse: ....

Datum: ....

Bitte, leserlich schreiben!

Unterstützt uns in unserem Kampfe!
Abonniert die „Gerechtigkeit“!

Abonnementbestellung

Abonnementpreis für die Schweiz: sfr 3.30 viertelj.

An die Verwaltung der „Gerechtigkeit“, Wien, I., Elisabethstr. 20

Ich bestelle hiermit ab .... ihr Blatt und ersuche um die Einsendung eines Erlagscheines.

Vor- und Zuname: ....

Genaue Adresse: ....

Unterschrift: ....

Datum: ....

Bitte, leserlich schreiben!

Eigentümer, Herausgeber und für den Inhalt verantwortlich: Franz Seller, Wien, I., Elisabethstraße 20. — Druck: Elbemühl. Wien, IX., Berggasse Nr. 31

Abb. 25: Aufruf an die Schweizer Bevölkerung um Beitritt zur Bewegung (um 1936). RGWA 520/1/259, S. 41.

wegen mögen auch die meisten Aussagen und Dokumente dazu dürftig erscheinen. Im Kleinen haben sowohl der Kongress als auch die Bewegung sehr viel bewirkt und unzähligen Menschen helfen können. Ideale dürfen aber nie an ihrem Erfolg gemessen werden, schon gar nicht aus historischer – vermeintlich mehr wissender Perspektive. Sie würden daran zugrunde gehen und uns Menschen eines wesentlichen Daseinselementes berauben: der Hoffnung. Deswegen wird in diesem Kapitel versucht, die Kongressidee anhand der Schicksale einzelner Kongressbüros verständlich nachzuzeichnen, um gleichsam mit Hilfe eines größeren Maßstabes die Probleme und Schwierigkeiten, die letztlich zum Scheitern dieser Idee führten, besser zu verstehen.

„Mitmenschen!
Es geht uns nicht darum, die Delegierten nach Wien zu bemühen, damit sie nur schöne Erinnerungen in ihre Heimat mitnehmen. Wir wollen begeisterte und leidenschaftliche Mitkämpfer gewinnen für die Aufgaben, die wir uns gestellt haben. Wir wollen die öffentliche Meinung der Welt organisieren. Wir wollen, dass die Menschen nicht mehr ihre Energien vergeuden, indem sie nationalistischen Gespenstern und Schlagworten von Demagogen nachrennen, wir wollen nicht, dass unsere Mitmenschen ihr Blut hergeben für Ideale, die keine sind, für Kriegshetzer, die nur den Ehrgeiz einiger Machthaber befriedigen. Wir wollen, dass die öffentliche Meinung auf einzig und allein vom sittlichen Standpunkte aus erstrebenswert ist. Wir wollen, dass Lebensmittel nicht mehr vernichtet werden und dass Menschen nicht mehr verhungern. Wir wollen, dass die Unsicherheit der Existenz verschwinde und dass das Existenzminimum allen Menschen unterschiedslos gesichert werde. Wir wollen, dass die Menschheit in Liebe und Frieden für den Fortschritt, für den Wohlstand und für das Lebensglück der Menschheit wirke."[347]

Von Beginn an war es das erklärte Ziel der Bewegung, einen Weltkongress – wie er in diesem von Idealismus geprägten Aufruf der *Gerechtigkeit* anklingt – gegen Rassenhass und Menschennot nach Wien einzuberufen. Der schon im Oktober 1933 bei der Gründungsversammlung der *Harandbewegung* im Festsaal des Bayrischen Hofes in der Wiener Taborstraße angekündigte Kongress sollte zum Ziel und zum Beginn einer weltweiten, erfolgreichen Tätigkeit der Bewegung werden.[348] Allerdings vergingen bis zu den ersten konkreten Schritten noch drei Jahre.

„Hauptziele der Harandbewegung
I. Beseitigung der Not
1. *Freier und ungehemmter Austausch von Waren und Dienstleistungen zwischen Menschen und Staaten in der Welt.*
2. *Sicherung gerechter Preise für die Erzeugnisse der Landwirte und von gerechten Löhnen für arbeitende Menschen aller Kategorien.*
3. *Sicherung eines Existenzminimums für Menschen, die ohne Verschulden erwerbslos oder arbeitsunfähig sind.*
4. *Kranken-, Alters- und Invaliditätsversicherung für alle Erwerbstätigen.*
5. *Entschädigung der Opfer des Weltkrieges und der ihm nachgefolgten Inflation.*

II. Beseitigung des Hasses
6. *Erziehung der Jugend zur Nächstenliebe, Opferwilligkeit, Wahrheit und Gerechtigkeit.*
7. *Förderung des Heimatgefühls, gepaart mit dem Verständnis für die Existenzberechtigung anderer Nationen und Rassen und Würdigung der gegenseitigen Kulturleistungen. Verbot der Entfachung des Hasses gegen Völker und Menschengruppen.*
8. *Einführung des Esperanto als obligaten Lehrgegenstand in allen Volks- und Mittelschulen.*

III. Beseitigung der Kriegsgefahr
9. *Schaffung eines mächtigen Völkerbundes, der den Krieg verhindern und den wirtschaftlichen, sozialen und kulturellen Fortschritt der Menschheit herbeiführen soll.*
10. *Schlichtung internationaler Streitigkeiten durch ein obligatorisches Schiedsgericht im Rahmen des Völkerbundes.*
11. *Aufklärung der Menschheit durch die Presse, durch Filme, Bücher, Broschüren, in den Schulen und in den Kirchen über Grausamkeit, Verwerflichkeit, Sinnlosigkeit des Krieges und über den Segen des Friedens.*
12. *Verstaatlichung der Rüstungsindustrie.*"[349]

Dieser Dreischritt im Forderungskatalog der Bewegung richtete sich an die tragenden, aber politisch kaum artikulierenden Volksschichten, abseits der Intelligenz. Die Massen sollten bewegt werden. Bisherige Methoden des Widerstandes betrachtete man als verfehlt, sprachen sie doch zumeist Intellektuelle an, die „entweder überzeugt waren oder gar nicht überzeugt werden wollten. Man hat gelehrte Bücher geschrieben, die uninteressant waren und vom Volk nicht verstanden wurden. Die Abwehr muß von unten aufgebaut werden".[350] Bis zum 1. Mai 1937 galt es, auf der ganzen Welt eine Million Mitglieder zu organisieren. Einzelne Landesverbände hätten die Aufgabe übernehmen müssen, Anhänger in der Provinz zu werben. Nachdem dieser Versuch, wie noch am Innsbrucker Beispiel zu zeigen ist, scheiterte, beschritt man den umgekehrten Weg, zuerst die Anhänger, dann der Landesverband.[351] Zweigvereine waren kostenaufwendig und die Mittel beschränkt.[352]

Im Herbst 1936 veröffentliche die *Gerechtigkeit* einen ersten Aufruf ‚An die Menschen – und Friedensfreunde der Welt', in dem für den Sommer 1937 zu einem ‚Weltkongress gegen Krieg, Hass und Not' eingeladen wurde.[353] Der Grund für die Verspätung mag sicherlich in den enormen Schwierigkeiten der Bewegung gesehen werden, sich zu etablieren, besonders vor dem Hintergrund der sich seit 1933 in und für Österreich überstürzenden politischen Ereignisse. Nicht zuletzt hatte Irene Harand selbst bis 1935 einen Großteil ihrer Kräfte für die Fertigstellung ihrer programmatischen Schrift *Sein Kampf – Antwort an Hitler* aufgewendet. Erst auf Basis dieser Geschehnisse und der für die Weltbewegung geleisteten Arbeit sah man sich imstande, den Kongress, von dem die weitere Zukunft der gemeinsamen Idee abhängig gemacht wurde, vorzubereiten. Als Kommunikationsorgan zwischen Verein, Mitgliedern, Förderern, Interessierten und Kongressteilnehmern diente dabei die in viele Staaten der Welt versendete *Gerechtigkeit*. Im Februar 1937 – ein halbes Jahr vor dem geplanten Termin, der für den 29. Juli bis 7. August im großen Wiener Konzerthaus angesetzt war – begann sich das Vereinsorgan verstärkt dem Kongress zu widmen.[354] Erstmals konnten auf breiter Basis die Forderungen und Inhalte des bevorstehenden Ereignisses vorgestellt und diskutiert werden.

An erst gereihter Stelle stand die Frage nach dem Existenzminimum. Der Umstand, „dass bis heute das wichtigste Recht der Menschen, nämlich das Recht auf leben noch nicht gesichert werden konnte" stellte für die Bewegung eine ‚Schande für das ganze Menschengeschlecht' dar. Die Kongressleitung schlug dabei gleich die – wohl mehr auf Österreich bezogene – Höhe dieses Minimums an Existenz für jedermann vor:

„*a) Nahrungsmittel: 3 kg Mehl, 9 Laib Brot, 1 kg Reis, 7 kg Kartoffel, 3 kg Zucker, 3 kg Fett, 4 kg Rindfleisch, 10 Liter Milch, 12 Stück Eier, 1/4 kg Käse, 1/2 kg Salz monatlich.*
b) Bekleidung: 1 Anzug, 6 Stück Hemden, 1 Paar Schuhe jährlich.
c) Wohnung: 1 Raum mit Kochgelegenheit, 10 Kubikmeter Gas, 10 kg Holz, 28 kg Kohle, 2 Kilowatt elektrischen Strom monatlich".

Da die Bedürfnisse der Menschen, d. h. die Art und Menge der gebrauchten Güter naturgemäß unterschiedlich waren, sah man vor, dieses vorgegebene Minimum in Geld auszuzahlen. Die Grundforderung nach einem gesetzlich gesicherten Existenzminimum nahm gerade deshalb den führenden Platz im Konkresskatalog ein, weil man in der „Unsicherheit der Existenz die Wurzel aller Übel, die unser heutiges Leben zu Hölle machen" erkannt hatte. Konsequenterweise folgte dem an nachgereihter Stelle der Kampf gegen den Hass. Klassen- und Rassenhass galten beide weitgehend als Reaktion auf die entsetzliche Not der Zeit. Im Klassenhass versuchte die *Harandbewegung*, die Ängste gegenüber dem Bolschewismus, aber auch das unsoziale Verhalten vieler Unternehmer als Ursache einer weitverbreiteten, politisch gefährlichen Unzufriedenheit unter den Arbeitern zu thematisieren. Die Weltgefahr des Antisemitismus, unter dessen Deckmantel von Lügen und Verleumdungen „die Juden für den Kapitalismus und für den Bolschewismus … den Krieg und die Friedensverträge, kurz für alles verantwortlich gemacht [werden], was den Hass der Massen gegen die Juden nähren und zur Siedehitze bringen konnte", schätzte Irene Harand als ungleich drohender ein. Vor allem in der Vergiftung der Jugend in den Schulen bangte Irene Harand um die Zukunft. Liegt doch ihrer Erkenntnis nach die Wurzel des Antisemitismus im Hass und seine Waffe in der Lüge und Verleumdung. Nationalismen und dem Antisemitismus erteilte man damit eine klare Absage, „Mitkämpfer können nur Menschen sein, die zuerst Österreich und dann Deutsche sind. Und ein wirklicher Österreicher ist vor allem ein Mensch, der nicht hasst …".[355]

Der dritte Schwerpunkt des Kongresses war auf den Pazifismus betreffende Fragestellungen ausgerichtet. Ein Teil der Kritik konzentrierte sich auf den Völkerbund, der wegen seines kaum ausgebildeten Durchsetzungsvermögens als schwache überstaatliche Institution angesehen wurde.[356] Mehr Befugnisse und die Einrichtung eines internationalen – von der Staatengemeinschaft in gleicher Weise getragenen – Schiedsgerichtshofes sollten den Völkerbund in seiner vor allem gegen den Krieg gerichteten Arbeit unterstützen[357] und ihn zum „Reservoir aller humanitären, geistigen

Abb. 26-27: Mitarbeiter der Weltbewegung gegen Rassenhass und Menschennot: *Erste Reihe von links nach rechts: Fr. Dr. Breuer, Hedwig Frauendorfer mit ‚Susi' (Hund von Irene Harand), Gertrude Angermayr (verh. Kremser), Dr. Moriz Zalman, Frieda Vogler, Magda Zimmermann, ?; Zweite Reihe: Leopold Wörner, ?, ?, ?, Franz Setler, Gerhard Schnap, Gustav Schindler, Robert Steiner; Dritte Reihe: Franz Schenk, ?, ?, ?, Ernestine Teix, Josefine Wissgoth.* Beide Bilder wurden als Geschenk für Frau Irene Harand, die sich auf Amerikareise befand, angefertigt. Der Photograph sollte das Bild so einstellen, dass im Hintergrund (rechts an der Wand) ihr Foto mitaufgenommen wurde, wenn sie selber schon nicht anwesend sein konnte. Das Symbol der Waage erscheint auch in der Uhr am rechten oberen Bildrand. (Für die hilfreichen Angaben danken die AutorInnen Frau Ernestine Brhel (geb. Teix) recht herzlich! Frau Brhel war die damals jüngste Mitarbeiterin im Büro in der Elisabethstraße. Sie lebt heute in Wien.)

und seelischen Werte der Menschheit" machen.[358] Auch eine Arbeit, die das menschliche Leben schätzt und lebenswerter macht, „sodass die Menschen ein größeres Interesse an dem Frieden haben werden als an dem Kriege".[359] Genau ein Jahr vor dem Erscheinen der letzten Nummer der *Gerechtigkeit* druckte die *Harandbewegung* in ihrer Zeitschrift über 60 verschiedene Fragen zu den Hauptthemen, die beim Kongress erstmals angesprochen werden sollten, bzw. auf die man eine aktuelle Antwort und Stellungnahme erwartete.[360] Ein besonderes Anliegen galt dabei dem Nachweis der Absurdität der zu dieser Zeit so modisch gewordenen Rassenlehre. Die Weltbewegung bemühte sich, dafür drei weltbekannte Anthropologen einzuladen, von denen man dann jeweils ein ‚Gutachten über die Rassenfrage unter besonderer Berücksichtigung des Judenproblems' erwartete. Die fertigen Gutachten wollte man dann in gedruckter Form während des Kongresses auflegen.[361]

Insgesamt lassen sich hier unschwer die wesentlichen, in den Vereinssatzungen festgelegten Forderungen der *Harandbewegung* wiedererkennen.[362] Der Kongress diente also klar dazu, die Ziele der Bewegung auf eine international breitere und an Zulauf reichere Ebene zu heben. Die *Harandbewegung* und ihr Kommunikationsorgan – die *Gerechtigkeit* – mussten dafür die nötige Vorarbeit leisten, die Menschen für diese Fragen interessieren und sensibilisieren, damit sie letztendlich auch aus eigener Kraft heraus für die gemeinsame Sache aktiv werden könnten. Gerade die spezielle Lage des kleinen Österreich, das auf internationale Hilfe und Solidarität in vielerlei Hinsicht angewiesen war, bot den Hintergrund, aus dem heraus Irene Harand ihre Ideen bezog und ihre Ziele zu gestalten versuchte. Ein Hintergrund der für das heutige Gesamtverständnis des Wirkens der Hauptprotagonistin – Irene Harand – unerlässlich ist. Eine nähere Betrachtung des Weltkongresses als Lebensinhalt der Bewegung und seines Schicksals ermöglicht somit auch eine schärfere Konturen ziehende Analyse des Weltverbandes, gewissermaßen von innen heraus.

In organisatorischer Hinsicht war daran gedacht, dass je 1000 Landsleute ein Mandat für den Kongress vergeben konnten bzw. das Recht besaßen, einen Delegierten nach Wien zu entsenden.[363] Die koordinierenden Aufgaben hätten die bereits bestehenden und noch zu errichtenden Büros der *Harandbewegung* in den verschiedenen Welthauptstädten und Ländern übernehmen sollen.[364] Da man durch die Kongressidee auch einen Beitrag zur Stärkung der österreichischen Wirtschaftskraft leisten wollte, bemühte sich die Leitung um die Unterstützung der österreichischen Konsulate und diplomatischen Vertretungen, vor allem bei der Errichtung der Büros und der Auswahl ‚österreichfreundlicher' Vertrauensleute für die Zweigstellen.[365] Irene Harand war es dabei vor allem wichtig, die innerösterreichische Bedeutung solcher internationaler Büros der Weltbewegung zu unterstreichen, denn man erwartete sich davon einen starken Eindruck auf die Regierungskreise und ein gestiegenes Ansehen in Österreich.[366] Der beabsichtigte Weltkongress galt in den Planungen von Irene Harand als erster Auftakt einer ständigen Einrichtung mit alljährlichen Treffen, die sich mit diesen Themen und deren gesellschaftlicher Weiterentwicklung, aber auch neuen Fragestellungen – die von der Zeit vorgegeben werden würden – zur Diskussion auf internationaler Ebene stellen sollten.[367]

In Innsbruck hatte man schon im Jänner 1937 ein Kongressbüro aus der Taufe gehoben. Dem folgte im Februar des gleichen Jahres in der Schweiz ein weiteres.[368] Zum

Leiter des Büros in der Tiroler Landeshauptstadt, das vorerst in der Amraserstraße 79 eingerichtet worden war, bestellte die Wiener Zentrale Herrn Rudolf Schubert, in dessen Wohnung sich die Zweigstelle befand. Schubert war Leiter der Landesführung des kaisertreuen Volksverbandes für Tirol und durch die *Gerechtigkeit* auf die *Harandbewegung* gestoßen.[369] Schubert machte sich zum großen Teil während seiner Freizeit mit dem Rucksack voller Propagandamaterial auf dem Sattel seines Fahrrades auf den Weg, um unter der Tiroler Bevölkerung vermehrt Anhänger für die Bewegung zu gewinnen, obwohl er bald eingestehen musste, dass die Voraussetzungen dafür in diesem Bundesland sehr schwierig waren.[370] In Tirol stieß Schubert besonders in der Zusammenarbeit mit verschiedenen Ämtern und öffentlichen Einrichtungen auf breite Ablehnung und Desinteresse. So stellte ihm etwa die Handelskammer in Innsbruck kein Adressmaterial für die Werbung zur Verfügung, „wir sind sozusagen hinausgeflogen. Braun wie fast jedes Amt in Tirol".[371] Gustl Kirchner – ein jugendlicher, von der Idee der *Harandbewegung* beseelter Mitarbeiter des Innsbrucker Büros – musste jedoch bereits im September finanzielle Unregelmäßigkeiten bei den Abrechnungen von Schubert feststellen, die er nach Wien weitermeldete.[372] Schubert schien in der Einschätzung von Kirchner mehr von großen Erfolgen ‚phantasiert' zu haben, als dass diese tatsächlich festgestellt hätten werden können. Die für Tirol ausgewählten Delegierten waren kaum brauchbar und hatten von der *Harandbewegung* nahezu keine Ahnung. Die Erfolge in Tirol waren vollkommen negativ und Innsbruck hatte nicht ein einziges Abonnement gebracht. Der Gymnasiast Kirchner berichtete sein Misstrauen gegenüber Schubert, in dem er persönlich einen ‚geriebenen Menschen' sah, nach Wien.[373] Nachdem Irene Harand dem Maturanten Kirchner mehr Vertrauen entgegen gebracht hatte als Schubert und ihm die Buchführung samt Kasse für die Innsbrucker Zweigstelle übertragen hatte, entschloss man sich in Wien, das Büro vorläufig aufzulassen. Es war aus finanziellen Gründen unmöglich geworden, die Ausgaben ohne entsprechende Einnahmen vor Ort zu decken. Schubert legte – nicht ganz unfreiwillig – seine Tätigkeit für den Verein zurück. Im Jänner 1938 nahm das Tiroler Büro unter der Leitung von Herbert Wimmer und seinem Mitarbeiter Kirchner die Arbeit wieder auf.[374] Auch das Zürcher Büro musste mit ähnlichen Problemen des Überlebens kämpfen. Frau Elly Dubois, die sich schon seit 1936 mit einigem Erfolg für die Anliegen der *Harandbewegung* in der Schweiz eingesetzt hatte, führte eine Art Vertretung, weil die Geldmittel für den Aufbau eines Zweigvereins nicht ausreichten.[375] Letztendlich fand sich auch hier in der Zürcherin Elly Weber eine junge, von der Sache begeisterte Studentin, die in ihrer Wohnung das Kongressbüro einrichtete.[376] Anhänger und Abonnenten der *Gerechtigkeit* in der Schweiz begannen sich erst nach dem Besuch und der Vortragsreise von Frau Harand zögerlich zu sammeln. 1936 zählte die *Harandbewegung* in der Eidgenossenschaft etwa 200 Mitglieder.[377] In einem gemeinsamen vom Wiener und Zürcher Büro ausgesandten Aufruf versuchte man, auf die wichtige Erfahrung der Schweizer Neutralität und vielsprachigen Gesellschaft hinzuweisen. Man legte den verantwortungsvollen Bürgern der Eidgenossenschaft nahe, sich für die gute Sache der *Harandbewegung* aktiv einzusetzen, ihr beizutreten und die wertvolle Erfahrung einzubringen: „Schweizer! Gerade wir, die wir einem Volke angehören, das Menschen verschiedener Natur, Konfessionen und Rassen in sich schließt, gerade wir haben heute die Aufgabe, vorn zu stehen in diesem Kampf um

Frieden und Gerechtigkeit. Der Ruf der Harand-Bewegung ergeht an alle Menschen guten Willens. Tretet der Harand-Bewegung bei, unterstützt sie, arbeitet mit!"[378] Insgesamt fühlten sich die Schweizer von der Antisemitismusthematik wenig angesprochen. Nach Einschätzung von Elly Weber hätte die Friedensfrage mit mehr Erfolg in der Schweiz zu rechnen gehabt.[379] Obwohl die junge Studentin sich ernsthaft um die Bewegung kümmerte, war sie mit dem ausbleibenden Erfolg letztendlich gezwungen, sich einzugestehen, dass sie selber weder die nötige Ausdauer noch das Talent aufbringen könnte, um noch dazu unter den auf ihr lastenden finanziellen Sorgen den aufopfernden Kampf für die *Harandbewegung* weiter zu führen. Im März 1938 endete auch dieser Versuch.[380]

Die tiefe persönliche Enttäuschung über den Innsbrucker Misserfolg und das mäßige Interesse an der Bewegung in der Schweiz kam für Irene Harand zu einem Zeitpunkt, als die Bewegung es gerade noch geschafft hatte, die finanzielle Existenzkrise des Sommers 1937 zu überwinden und sie selber sich von ihrem Zusammenbruch noch nicht gänzlich erholt hatte. Der enthusiastische Eifer, mit dem man an die Verbreitung der Kongressidee herangegangen war, musste – nicht zuletzt auf Grund dieser bitteren Erfahrungen – erkennen, dass die Realität im Begriff war ihn einzuholen. Mehr noch, nur wenige Monate vor dem Termin kehrte Klarheit darüber ein, dass die Kosten für dieses gewaltige Unternehmen auch nicht annähernd gedeckt werden konnten. Aufrufe, vor allem in der *Gerechtigkeit* und in Briefen an Sponsoren sollten in einem letzten Anheben helfen, die Anhänger zu mobilisieren: „Ein Weltkongress von diesem Umfange, wie wir ihn planen, erfordert große finanzielle Mittel. Wir wagen uns an die Sache heran, in der Hoffnung, dass Menschen, die heute die unsichtbaren Barrikaden besetzt haben, auf denen gegen den Hass, gegen die Not und gegen den Krieg gekämpft wird, die Opfer für unsere Sache bringen werden, die notwendig sind, damit unser Werk gelinge".[381] Zu diesem Zeitpunkt schien man aber im Wiener Hauptbüro bereits den Entschluss gefasst zu haben, den Kongress um ein Jahr zu verschieben.[382] Dafür waren letztendlich nicht nur die gravierenden finanziellen Probleme ausschlaggebend, sondern sicherlich auch ein zu geringes Echo der Weltöffentlichkeit. Bis März 1937 ließen sich nur wenige begeisterte Anhänger finden, die mit ganzer Sache den Kongress unterstützten und dazu auch in der Lage waren. Die Bewegung besaß zwar in vielen Ländern Sympathisanten, von einer flächenhaften Verbreitung war sie jedoch weit entfernt.[383] Dazu kam noch, dass es trotz der enormen Anstrengungen, die zumeist von Wien ausgehend unternommen wurden, um Teilnehmer zu werben, bis März 1937 nicht gelang, ausreichend solche für den Kongress zu interessieren.[384]

Im Mai 1937 wandte sich Irene Harand, nicht ohne ein Gefühl der Beklemmung, in einer Glosse der *Gerechtigkeit* ‚An meine Freunde' und verkündete offiziell die Verschiebung des Kongresses. Ein im September in Wien stattfindendes Treffen der Kongressbüroleiter würde einen genaueren Termin festlegen.[385] Irene Harand legte ihre Hoffnung auf einen Weiterbestand der Bewegung und ein Stattfinden des Weltkongresses mit großem Vertrauen in die Hände ihrer Freunde und Anhänger: „Ich habe einen Kampf begonnen, der mir viel Kummer und Leid, aber auch unbeschreibliches Glück und seelische Befriedigung bringt. Leid und Freud sind aber nur Nebenerscheinungen des Kampfes. Die Hauptsache ist das Ziel. Helft mir, dieses heilige Ziel zu erreichen! – Irene Harand."[386] Die Arbeit der bestehenden Büros lief weiter. Man bemühte sich dabei vor allem, neue Anhänger zu werben. Um dieses Ziel zu unterstützen, versuchte man verstärkt Mittel zu aufzutreiben, die eine Herausgabe der *Gerechtigkeit* in den jeweiligen Nationalsprachen ermöglichen hätten sollen, wozu es allerdings nicht mehr kam.[387]

Zu den grundsätzlichen Problemen der *Weltbewegung gegen Rassenhass und Menschennot*, die man seit der Gründung nicht von sich abzuschütteln vermochte, gehörten zuvorderst jene finanzieller Natur. Trotz der unbestreitbar ansehnlichen Erfolge von Irene Harand und der ihr von vielen Seiten für ihre Tätigkeit entgegengebrachten Achtung gelang es ihr nie, die drückenden finanziellen Lasten abzuwerfen und sich ausschließlich den Ideen und Zielen der Bewegung zu widmen. Unzählige Male war Irene Harand gezwungen, sich an ihre Leser um Spenden zu wenden, um das Schlimmste abzuwenden. Darüber hinaus brachte ihr die Verschiebung des Weltkongresses – wie sie selber schrieb – nur ‚Spott und Hohn' ihrer Feinde ein, den sie ‚recht brav erdulden mußte'.[388] Mit größeren Spenden einzelner konnte man nicht rechnen, also setzte man auf die erhoffte Massenbewegung.[389] Die weitgehende Ignoranz und Gleichgültigkeit der Gesellschaft gegenüber ihren Anliegen erschwerte die Arbeit der *Harandbewegung* zwar, schaffte es aber nicht – dank der unermüdlichen Hoffnung einiger Mitarbeiter und Anhänger – sie zum Stillstand zu bringen.

Kurt Tucholsky, der große Berliner Satiriker, beißender Gesellschaftskritiker und Schriftsteller hat einmal die Worte ‚Ich habe Erfolg aber ich habe keinerlei Wirkung' gebraucht, um ein wenig wehmütig, sich selbst bereits aufgebend im Rückblick die Ergebnisse seines Widerstandes gegen autoritäre Strömungen und politische Gleichgültigkeit zu beschreiben.[390] Irene Harand musste eine ähnliche Erfahrung machen – nur, im Gegensatz zu Tucholsky, gab sie in ihrem unermüdlich optimistischen Bestreben, eine bessere Gesellschaft mitzuformen, niemals auf. Selbst die wenige Wirkung war aus ihrer christlichen Überzeugung heraus Grund genug weiterzumachen.

Die Zielgruppe, um die sich die *Harandbewegung* bemühte, lässt sich vereinfacht in zwei Teile zerlegen: Juden und Nichtjuden. Zum Kampf gegen die Menschennot waren alle aufgerufen, jener gegen den Antisemitismus sollte allen anderen zuvor die nicht jüdische Bevölkerung ansprechen. Unterstützung für letzteres war auch von den Juden gefordert. Irene Harand unterstrich immer wieder, dass ihre Arbeit aus einer tief christlichen Überzeugung heraus entstanden war, wie sie es in ihrem Leitspruch – ‚Ich bekämpfe den Antisemitismus, weil er das Christentum schändet'[391] deutlich erklärt. Sie wusste genau, dass es – schon allein, um ihren antisemitischen Gegnern den Wind früh genug aus den Segeln zu nehmen – wichtig war, dies stets zu betonen und gleichzeitig darauf hinzuweisen, dass in der Führung der *Harandbewegung* mit Ausnahme von Zalman keine Juden vertreten waren.[392] Freilich schützte dieser Standpunkt nicht wirklich gegen die perfiden Angriffe der Nationalsozialisten, die im Juden Zalman den ‚geistigen Leiter' der Bewegung ausgemacht hatten und die Irene Harand als einen ihm ‚hörigen Lockvogel' bezeichneten.[393]

Trotzdem war die Bewegung auf die ohnedies nur tröpfelnde Mithilfe der jüdischen Organisationen angewiesen.[394] Ein eigens aus jüdischen Mitgliedern gebildetes Förderkomitee bemühte sich seit 1936 in einem deutschen, englischen und französischen Aufruf ‚An unsere Glaubensgenossen! – Die Juden müssen mittun!' um materielle Hilfe für die Organisation von Irene Harand zu werben. Dabei gesteht man sich selber ein, die ‚Pflicht gegenüber Frau Harand' nicht erfüllt zu haben.[395] Die engsten Mitstreiter der *Harandbewegung* verabschiedeten während der kleine Septemberkonferenz 1937 in Wien neuerlich einen an die Juden gerichteten Aufruf zur Zusammenarbeit für eine gemeinsame Sache: „Tretet in unsere Reihen und helft uns, den Weg zu finden, wie man das menschliche Elend beseitigt, damit die Herzen und die Gehirne frei werden von der Benebelung, die das Elend hervorgerufen hat. Ihr werdet durch die Mitarbeit an dem Aufbau einer neuen Welt, einer Welt der Liebe und der *Gerechtigkeit*, einer Welt des Wohlstandes und des Fortschrittes, den Leistungen der Vergangenheit ein neues Glied einfügen, das Euch für alle Zukunft von den Scheusslichkeiten bewahren wird, die Euch bis jetzt die Möglichkeit genommen haben, Euch zum Wohle der Menschheit so zu entwickeln, wie Eure Kräfte es erlauben".[396] Vielfach mussten Frau Harand und ihre Mitarbeiter aber die Erfahrung machen, dass es unzählige Menschen gab, „die keine Ahnung haben, in welcher Zeit sie leben, und denen eine Bridgepartie noch immer wichtiger ist, als ihre Zukunft, die ihnen sonderbarerweise gesichert vorkommt".[397] Eine Erkenntnis, die auch vielen Christen gegenüber galt. Für einzelne Vortragsreisen und verschiedene Aktionen der Bewegung konnten öfters jüdische Geldgeber gefunden werden, die laufenden Ausgaben mussten jedoch aus den regelmäßiger eingehenden Abonnementerträgnissen bestritten werden.[398] Zu den laufenden Kosten gehörten u. a. der Druck und Versand der *Gerechtigkeit*, die Bezahlung der Mitarbeiter in der Elisabethstraße, die Büromiete, sowie die zahlreichen Aktionen der Bewegung. Nur ein halbes Jahr nach der Gründung der Weltbewegung bekam Irene Harand die finanzielle Notsituation erstmals deutlich zu spüren.[399] Eine Lage, der trotz des unentgeltlichen Einsatzes vieler Mitarbeiter, der persönlichen Verschuldung von Zalman und Harand, nicht zu entkommen war.[400] Schon 1933 versetzte Irene Harand ihren Familienschmuck, um den Druck der Broschüre *So oder So* finanzieren zu können.[401] Neben den Devisenbestimmungen, die den freien zwischenstaatlichen Geldverkehr aufs Engste beschränkten und es unendlich mühsam machten, Spenden bzw. Einnahmen der *Harandbewegung* aus dem Ausland nach Österreich zu transferieren, flossen noch dazu die lebenswichtigen Abonnementerträge während der Sommermonate besonders spärlich.[402] Insgesamt war die Skepsis, wohl auch die teilweise fatale Fehleinschätzung der politischen Lage seitens jüdischer Organisationen gegenüber einer Bewegung, die von christlicher Seite Verständigung zu begründen und Gerechtigkeit zu verbreiten suchte, zu groß, als dass sie hätte wirksam überwunden werden können. Ähnlich wie viele zionistische Organisationen, die vor der drohenden Gefahr warnten, stieß Irene Harand auf taube Ohren jener, die immer noch glaubten, man könne sich arrangieren und solcherart dieses unglückselige Periode in einem politisch-gesellschaftlichen Winterschlaf überdauern.

Die sich steigernde Gefährlichkeit der politischen Situation schien gerade zu mit der finanziellen Bedrängnis der *Harandbewegung* in einem umgekehrten Verhältnis zu stehen – gleichsam einer sich öffnenden Schere. Die Einnahmen flossen spärlich, obwohl der erfolgreiche Kampf ein vielfaches der Mittel gefordert hätte. Spendenaufrufe in der *Gerechtigkeit* versuchte man, wenn nur irgendwie möglich zu umgehen. Etwa die Hälfte der Einnahmen für die Bewegung setzte sich aus Spenden für die *Gerechtigkeit* zusammen, Irene Harand selber verzichtete auf ihr Honorar und stellte auch den Ertrag aus dem Verkauf ihres Buches dem Verband zur Verfügung.[403] Zu gerne nahmen die Antisemiten solche Artikel zum Anlass, um den Misserfolg der *Harandbewegung* und die ‚Undankbarkeit der Juden', für die man eintrat, lauthals zu verkünden.[404] Vor allem in Briefen an Mitglieder und Abonnenten, aber auch in privaten Äußerungen werden die finanziellen Sorgen immer wieder zum Thema: „Wir dürfen unsere Tätigkeit nicht aufgeben, ja nicht einmal einschränken. Wir müssen sie gerade im Gegenteil noch vergrößern, denn die Gefahr für die Menschheit wird immer grösser, immer schrecklicher. Helfen Sie uns! Schicken Sie uns eine Spende, denn wir brauchen dringend Hilfe!".[405] Gegenüber einer guten Freundin gesteht Irene Harand ein, dass „die Arbeit ausserordentlich hart war, unendlich härter, als ich es mir nur hätte träumen lassen. Die ideellen Erfolge sind sehr zufriedenstellend, die finanziellen sind leider bis jetzt sehr dürftig".[406] Ende des Jahres 1937 erreichte die Angespanntheit ihren Höhepunkt: „Samstag vor 8 Tagen waren wir in einer so grauenhaften Situation, dass ich allen Angestellten kündigen musste und wir bereits die Zeitung im Umfange von 12 auf 6 Seiten reduzieren wollten. Es ist ganz kläglich, wie alle versagten und niemand helfen kann oder will".[407] Noch im Jänner des neuen Jahres mussten drängender Gläubiger wegen Inventargegenstände des Wiener Büros zur Versteigerung abgegeben werden.[408]

Die existenzielle Unsicherheit, mit der die Bewegung seit ihrer Gründung zu leben hatte, ließ Irene Harand oftmals an der Wirksamkeit und am Erfolg ihrer Arbeit Zweifel hegen. Für sie war noch „viel zu wenig geschehen und meine Mitmenschen haben mich nicht genug gut verstanden, denn sonst müssten es schon hunderttausende und Millionen von Menschen sein, die mit mir zusammen gegen Wahnsinn, abgrundtiefe Unmenschlichkeit und seelische Todeskrankheit kämpfen".[409] Resümierend über die seit der Gründung der Bewegung vergangenen Jahre meinte sie dazu in der *Gerechtigkeit*: „Meine Befürchtungen, die ich vor fünf Jahren in Bezug auf die Verbreitung des Nationalsozialismus gehegt hatte, gingen leider völlig in Erfüllung ... Es wäre damals leichter gewesen, die Gefahr zu beseitigen. Aber unsere Mitmenschen befassen sich immer nur mit der Sicherstellung ihrer Existenz und sind zu denkfaul, um die Gefahr zu sehen, die ihnen und ihren Familien in der nächsten Zukunft droht ... Es genügt nicht, in Zeitungsartikeln, auf Kongressen und Versammlungen für den Frieden einzutreten. Viel wichtiger ist es, den breiten Schichten des Volkes ... klar zu machen, welches Unglück der Krieg für sie und ihre Familien bedeutet".[410]

Die unvorstellbar große physische Anstrengung, die psychische Belastung eines dauernd drohenden Misserfolges waren Irene Harand letztendlich zu schwer geworden, als dass sie durch die kleinen Freuden und Erfolge während ihrer Vorträge, ihrer Reisen und ihrer täglichen Arbeit noch hätten aufgewogen werden können. Im Spätsommer 1937 musste sie sich nach einem Zusammenbruch für einige Zeit in ein Sanatorium zurückziehen, sich ausruhen und neue Kräfte sammeln.[411] Bedrückt von unbrechbarer Realität und bitterer Erfahrung wandte sie sich hilfesuchend aus dem Sanatorium an ihren Freund und Mentor M. Zalman: „Lieber Herr Doktor, ich schäme mich vor mir selbst, daß ich momentan so versage und Sie mit all' der Arbeit im

Stich lasse … Ich lauf vor allen Leuten davon, nur allein sein …, nicht einmal lesen mag ich jetzt. Ich will mich sehr zusammennehmen, nur die ersten paar Tage werde ich mich ganz gehen lassen, dann wird alles bald vorüber sein … Dass ich doch alles so stark empfinden muss … Wenn ich eben so empfindlich bin, warum habe ich nicht die Macht, alles besser und reiner zu machen? Ach Macht, Macht … ist ein widerliches, ekelhaftes Wort …".[412] Zalman, der ihr fast täglich aus dem Wiener Büro berichtete, ließ nichts unversucht, ihr neuen Mut zuzureden. Aus seiner Sicht war das unter diesen widrigen Umständen Erreichte nicht zu verachten.[413] „Schreiben Sie mir alles, alles, Ihr ganzes Tageswerk, was Sie essen, wieviel Sie spazieren, mit wem Sie sprechen und wie es der Susi [die Hündin von I. Harand, Anmerkung des Autors] geht. Was treibt Sie dort, alles alles jede Kleinigkeit interessiert mich sehr. Ich habe Ihren letzten Brief einigemale gelesen und ihn auch gut verstanden, Ich habe alles empfunden, was Sie geschrieben haben und mich in Ihre Seele hineinversetzen können."[414] An anderer Stelle schrieb Zalman, „Sie versagen gar nicht, das ist gar nicht wahr. Die ganze Welt hat drei Wochen Urlaub und Sie sind in diesem Jahre gar nicht dazugekommen, anstän[d]ig auszuspannen … Nur nicht verzagen, der Sieg ist unser."[415] Nach nur wenigen Tagen der Erholung kehrte Irene Harand mit ungebrochenem Willen an ihre Arbeit zurück und gab sich bei einer Versammlung der Bewegung hoffnungsvoll. Hoffnungsvoll und unverdrossen, weil sie keinen anderen Ausweg sah, als zu widerstehen: „Als man meine Erkrankung in den Zeitungen bekannt gab, haben sich meine Feinde gefreut, und es hat sich sogar eine gegnerische Zeitung im Ausland gefunden, die meldete, ich sei wahnsinnig geworden … Ich bin nicht wahnsinnig geworden, mir scheint ein großer Teil der Welt ist es. So leicht mache ich es mir nicht, in den Narrenturm zu flüchten, denn ich möchte helfen".[416] Die Frage nach der Zwecklosigkeit des mit so viel Mühe Geleisteten, die Befürchtung des Zugrundegehens dessen, was sie in fünfjähriger Arbeit mitaufgebaut hatte, waren für Irene Harand nicht richtig gestellt. Die lähmende Angst vor einem Aus für eine Idee, „… die der Menschheit das Leben bringen könnte", brannte förmlich in ihrem Herzen.[417] Der Jahresausblick auf 1938 klingt pessimistischer: „Das Jahr 1937 hat uns viel Finsternis und nur wenige Lichtstrahlen der Hoffnung gebracht … Aus tiefstem Herzen wünsche ich ferner, dass das Jahr 1938 uns eine Erneuerung des Völkerbundes … und des Weltfriedens bringe … Das Jahr 1937 hat uns dem Abgrund näher gebracht".[418] Mit dem ihr so besonders eigenen, unermesslich großen Willen versuchte sie allen Widrigkeiten und Anfeindungen zum Trotz, im Sinne der Idee und ihrer Ziele mit unverminderter Kraft weiter gegen das Unmögliche anzuarbeiten.[419]

Es war offensichtlich, dass – wie es Hausner ausdrückt ‚die Aufrufe der Bewegung um Unterstützung und finanzielle Hilfe das Herz jener nicht erreichte, die aufgefordert wurden, zu reagieren'.[420] All die im kleinen durchaus erfolgreichen und in Anbetracht der Situation nicht zu mindernden Leistungen der Weltbewegung waren letzten Endes nicht in der Lage, die historische Entwicklung, deren Richtung von anderen, politisch-gesellschaftlich mächtigeren Kräften vorgegeben wurde und deren Beeinflussung weit über den Möglichkeiten der *Harandbewegung* lag, umzulenken. Sie können auch nicht darüber hinwegtäuschen, dass die Reichweite der Ideen von Irene Harand international wie innerhalb der österreichischen Bevölkerung im Grunde genommen sehr gering war und eben jene nicht erreichte, die an maßgebender Stelle saßen. Woran musste sie also scheitern? Eine Frage, die im heutigen Wissen um die Zeit scheinbar schon ihre Antwort findet, an der brutalen Gewalt. Doch nur scheinbar. Die Ursachen dafür liegen tiefer und sind viel komplexer als dass sie so einfach und bequem geklärt werden könnten. Einige dieser Gründe für das tragische Schicksal der *Harandbewegung* seien hier am Beispiel von Briefen in ihren Umrissen nachgezeichnet. Manche von ihnen mögen naiv sein, ihre Auswahl kann auch als zufällig kritisiert werden, doch gerade in ihrer Naivität und Zufälligkeit geben sie besser Auskunft über den ‚Geist der Zeit' als viele Worte.

Die größte Gruppe – zwischen Gleichgültigkeit und Ablehnung

Überzeugte Stammtischmeinung:
„Niemals werde ich vergessen, wie das Judentum in seiner ureigensten Presse ‚Der Arbeiterzeitung'... das durch das jüdische Lagertum vertriebene katholische Kaiserhaus in unerhörter Weise verunglimpft und verhöhnt hat ... Angesichts der furchtbaren, von Juden hervorgerufenen Verfolgungen die Juden als Edelmenschen hinstellen zu wollen, ist ein echt jüdischer Dreh, auf den nur solche hereinfallen können, die ein kurzes Gedächtnis haben."[421]

Verdrängte Gefahr
„Ich bin ein friedlicher Mensch und wünsche daher nicht mehr die Zusendung Ihrer Zeitung ‚Gerechtigkeit', die ich als nichts anderes betrachten kann als eine ständige Quelle neuer Beunruhigung. Die ist ausschließlich meine rein ganz persönliche Ansicht, mit der ich Ihnen in keiner Weise nahetreten will, denn ich bin überzeugt, dass dies nicht die Motive der Herausgabe Ihrer Zeitung sind."[422]

Der abwägende, zögernde Standpunkt – ‚Ja, aber!'
„Da sich auch in der Saison immer einige eigens zur Kontrolle hierher gesandte Spitzeln (Nationalsozialisten) im Kurort und besonders in Marienbad aufhalten, so besteht die Gefahr, dass das Regime in Deutschland solchen Vortrag [als] willkommen[en] Anlass benützt, um die Anreise deutscher Kurgäste nach den westböhmischen Bädern zu unterbinden, was für unseren Kurort von katastrophaler Bedeutung wäre. Die obgenannten Parteien wollen daher das Risiko für einen Sommer-Vortrag nicht übernehmen, sind aber sehr gerne bereit, diesen für uns so wertvollen Vortrag im Herbst (ab 1. Oktober) zu veranstalten."[423]
(Als Reaktion auf einen möglichen Vortrag von Irene Harand in Marienbad)

Gemütliche Ignoranz
„Der Österreicher muß jetzt endlich aus seiner zu anderen Zeiten ganz annehmbaren Passivität, die eben heute gar nicht mehr am Platze ist, – heraus und ehrlich ringen um seinen Platz an der Sonne, ringen unter Opfern, auch wenn das Brathendl und das Kaffeehaus darüber einmal zu kurz kommt."[424]

Die Anhänger – oder die Minderheit der Mittellosen ohne gesellschaftliche Stimme

„Ich appelliere an Sie, die Sie, ich glaube, die einzige christliche Zeitung in Österr[eich]. führen, die sich der Juden annimmt … Nur mit Mühe halte ich mich oft zurück zum (judenfeindlichen) Direktor zu gehen, da wir oft vor Professoren!! ‚Jud' geschimpft werden. … es kommt oft zu wüsten Beschimpfungen vor den Professoren nach der Religionsstunde … die Schwächeren in unserer Klasse kann ich nicht beschützen."[425]
(Harry Brody, ein 14jähriger Gymnasiast aus Graz)

„Schon seit einigen Jahren habe ich mich für Ihren Kampf interessiert, den man unter den heutigen Zuständen als Heldenkampf bezeichnen könnte. Ich bin aber dennoch Ihrer Bewegung immer abseits gestanden, da ich glaubte, dass es genuege, wenn wir Juden selbst den Kampf gegen den Antisemitismus führen, was ich auch mit allen mir zur Verfügung stehenden Mitteln getan habe. Nun da ich von Wien nach Brüssel übersiedelt habe, habe ich das Problem von einem ganz anderen Gesichtswinkel kennen gelernt. Ich habe eingesehen, dass ich am wirksamsten in Ihren Reihen kämpfen könnte."[426]
(Otto I. Giniewski, ein Wiener Student)

„Ihr Beispiel macht uns Mut und stärkt uns in unserem Kampf, den wir gegen eine mehr oder weniger feindliche Welt zu führen haben."[427]
(Jüdische Studenten aus Polen)

„Sie gesegneter Engel Gottes, ich kann Sie nur immer von Neuem versichern, dass ich täglich heiße Gebete zu unserem allmächtigen Vater im Himmel sende, und ihn bitte, Sie uns noch recht lange zu erhalten, damit Sie noch weiter Ihre segensreiche Arbeit der Liebe fortsetzen vermögen. Möge Sie der Herr auch im nächsten Jahr beschützen."[428]
(Dank für ein Lebensmittelpaket)

„Nur die Hoffnung und das Vertrauen auf die liebe Frau Harand haben mir immer wieder neuen Lebensmut eingeflößt."[429]
(Hoffnung eines Emigranten)

Das Bild einer Bewegung von zumeist mittellosen Kleinbürgern, Christen wie Juden, die eine finanziell vorausschauende Absicherung nur unter größten Schwierigkeiten und Unsicherheiten zuließen. Die sich aber mit aller Kraft an diese Hoffnung klammerten, die ihnen Irene Harand vermittelte.

Das Wort im Kampf gegen die Lüge – die *Gerechtigkeit*

Irene Harand wusste, dass – wollte sie mit ihrer Botschaft die Menschen erreichen und mit ihnen den Kontakt halten – sie eine dauerhafte Brücke errichten musste. In einer Zeit, wo es noch kaum Radioempfänger in den Haushalten gab, spielten Zeitungen und Zeitschriften eine nicht zu unterschätzende Rolle bei der Bildung der öffentlichen Meinung. Ein abstoßendes, aber bezeichnendes Beispiel dafür gab der zu Beginn der 30er Jahre in Österreich vom Antisemiten und Nationalsozialisten Hans Nowak in Wien herausgegebene, gleichnamige Ableger des Nürnberger *Stürmers* von Julius Streicher. Irene Harand fühlte, dass sie dieser Lügenmaschine etwas entgegensetzen musste, wollte sie die Menschen über die Wahrheit hinter der Lüge aufklären.[430] Am 8. September 1933 – einen Tag nach dem 33. Geburtstag der Herausgeberin – erschien die erste Nummer der *Gerechtigkeit*.[431] Obwohl die Finanzierung und damit das regelmäßige Erscheinen dieser Zeitschrift in den ersten zwei Monaten ihres Bestehens überhaupt noch nicht gesichert war, entwickelte sich die mit 25 Groschen pro Ausgabe sehr günstige Wochenzeitschrift rasch zum wichtigsten Sprachrohr und zur verbindenden Brücke zwischen der Bewegungsleitung und ihren Sympathisanten.[432] Vielen Menschen bedeutete die *Gerechtigkeit* eine Quelle neuen Mutes.[433]

Das äußere Erscheinungsbild der ersten Nummern ließ keinen Zweifel aufkommen, wofür die *Gerechtigkeit* eintrat. Unter dem in großen Lettern gesetzten Namensschriftzug der Zeitschrift standen die programmatischen Worte ‚Gegen Rassenhass und Menschennot'. Bildlich unterstrichen und eindeutig gegen den Hauptfeind – den Nationalsozialismus – zielgerichtet wurde diese Aussage durch die links und rechts des Schriftlogos angebrachten Symbole: ein Hakenkreuz mit der unmissverständlichen Umschrift ‚So nicht! Nicht so!' und eine Waage mit der dem ersten Symbol antwortenden Inschrift ‚– So!'. Dieses Erscheinungsbild änderte sich erst mit der fünften Ausgabe. Das Hakenkreuz war ab diesem Zeitpunkt durchgestrichen und mit zwei darunter gesetzten Kommentaren versehen: ‚Schluss mit der Hetze!' und ‚Jetzt So!'. Nach der zehnten Nummer ließ man diese Slogans ganz fallen und die *Gerechtigkeit* bekam ihr endgültiges Aussehen: ‚Gegen Rassenhass und Menschennot' am linken oberen Blattrand, *Gerechtigkeit* als Titel, fett gesetzt und unterstrichen in der Bildmitte. Die Ausgaben 1-32 waren noch in Fraktur geschrieben, was man aber – wohl mit Rücksicht auf die ausländischen Leser – mit der 33. Nummer abänderte. Die Folgenummern bis zur letzten Ausgabe vom 10. März 1938 erschienen fortan in lateinischer Schrift mit dem deutlich auf der Titelseite hervorgehobenen Motto ‚Ich bekämpfe den Antisemitismus weil er unser Christentum schändet. Irene Harand'.[434]

Inhaltlich diente die *Gerechtigkeit* vor allem der öffentlichen Auseinandersetzung mit dem Nationalsozialismus. Die Leitartikel stammten meist aus der Hand von Irene Harand, die als Herausgeberin aktuelle Themen aufgriff und sie vom Standpunkt ihrer

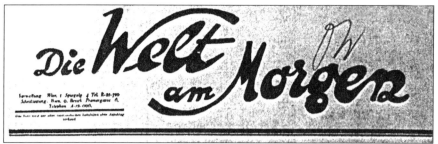

Die Welt am Morgen

Abb. 28

30 GROSCHEN Morgenpost

Monatsabonnement S 1.— Erscheint jeden Samstag
Verwaltung: Wien I., Spiegelgasse 8 Telephon R-21-716 Schriftleitung: Wien IX., Pramergasse 6 Telephon A-17-4-24

Nummer 78 Wien, Samstag, 11. März 1933 2. Jahrgang

Abb. 29

Abb. 30

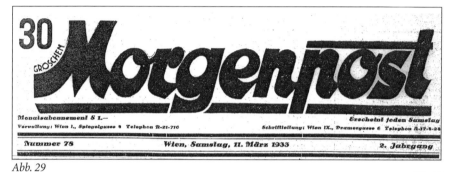

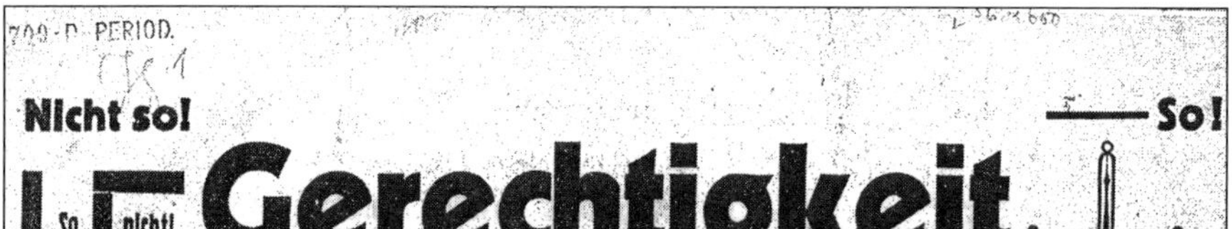

Nicht so! — So!

Gerechtigkeit

So nicht! Nicht so!

Gegen Rassenhaß und Menschennot

Hauptschriftleiterin: Irene Harand
Erscheint jeden Mittwoch

Nicht so! Abonnementbetrag S 1.— monatlich Einzelpreis 25 Groschen — So!

Nummer 1 Wien, Mittwoch, 6. September 1933 1. Jahrgang

Gegen Rassenhaß und Menschennot V.b.b.

Gerechtigkeit

Oesterreichisches Postsparkassen-Kto. B 198.507
Polnisches Postsparkassenkonto (P.K.O.) 190.226
Tschechoslow. Postsparkassenkonto 78.420
Jugoslawisches Postsparkassenkonto 69.129
Banka Comerciala Nationala Cernauti (Kto.-Nr. 30.026)

HERAUSGEBERIN: IRENE HARAND

Abonnement S 1.50 monatl. / Einzel-Nummer S -.25
Erscheint jeden Donnerstag . Redaktion und Verwaltung: Wien I, Elisabethstraße Nr. 20
Telephon A-33-3-93
Rumänien: vierteljährig Lei 90.—, Einzel-Nr. Lei 8.—

Nummer 100 Wien, Donnerstag, 1. August 1935 3. Jahrgang

Abb. 28-30: Die Schriftzüge der von der Kleinrentner- *und der späteren* Weltbewegung gegen Rassenhass und Menschennot *herausgegebenen Zeitungen:* Die Welt am Morgen *1929,* Morgenpost *1933 und* Gerechtigkeit *(1933/1935). Die ursprünglich stark an der ersten ÖVP Anleihe nehmende* Gerechtigkeit *bekommt in ihrer 100. Ausgabe ihre endgültige Form.*

Weltbewegung aus in einer einfachen, volksnah-lebendigen Sprache analysierte. Man wollte, dass die breiten Volksschichten das Blatt verstehen. Es sollte keine Zeitung sein, die nur Intellektuelle lesen und verstehen können. In der Einfachheit seiner Sprache und Rede ortete Irene Harand die Stärke Hitlers.[435] Neben Ankündigungen von Versammlungen u. a. Aktionen der Bewegung, Berichten von Vortragsreisen und regelmäßigen Überblicken ausländischer Zeitungsreaktionen versuchte die Redaktion in vielen Artikeln und Interviews, den Leser über die wirkliche Natur des Nationalsozialismus als auch über die erschreckende Realität von Terror, Verfolgung und Leid im Dritten Reich aufzuklären. Schnell entwickelte sich die Zeitung dadurch zu einem in der Öffentlichkeit wirksamen Instrument der Kritik gegen jede Zusammenarbeit mit den Nationalsozialisten und dem offiziellen Deutschen Reich. Freilich, eine von den österreichischen Regierungsstellen nicht immer gerne gesehene Kritik. Die *Gerechtigkeit* wurde so ein früher und weitgehend einsamer Warner über eine sich langsam aber sicher zur Bedrohung ausweitende politische Entwicklung im Reich, dem ohne Kompromisse entgegengetreten werden musste, wollte man nicht die Freiheiten der Demokratie und der Menschenrechte endgültig verlieren.

Besonders die ersten Exemplare widmeten sich regelmäßig in einer eigenen Rubrik – dem ‚traurigsten Teil unseres Blattes' der österreichischen *Stürmer*-Variante.[436] Nicht ohne Folgen. Hans Nowak als Herausgeber des *Stürmers* in Wien klagte 1934 erfolgreich gegen Irene Harand, weil diese ihn in einem Artikel ‚Der erste Stein' als ‚gewinnsüchtigen Gauner' bezeichnet hatte. Das Pressegericht – unter völliger Blindheit gegenüber der politischen Realität, oder absichtlich – verurteilte die Herausgeberin wegen ‚Übertretung gegen die Sicherheit und der Ehre', da sie Nowak „ohne Anführung bestimmter Tatsachen verächtlicher Eigenschaften und Gesinnungen geziehen und mit Schimpfworten belegt" hatte, rechtskräftig zu 100 Schilling Geldstrafe und der Veröffentlichung des Urteils in der *Gerechtigkeit*.[437] Wenn auch der Stürmer von der Bildfläche der Öffentlichkeit verschwand, so blieben doch die Angriffe und Verleumdungen gegenüber der ‚Deutschenhasserin' und der ‚Hetzzeitung', wie etwa die schon erwähnten Interventionen des deutschen Gesandten bei der österreichischen Regierung wegen der antideutschen Schreibweise der *Gerechtigkeit*.[438] Auch in anderen Staaten kam es aus diesen Gründen, aus bloßer Furcht vor den Nationalsozialisten oder aus reinem Opportunismus, zu Verboten der Zeitschrift.[439] Noch Ende Februar 1938 riet ein Leser der *Gerechtigkeit*, die Redaktion und den Versand mit der Abonnentenkartothek ins sichere Ausland, beispielsweise in die Schweiz, zu verlegen, bevor sie jemandem zur Auswertung in die Hände fiele ...[440]

Die *Gerechtigkeit* war aber auch in wirtschaftlicher Hinsicht eines der wesentlichen Standbeine der Bewegung, die sich großteils aus den Abonnementerträgen finanzierte. Die Abowerber, die zumeist gleichzeitig die kostenlose Mitgliedschaft in der *Harandbewegung* anboten, erhielten für ihre Tätigkeit eine Provision und ein festgelegtes Monatsgehalt.[441] Nicht selten sahen die Menschen in ihrer ohne Zweifel auch aus persönlicher Überzeugung geleisteten Arbeit als Kongressbüroleiter oder Abonnementwerber eine Möglichkeit, ihren kargen Lebensunterhalt zu sichern. Die meisten – und damit spiegeln sie beispielhaft das Anhängerspektrum der Weltbewegung wieder – stammten aus ärmeren Bevölkerungskreisen. Genaue Angaben über die *Gerechtigkeit* über ihren gesamten Erscheinungsverlauf hinweg können auf Grund der

Mangelhaftigkeit und der Zufälligkeit archivarischer Bestände nicht gemacht werden. In eigenen – von der *Harandbewegung* veröffentlichten Aussagen – ist die Rede von 19.000 Personen, die durch *Gerechtigkeit* und *Morgenpost* wöchentlich angesprochen wurden. Zwischen 1933 und 1937 seien 1,2 Millionen Gratisexemplare zur Verteilung gelangt. Die Mitgliederzahl gab man bei 30.000 an, von denen 17.000 regelmäßig die Zeitschrift erhielten. Insgesamt – so diese Aufstellung – lief der Versand in 40 Staaten, wo die Bewegung ebenso viele ‚Zellen' besaß.[442] Allerdings spricht die *Harandbewegung* in einem Schreiben aus dem Jahr 1937 lediglich von einem Plan, die Zeitung in 40 Ländern und acht Fremdsprachen und in einer wöchentlichen Auflage von 10.000 Stück herausbringen zu wollen.[443] Tatsächlich gelangten 1937 etwa 6.000 Stück der *Gerechtigkeit* an ausländische und 5.700 an inländische Leser.[444]

Die Startauflage der *Gerechtigkeit* umfasste 5.000 Exemplare in deutscher Sprache.[445] 1934 erreichte die Gesamtauflage 946.700 Exemplare. Davon gingen 323.100 an Abonnenten und 89.900 kamen als Kolportageexemplare in Wien zur Verteilung. 480.300 Stück gingen als Freiexemplare (15.000 davon ins Ausland) in die Öffentlichkeit und 53.400 blieben als Reserve zurück.[446] Tatsache ist, dass die *Gerechtigkeit* in viele Staaten der Erde versendet wurde, nach Ägypten, Palästina, Ecuador, die USA und in die meisten europäischen Länder, mit Ausnahme der totalitär geführten: Spa-

Abb. 31: Werbeeinschaltung für die Gerechtigkeit. *I. Harand, Sein Kampf 1935.*

Abb. 32: Bahr Yussef, Titelseite, 1. Juli 1937, El Fayum: „Eine Frau ruft nach Frieden. Frau Irene Harand, die Ruferin. Die Idee, Kriege zu hassen und die Anstrengung, sie zu verhindern, verbreitet sich stark in der ganzen Welt. Ein großer Verein in Wien in Österreich ist entstanden …" RGWA 520/1/521.

nien, Italien, Deutschland und die UdSSR. In die außereuropäischen Länder gingen lediglich Einzelexemplare.[447] Das Gros der für die europäischen Staaten vorgesehenen deutschen Auflage wurde in den östlichen Staaten, wie Rumänien, Polen, Tschechoslowakei, Jugoslawien und Ungarn gelesen. Was nicht verwundert, lebten doch in den Nachfolgestaaten der Monarchie viele deutschsprachige Minderheiten und solche, denen Deutsch als Umgangssprache noch durchaus vertraut war. Die politisch-historischen Umstände der jüdischen Bevölkerungsgruppen in diesen Ländern, die von einer Assimilierung und annähernden gesellschaftlichen Gleichberechtigung, wie sie in Westeuropa bereits stattgefunden hatte, noch weit entfernt waren, begünstigten die Aufnahme der *Gerechtigkeit* auch von dieser Seite wesentlich.

Bezeichnend für die Schwierigkeiten bei der Herausgabe einer fremdsprachigen Ausgabe der *Gerechtigkeit*, war der Versuch der französischen *Justice* in Belgien. Sie war am weitesten gediehen und stand im Februar 1938 kurz vor dem Erscheinen der ersten Nummer. 1937 hatte man begonnen, sich konkret dafür zu interessieren, in Brüssel eine französische Ausgabe der *Gerechtigkeit* ans Licht der Öffentlichkeit zu bringen. Heinz Lichtner, ein deutscher Emigrant in Belgien, der für die *Harandbewegung* schon die Verteilung und teilweise den Druck der französischen Version von *Sein Kampf* übernommen hatte, setzte sich dafür besonders ein. Lichtner – der weitgehend mittellos war und sein Leben mit kleineren, zumeist illegalen Arbeiten finanzierte, da er in Belgien keine Arbeitsgenehmigung besaß – konnte daher selbst die Herausgabe nicht übernehmen und nur als Korrespondent aufscheinen.[448] Trotzdem bemühte er sich sehr gewissenhaft um die *Harandbewegung*, lag darin doch für ihn die Hoffnung, dadurch auch seine persönliche und existenzielle Situation als Vertriebener verbessern zu können.[449] Die erste französische *Justice* war für den 1. Februar 1938 in einer Auflage von 25.000 Stück vorgesehen, die offizielle Redaktion hatte kurz zuvor im Jänner der Schriftsteller Jean Groffier übernommen.[450] Neben internen Hindernissen, die bei der Übersetzung der Texte, aber auch bei der Diskussion um das Gesamtbild der Zeitung entstanden, führte allem anderen voran der Mangel an finanzieller Unterstützung dazu, dass die *Justice* letztlich, obwohl der Probedruck schon begonnen hatte, nicht erscheinen konnte. Für die französische Ausgabe fand sich bis September 1937 nur ein Leser, der dem Gründungsfonds der *Justice* beigetreten war und eine Spende im vorhinein aufgebracht hatte.[451] Anfang Februar legte Groffier, der seinen Ruf gefährdet sah, seine Arbeit nieder.[452] Resümierend über den sich abzeichnenden Rückschlag bemerkte man im Wiener Büro darüber, dass diese *Justice* bis jetzt nur sehr großen Kummer gebracht hätte.[453] Insgesamt verdeutlicht gerade dieses Beispiel, wie kompliziert die Gesamtlage der *Harandbewegung* bereits geworden war. Mit Ausnahme des Wiener Büros, das zum wesentlichen Teil nur durch die scheinbar unendliche Energie von Irene Harand und ihren Mitarbeitern betrieben wurde, fehlte es der Bewegung nahezu an allem, um über die eigenen, persönlich überschaubaren Grenzen hinaus, die Ideen des Weltverbandes wirksam und nachhaltig vertreten zu können.

„Leider kan[n] ich nicht viel schreiben. aber [sic!] ich möchte gerne so laut ausrufen, das[s] mich die ganze Welt hört – Hilfe der *Harandbewegung*. mit besten Grüßen an Me[ine] Freunde der Gerechtigkeit."[454] Mit diesen sichtlich schwer abgerungenen Worten bemühte sich eine in England lebende, aus Wien stammende Hausgehilfin, der *Gerechtigkeit* und allen Mitarbeitern, wenige Tage vor dem Einmarsch reichsdeutscher Truppen nach Österreich, ihnen eine von Herzen kommende, in ihrer Lage einzig mögliche Unterstützung zu Teil werden zu lassen. Er geriet zum unerwarteten Abschied. Noch am 11. März rufen *Morgenpost* und *Gerechtigkeit* gemeinsam ihre Mitglieder in einer nur mehr als Druckvorlage erhaltenen Sonderausgabe zur verpflichtenden Teilnahme an der Volksabstimmung auf.[455]

Die ausbleibende finanzielle wie politische Unterstützung maßgeblicher Personenkreise blieb – ungeachtet eines gewissen Zuspruches von vor allem mittellosen Gesellschaftsschichten – entscheidender Angelpunkt für eine politisch durchschlagende Wirkung. Von einem klaren Misserfolg oder gar einem totalen Scheitern kann daher bei der *Harandbewegung* gerechterweise nicht gesprochen werden. Erfolge gab es genug, wenn auch kleine. Gescheitert ist die Bewegung letztlich nur an ihrem Vorhaben, die Katastrophe zu verhindern, die mit ihrer Auflösung 1938 bereits ihren Lauf genommen hatte. Trotz aller Schwierigkeiten, kleiner Misserfolge und zeitweiser Rückschläge muss gerade die *Gerechtigkeit* als Erfolg angesehen werden. Fast fünf Jahre lang gelang es Irene Harand und ihren Mitarbeitern wie Freunden, diese Zeitung herauszugeben und so unter vielen Menschen die Gedanken von Liebe, gegen Rassenhass und Menschennot zu verbreiten. Selbst wenn man aus heutiger Sicht versucht ist, die Reichweite als unbedeutend einzuschätzen, die Auflage und die Ausbaupläne als phantastisch, geradezu utopisch bezeichnen möchte, dann kann man nicht umhin einzugestehen, wie viel an Enthusiasmus und Hoffnung in diese Arbeit gesteckt wurde, ohne davon eigennützigen Profit zu erwarten. Ebendieser unfehlbar hoffnungsvolle Enthusiasmus half damals auf seine Weise vielen Menschen und kann heute als Maßstab einer von Nächstenliebe getragenen Zivilcourage ohne weiteres Beispiel gelten.

Wie wirbt man für eine ‚Gerechte Sache'?

Erfolg und Reichweite eines Produktes – in diesem Fall einer Idee – sind immer abhängig von der um sie und für sie veranstalteten Werbung. Im Sprachjargon der Vorkriegszeit hieß das im politisch-gesellschaftlichen Bereich: Propaganda. Die Politik erfand und nutzte für sich immer neue Mittel, um Menschen zu erreichen und sie von den eigenen – als einzig richtig hingestellten – Vorschlägen zu überzeugen. Vom damals hochmodernen Radio über die Zeitung, das Plakat, den Gruß unter Gleichgesinnten, bis hin zur persönlichen Rede bei Veranstaltungen stand ein recht breites Spektrum solcher ‚Kommunikationsmittel' zur Anwendung bereit. Für die *Weltbewegung gegen Rassenhass und Menschennot* war die gekonnte und gezielt eingesetzte Nutzung dieser Propagandamittel zur Verbreitung des eigenen Programms eine Frage des Überlebens. Irene Harand und ihre Mitarbeiter in der Elisabethstraße entwickelten in den fünf Jahren ihrer Tätigkeit neben ihrer Zeitschrift – der *Gerechtigkeit* – eine Reihe von Ideen, die selbst heute noch in ihrer Einfachheit und Durchschlagskraft faszinieren. Ähnlich wie die Bewegung selber lassen sich diese Propagandamaßnahmen in zwei Gruppen einteilen. Jene wirtschaftlicher Natur, mit denen man direkt auf die katastrophale Not weiter Bevölkerungskreise dieser Jahre reagieren wollte und jene, die sich vorwiegend in verbaler Form gegen Rassismus und Antisemitismus richteten.

Die Vorträge in Österreich – vor allem während der Bewegungstreffen in Wien – und die Reisen ins Ausland, die hauptsächlich von Irene Harand, Moriz Zalman, Joseph Führer und Simon Wolf bestritten wurden, gehörten zu den wichtigsten Aktivitäten. Neben der *Gerechtigkeit* stellten diese Vorträge oftmals den ersten Kontakt zur *Harandbewegung* her.[456] Obwohl die Begeisterung nach Auftritten von Irene Harand nicht selten sehr groß war, fielen die Ergebnisse häufig weit hinter die Erwartungen eines verstärkten Zulaufs zur Bewegung und einer kaum spürbaren finanziellen Unterstützung zurück. Zwei in den Moskauer Archiven erhaltene, persönliche Briefe von Zuhörerinnen an Frau Harand beschreiben anschaulich die Stimmung und die Begeisterung, die während solcher Vorträge herrschte:

„Das was Sie sagten und noch mehr, wie Sie es in Ihrer höchstpersönlichen Art vorbrachten, besonders die Schlußworte ... haben mich zu einer begeisterten Anhängerin gemacht und veranlassen mich, Ihnen diese Zeilen zu schreiben."
(Ellenor Deutsch, Schriftstellerin Wien)[457]

„Als ich vor einigen Tagen Ihre Versammlung in den Mariensälen besuchte, war es die bloße Neugier, eine Frau, die Frau zu sehen, die es wagt, sich in diesen Zeiten auf die Seite der Juden zu stellen ... Nun stand Frau Harand auf ... Sicher ist sie stark, energisch, alt. Meine Augen weiteten sich vor Staunen. Eine hübsche, junge, schlanke Dame, stand da ... und als sie mit den Worten begann ‚Meine Freunde' so will ich Euch nennen vergass man ganz seine Umgebung, sah nur sie, hörte ihre melodische Stimme und war hingerissen von ihrer Anmut und der Inbrunst mit der sie sprach ... Viele weinten."
(„Eine Leserin")[458]

JUGENDPOST

Besuchet unsere Kurse!
Im Jugendheim, 8. Bez., Lerchenfelderstraße 120, 1. Stiege (Souterrain)

Wir haben am 18. d. M. mit einer Reihe verschiedener Kurse begonnen, um unseren Mitgliedern die Möglichkeit zu geben, sich in verschiedenen Bildungszweigen zu vervollkommnen. Wir haben uns bemüht, in erster Linie Kurse, die der junge Mensch braucht, um seinen Geist zu schärfen, zu schaffen. An der Jugend wird es nun liegen, von dieser neuen Einrichtung in unserem Hause guten Gebrauch zu machen.

Das Kursprogramm lautet:

Dienstag:
7 bis 8: Erste Hilfe. Leiter: Dr. B. Mandl.
8 bis 9: Verschiedene aktuelle Vorträge.

Mittwoch:
1/28 bis 1/29: Rednerkurs. Leiter Dr. M. Zalman.

Donerstag:
7 bis 8: Anmeldung und Probe unseres Verbandsorchesters.
8 bis 9: Schach für Anfänger und Schachturnier.
9 bis 10: Zwanglose Zusammenkünfte.

Freitag:
1/28 bis 9: Stenographie für Anfänger. Leiterin: Frau J. Harand.
9 bis 10: Jugendordnertruppe.

Samstag:
1/27 bis 1/28: Tanzkurs für Anfänger.
1/28 bis 10: Verschiedene Unterhaltungsspiele, Tischtennis usw.

Sonntag:
Ausflug in den Wienerwald. Näheres Samstag im Heim.
7 bis 10: Tanz.

Wir geben bekannt, daß wir ein Verbandsorchester zusammenstellen, und bitten Musiker aller Instrumente, sich mit Instrument melden zu wollen, und zwar Donnerstag von 7 bis 8 Uhr im Heim.

Außerdem werden wir ab 1. Oktober einen Gitarre- und Mandolinenkurs abhalten und bitten wir, die Anmeldungen an die Bundeskanzlei zu richten. Die Leitung wird ein bekannter Wiener Musiker innehaben.

-------- Ausfüllen und ausschneiden --------

Beitrittserklärung
zum Jugendbund „Oesterreich"
Sitz: Wien, 8. Bez., Lerchenfelderstraße 120

Name: ....

Beruf: ....

Wohnort: ....

Geboren: ....

Ich interessiere mich besonders für Musik (welches Instrument), Sport,

Sonstiges .... Unterschrift: ....

Wien, am ....

Monatsbeitrag 40 Groschen

Abb. 33: Schon früh versucht die *Kleinrentnerbewegung, die Jugend in ihre Ziele einzubinden. Mit Fortbildungskursen sollten sich die Berufsaussichten der Jugendlichen verbessern. Hier leitete Moriz Zalman z. B. einen Rednerkurs und Irene Harand gab Stenographiestunden.* Morgenpost, *23. September 1933.*

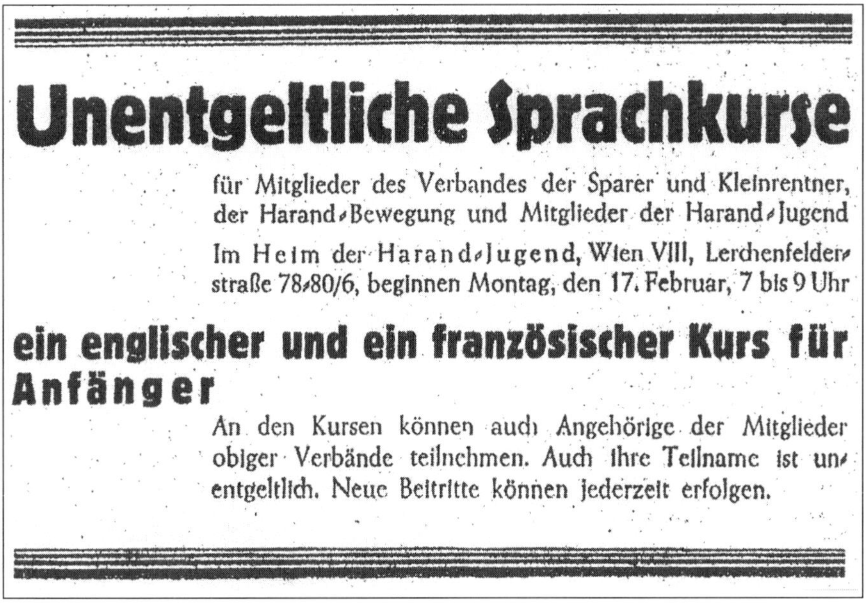

Unentgeltliche Sprachkurse

für Mitglieder des Verbandes der Sparer und Kleinrentner, der Harand-Bewegung und Mitglieder der Harand-Jugend

Im Heim der Harand-Jugend, Wien VIII, Lerchenfelderstraße 78-80/6, beginnen Montag, den 17. Februar, 7 bis 9 Uhr

ein englischer und ein französischer Kurs für Anfänger

An den Kursen können auch Angehörige der Mitglieder obiger Verbände teilnehmen. Auch ihre Teilname ist unentgeltlich. Neue Beitritte können jederzeit erfolgen.

Abb. 34: Die Harand-Jugend *unterhielt ein kleines Vereinsheim, wo ebenfalls verschiedene Kurse stattfanden.* Gerechtigkeit, *13. Februar 1936.*

Jugendchor u. Streichorchester der Harand-Bewegung

Einladung

zu dem am Samstag, den 25. Mai 1935, punkt ½8 Uhr abends im großen Ehrbar-Saal, IV, Mühlgasse 30 stattfindenden

Chor- und Orchesterkonzert

Dirigent: Fritz Kurzweil

Ausführende: Jugendchor der Harand-Bewegung
Streichorchester der Harand-Bewegung
Am Flügel: Rudolf Schaar

Mitwirkende: Else Reinöhl (Sopran) / Robert Rosé (Bariton)
Elfriede Bulz (Klavier)

Aus dem Programm: Werke von Mozart, Bach, Gastoldi, Pugnani, Schubert („Mirjams Siegesgesang"), Brahms / Volkslieder verschiedener Nationen in der Chorbearbeitung von Fritz Kurzweil etc.

Karten zum Preise von S –.75, S 1.05, S 1.40, S 1.80, S 2.10 und S 2.60 im Sekretariat Wien I, Elisabethstraße 20/II

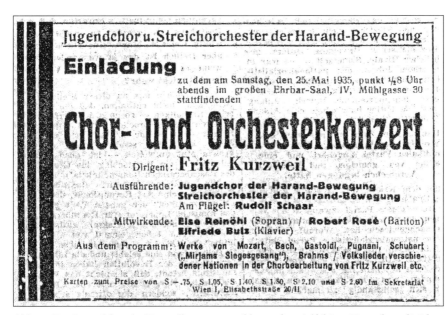

Abb. 35: Der Jugendchor der Harandbewegung *zählte zu den vielfältigen Versuchen, die Ideen der Weltbewegung zu verbreiten. Er bot aber auch sozialdemokratischen Jugendlichen eine Möglichkeit, sich zu treffen.* Gerechtigkeit, *16. Mai 1935.*

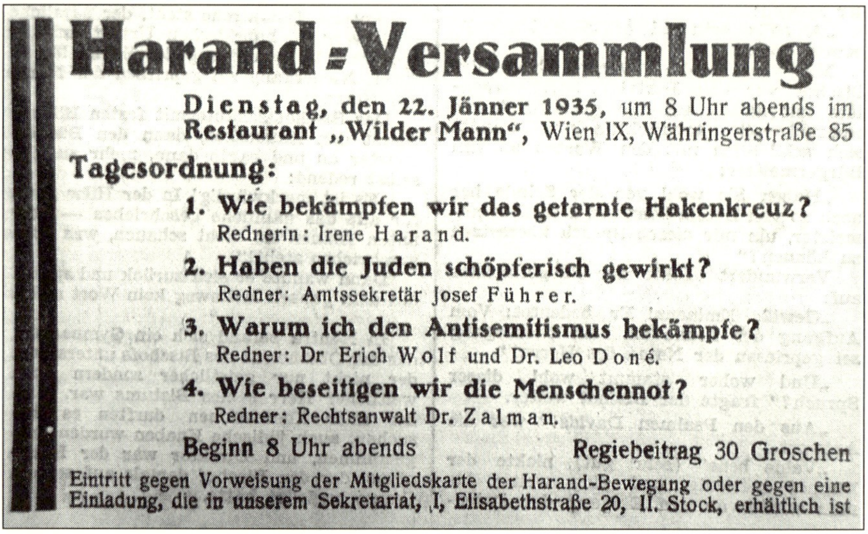

> **Harand=Versammlung**
>
> Dienstag, den 22. Jänner 1935, um 8 Uhr abends im Restaurant „Wilder Mann", Wien IX, Währingerstraße 85
>
> **Tagesordnung:**
>
> 1. **Wie bekämpfen wir das getarnte Hakenkreuz?**
>   Rednerin: Irene Harand.
> 2. **Haben die Juden schöpferisch gewirkt?**
>   Redner: Amtssekretär Josef Führer.
> 3. **Warum ich den Antisemitismus bekämpfe?**
>   Redner: Dr Erich Wolf und Dr. Leo Doné.
> 4. **Wie beseitigen wir die Menschennot?**
>   Redner: Rechtsanwalt Dr. Zalman.
>
> **Beginn 8 Uhr abends**   Regiebeitrag 30 Groschen
>
> Eintritt gegen Vorweisung der Mitgliedskarte der Harand-Bewegung oder gegen eine Einladung, die in unserem Sekretariat, I, Elisabethstraße 20, II. Stock, erhältlich ist

Abb. 36: Ankündigung einer ‚Massenversammlung' der Harandbewegung *in Wien.* Gerechtigkeit.

> **GERECHTIGKEIT**
>
> **Österreichische Frauenpartei**
>
> **Montag, den 8. Jänner** im **Festsaal I, Bankgasse I**
>
> Vortrag der Frau
>
> # IRENE HARAND
>
> über
>
> # Die Rolle der Frau im Neuaufbau des Staates
>
> Beginn halb 8 Uhr abends   Erscheint in Massen!

Abb. 37: Irene Harand tritt auch als Rednerin für andere Organisation auf. Annonce Gerechtigkeit.

Die in der *Gerechtigkeit* regelmäßig angekündigten Wiener Versammlungen fanden abwechselnd für verschiedene Bezirke in Gasthöfen und Hotels statt. Von Herbst 1933 bis November 1937 allein waren es mehr als 60 solcher Treffen, bei denen Irene Harand und ihre engeren Mitarbeiter in Reden aktuelle gesellschaftspolitische Themen aufgriffen und über das Vereinsgeschehen berichteten.[459] Diese Massenversammlungen entwickelten sich zu einer wichtigen Plattform der Weltbewegung, die einerseits die Verbindung zu ihren Wiener Mitgliedern – erinnern wir uns, die ÖVP, aus der die *Harandbewegung* entwachsen war, hatte weitaus die meisten Stimmen in der Bundeshauptstadt erringen können – lebendig erhielt und andererseits die Möglichkeit bot, spontan auf anstehende Fragen zu reagieren. Inhaltlich fand sich auch hier der Schwerpunkt im Kampf gegen den Antisemitismus. Im Herbst 1934 – kurz nach dem Erscheinen des umstrittenen Buches von Christian Loge alias Anton Orel ‚Gibt es jüdische Ritualmorde?' berief die Weltbewegung mehrere solcher Versammlungen ein, in denen dieses von Verachtung und Abneigung gegenüber den Juden geprägte Werk nicht nur heftigst verurteilt, sondern auch Punkt für Punkt in einzelnen Vorträgen als beschämende Ansammlung von Lügen und Legenden entlarvt wurde.[460]

Einige der Treffen boten sogar ein künstlerisches Programm.[461] Der Jugendchor der *Harandbewegung* gab fallweise zu diesen Anlässen kleinere Konzerte, gestaltete spezielle Filmnachmittage in Kombination mit Wochenschauen, mit denen man die Jugend anzusprechen hoffte.[462] Trotz Störversuchen von rechter Seite – während einer Veranstaltung im Hotel Wimberger 1937 warfen Nationalsozialisten eine Stinkbombe in die Menge – und bürokratischen Hindernissen – jede Versammlung bedurfte einer unbedingten behördlichen Meldung und Genehmigung – gelang es den Gegnern in keinem Falle, diese zu verhindern.[463] In der Elisabethstraße fürchtete man vor allem bei Auslandsreisen um die Sicherheit von Irene Harand. Für den Vortrag in Basel 1936 erbat man wegen der bedenklichen Nähe zu Deutschland und aus Angst vor Verschleppung persönlichen Schutz für Irene Harand, die allerdings davon nichts erfahren sollte.[464]

Die Auslandsreisen

Besuch im Kloster Laski bei Warschau – ein Pflegeheim für blinde Kinder und Erwachsene

„Ich konnte beobachten, wie liebevoll, ja man könnte sagen: zärtlich diese Kinder erzogen werden und wie sie auch untereinander voll Rücksicht sind. Ich habe ein kleines, einige Jahre altes Kindchen auf den Arm genommen und es hat zutraulich sein Köpfchen an meinen Kopf gelehnt und mich gestreichelt. Keine Scheu und keine Angst vor einem fremden Menschen war in diesem Kindchen. Auch größere Kinder von 8 und 12 Jahren hängten sich in mich ein. Sie griffen mein Gesicht ab und waren voll Zutrauen. Ich war tief erschüttert und es war eines meiner tiefsten Erlebnisse auf einer Reise in Polen, dass ich diesen Ort des unbedingten Friedens und Vertrauens aufgesucht habe. Und still im Herzen habe ich mir gelobt, dahin zu wirken, dass meine sehenden Mitmenschen die Blindheit der Seele verlieren. Ich hatte das starke Gefühl, dass die blinden Menschen dort viel sehender sind als wir sehenden Menschen."[465]
(Aus einem Brief von Irene Harand)

„Ich bin mit den Nerven vollkommen fertig und überzeugt, wenn mein Wille nicht so stark so unermesslich groß wäre, dass ich in den letzten Wochen zusammenbrechen hätte müssen…. Unter keinen Umständen kann und werde ich die Bewegung und die Zei-

Abb. 38: Ankündigung einer Versammlung der ‚Harandjugend' in Wien. Gerechtigkeit.

tung unter solchen Qualen weiterführen können. Nicht deshalb, weil ich ein Feigling bin und Schmerzen fürchte, sondern weil ich zugrunde gehe und ein Toter kann weder eine Zeitung herausgeben, noch einen Kampf führen."[466]

Zwei Jahre großer Anstrengungen und vom Glauben an eine bessere Zukunft getriebene Bemühungen liegen zwischen den beiden Aussagen von Irene Harand. Wenn auch diese Gedanken in ihrer historischen Qualität sehr unterschiedlich zu bewerten sind – die eine aus einem privaten, sehr persönlich gehaltenen Brief, die andere an die Öffentlichkeit gerichtet – so lebt in beiden die ungebrochene Kraft der Hoffnung einer Frau, doch etwas verändern zu können. Die vielen Vortragsreisen, besonders jene von Irene Harand selber, wie sie in dem beigegebenen Schaubild skizzenhaft nachvollzogen werden, zählten zu den wesentlichsten Elementen der Weltbewegung. Eine aus heutiger Sicht bittere Ironie brachte sowohl Irene Harand als auch Simon Wolf im Rahmen von Vorträgen nach Oświęcim, das spätere Vernichtungslager Auschwitz-Birkenau.[467] (Siehe S. 150) Sie sollten den Ansatzpunkt einer weit über Wien und Österreich hinausgreifenden Verbreitung der Ideen der *Harandbewegung* bilden, für den Weltkongress werben und jene finanzielle Sicherheit bringen, deren Fehlen man zu jeder Zeit so schmerzlich verspüren musste. Allein schon die Aufbringung der Reisekosten, besonders für den teuren USA-Aufenthalt, nahm viel mühevolle Zeit in Anspruch: „Ich fahre spätestens Mitte nächsten Monats nach Amerika. Meine Arbeitsweise ist für mich unerträglich geworden durch die finanziellen Hindernisse, die ich habe. Selbst wenn ich eine Raubmörderin wäre, hätte ich meine Sünden in den letzten 6 Wochen abgebüßt. So weiter zu wursteln hat keinen Zweck. Da ist es besser, ich nehme mir einen Strick um den Hals. Du sollst das nicht etwa als eine Verzagtheit meinerseits lesen, im Gegenteil ich bin voll Kraft und Mut und weiss, ich werde es zwingen. Vorläufig habe ich noch keinen Kreuzer für meine Fahrt. Aber wenn ich selbst meine ganze Wohnung verkaufen sollte, ich werde es tun, ehe ich ohne Aussicht auf Erfolg in dem jetzigen Stil weiter arbeite.".[468] Gerhard Schnap, ein – wie ihn Irene Harand bezeichnete – ‚Familienmitglied der Elisabethstraße 20', wanderte Ende 1937 in die USA aus und versuchte, von dort über Vorträge und Gespräche einen Zweig- und Unterstützungsverein aufzubauen. Allerdings musste er die Erfahrung machen, dass von dieser Seite trotz aller Anstrengungen nur wenig zu erwarten war, „Die Menschen sind schrecklich primitiv hier. Haben aber auch nicht die Erfahrungen, die wir leider schon haben. Sie glauben am Mond zu leben. Werden noch bitteres Lehrgeld zahlen müssen".[469] Letztlich waren es auch hier zumeist nur die ärmeren (jüdischen) Schichten, die für die Sache Opferbereitschaft zeigten.[470]

Die Organisation der Vorträge und vorauslaufende Kontakte besorgten vorwiegend ehrenamtliche Mitarbeiter der Bewegung vor Ort.[471] Von den Reden und Auftritten Irene Harands zeigte man sich begeistert: „Irene Harands Vortrag ist darum aufmunternd und packend, weil er nicht zu wissenschaftlich gefärbt und auch nicht mit Schlagwörtern angefüllt ist, er gibt eine Fülle von antisemitischen Hetzbehauptungen, zerpflückt diese Lügen durch Beispiel, Widersprüche der Hetzer und zeigt so, wie die Wirklichkeit, wie das getarnte Ziel ist". Ein US-amerikanischer Journalist: „Frankly I expected either a dried-up wild-eyed women, of the hysteric-fanatic type or a masculine creature, tall, big-bonded with a voice running to bass or baritone. But the women I met fits into neither of these types. She is slender, simple, feminine, with a well modulated unusual voice, sensitive face, eyes restfully alive. She has the charm of the Viennese". Bei einem Empfang für Irene Harand im Grosvenor House in London richtete Prinzessin Bibesco, die Tochter des verstorbenen Earl of Oxford besonders liebevolle Worte an sie: „The moral apathy of the world of this moment seems to be both strange and dangerous ... Nazism is not a form of government; it is a dangerous germ which might attack anybody ... Frau Harand as you will see is extremely beautiful, she is young, charming and happily married. She is not a refugee. She is not penniless. She is not unhappy, in fact, she has known none of the normal incentives to good works. She is a Christian, and as a Christian she passionately resents persecution of the Jews. She is a real Crusader. She has been speaking all over Europe. I am inclined to think that her husband is a saint to let her travel so much".[472]

Diese persönliche Begeisterung half zwar, da und dort neue Leser für die *Gerechtigkeit* anzuwerben, Kongressbüros und lokale Komitees der Bewegung aufzustellen, Kontakte zu knüpfen und einige Spenden aufzutreiben, für die erhoffte, dauerhafte Erweiterung der Weltbewegung reichten jedoch weder die Mittel noch die Zeit, die man gebraucht hätte, um genügend Menschen von der Selbstlosigkeit der Idee und der angebotenen, gemeinsamen Hilfe im Kampf gegen den Nationalsozialismus zu überzeugen. Auch hier die ernüchternde Feststellung: Viel persönlicher Erfolg und wenig Wirkung. Der von Irene Harand so erhoffte und dringend benötigte, gewünschte Erfolg blieb vielfach aus.[473] Die Begeisterung und der grenzenlose Idealismus, die solche Versammlungen in Anwesenheit von Irene Harand auslösten, waren ohne Zweifel ehrlich und aufrichtig. Doch allein die wenigen Wochen ihrer krankheitsbedingten Abwesenheit verdeutlichten, wie sehr die ganze Bewegung vom Lebensmut und der ideellen Opferbereitschaft ihrer Gründerin abhängig war.[474]

„Eine Harand-Schallplatte – Irene Harand spricht"

Die vielfältigen und ausgedehnten Vortragsreisen aber auch die zahlreichen in Wien gehaltenen und gut besuchten Veranstaltungen von Irene Harand machten immer wieder klar, wie begeistert die Zuhörer vom Auftreten, von der Sprache und der herzlich mitreißenden Art der jungen Frau waren, die diese Weltbewegung aufgebaut hatte und leitete. Gerade der Sprache als wichtigstes Mittel der Kommunikation maß Irene Harand in ihrem Schaffen größte Bedeutung zu. Damit grenzte sie sich eindeutig gegen die Intellektuellen ab, die es verlernt hatten, mit den Menschen zu sprechen: „Das Geheimnis des Erfolges, der Rassentheorie und des ganzen Nazischwindels steckt darin, dass jeder Mensch heute in Deutschland, der das Buch Mein Kampf gelesen hat, über ‚alle Wissenschaften' (gemeint sind natürlich Pseudo-Wissenschaften) quasi am laufenden ist und wenn er dazu noch die braune S. A. Uniform anhat, ist er gesellschaftsfähig und ein bewunderter Held. Es ist ein Verbrechen Menschen Kleidung und Nahrung vorzuenthalten. Ist es ein kleineres Verbrechen, wenn man den Menschen die geistige Nahrung vorenthält? … Speziell die Intellektuellen Mitteleuropas propagieren ständig: Lernet fremde Sprachen! Wie wäre es, wenn wir jetzt mit einer Propaganda einsetzen würden: Lernet die Sprache Eures Volkes!?".[475] Aus diesen Gründen entschloss man sich 1937, nachdem Irene Harand schon im September 1934 in Krakau und im Februar 1937 im deutschsprachigen Prager Rundfunk Radioansprachen gehalten hatte, eine Schallplatte mit dem lebendigen Wort der bewunderten Kämpferin einzuspielen, um dadurch vielen Anhängern die Möglichkeit zu geben, auf diese Weise mit ihr in Kontakt zu treten.[476]

Im November 1937 veröffentlichte die *Gerechtigkeit* ein Photo, das Frau Harand bei der Aufnahme zeigt und einen kurzen Bericht über die Platteneinspielung. Die geschickt aufgemachte Schallplatte beinhaltet auf einer Seite die von Klaviermusik im Hintergrund begleitete Rede und auf der anderen ein Lied ‚Gute Menschen' von Bernhard Kämpfer, interpretiert von Viktor Sternau. Die instrumentelle Begleitung beider Einspielungen hatten der Komponist und Bert Silving übernommen. Die Schellack konnte zum Preis von vier Schilling im Wiener Büro bezogen werden.[477] Die durchaus programmatische Rede von Irene Harand, gehalten im Sprachduktus der Zeit, ist als Manuskript im Moskauer Archiv erhalten geblieben:

„Die Menschheit wird von einer schweren Gefahr bedroht. Kräfte sind am Werke, die Welt in einen Trümmerhaufen zu verwandeln. Weil wir durch Jahrhunderte die Tränen der Notleidenden nicht getrocknet haben, die in Strömen flossen, fliesst heute kostbares Menschenblut. Neue Kriege werden die Menschheit heimsuchen, wenn wir dem Satan die fürchterlichen Waffen nicht entreissen, die ihn noch immer zum sicheren Siege geführt haben: Den Hass und die Not. Die Armen dürfen nicht glauben, dass sie glücklicher werden, wenn ihr Herz mit dem Gift des Hasses erfüllt ist und die Reichen sollen nicht meinen, dass Sie ihren Wohlstand ewig geniessen können, wenn an allen Ecken und Enden Elend und Verzweiflung herrschen. Die Krankheit der Zeit besteht in dem Fehlen der Liebe und des Verständnisses für die Not des nächsten. Wie könnte es sonst möglich sein, dass Lebensmittel vernichtet werden, während Millionen Menschen hungern. Wie könnte es sonst möglich sein, dass man Unsummen für Kanonen und Giftgase vergeu-

det, die man viel besser zur Linderung der Not verwenden könnte. Noch ist es nicht zu spät. Bahnen wir der Liebe einen sicheren Weg, in dem wir das Recht aller Menschen auf Leben anerkennen. In der letzten Zeit werden ganz besonders die Juden für alle Übel unserer Welt verantwortlich gemacht. Der Hass gegen die Juden feiert Orgien. Wir bemerken gar nicht, dass der Judenhass nichts anderes ist, als der erste Samen des Giftes, den der Teufel in unsere Seelen schmuggelt. Der Judenhass ist ein Fluch, weil er sich wahllos gegen Schuldige und Unschuldige, gegen Bösewichte und Gerechte richtet. Nicht weniger gefährlich ist der Klassenhass, der den Neid in den Herzen der Armen entfacht. Im Machtbereiche des Rassen- und Klassenhasses wüten teuflische Kräfte, die Gott verleugnen und vergängliche Werte zum Götzen erheben wollen. Die Welt hat Platz für alle Menschen ohne Unterschied des Glaubens und der Hautfarbe. Richten wir unser Leben so ein, dass wir bei jeder Tat auch an die Wirkung denken, die sie bei unseren nächsten auslöst. Schmieden wir die Krone unseres Glückes so, dass wir in sie auch Edelsteine der Nächstenliebe einfassen. Richten wir die Gesellschaft und die Wirtschaft so ein, dass es keine Hungernden, keine Darbenden, keine Frierenden und Obdachlosen gibt. Tragen wir den Kampf um das Dasein so aus, dass die Unterschiede, die durch die Fähigkeiten und das Schicksal erzeugt werden, dort beginnen, wo die Not unserer Nächsten aufhört. Wenn wir, in dem durch Hass noch nicht vollständig verseuchten Teile der Welt diesen Weg beschreiten, können wir auch die Menschen retten, die heute vergeblich an ihren Ketten rütteln. <u>Ohne</u> Krieg und Massenelend! Eine blühende von Hass, Neid und Not entgiftete Welt wird nicht nur gegen die Gefahren immun, die sie bedroht, sondern sie kann auch die Gebiete heilen, wo heute Terror und Wahnsinn herrschen. Mitmenschen aller Sprachen, aller Religionen und aller Rassen! Wollt ihr eine solche Welt aufbauen, dann reichen wir einander die Hände, löschen wir den Hass in unseren Herzen aus und entzünden wir das beglückende Licht der Liebe."[478]

In österreichischen Archiven hatte sich keine unbeschädigte dieser offensichtlich in einer geringen Stückzahl bei der Wiener Firma TILOPHAN gepressten Grammophonplatten erhalten. Lediglich im Moskauer Zentralen Kriegsarchiv befindet sich unter anderen Schellacks mit vorwiegend jüdischer Kantormusik aus dem Bestand der *Harandbewegung* ein leider gebrochenes und nicht mehr in allen Teilen erhalten gebliebenes Exemplar.[479] Durch die freundliche Unterstützung der Archivmitarbeiter konnten im Moskauer Phonogrammarchiv zwei andere, bestens erhaltene Exemplare ausfindig gemacht werden.[480] Laut dem – wie in Russland üblich – jedem Dokumentenfaszikel beigelegten Laufzettel, der alle Benutzer verzeichnet, wurde diese Platte bis März 2002 – als der Autor sie erstmals anhören durfte – über 60 Jahre nie ausgehoben oder benützt. Dem Anhang zu diesem Buch ist eine vollständige CD-Aufnahme dieser Platte aus einem später entdeckten Privatbesitz beigegeben.

Sichtbare Zeichen des Widerstandes

Im Kampf gegen Antisemitismus und Menschennot entschied man sich, sichtbare Zeichen der Solidarität, der Aufklärung und vor allem der Werbung für die Bewegung zu setzen. Zu diesen noch dazu besonders erfolgreichen Zeichen gehörte die

Abb. 39: Die Münchner Ausstellung Der Ewige Jude *1937 veranlasste Irene Harand zu einer sofortigen Reaktion: Die Herausgabe von Verschlussmarken mit weltbekannten Leistungen jüdischer Mitmenschen.* Morgenpost, *16. Dezember 1937.*

‚Markenaktion'. Als Reaktion auf die im Jahr 1937/38 im Deutschen Museum München organisierte Ausstellung ‚Der Ewige Jude' entwarf die *Harandbewegung* Briefverschlussmarken, auf denen ‚Bilder und Leistungen hervorragender jüdischer Persönlichkeiten und statistisches Material gegen den Antisemitismus' abgedruckt waren.[481] Das Ziel dieser Aktion war eine klare Absage an die Münchner Lügenausstellung, „weil wir wissen, dass die Juden nicht besser, aber auch nicht schlechter sind als andere Menschengruppen. Ein Volk darf nicht nach seinen Verbrechern und Bösewichten gewertet werden. Man muss auch die Wohltäter würdigen, die es der Menschheit geschenkt hat" und „die Welt soll erfahren, dass es kein Judenproblem sondern ein Menschenproblem gibt".[482] Mit Hilfe der vorerst großteils unentgeltlich ausgegebenen, durch den Briefverkehr und durch Sammler in Umgang gebrachten Marken erhoffte man sich, möglichst viele Menschen zu erreichen und damit zu einer gerechteren Beurteilung der jüdischen Mitmenschen beizutragen.

Die erste dieser auf 50 Serien angelegten, sehr ansprechend gestalteten Marken widmete man dem Deutschen Paul Ehrlich (1854-1915). Ehrlich, der 1908 für seine Forschungen den Nobelpreis erhielt, gilt als Schöpfer der modernen Chemotherapie. Die Ehrlich-Verschlussmarke war neben der deutschen Ausgabe auch in englischer, französischer und tschechischer Sprache in Verwendung.[483] Bis 10. März 1938 gelang es der *Harandbewegung*, noch Marken von Baruch Spinoza, Heinrich Heine, Siegfried Marcus (1831-1898, Mechaniker), Giacomo Meyerbeer (1791-1864, Komponist), Dr. Ludwig Lazarus Zamenhof (1859-1917), dem Schöpfer der Kunstsprache Esperanto, eine über die ‚Deutschen Juden im Weltkriege' und den deutschen Reeder sowie

Schifffahrtspionier Albert Ballin (1857-1918) herauszubringen. Gerade mit der Ballin- und der Weltkriegsmarke sollte mit dem vielfach verbreiteten Vorurteil einer ‚antipatriotischen und feigen' Haltung der jüdischen Staatsbürger aufgeräumt werden.[484] Zusätzlich versuchte die Bewegung mit der Weltkriegsmarke, auch statistisches Material gegen den Antisemitismus in kurzer und präziser Form zu popularisieren. Die ebenfalls in dieser ersten Markenserie veröffentlichte, nach dem Schweizer Pädagogen Johann Heinrich Pestalozzi (1746-1827) benannte Marke war als Auftakt zu einer zweiten Serie geplant, die man dem Frieden und der Freiheit der Menschen widmen wollte.[485] Die letzte Ausgabe der *Gerechtigkeit* vom 10. März 1938 kündigte weitere Marken an, die zu diesem Zeitpunkt bereits fertiggestellt waren und zum Teil noch in Umlauf gelangten.[486] Dazu gehörten Marquis Rufus Daniel Isaacs of Reading[487] (1860-1935, Vizekönig von Indien), Josef Popper-Lynkeus (1838-1921, österreichischer Ingenieur und Sozialreformer), Walther Rathenau (1867-1922, deutscher Politiker)[488], Emil Berliner (1851-1929, Erfinder des Mikrophons für Fernsprecher), Heinrich Hertz (1857-1894) und Robert von Lieben (1878-1913, beide Physiker) und schließlich der englische Staatsmann Earl Beaconsfield-Disraeli (1804-1881).[489] Bei diesem Satz berücksichtigte man die verschiedentlich laut gewordene Kritik, die Markenaktion allein als Antwort auf die Ausstellung in München zu konzipieren und sie damit in ihrer inhaltlichen Reichweite unnötig auf den deutschen Antisemitismus einzuschränken. Vielmehr sollte durch diese Marken allgemein gezeigt werden, dass Antisemitismus ‚der Menschheit unwürdig ist'.[490] Eine weitere für den aus Zagreb-Kroatien gebürtigen Konstrukteur des starren Luftschiffs, Franz David (richtig: David Schwarz, 1852-1897) geplante Marke kam wie die Serie über berühmte jüdische Komponisten (Mahler, Mendelsohn-Bartholdy, Offenbach, Halevy, Goldmark) – mit Ausnahme der Meyerbeer-Marke – über das Entwurfstadium nicht mehr hinaus.[491] Da-

Abb. 40-41: Verschiedene Entwürfe und Ausgaben der Ehrlich-Marke. RGWA 520/1/96.

Abb. 42: Abzeichen der Harandbewegung
(Privatarchiv).

neben existierte noch eine in polnischer Sprache abgefasste Verschlussmarke mit dem Bild von Irene Harand, die der Autor bisher allerdings nur in einem einzigen, erhaltenen Exemplar aus dem Moskauer Archiv nachweisen konnte.[492] Die patriotisch-wirtschaftlichen Bemühungen der *Harandbewegung* um Österreich sollten auch hier – neben dem Wirken gegen den Antisemitismus – nicht vernachlässigt werden. Man hatte die Absicht, noch vor Weihnachten 1937 eine eigene – allerdings nicht realisierte – Werbemarke für Österreich mit einem Miniaturbild von Salzburg und dem umlaufenden Textwortlaut „Die Unabhängigkeit Österreichs dient dem Frieden. Helft unserer Wirtschaft, damit wir unsere Freiheit erhalten können! Kauft österreichische Waren! Besucht unsere schöne Heimat!" herauszugeben.[493]

Die Marken, deren Verkaufserlös in die Kasse der Bewegung flossen, entwickelten sich sehr schnell zu ‚wirksamen Waffen gegen den Rassenhass' – so eine Selbsteinschätzung der Aktion. Zahlreiche Zeitungen berichteten über die unkonventionelle und erfolgreiche Antwort auf die Münchner Ausstellung und nicht wenige Menschen kamen auf diese Weise erstmals in Kontakt mit der Weltbewegung von Irene Harand.[494] Nicht nur inhaltlich, sondern auch technisch stellten diese Marken eine Neuerung dar. Einerseits konnten dadurch die Ideen relativ sicher und weit verbreitet werden, andererseits waren diese Briefverschlüsse wie die heutigen Postwertzeichen gummiert und mussten nicht mehr eigens aufgeklebt werden. Die Autoren dieses Buches fanden die Markenidee von Irene Harand so reizvoll, dass sie im Rahmen einer Gedenkveranstaltung in Erinnerung an ihren 100. Geburtstag im September 2000 im Wiener Literaturhaus eine kleine Ausstellung von Harand-Marken mit einem Sonderpostamt und einem Sonderpoststempel organisierten.[495] Im Zuge der Vorbereitungen gelang es, einen Kontakt zu einem US-amerikanischen Philatelisten herzustellen, der einen nahezu vollständigen Satz dieser Marken besitzt und wie sich herausstellte, seit seiner Jugend zu ihren begeisterten Sammlern gehörte.

Unter den kleineren, in den letzten Monaten nicht mehr voll zum Tragen gekommenen Werbeversuchen sind die Abzeichen noch zu erwähnen. Das Gefühl der Zusammengehörigkeit aller ‚Harandisten', wie das ein polnischer Anhänger in einem Artikel äußerte, sollte dadurch zusätzlich gesteigert werden.[496] Gegen Ende des Jahres 1937 hatte man Anstecker und Knopflochabzeichen entworfen und bereits hergestellt, von denen aber bis März 1938 nur mehr wenige in Umlauf gekommen sind. Die verschieden großen Nadelanstecker tragen auf blauem Hintergrund den Schrift-

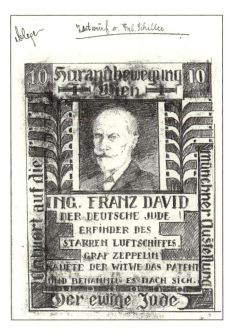

Abb. 43: Eine der nicht mehr gedruckten Verschlussmarken noch im Konzeptstadium als Bleistiftzeichnung. RGWA 520/1/525.

zug der *Gerechtigkeit*, die übrigen Abzeichen ein breites Balkenkreuz auf einer runden Fläche.[497] Die kleine, schon länger bestehende Mitgliedskarte der Weltbewegung vermittelte überdies die enge Verbundenheit zu Österreich. Der obere und untere Rand der weißen Kartonkarte waren mit durchgehenden rot-weiß-roten Streifen, den Farben Österreichs, versehen.[498]

Wirtschaftliche Maßnahmen

Obwohl für die *Harandbewegung* eindeutig der Schwerpunkt im Kampf gegen Antisemitismus und Rassenhass lag, versuchte man sich auch der wirtschaftlichen Misslage, in der man eine der wesentlichen Wurzeln für den Hass sah, zu widmen. Noch deutlicher beschreibt Irene Harand den Zusammenhang zwischen Not und politischer Verblendung in einem von ihr nicht mehr fertiggestellten Manuskript zu einem Buch ‚Butter gegen Kanonen': „Die Diktatoren schauen nicht auf Golddeckung und auf sonstige Hemmnisse der Geldschöpfung. Darum können sie auch aufrüsten und dadurch den Schein erwecken, dass sie den Menschen Arbeit verschaffen. Sie zimmern zwar Särge, aber die Menschen sehen in ihrer düsteren Not den Sensenmann nicht, dessen Brot sie essen".[499] Für Irene Harand waren dabei besonders die theoretischen Überlegungen von Moriz Zalman ein wesentlicher Leitfaden, der ihre eigene Haltung bestimmte. Obwohl die Bewegung nie die Stärke erreichte, diese Theorien auch nur in Ansätzen in die Realität umsetzen zu können, so waren sie doch die Basis für eine Vielzahl kleinerer, zum Teil recht effektiver Aktionen. Aus diesem Grund sollen hier wenigstens in ein paar zusammenfassende Gedanken die Arbeiten von Zalman wiedergegeben werden, um dann auf die, aus einem weiterreichenden Verständnis um deren Wurzeln, in der Realität umgesetzten wirtschaftlichen Maßnahmen der Weltbewegung eingehen zu können.

Die persönliche Erfahrung Zalmans mit dem Schicksal tausender Kleinrentner in Österreich hat gezeigt, wie tiefgreifend Krieg und Inflation die Entwicklung einer breiten, zum Leben gut ausgestatteten Mittelschicht der Bevölkerung gestört werden kann, deren Kaufkraft nachhaltig schädigte und diese Menschen an den äußeren Rand ihrer persönlichen Existenz drängte. Für Zalman ergab sich daraus ein klarer Zusammenhang zwischen Kaufkraftvernichtung, Arbeitslosigkeit und wirtschaftlicher Depression. Die Folgeerscheinungen des Weltkrieges hatten die Gesellschaft aus ihrem Gleichgewicht gestoßen. Es gab Armut und Überschüsse, die nicht abgesetzt werden konnten. Fähigkeiten und die Arbeitskraft von Menschen lagen brach, nicht weil es keine Nachfrage gab, sondern, weil es an Geld fehlte, diese in Anspruch zu nehmen. Zalman schlug daher die Einführung eines Ausgleichsfonds vor, um die Missgewichtung der Kaufkraft beheben zu können. Die dadurch zu erwartenden, positiven Reaktionen und Umsatzzuwächse der Gesamtwirtschaft würden den gewissermaßen vorfinanzierten Fonds um ein Vielfaches überschreiten. Hemmende Zollschranken wären zugunsten gezielter Förderungen abzubauen, Staatsverwaltung und Wirtschaft müssten getrennt und der auf Egoismus von Einzelinteressen basierende Kapitalismus sollte zugunsten einer gemeinschaftlichen Denkweise zurückgedrängt werden. In einer zweiten Schrift zu diesem Thema schlägt Zalman die Einführung einer ‚Vita-Währung' vor,

Abb. 44: Elisabethstrasse 20, Wien I.
Photo: K. Scharr 2001.

Abb. 45: Die rot-weiß-roten Streifen auf der Mitgliedskarte sollten den auf den unabhängigen Staat Österreich ausgerichteten Charakter der Bewegung unterstreichen. RGWA 520/1/524.

deren Grundlage nicht aus einem zeitlichen Schwankungen unterworfenen ‚Wert' zu bestehen hätte, sondern in einem dauerhaft gültigem ‚Quantum'. Ein gesichertes Existenzminimum, das der ‚Summe von Lebens- und Bedarfsgegenständen, die ein Mensch braucht, um einen Monat hindurch notdürftig leben zu können' entspräche.[500] Auf diesen Gedanken baute auch das Konzept der *Harandbewegung*, eine Allgemeine Tauschgenossenschaft (ATAG) zu gründen, auf.[501] Das Privateigentum beließ man dabei unangetastet, garantierte es doch Ordnung und Fortschritt. Nur zum ‚die Menschheit knechtenden und aushungernden Tyrannen' durfte es keinesfalls gemacht werden.[502] Man dachte daran, Käufer und Anbieter auf Tausch- und Kreditbasis zu vermitteln. Der Geldverkehr sollte in diesem System weitgehend zurückgedrängt werden, die ATAG hätte demnach als Drehscheibe gedient, bei der vom Staat garantierte und ausgegebene Gutscheine eingelöst und weitergereicht würden. Der Warenimport konnte demnach, ohne Geldtransfer und schwierige Devisenbestimmungen, über Gutscheine abgewickelt werden. Jede durch Gutscheine gedeckte Einfuhr brachte folglich eine Ausfuhr mit sich, da die Gutscheine nur eine Anweisung auf Waren und Leistungen verkörperten, nicht jedoch auf Geld. Die minimalen Prämien, die daraus der Genossenschaft zugeflossen wären, hätten die Basis für eine Kreditvergabe und Geldanlage geschaffen, deren Gewinne wiederum der Sache zugute gekommen wären und die allgemeine Kaufkraft gestärkt hätten. Um aber ein Funktionieren der ATAG – so die eigene Einschätzung ihrer Betreiber – sicherstellen zu können, mussten dafür weltweit Zehntausende von Mitgliedern geworben werden.[503] Einige wenige erhaltene Beitrittserklärungen, die ausgefüllt in den Archivbeständen der *Harandbewegung* liegen, dokumentieren sicherlich ein vorhandenes, selbst in Relation zu den Mitgliedern der

Bewegung gesehen, zahlenmäßig verschwindend geringes Interesse an der ATAG – weitab von den erhofften Massen.[504]

Die ATAG gehörte sicherlich zu den utopischsten und gleichzeitig in ihrer gesellschaftspolitischen Absicht am weitesten angedachten Ideen, die von *Harandbewegung* und Kleinrentnern propagiert wurden, aber nie realisiert werden konnten. Die wirtschaftstheoretische Gedankenwelt von Zalman und das Projekt ATAG vermitteln heute insgesamt den Eindruck eines Traums von einer im Grunde genommen durch demokratische Kleinbürger geschaffenen und getragenen ‚sozialistischen' der kapitalistischen Weltwirtschaft sehr kritisch gegenüberstehenden Gesellschaftsordnung, ohne dabei aber liberale Werte, wie Eigentum, Freiheit und wirtschaftliche Selbständigkeit gänzlich über Bord werfen zu wollen.[505]

Abseits dieses theoretischen von Zalman vorgeformten, wirtschaftlichen Überbaus gestaltete sich das tägliche Überlebensbemühen der *Harandbewegung* sehr viel konkreter, allem voran auf die österreichische Tourismuswirtschaft als lebensnotwendiger Devisenbringer und auf persönliche Einzelhilfe bezogen. Die 1933 vom Deutschen Reich für nach Österreich einreisende deutsche Touristen verhängte ‚Tausendmarksperre' hatte besonders in den westlichen Bundesländern sehr negative wirtschaftliche wie gesellschaftliche Auswirkungen gezeigt. Einerseits sah man sich eines wesentlichen Einkommenszweiges – des Tourismus – beraubt und andererseits gab man dafür die Schuld der Wiener Regierung, die in ihrer Haltung gegenüber den Nationalsozialisten diese Reaktion des Reiches provoziert hätte. Hinzu kommt, dass vor diesem Hintergrund gerade diese Bundesländer für die NS-Ideologie besonders aufnahmebereit waren. Irene Harand versuchte dem mit einer 1935 einsetzenden Werbekampagne entgegenzuwirken. Ein Rundschreiben an die Hoteliers, Gastwirte und Pensionsbesitzer – vor allem in den Bundesländern Tirol und Salzburg – lud dazu ein, de facto kostenlose Annoncen in der *Gerechtigkeit* unter der Rubrik ‚Empfehlenswerte Hotels und Gasthöfe in Österreich' zu placieren, wenn man sich dazu bereit erklärte, „jeden Gast … ohne Unterschied der Nation, Rasse und Konfession herzlich willkommen zu heißen und ihn so behandeln werde, wie es den internationalen Gepflogenheiten entspricht und im wohlverstandenen Interesse der Gastwirtschaft unseres Vaterlandes Österreich liegt".[506] Nicht wenige erklärten sich einverstanden, im Gegenzug zu diesem Inserat die für diesen Zweck mit 50 Groschen monatlich günstig angebotene *Gerechtigkeit* zu abonnieren und sie im Betrieb aufzulegen.[507]

Um die wirtschaftlich notleidende Bevölkerung in Österreich zu unterstützen, bemühte sich die *Harandbewegung* durch kleinere, aber regelmäßige Direkthilfen an Einzelpersonen und Familien Zeichen zu setzen. So organisierte man etwa im 15. Wiener Bezirk in der Clementinengasse 6 eine Tee- und Wärmestube, die am 9. Jänner 1934 ihre Türen Obdachlosen wie Bedürftigen, die während des Winters einen geheizten Raum und ein warmes Getränkt suchten, öffnete. Diese Einrichtung sollte zum Muster eines Betriebes werden, „in dem Nächstenliebe, das wichtigste Gebot des Christentums und des Judentums, praktische Verwirklichung findet".[508] Die *Gerechtigkeit* berichtete darüber, dass einige dieser Menschen sogar mehrstündige Fußmärsche unternahmen, um diese Wärmestuben aufsuchen zu können. Man fühlte sich hier als Gast „einer Bewegung, die die Liebe predigt und den Geist der Menschenliebe in jeder Hinsicht zu verwirklichen sucht", denn diese Einrichtung offerierte „nicht nur phy-

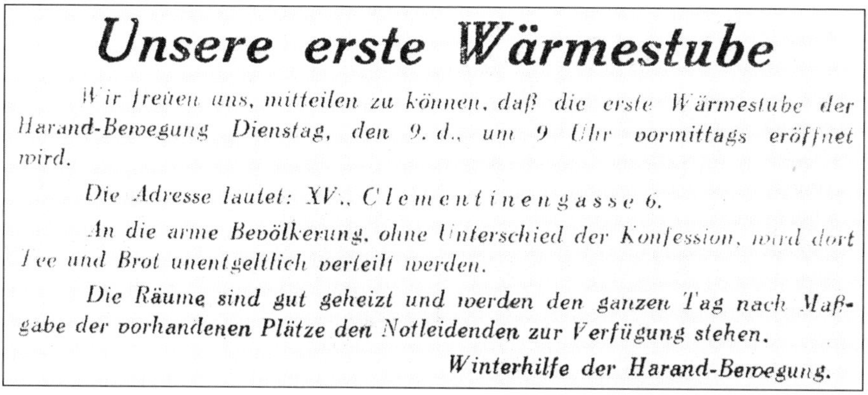

> ## Unsere erste Wärmestube
>
> Wir freuen uns, mitteilen zu können, daß die erste Wärmestube der Harand-Bewegung Dienstag, den 9. d., um 9 Uhr vormittags eröffnet wird.
>
> Die Adresse lautet: XV., Clementinengasse 6.
>
> An die arme Bevölkerung, ohne Unterschied der Konfession, wird dort Tee und Brot unentgeltlich verteilt werden.
>
> Die Räume sind gut geheizt und werden den ganzen Tag nach Maßgabe der vorhandenen Plätze den Notleidenden zur Verfügung stehen.
>
> Winterhilfe der Harand-Bewegung.

Abb. 46: Die Unterstützung sozialer Anliegen gehörte neben dem Kampf gegen den Rassismus zu den wichtigsten Forderungen der Harandbewegung, die man auch mit den eigenen, bescheidenen Mitteln durchzusetzen trachtete. Annonce, Gerechtigkeit.

sische Wärme, die aus dem Ofen kommt und dem heißen Tee entströmt, sie spendet auch Wärme der siegreichen Liebe und des Herzens, das für alle Menschen gleich schlägt, ohne Rücksicht auf ihre Herkunft oder sonstige Verschiedenheit".[509] Obwohl die Weltbewegung selbst kaum über finanzielle Mittel verfügte, gelang es ihr immer wieder von neuem, solche Aktionen besonders vor Weihnachten oder Ostern ins Leben zu rufen, zu vermitteln oder selber durchzuführen. Zahlreiche, verzweifelte Menschen wandten sich in ihrer Not mit der Bitte um ein paar Kleidungsstücke oder Lebensmittel an die Elisabethstraße, die man – soweit möglich – einigen von ihnen in Form von Paketen zukommen ließ.[510] Viele dieser Bitten konnten mit Hilfe jüdischer Kaufleute realisiert werden.[511] Über Wohnungs- und Arbeitsgesuche in der *Gerechtigkeit* stellte die Bewegung eine Vermittlungsplattform für ‚vaterländisch Gesinnte' auf der Suche nach Arbeit und Unterkunft zur Verfügung.[512]

Die Jugend nahm in Irene Harands Denken und Schaffen einen besonderen Platz ein. Ihr galten auch viele kleinere Einzelaktionen. Neben dem schon erwähnten Jugendchor übernahmen Irene Harand und Mitarbeiter der Elisabethstraße regelmäßig die Firmpatenschaft besonders armer Kinder ihrer Anhänger, organisierten für sie Kleidung, Geschenke und Ausflüge.[513] Vereinzelt setzte sie sich selbst dafür ein, dass Firmpatenschaften von anderen Persönlichkeiten übernommen würden oder dass ihre Firmlinge einen Arbeitsplatz bekommen.[514] Ein Studenten-Mittagstisch versorgte werktags gegen einen geringen Beitrag täglich zehn Studierende – die von der *Vaterländischen Front* empfohlen worden waren – mit einem Mittagessen in einem Lokal. Den Rest auf die Rechnung bestritt die *Harandbewegung*.[515] Über ihren Anhängerkreis rief Irene Harand etwa dazu auf, an der Herma von Schuschnigg-Fürsorgeaktion ‚Nehmt hungernde Kinder zum Mittagstisch' teilzunehmen. Gegen einen einmaligen Beitrag von 15 Schilling konnte für die Dauer eines Monats das tägliche Mittagessen eines Kindes finanziert werden.[516] Gemeinsam mit den Kleinrentnern hatte man bereits 1933 ein Jugendheim errichtet, in dem unterschiedlichste, unentgeltliche Fortbildungskurse angeboten wurden. Neben Schachturnieren, Musikproben, Ausflügen, Sprach- und

Abb. 47: Firmung 6. Juni 1936: Elfriede Haider, Theodora Haubner, Barbara Zach, Anna Grygar, Charlotte Reiter, Wilhelm und Hans Jünger (veröffentlicht in der Gerechtigkeit, 11. Juni 1936, S. 5), dunkel gekleidet im Hintergrund Josef Führer und Irene Harand, RGWA 520/2/8.

Tanzkursen standen im Programmangebot auch ein von Zalman geleitetes Rednerseminar und ein Anfängerkurs für Stenographie, den Irene Harand unterrichtete.[517] Der Sprache als wichtigstes Kommunikationsmittel maß die *Harandbewegung* besondere Bedeutung zu. Die Weltkunstsprache Esperanto war geradezu Sinnbild der Bewegung: Keiner Nation eigen und für alle Menschen leicht erlernbar. Seit Mai 1934 brachte die *Gerechtigkeit* regelmäßig unter der Rubrik ‚Esperanto für alle' einen Sprachkurs für seine Leser, die unter der Leitung von Emil Pfeiffer, dem Präsidenten des österreichischen Esperantobundes, stand.[518] In den Räumlichkeiten der Elisabethstraße bot die Bewegung auch kostenlose Beratungen für Eltern mit schwererziehbaren Kindern, sowie unentgeltliche ärztliche Konsultationen für Kranke, die über keine Krankenversicherung verfügten.[519] In enger Zusammenarbeit mit anderen Einrichtungen wie Caritas, Arbeiterkammer, der israelitischen Kultusgemeinde Wien u. a. versuchte die *Harandbewegung*, jüdische wie christliche Emigranten aus dem Deutschen Reich mit Geld zu unterstützen und ihnen dadurch in einigen Fällen auch die Weiterreise nach Amerika oder Palästina zu ermöglichen.[520]

Selbst wenn der messbare Erfolg dieser Werbe-, Wirtschafts- und Hilfsaktionen auch nur gering ausfiel und heute in vielen Fällen kaum mehr nachvollziehbar ist, für welchen Zeitraum diese auch wirklich durchgeführt worden sind, so zeigt sich damit trotzdem aufs Neue, mit welchem Einfallsreichtum und mit welcher Vielfalt man in der Elisabethstraße versuchte, die Basis der Bewegung zu verbreitern und dabei gleichzeitig die gesetzten idealistischen Ziele selbst zu leben bzw. umzusetzen.

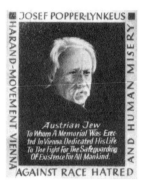

Zur detaillierten Beschreibung der Marken siehe Anhang ab Seite 315.

Vortragsreisen von Irene Harand

Die nachfolgende schematische Darstellung der Reisen von Irene Harand beruht im wesentlichen auf Angaben aus der Gerechtigkeit und vereinzelt auf Quellen aus den Archiven. Daraus erklärt sich auch die unterschiedlich genaue Beschreibung der einzelnen Vorträge und Aufenthalte hinsichtlich ihres Zeitpunktes, Ortes, der Anzahl der Zuhörer und des Inhaltes. Eine vollständige Rekonstruktion aller Vortragsreisen von Irene Harand ist heute kaum mehr möglich. Dennoch zeigt dieses Grundgerüst sehr gut, welche Vielfalt, Dynamik und vor allem welche Hoffnung in diese Reisen investiert wurde.

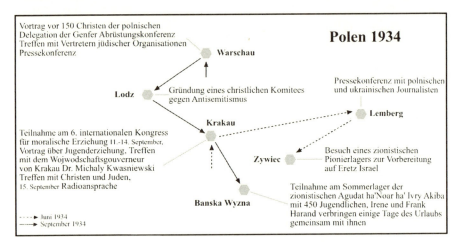

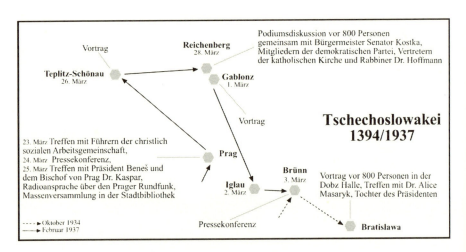

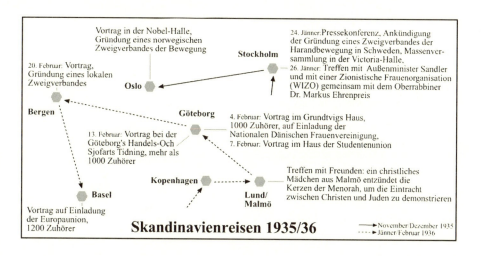
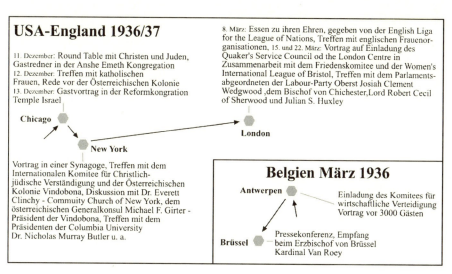

Quellen:
RGWA 520/1/243, S. 25, 520/1/523, S. 168 und 187-188, GAW S. 186-198
Gerechtigkeit Nr. 41, 14. Juni 1934, ‚Irene Harand in Warschau', S. 2, Nr. 43, 28. Juni 1934, ‚Meine Reise nach Polen', S. 2-3, Nr. 51, 23. August 1934, ‚Irene Harand bei jüdischen Pfadfindern', S. 3, Nr. 55, 20. September 1934, ‚Frau Harand auf dem Moralistenkongreß in Krakau',‚Der Radio Vortrag von Frau Harand im Polnischen Rundfunk', beide S. 3, Nr. 57, 4. Oktober 1934, ‚Der Wiederhall der Polenreise in der Gazetta Poranna, Lemberg', S. 3-4, Nr. 119, 12. Dezember 1935, ‚Nordische Menschen', S. 1, Nr. 126, 30. Jänner 1936, ‚Irene Harand über ihre nordische Reise', S. 2 , Nr. 128, 13. Februar 1936, ‚Irene Harand in Dänemark', S. 5, Nr. 129, 20. Februar 1935, ‚Großer Erfolg der Frau Harand in Skandinavien', S. 7, Nr. 130, 27. Februar 1936, ‚Irene Harand in Göteborg und Bergen', S. 7, Nr. 137, 16. April 1936, ‚Das Echo der Schweizer Reise', S. 3, Nr. 180, 11. Februar 1937, ‚Chicagoer Stimmen über Irene Harand', S. 2, Nr. 172, 17. Dezember 1937, ‚Meine Erfahrungen in Amerika', S. 1, Nr. 174, 31. Dezember 1934, ‚Vortragsreise der Frau Harand in der Tschechoslowakei', S. 3, Nr. 178, 28. Jänner 1937, ‚Eindrücke aus England und Amerika', S. 6-7, Nr. 183, 4. März 1937, ‚Irene Harand in der Tschechoslowakei', S. 5, Nr. 185, 18. März 1937, S. 5, Nr. 186, 25. März 1937, S. 5, Nr. 190, 22. April 1937, S. 3, alle: ‚Eindrücke aus England', Nr. 60, 25. Oktober 1934, S. 2, Nr. 62, 7. November 1934, S. 3, Nr. 183, 4. März 1937, S. 5 (Tschechoslowakei), Nr. 184, 11. März 1937, ‚Pressestimmen aus Reichenberg', S. 6.

‚Lauter Unwahrheiten, nichts als Lug und Trug'[521] – Der Kampf gegen den Nationalsozialismus

Der Kampf Irene Harands gegen den Nationalsozialismus war nicht nur ein entschiedenes Auftreten gegen einen massenhaften, gesichtslosen, in Adolf Hitler personifizierten Feind, der Österreich und Europa bedrohte. Dieser Kampf brachte auch die Erkenntnis, dass der Nationalsozialismus weder eine auf das Deutsche Reich begrenzte Erscheinung, noch dass die Masse seiner Anhänger eine homogene Gruppe war. Viele begeisterte Nationalsozialisten in Deutschland und in Österreich lebten gleichzeitig als gläubige Christen, Katholiken wie Protestanten. Gerade die christliche Kirche hatte durch ihre jahrhundertealte religiös-antijudaistische Tradition eine bedeutende Mitschuld an der erfolgreichen Ausbreitung des modernen rassischen Antisemitismus zu tragen. Bevor also der Standpunkt von Irene Harand gegenüber dem Nationalsozialismus im Detail geklärt wird – für sie waren Antisemitismus und christlicher Glaube unvereinbare Gegensätze, denn „Wer seine Pflicht Gott und seinem Gewissen gegenüber erfüllen will, muß Juden als gleichwertige Mengen betrachten" – muss der Blick auf ein oftmals schwieriges Verhältnis ‚Antisemitismus – katholische Kirche' geworfen werden.[522] Die protestantischen Kirchen sind mit einem ganz ähnlichen Problem konfrontiert, werden hier aber nicht eingehender behandelt, da sich Irene Harand als Katholikin in dieser Hinsicht fast ausschließlich der eigenen Konfession widmete.

‚Christ-Sein' und Antisemitismus

Die tief persönlich erlebte und gelebte christlich-katholische Religiosität, deren frühe Prägung durch das Elternhaus erfolgte, war für Irene Harand eine wesentliche Triebfeder ihres Schaffens. Aus dieser Auffassung heraus gehörte Nächstenliebe zu den wichtigsten Pflichten eines aktiven und wahren Christen.[523] Im Hass sah Irene Harand einen umfassenden Begriff, demgegenüber man sich nur in allen seinen Erscheinungsformen ohne Wenn und Aber ablehnend verhalten konnte. Ihr Augenmerk richtete sich besonders gegen eine ‚Abart des Hasses', die in dieser Zeit ‚Triumphe feierte' und deren ‚teuflischer' „Thron ... in einem alten großen Kulturlande aufgestellt ist, das in Mitteleuropa liegt, im Herzen der zivilisierten Welt" – den Rassenhass. Eine Schreckensvision vor Augen, die nur wenige Jahre später zur traurigen Realität werden sollte, schrieb sie weiter, dass aus jenen „Menschen, die rassistisch durchseucht sind, das sind die Söldner des Krieges von morgen, die Barbaren des 20. Jahrhunderts" entstehen würden.[524]

Der sich in Hass und Abneigung gegen die Juden äußernde Antisemitismus konnte daher für sie eines Christen nicht würdig sein. Vielmehr beweise „ein Christ, der

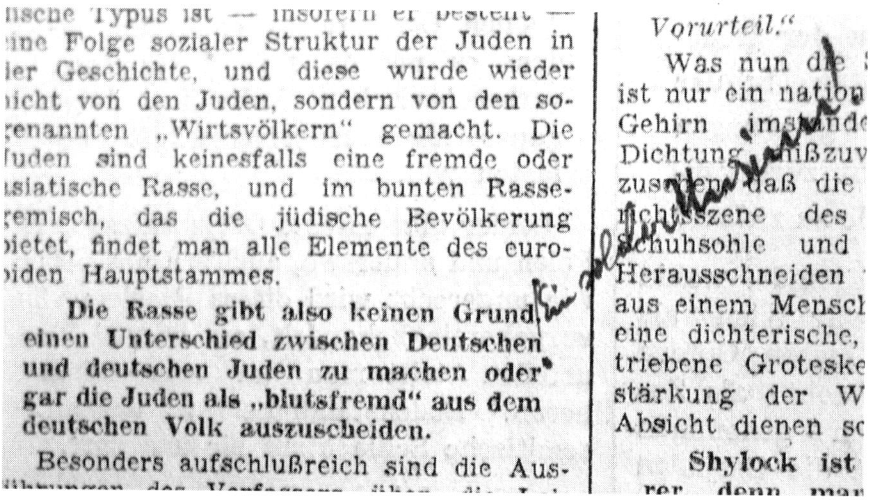

ische Typus ist — insofern er besteht —
ine Folge sozialer Struktur der Juden in
ler Geschichte, und diese wurde wieder
icht von den Juden, sondern von den sogenannten „Wirtsvölkern" gemacht. Die
Juden sind keinesfalls eine fremde oder
asiatische Rasse, und im bunten Rasse-
gemisch, das die jüdische Bevölkerung
bietet, findet man alle Elemente des euro-
iden Hauptstammes.

Die Rasse gibt also keinen Grund, einen Unterschied zwischen Deutschen und deutschen Juden zu machen oder gar die Juden als „blutfremd" aus dem deutschen Volk auszuscheiden.

Besonders aufschlußreich sind die Aus-

Vorurteil."

Was nun d
ist nur ein natio
Gehirn imstand
Dichtung mißzuv
zus en, daß die
ichtsszene des
Schuhsohle und
Herausschneiden
aus einem Mensc
eine dichterische,
triebene Groteske
stärkung der W
Absicht dienen s

Shylock ist

Abb. 48: Textausschnitt aus einem Artikel von Irene Harand in der Gerechtigkeit. *Handschriftlicher Zusatz eines Lesers: ‚Ein solcher Unsinn!'.* Gerechtigkeit.

den Antisemitismus zur Richtschnur seiner Taten macht … dass er wohl als Christ geboren wurde, aber kein Christ ist", darum, so Irene Harand in ihren grundsätzlichen Überlegungen fortfahrend „steht uns ein christlich getaufter Bösewicht unendlich ferner als der anständige, ungetaufte Jude".[525] Irene Harand zählte mit ihren von Toleranz und gegenseitiger Achtung – völlig ohne jeden Missionsgedanken – getragenen Ansichten in ihrer Zeit sicherlich zu den ersten, die um ein aufrichtiges und besseres Verständnis zwischen Christen und Juden bemüht waren. In ihrer Überzeugung bedeutete der Kampf gegen die Juden eine Versündigung gegen den Heiland, „der, sofern er sich uns als Mensch zeigte, Jude war …"[526] Um so mehr empfand sie jede andere Art von den Antisemitismus als gegeben akzeptierenden Brückenbauern zum Nationalsozialismus als beschämende Sünde. Die ‚Erhebung des Blutes zum Götzen' und die teilweise sehr willfährig, fast widerstandslos erfolgte Gleichschaltung beider Kirchen in Deutschland erschreckten sie zutiefst. Der kirchlich gepflegte Antijudaismus und vor allem jene Kirchenmänner, die Ideen des Nationalsozialismus in die Kirche hineintragen wollten, erregten in ihr Abscheu und Verständnislosigkeit.[527] Bereits in den ersten Nummern der *Gerechtigkeit* griff sie den Universitätsprofessor Dr. Wilhelm Schmidt, der sich während der Führertagung der katholischen Aktion in Wien im Rahmen eines Vortrages über die ‚Vormacht der Juden' negativ äußerte und sich den antisemitischen Haltungen Czermaks anschloss, heftig an. Sie warf dem Redner vor, auf dem Rücken der Juden in fauler Ablenkung von der Realität die Wurzel für die österreichischen Wirtschaftsprobleme zu suchen.[528] Umso schwerwiegender wurden derlei Kommentare von Irene Harand empfunden, als dass man dabei offenbar den einfachen Zusammenhang zur Demagogie des Dritten Reiches nicht wahrnahm oder wahrnehmen wollte. Anfeindungen, sie vertrete mit ihrer Weltbewegung zu sehr jüdische Belange, ließ sie nicht gelten, wies sie doch auch auf die Katholikenverfolgungen hin.[529] Sie stellte sich also berechtigt die Frage: Wie konnte man solche antisemitischen, dem Nationalsozialismus in die Hände spielenden Bewegungen innerhalb der Kirche dulden, wohlwissend, wie viel Elend die Kirche dem Judentum im Laufe der Jahrhunderte gebracht hatte und war es der Amtskirche angesichts der eigenen traumatischen Erfahrungen in Deutschland nach der nationalsozialistischen Machtübernahme nicht klar, wer nach den Juden der nächste in der Reihe sein sollte?[530]

Besonders katholische Geistliche gerieten immer wieder ins antisemitische Fahrwasser oder trugen selbst zu dessen Verbreitung bereitwilligst bei. Eine 1933 in Graz mit bischöflicher Genehmigung gedruckte antijüdische Broschüre eines katholischen Würdenträgers veranlassten Irene Harand gleich mehrfach zu empörten Reaktionen in der *Gerechtigkeit*.[531] Nicht genug, dass die Nächstenliebe auf die Juden keine Anwendung zu finden schien, sie aber auch noch in Zeiten schwerster persönlicher Demütigung und lebensbedrohender Verfolgung durch neuerliche Vorwürfe und Kampagnen noch mehr an den Rand der Gesellschaft zu drängen versuchen und somit selber zu ihrem unverdienten Leid beizutragen, überstieg bei Irene Harand jedes Gefühl der Verachtung.[532] Die von ihr betriebene christliche Annäherung an die Juden – auch mit dem Ziel, den Nationalsozialismus gemeinsam zu bekämpfen – stieß im katholischen Lager nicht nur auf Ablehnung, sondern oftmals auch auf Widerstand.[533] Ein Widerstand, der besonders von katholischen Brückenbauern zum Nationalsozialismus wie Bischof Alois Hudal, Pater Bichlmair, Anton Orel u. a. geleistet wurde. Hudal als Rektor der deutschen Nationalstiftung ‚Anima' im Vatikan streckte seine Hand offen aus und begrüßte die nationalsozialistische Ideologie nahezu vorbehaltlos. Volksgemeinschaft und die Suche nach einer Lösung der Judenfrage, so wie sie in Deutschland verwirklicht und angestrebt wurde, begeisterten ihn. Unvereinbarkeiten sah er kaum, der Rassentheorie gegenüber war er zumindest skeptisch.[534]

Abb. 49: Motto Irene Harands auf einer der ersten Ausgaben der *Gerechtigkeit*. Bleistiftzusatz eines Lesers: ‚Getaufte Jüdin.' Gerechtigkeit.

Die Einstellung von Irene Harand zu Hudal war allerdings von einer gewissen Unsicherheit geprägt. In der *Gerechtigkeit* äußerte sie sich nur in Ansätzen negativ über seine Theorien.[535] Was sie aber nicht daran hinderte, während der Einleitung zu einer Filmvorführung dazu eine klare Position zu beziehen: „Gerade in dieser Zeit, da katholischerseits unbegründete Angriffe gegen das Judentum erhoben werden, erachte ich es als meine Pflicht, zu sagen, dass nicht alle Katholiken so denken, wie jene, die in der letzten Zeit sich öffentlich missbilligend und verletzend über das Judentum äußern. Es wird behauptet, dass es nicht unbedingt ein hochwertiges Volk sein musste, das Gott auserwählt hat, um durch dieses Volk seine Offenbarung der Welt zu vermitteln. Ich sage aber, dass ein Volk, welches mit einer unwahrscheinlichen Zähigkeit seit zweitausend und mehr Jahren diese Offenbarung in die Welt trägt, nicht minderwertig sein könne ... es [gibt] eine jüdische ‚positive' aufbauende Tatkraft und jüdische fruchtbringende Arbeit. Der Film wird es beweisen."[536] Wenn sie auch vermied, die Betroffenen beim Namen zu nennen, so mussten diese angekreideten Kirchenvertreter (Bichlmaier, Schmidt, Orel u. a.) den damaligen Zuhörern aus dem politischen Tagesgeschehen bekannt gewesen sein. Neben den Befürwortern einer Diskussion mit den Nationalsozialisten gründete die Ablehnung des Weges von Irene Harand seitens der katholischen Kirche vielfach auf Gleichgültigkeit und Kritiklosigkeit gegenüber den antisemitischen Lügen, die ohne Zweifel in christlichen Kreisen auf fruchtbaren Boden fielen.[537] Wie tief dieser oftmals bereits unbewusste und unreflektierte Antisemitismus in der katholischen Kirche ging, brachte der Hirtenbrief des Linzer Bischofs Johannes Maria Gföllner zu Tage.[538] Mit der gefährlichen Gleichgültigkeit musste Irene Harand auf beiden Seiten leben.[539] Gegen Dummheit und Schlechtigkeit in den eigenen Reihen versuchte sie stetig anzuarbeiten. Ein Aspekt, den sie während ihrer Amerikareise besonders betonte, kämpfte sie doch nicht nur wegen der jüdischen Mitmenschen, sondern vor allem, um zu verhindern, dass auch Christen gewissenlose wilde Tiere werden.[540]

Ihre Versuche, die Amtskirche für die Sache der Weltbewegung zu gewinnen oder sie gar dazu zu bewegen, offen gegen Antisemitismus und Nationalsozialismus aufzutreten, waren nur mit geringem Erfolg bedacht. Die von der Kirche ausgehende Kritik am Nationalsozialismus schätzte sie insgesamt als sehr schwach ein.[541] Mit dem Wiener Erzbischof, Kardinal Theodor Innitzer, verbanden sie schon Kontakte aus ihrer Zeit in der *Kleinrentnerbewegung*.[542] In einer Postkarte bedankte sich der Kardinal für das von ihr überreichte Buch *Sein Kampf*. Innitzer äußerte sich dazu sehr positiv, bat aber gleichzeitig, seine Stellungnahme nicht zu veröffentlichen und zu verstehen, dass er sich in diese Richtung nicht mit größerer Offenheit äußern kann.[543] Trotzdem unternahm sie mehrfach den Versuch, die Kirchenführung in Österreich von antisemitischen Missständen in ihren eigenen Reihen zu unterrichten und zum Handeln in der Öffentlichkeit zu bewegen.[544] In einem Fall erfuhr Irene Harand durch einen Leser der *Gerechtigkeit* über ein Bild zur Ritualmordlegende des ‚Simon von Trient'.[545] Das 60 mal 40 Zentimeter große Gemälde befand sich in der St. Anna Kirche im obersteirischen Städtchen Murau. Auf Anfrage der zuständigen Diözese Graz-Seckau berichtete der zuständige Kaplan aus dem Städtchen mit dem Hinweis, dass das Bild von den Murauern ohnedies wenig Beachtung fände und dass selbst die ansässigen Juden bisher nie dessen Entfernung verlangt hätten. Er schloss daraus, dass eine Entfernung nicht im mindesten nötig sei, von einer bewussten Volksverhetzung keine Rede sein könne und dass sich „der jüdische Briefschreiber auch ohne Erfüllung seiner Forderung beruhigen wird müssen. Der Pfarrherr wird nur auf höheren Befehl hin das Bild entfernen lassen."[546]

Im Wesentlichen formten also zwei Tatsachen Irene Harands Verhältnis zur katholischen Amtskirche. Einerseits war für sie der unerschütterliche Glaube an Gott, den sie durch gelebte Nächstenliebe zu verwirklichen suchte, ein bedeutender Quell der innerlichen Kraft für den aufgenommenen, oft einsamen Kampf gegen Rassenhass und Menschennot. Andererseits musste Irene Harand erkennen, dass die Amtskirche vielfach vom Evangelium abwich und Christ-Sein von dieser Seite nicht selten ganz anders gesehen wurde. Die traurige Erkenntnis, dass die katholische Kirche in vielem Mitschuld am Antisemitismus zu tragen hatte, war für sie sicherlich schmerzlich, dennoch verstand sie beides zu trennen. Gleichzeitig sah Irene Harand es auch als ihre Pflicht an, auch innerhalb der Kirche gegen das aufzutreten, wofür sie ihr Leben gewidmet hatte: Wahres Christentum in aktiver Nächstenliebe gegen Antisemitismus. Ohne diese klare Trennung und ihren festen Glauben wäre es der mutigen Frau kaum gelungen, so viele Jahre gegen einen übermächtigen Feind anzutreten.

„Mit Hitler darf es keine Kompromisse geben"[547]

Jede Beschäftigung mit der Stellung des Nationalsozialismus in Österreich vor dem Anschluss, aber auch in anderen europäischen Ländern – so lange sie noch nicht unter dem Banner des Hakenkreuzes existierten – wird schnell zur Feststellung kommen, dass der Grad an Akzeptanz oder Ablehnung der nationalsozialistischen Ideologie keineswegs einheitlich oder gar eindeutig abgrenzbar war. Selbst in der heutigen demokratieverwöhnten Gesellschaft, die um mehr als 60 Jahre an historischer Erfahrung reicher ist, kommen immer wieder Stimmen zu Wort, die – absichtlich oder unbewusst – dem Nationalsozialismus in einzelnen Punkten Gutes abzugewinnen versuchen. Argumente wie der Autobahnbau, die Beseitigung der Arbeitslosigkeit oder verschiedene sozialstaatliche Maßnahmen wie die Kinderlandverschickung gehören nahezu zum Gassenhauer-Repertoire einer jeden Diskussion um den Nationalsozialismus. Da darf es nicht verwundern, wenn die Zahl derer im ‚vormärzlichen', nicht angeschlossenen Österreich, die mit diesem System sympathisierten, nicht unerheblich war. Freilich, den von außen scheinbar so glänzenden Erfolgen im Deutschen Reich nach der Machtübernahme konnte man sich kaum entziehen. Die Politik in Österreich – hilflos in verhängnisvolle Sachzwänge des vergeblichen Bemühens um innere Einheit und Erhaltung der eigenen staatlichen Selbstbestimmung verstrickt – war, wie schon mehrfach erwähnt, auf Kompromiss mit dem Reich und Kopie seiner äußeren Erscheinung ausgerichtet. Nicht so Irene Harand. Mit Adolf Hitler und mit dem Nationalsozialismus durfte es keine Kompromisse geben, eine Meinung, die sie schon seit seiner Machtübernahme vehement vertreten hatte. Die Analyse der Lüge geriet bei Irene Harand zu einer gut fundierten und nachvollziehbar logischen Argumentation von Widersprüchen und gewollten Auslassungen, die in der Öffentlichkeit, sei es aus blinder Begeisterung, aus Leichtgläubigkeit, aus eigener Unbetroffenheit oder aus politischer Berechnung nicht wahrgenommen wurden. Welches Bild – hinter der plakativen Kompromisslosigkeit – hatte also Irene Harand folglich vom Nationalsozialismus bzw. wie weit reichte ihre Ablehnung dieses Systems? Wie äußerte sie sich dazu und worin bestanden für sie die größten Gefahren? Fragen, auf die versucht wird in zweierlei Hinsicht Antwort zu geben, zum einen beispielhaft, in einer auf einzelne Einblicke beschränkten Betrachtung ihrer Haltung, zum anderen umfassend, durch die kommentierten Auszüge aus ihrem Hauptwerk *Sein Kampf – Antwort an Hitler*.

Viele ihrer Zeitgenossen waren bereits einen vielleicht unbewussten Kompromiss mit dem Nationalsozialismus eingegangen, indem sie den Antisemitismus akzeptierten oder ihn selber vertraten, ohne unbedingt uneingeschränkte Befürworter der nationalsozialistischen Ideologie zu sein. Beide, Nationalsozialismus wie Antisemitismus waren für die *Harandbewegung* untrennbar.[548] Irene Harands grundsätzliches Bemühen richtete sich daher auf die Entlarvung der Lüge, mit der die NS-Ideologie es so meisterhaft verstand umzugehen, und das Erkennen der Gefahr, die im Antisemitismus beziehungsweise im aufgestauten Hass der Menschen steckte. Radikaler Nationalismus und Rassismus, verbrämt mit der systematischen Lüge, dem Verschweigen oder dem Verzerren, bildeten wesentliche Säulen der NS-Ideologie. Der Lüge – als ‚Hauptwaffe des Hakenkreuzes', mit dessen Hilfe die Vernichtung des Gegners erreicht werden sollte – musste die Wahrheit entgegentreten, damit die göttliche Gabe der Sprache als Mittel der zwischenmenschlichen Verständigung dem Missbrauch durch die Vorherrschaft der Lüge entrissen werden konnte.[549] An diesem fundamentalen Gerüst des NS-Systems setzte Irene Harand mit ihrem Kampf um Wahrheit und Gerechtigkeit ein.

In ihrer Analyse des Nationalsozialismus schälte sich für Irene Harand im Rassenwahn eine zusätzliche Komponente des Hakenkreuzes heraus. Der von den Nationalsozialisten so vehement gepredigte ‚Unsinn mit der Rasse' ermöglichte, ein grenzüberschreitendes, gleichsam international vertretbares Feindbild aufzubauen, dessen Reichweite größer war, als beim nur innerstaatlich wirkenden Nationalismuskonzept. In einem ihrer ersten, noch in der *Morgenpost* veröffentlichten Feuilletons verdeutlichte Irene Harand in Bezug auf den Rassenhass die grundsätzlichen, der Wahrheit verpflichteten Anliegen ihrer Bewegung: „Damit man uns nicht missversteht: Wir wollen keineswegs jüdische Wucherer oder Betrüger in Schutz nehmen … Wogegen wir uns wenden ist, dass man … dem Volke einreden will, dass wir Arier lauter Ehrenmänner und Edelmenschen, die Juden aber lauter Haderlumpen und Schurken sind"[550] Nationalismus und der Rassismus im besonderen mussten sich von diesem Standpunkt aus in ganzer Klarheit als billiger, politisch instrumentalisierter Köder für das Volk und vielfach auch als eine Frage des vollen Magens zum Erkennen geben.

Die Menschen seien letztlich nicht „aus den dunklen Kellerwohnungen zu befreien … um sie dann leichter zu fanatisieren, sondern um sie zu brauchbaren Gliedern der menschlichen Gesellschaft zu machen …"[551] In der für sie so typischen Sprache umriss Irene Harand ihre Vorstellung von Nationalismus folgendermaßen: „Unvergesslich wird mir aber die freudige Erinnerung bleiben, die ich empfand, als ich im

Hotel, wo ich wohnte, plötzlich meinen geliebten wienerischen Dialekt sprechen hörte! Es war für mich eine Selbstverständlichkeit, mich sofort zu der Gruppe zu begeben, die dieselbe Freude wie ich ob der Begegnung empfand. Ich habe die Leute sicher nicht gefragt, ob ihre Eltern reinrassige Deutsche und ob nicht etwa durch Seitenverwandte irgendeine Beimischung fremden Blutes erfolgte. Ich war glücklich, wienerisch sprechen zu können, ich sah vor mir liebe Österreicher, Landsleute, mit denen mich dieselbe Sprache und dieselbe Kultur und Heimat verbinden. Einen anderen Nationalismus kenne ich nicht". Die fanatisierende Gefahr, die im Nationalsozialismus begründet lag, konnte zur Brutalität heranwachsen, „die in jedem Menschen steckt und die gerade durch die Kultur und Zivilisation verdrängt werden soll. Der Nationalismus hat nur dann eine Berechtigung, wenn er das Edle im Menschen weckt und die durch eine gemeinsame Sprache, Heimat und Kultur verbundenen Menschen in der Gemeinschaft der übrigen Nationen durch Betätigung der Menschenliebe aneifert".[552]

Dass der Rechtsstaat der Weimarer Republik spätestens mit Jänner 1933 seinen widerstandslosen Rückzug begonnen hatte, dass im Deutschen Reich der Menschenhass ‚wüsteste Orgien feierte', Denunzianten, Streber und ‚ausgesprochenen Sadisten' an die Oberfläche geschwemmt wurden, während große Teile der Bevölkerung in Gleichgültigkeit verharrten, blieb Irene Harand nicht verborgen und erfuhr vielfach in ihren Schriften seinen Niederschlag.[553] Vor der aufgezogenen Gefahr warnend, richtete sie eindringliche Zurufe an die deutsche Bevölkerung und forderte offen zum Putsch gegen das System auf: „Bleibt nicht stehen, wartet nicht, bis die Ehrvergessenen eures Landes noch mehr Unglück über das Volk und noch mehr Schande über euer Vaterland bringen. Schüttelt den Ungeist ab". Wohl wissend, dass die vereinfachende Gleichung ‚deutsches Volk = alles Nationalsozialisten' jeder Grundlage entbehre.[554] Der Hass habe bereits begonnen, sich auf die Kinder auszubreiten und geriet so zum eigenen Schaden, da er die Menschen daran hindere, Dinge so zu sehen, wie sie wirklich sind.[555] Mit angespannter Aufmerksamkeit beobachtete Irene Harand – abseits von Antisemitismus und Judenverfolgung – auch die politischen Vorgänge im Reich, von denen sie teilweise direkt über Freunde und Emigranten unterrichtet wurde.[556] Die politisch trostlose, gleichgeschaltete Zeitungslandschaft in Deutschland, die Kapitalisierung und Entmachtung der vormals auf seine Gewerkschaften so stolzen Arbeiterschaft, das Ausbleiben der versprochenen, sozialen Revolution, die errungene Vollbeschäftigung durch kriegsgerichtete Aufrüstung, die Bücherverbrennungen, die geforderten Lebensraumansprüche im Osten, die Einschränkung der staatsbürgerlichen Freiheiten, die Reduzierung der Frau auf eine arische Gebärmaschine und nicht zuletzt der enorme geistige Exodus aus Deutschland seit der Machtübernahme bestätigten Irene Harand u. a. darin, wie das Hakenkreuz den Menschen durch die lockende Verpackung der unwidersprochen genehmen und glänzenden Lüge die Vernunft und das menschliche Empfinden raubte und jedes Mitgefühl den Opfern gegenüber auszuschalten vermochte.[557]

Jeder Kompromiss mit dem Nationalsozialismus, egal ob politisch oder inhaltlich-ideologisch konnte nur zur Festigung seiner Macht beitragen. Für Irene Harand war klar, dass ein Tolerieren des Antisemitismus letzten Endes dem Deutschen Reich nützen und gleichzeitig seine Politik gegenüber den Juden gleichsam bestätigen würde.

Schon in der ersten von ihr verfassten Broschüre *So? oder So? – Die Wahrheit über den Antisemitismus* bemühte sie sich, auf diese Gefahr der schleichenden Zustimmung aufmerksam zu machen.[558] Diese erste Broschüre war ungleich erfolgreicher als das spätere Buch *Sein Kampf*, was mit Sicherheit auch auf die doch recht frühe, von ihr ausgehende Reaktion gegen den Nationalsozialismus zurückzuführen war. 1933 kamen allein 60.000 Stück von *So oder So* zur Verteilung. Sie musste mehrfach nachgedruckt werden und wurde ins Polnische und Jiddische übersetzt, erstere in mindestens zwei Auflagen.[559] In dieser Aufklärungsschrift gelang es, in populärer Form antisemitische Vorwürfe gegen die Juden aufzugreifen, zu diskutieren und sie mit der Wahrheit zu konfrontieren. Ein eigenes systematisches Studium der antisemitischen Literatur ihrer Zeit, im steten Vergleich mit anderen Originalquellen – wie der Bibel oder dem Talmud – gemeinsam mit scharfer Logik, die der Widersprüchlichkeit solcher Vorwürfe keine Chance gab, sich zu verstecken, stellte die feste Basis ihrer unerschütterlichen und vor allem konsequenten Kritik am Nationalsozialismus im allgemeinen und am Antisemitismus im Besonderen dar.[560] Ein einfacher Blick auf den Inhalt dieser Flugschrift der ersten *Österreichischen Volkspartei* verdeutlicht, wie breit ihr kompromissloser Angriff auf das NS-Regime angelegt war: Das Märchen vom Talmud, die Weisen von Zion, das Märchen vom jüdischen Großkapital und Bolschewismus, der Rummel mit dem Marxismus, Freimaurerei und Judentum, die Juden und die Wirtschaftskrise, die Juden und der Wucher, die Berufsschichtung der Juden, der angebliche Reichtum der Juden, die angebliche Feigheit der Juden, der Anteil der Juden an dem Verbrechertum, Rassenfrage und Nationalismus, was die Juden der Menschheit leisteten … Hierbei bediente sich Irene Harand einer Art kritischen Dialektik – oder einfacher – einer steten Gegenüberstellung von Aussagen, die sich durch ihre Plumpheit und Lügenhaftigkeit selber entlarvten. Allein „schon die Zumutung, diese Lügen zu glauben, schändet unser Volk! Man betrachtet uns als dumme Kinder, denen man Schauermärchen erzählen darf".[561] Gemeinsam mit dem 1935 in Erstauflage gedruckten Hauptwerk *Sein Kampf – Antwort an Hitler* – wo sie diese Taktik einer einfachen Sprache perfektionierte – bildeten diese beiden Schriften die ideologisch-programmatische Basis der *Harandbewegung*. Zwei für Irene Harands dialektisches Denken beispielhafte Dokumente seien hier herausgehoben und näher betrachtet.

Zu den Hauptargumenten nationalsozialistischer Propaganda gehörte die These vom weltumspannenden und beherrschenden Judentum. Kraft dieser Behauptung waren Juden Ausbeuter und Großkapitalisten – ebenso wie Revolutionäre und Bolschewisten. Die durch den Nationalsozialismus vor allen ab 1941 häufig gebrauchte, aber schon viel früher entworfene und erfolgreich eingesetzte Schimäre des ‚Judo-Bolschewismus' konnte der Analyse nicht standhalten: Die Nationalsozialisten „behaupten nämlich, daß das Großkapital, das heißt die großen Ländereien, Fabriken und Bergwerke, in den Händen der Juden sei und daß sie mit Hilfe dieses Großkapitals die Welt beherrschen. Andererseits aber behaupten sie gleichzeitig, daß der Bolschewismus ein Werk der Juden sei! Was ist also wahr? Sind die Juden Großkapitalisten oder sind sie Bolschewisten? Beides können sie doch nicht sein. Die Wahrheit ist, dass die Juden in ihrer erdrückenden Mehrheit weder Großkapitalisten noch Bolschewiken sind",[562] „man hat die Juden für den Kapitalismus und für den Bolsche-

Abb. 50: Irene Harand und Josef Führer als Firmpaten (in etwas anderer Aufstellung veröffentlicht in der Gerechtigkeit *S. 3, 24.4.1934, ‚Das erstemal Firmpatin'), die Kinder von links nach rechts: Otto Straßer, Eduard Stempien, Juliana Rappelsberger, Hermine Morawetz und Grete Settler. Der damals 10jährige Otto Straßer (Jahrgang 1924) stammt aus einer Arbeiterfamilie und lebt heute in Wien. Der Vater, Mitglied der Sozialdemokratischen Partei, war nach dem Februaraufstand 1934 in Haft, die Familie mittellos. Über eine jüdische Familie, die eine Wohnung über den Straßers in einem Wiener Gemeindebau lebte und sie materiell so weit es möglich war unterstützte, erfolgte der Kontakt zu Gerhard Schnap, einem Mitarbeiter der* Harandbewegung. *Er war mit der Tochter der Familie Slop befreundet und machte Irene Harand darauf aufmerksam, die zusagte. Die Firmlinge wurden neu eingekleidet, am Feiertag mit dem Fiaker abgeholt und zum Stephansdom gebracht, wo Kardinal Innitzer die Messe zelebrierte. Für Otto Straßer, der immer noch das Firmgeschenk – die silberne Taschenuhr – besitzt, war dies ein Tag unbeschreiblichen Glücks. RGWA 520/2/8.*

wismus, man hat sie für den Krieg und die Friedensverträge kurz, für alles verantwortlich gemacht, was den Hass der Massen gegen sie nähren und zur Siedehitze bringen könnte".[563] Die *Gerechtigkeit* beantwortete die Frage nach der Existenz eines jüdischen Bolschewismus auf ihre Weise: ‚Juden und Kommunisten. Sie lassen nicht locker, die Herren Göbbels et consortes. Sie behaupten noch immer, daß die Juden samt und sonders Kommunisten sind und daß das Dritte Reich von der jüdisch-roten Gefahr bedroht ist. Die Lächerlichkeit dieser Behauptung ist offenkundig. Sollte aber jemand noch Zweifel hegen, der wisse: Im Reichstag vom Jahr 1930 gab es 70

*Abb. 51: Otto Straßer –
Wien. K. Scharr 2002.*

kommunistische Abgeordnete. Darunter war ein Jude. Im Reichstag vom Jahre 1933 gab es 81 kommunistische Abgeordnete. Darunter gab es keinen einzigen Juden. In der Weimarer Republik gab es höchstens 250.000 stimmberechtigte Juden. Aber die Kommunisten konnte für ihre Liste sechs Millionen Stimmen gewinnen. So sieht die jüdisch-kommunistische ‚Gefahr', von der die Hakenkreuzler faseln, im Lichte der Wahrheit aus."[564] In Gegensatz zum angeblich bolschewistisch-großkapitalistischen System der Ausbeutung stellte Irene Harand die Situation der ‚betrogenen' deutschen Arbeiter: „Wie könnte es möglich sein, dass z. B. ein deutscher Mann, der jeden Tag beim Frühstück und beim Nachtmahl einige Juden oder Franzosen verzehrt, auf der Straße ganz ruhig an einem deutschen Bettler vorbeigeht, aus dessen Augen der peinigende Hunger lugt? ... Was hat Hitler von seinen Versprechungen gehalten? ... Heute hat der Arbeiter in Deutschland nichts mehr zu reden. Der Herr im Betrieb ist der Unternehmer ... Dass der Streik in Deutschland verboten ist, ist wohl eine Selbstverständlichkeit. Während die Preise der Lebensmittel und der wichtigsten Bedarfsgegenstände wesentlich gestiegen sind, sind die Löhne sehr niedrig ... Dazu kommt noch, dass die Arbeitnehmer sich sehr oft an freiwilligen Spenden und an Sammlungen beteiligen und Eintrittsgelder bei Kundgebungen bezahlen müssen, die ihr ohnehin kärgliches Einkommen noch mehr schmälern. Die Gewerkschaften wurden zertrümmert. Die Arbeiterschaft Deutschlands hat keine Möglichkeit, Lohnerhöhungen zu erzwingen, ihre Lage ist eine unerträgliche. Arbeitslose werden gezwungen, in den Arbeitsdienst einzutreten oder bei den Bauern um einen Pappenstiel zu arbeiten".[565]

Der politischen Gegner entledigte sich der NS-Staat durch den inszenierten Reichstagsbrand, in dessen Gefolge die unangenehmen Kritiker ‚zur Schlachtbank' getrieben werden konnten.[566] Dass die Nationalsozialisten den Brand selber gelegt hatten, war für Irene Harand bereits 1935 eindeutig. Zwei Jahre zuvor druckte die *Morgenpost* ein offizielles Photo aus einem deutschen Konzentrationslager, das verhaftete politische Gegner zeigte, denen man Hochverrat vorgeworfen hatte. Ein eindringlicher Bildtext versuchte zu beschreiben, was nicht auf der Photographie zu sehen ist und von der vielfach auf ihren politisch-wirtschaftlich motivierten Vorteil bedachten Weltöffentlichkeit geflissentlich ignoriert wurde: „Man sieht nur die unglücklichen Gefangenen ... Die Folterknechte, die mit Gewehren und Gummiknüppeln ausgerüstet, schon bereit stehen, um sich auf ihre Opfer zu stürzen und ihre sadistischen Gefühle austoben zu lassen bleiben verborgen ... Armes Deutschland."[567]

In der Betrachtung des Marxismus stellte Irene Harand fest, dass den christlich getauften Karl Marx mit Ausnahme der Geburt nichts mit dem Judentum verband und dass der jüdische Anteil an den Marxisten verschwindend gering sei. Überdies konnte sie in einem fast spöttischen Blick nicht darüber hinwegsehen, dass Marxisten „im übrigen der Menschheit nicht so viel geschadet haben wie die Großkapitalisten, die den Weizen verbrennen, den Kaffee ins Meer werfen, die Baumwolle vernichten, nur damit ihr Profit gesteigert wird".[568] Aber auch die NS-Bewegung selbst, ihre Mitglieder und hochrangigen Politiker bargen genug offensichtliche, aber weitgehend unwidersprochen gebliebene und unvereinbare Gegensätze. In *Sein Kampf* bringt Irene Harand den Röhm-Putsch von 1934 zur Sprache. „Wie wäre es dann möglich, dass solche ‚nationale Menschen' auch gleichzeitig schwere Betrüger und Wucherer, ja mitunter Mörder an den eigenen Volksgenossen werden könnten? Was ist am 30. Juni 1934 in Deutschland geschehen? Hunderte von Menschen wurden hingeschlachtet, hingerichtet, ohne Verhandlung und Urteil. Wer waren diese Menschen? Das waren doch Leute, an deren nationalen Gesinnung kein Mensch zweifeln konnte. Das waren nicht Angehörige der großen Masse, es handelte sich hier um Führer, also um ‚Edelmenschen', die jahrelang an der Seite Hitlers für die ‚nationalen Belange' gekämpft haben. Waren sie wirklich solche Halunken, dass man sie ohne Wimperzucken, wie tollwütige Hunde abschlachten konnte? Bejaht man diese Frage, so muss man gleichzeitig die Frage verneinen, dass die Bestätigung des Nationalsozialismus ein Beweis für hohe Sittlichkeit und moralisch einwandfreies Leben, für soziales Empfinden ist".[569]

„Ich glaube an die Menschheit"[570] – Ende und Neubeginn

Obwohl Irene Harand durch ihre unzähligen Aktivitäten im Rahmen der Weltbewegung immer wieder von neuem Anstrengungen unternahm, in der österreichischen Öffentlichkeit mehr präsent zu sein, war das Echo bzw. das Interesse der Medien die ganzen Jahre über eher bescheiden. Lediglich die *Morgenpost* und später auch die *Gerechtigkeit* berichteten – neben jüdischen Zeitungen regelmäßig über ihre Auftritte, Reisen und Aktionen. So lobte etwa die Union der österreichischen Juden in einer Festschrift den besonders mutigen und unerschrockenen Kampf von

Irene Harand.[571] Auch die *Jüdische Front*, das Organ der jüdischen Frontsoldaten, mit denen sie gute Kontakte pflegte, berichtete fallweise über Vorträge und brachte Rezensionen ihrer Schriften.[572] Ankündigungen von Vorträgen erschienen im *Neuen Wiener Abendblatt*, häufigere Berichte oder umfangreichere Notizen zu den Veranstaltungen der *Harandbewegung* brachte von den österreichischen Tageszeitungen eigentlich nur die *Neue Freie Presse*, die auch als erste über eine öffentliche Rede von Irene Harand im Sommer 1933 eine Notiz druckte.[573] Selbst die antisemitische und rechtsnationale Presse nahm die Weltbewegung nur sporadisch wahr. So schrieben etwa die *Wiener Neuesten Nachrichten*, nicht ohne einen unfairen Unterton über die Gründung der *Weltbewegung gegen Rassenhass und Menschennot*: „Reiner Zufall dürfte es wohl nicht sein, dass ‚die bekannte Vorkämpferin' gegen den Antisemitismus Sekretärin des Herrn Dr. Moritz (sic!) Zalman ist, der einmal mit, dann gegen die Sozialdemokraten die Kleinrentner ‚gerettet' hat. Womit die ‚Weltorganisation', die von ‚vaterländischen Christen' geführt werden soll, sinnfällig gekennzeichnet sein dürfte."[574] Das antisemitisch-nationalsozialistische *Deutsche Volksblatt*, versuchte dem *Stürmer* in seiner bösartigen und unterstellenden Haltung gegenüber dem von ihnen lächerlich gemachtem, aufopfernden Bestreben von Irene Harand Konkurrenz zu machen und bezeichnete die Ziele der *Harandbewegung* als illusorisch. „Nein, die *Harandbewegung* wird den Antisemitismus niemals aus der Welt schaffen, es wäre ein ebenso lächerlicher Versuch, wie der, gar die Judenfrage zu lösen; die *Harandbewegung* ist nur ein mit christlichen Vorzeichen versehener Rückfall in eine Epoche der Assimilation, die der Zionismus bereits überwunden hat ..."[575] Das gleiche Blatt kann sich, wenige Tage nach der NS-Machtübernahme in Österreich, den Spott gegenüber der *Harandbewegung* nicht verhehlen und kommentiert rückschauend ihren Abgang: „Ja, das hat es auch noch vor einer Woche gegeben, die ‚Gerechtigkeit' Irene Harand's, jenes ulkige Blättchen, das Woche für Woche als Gegenleistung für jüdische Schmiergelder Loblieder auf das auserwählte Volk sang und dabei ohne zu wissen – dem Antisemitismus die wertvollsten Dienste leistete. Weiß der Teufel, was in Irenchen gefahren war, dass sie sich mit Leib und Seele den Krummnasigen verschrieben hatte: Mochte es der reichlich fließende ‚Schmattes' sein, oder die verschrobene Idee, von irgendjemanden ernst genommen zu werden, das eine steht jedenfalls fest: Irene schrieb Woche für Woche ihre von einem unfreiwilligen Humor gewürzten Leitartikel gegen den Antisemitismus und reihte damit ihr Blättchen in jene Kategorie von Presseerzeugnissen ein, die dem Frohsinn und der Kurzweil dienen ... Dass Irenchen geschäftstüchtig war und das ‚Schmattes'-nehmen im kleinen Finger hatte, soll nicht in Abrede gestellt werden, in der lieben Politik war sie aber der ewige enfant terrible, der von den Gegebenheiten der Zeit nicht einmal die leiseste Ahnung hatte, und es immer wieder verstand, die Lacher auf seine Seite zu bringen. Eigentlich ist es schade, dass Irenchen nun von dannen drollt, um in einem jener Länder Aufenthalt zu nehmen, wo die Mischpoche noch nicht hinausgeflogen ist. Ein Trost bleibt allerdings: dass sie in jenem Land, das sie mit ihrer zweifelhaften Anwesenheit zu beglückwünschen gedenkt, dem Antisemitismus ungewollter Weise ebenso unschätzbare Dienste leisten wird, wie in Österreich."[576]

Auch wenn das *Deutsche Volksblatt* mit diesem Artikel in unsachlicher und gemeiner Weise die Leistungen von Irene Harand herabzuwürdigen versuchte, kommt doch zwischen den Zeilen eine gewisse Erleichterung über ihren Abgang zum Ausdruck. War die unermüdliche Arbeit dieser Frau doch ein schmerzender Dorn im Auge jener Kreise, die von der Lüge und Verleumdung anderer Mitmenschen lebten. Gerade der Umstand, dass Irene Harand keine Jüdin war und dass sie sich gegen den Antisemitismus einsetzte, aber aus einer als bürgerlich zu bezeichnenden Schicht stammte, d. h. nicht zu den üblichen Kritikern des Nationalsozialismus gehörte, musste sie in deren Augen zu einer Gefahr machen. Eine Gefahr, für die man im Nachhinein eine zur eigenen Ideologie passende Erklärung suchte, auch wenn das nach dem 12. März 1938 keine wesentliche Rolle mehr spielte. Für die neuen Machthaber stand daher fest, dass Irene Harand im ‚Judensold' stand. Was anderes als ein Teil der ‚jüdischen Weltverschwörung' konnte das gewesen sein? Bediente sich das ‚Weltjudentum' in diesem Falle nicht eines christlichen Aushängeschildes, um sich selber im Hintergrund die Fäden ziehen zu können? Und wenn Irene Harand schon selber keine Jüdin war, so musste sie doch zumindest Mitglied der Kommunistischen Partei Österreichs – wie es der sicherheitsdienstliche Bericht über die *Harandbewegung* formuliert – gewesen sein, das sie als ‚Trotzkist' aus dieser ausgeschlossen wurde und zu den Revolutionären Sozialisten übergelaufen sei. Nicht genug, für die auswertenden Beamten des Reichssicherheitshauptamtes zählte Irene Harand ohne Zweifel zu den ‚führenden österreichischen Systemgrößen' zwischen 1933 und 1938. Schließlich bezichtigte man sie auch Legitimistin zu sein, den Freimaurern anzugehören und mit Franz von Papen in Beziehung zu stehen …[577] Argumente, die in den Augen der Nationalsozialisten keinesfalls unvereinbar waren. Die neuen nationalsozialistischen Machthaber führten für alle diese Vorwürfe lächerliche Beweise, Zusammenhänge, Querverbindungen, Zeugenaussagen, etc. an und verstiegen sich bis zum Selbstwiderspruch – nur, um diese ‚gefährliche' Gegnerin in ein vorgegebenes Feindschema zu packen, in das sie in der Realität nicht passte. Ebendiese unerwartete, offene, kämpferische und uneingeschränkte Gegnerschaft machte Irene Harand sicher nicht zahlenmäßig aber vielleicht qualitativ für den Nationalsozialismus zur potentiell größeren Gefahr als die durch Rasse oder Ideologie definierte Feindgruppe es war. Ganz im Gegensatz zu den absurden Erkenntnissen dieser nach dem 12. März 1938 erfolgten sicherheitsdienstlichen Auswertungen und der vor diesem Zeitpunkt größtenteils so uninteressierten Haltung der ‚neutralen' österreichischen Presse gegenüber der *Harandbewegung* standen die übermenschlichen Anstrengungen von Irene Harand auf ihrer letzten Auslandsreise im Februar 1938.

Während die Leiterin der Weltbewegung Wochen in Frankreich und England damit zubrachte, auf politischer Ebene die schwierige und existenzgefährdende Lage, in der sich Österreich befand, anzusprechen, zu erklären und konkrete Hilfe zu organisieren, bemühten sich die Mitarbeiter der Elisabethstraße bis zuletzt mit Aufrufen und Berichten an die Anhänger der *Harandbewegung* um finanzielle Unterstützung zur Fortsetzung des Kampfes.[578] Verzweifelt, von den Anstrengungen gezeichnet, aber immer noch ohne einen Gedanken aufzugeben, schreibt Irene Harand selber an das Wiener Büro: „… Paris, … 27. 2. 1938 Gestern und heute die ersten zwei Tage seit meiner Abreise, die ich wieder wie ein halbwegs normaler Mensch zugebracht habe. Es war ganz irrsinnig, wie von Furien gejagt, gehetzt von tausend Hun-

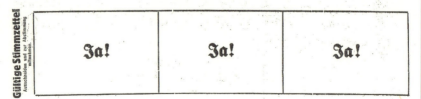

Abb. 52

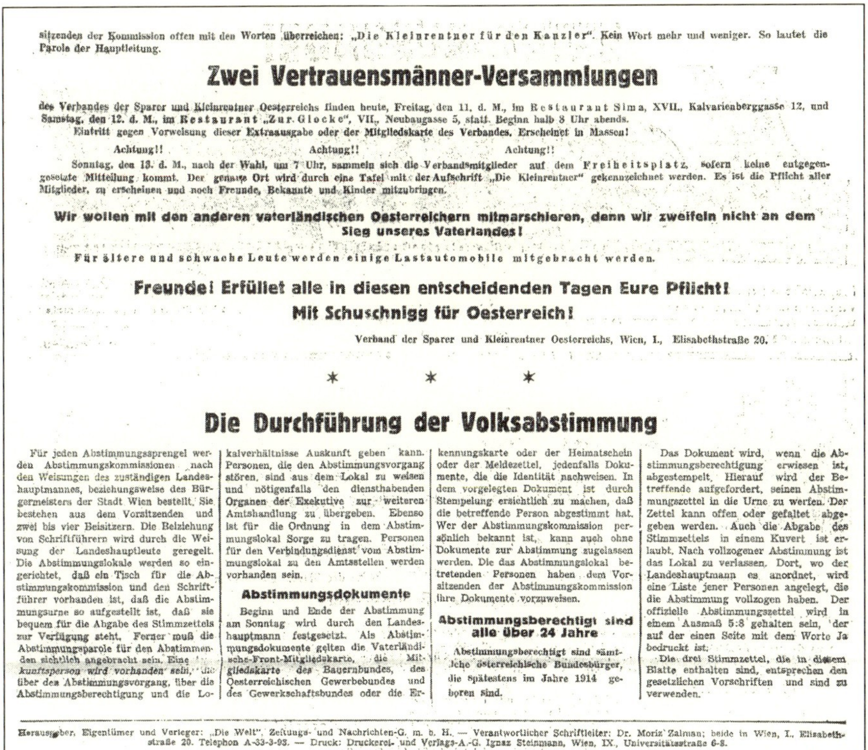

sitzenden der Kommission offen mit den Worten überreichen: „Die Kleinrentner für den Kanzler". Kein Wort mehr und weniger. So lautet die Parole der Hauptleitung.

Zwei Vertrauensmänner-Versammlungen

des Verbandes der Sparer und Kleinrentner Oesterreichs finden heute, Freitag, den 11. d. M., im Restaurant Sima, XVII., Kalvarienberggasse 12, und Samstag, den 12. d. M., im Restaurant „Zur Glocke", VII., Neubaugasse 5, statt. Beginn halb 8 Uhr abends.

Eintritt gegen Vorweisung dieser Extraausgabe oder der Mitgliedskarte des Verbandes. Erscheinet in Massen!

Achtung!! Achtung!! Achtung!!

Sonntag, den 13. d. M., nach der Wahl, um 7 Uhr, sammeln sich die Verbandsmitglieder auf dem Freiheitsplatz, sofern keine entgegengesetzte Mitteilung kommt. Der genaue Ort wird durch eine Tafel mit der Aufschrift „Die Kleinrentner" gekennzeichnet werden. Es ist die Pflicht aller Mitglieder, zu erscheinen und noch Freunde, Bekannte und Kinder mitzubringen.

Wir wollen mit den anderen vaterländischen Oesterreichern mitmarschieren, denn wir zweifeln nicht an dem Sieg unseres Vaterlandes!

Für ältere und schwache Leute werden einige Lastautomobile mitgebracht werden.

Freunde! Erfüllet alle in diesen entscheidenden Tagen Eure Pflicht!

Mit Schuschnigg für Oesterreich!

Verband der Sparer und Kleinrentner Oesterreichs, Wien, I., Elisabethstraße 20.

* * *

Die Durchführung der Volksabstimmung

Für jeden Abstimmungssprengel werden Abstimmungskommissionen nach den Weisungen des zuständigen Landeshauptmannes, beziehungsweise des Bürgermeisters der Stadt Wien bestellt. Sie bestehen aus dem Vorsitzenden und zwei bis vier Beisitzern. Die Beiziehung von Schriftführern wird durch die Weisung der Landeshauptleute geregelt. Die Abstimmungslokale werden so eingerichtet, daß ein Tisch für die Abstimmungskommission und den Schriftführer vorhanden ist, daß die Abstimmungsurne so aufgestellt ist, daß sie bequem für die Abgabe des Stimmzettels zur Verfügung steht. Ferner muß die Abstimmungsparole für den Abstimmenden sichtlich angebracht sein. Eine Auskunftsperson wird vorhanden sein, die über den Abstimmungsvorgang, über die Abstimmungsberechtigung und die Lokalverhältnisse Auskunft geben kann. Personen, die den Abstimmungsvorgang stören, sind aus dem Lokal zu weisen und nötigenfalls den diensthabenden Organen der Exekutive zur weiteren Amtshandlung zu übergeben. Ebenso ist für die Ordnung in dem Abstimmungslokal Sorge zu tragen. Personen für den Verbindungsdienst vom Abstimmungslokal zu den Amtsstellen werden vorhanden sein.

Abstimmungsdokumente

Beginn und Ende der Abstimmung am Sonntag wird durch den Landeshauptmann festgesetzt. Als Abstimmungsdokumente gelten die Vaterländische-Front-Mitgliedskarte, die Mitgliedskarte des Bauernbundes, des Oesterreichischen Gewerbebundes und des Gewerkschaftsbundes oder die Erkennungskarte oder der Heimatschein oder der Meldezettel, jedenfalls Dokumente, die die Identität nachweisen. In dem vorgelegten Dokument ist durch Stempelung ersichtlich zu machen, daß die betreffende Person abgestimmt hat. Wer der Abstimmungskommission persönlich bekannt ist, kann auch ohne Dokumente zur Abstimmung zugelassen werden. Die das Abstimmungslokal betretenden Personen haben dem Vorsitzenden der Abstimmungskommission ihre Dokumente vorzuweisen.

Abstimmungsberechtigt sind alle über 24 Jahre

Abstimmungsberechtigt sind sämtliche österreichische Bundesbürger, die spätestens im Jahre 1914 geboren sind.

Das Dokument wird, wenn die Abstimmungsberechtigung erwiesen ist, abgestempelt. Hierauf wird der Betreffende aufgefordert, seinen Abstimmungszettel in die Urne zu werfen. Der Zettel kann offen oder gefaltet abgegeben werden. Auch die Abgabe des Stimmzettels in einem Kuvert ist erlaubt. Nach vollzogener Abstimmung ist das Lokal zu verlassen. Dort, wo der Landeshauptmann es anordnet, wird eine Liste jener Personen angelegt, die die Abstimmung vollzogen haben. Der offizielle Abstimmungszettel wird in einem Ausmaß 5:8 gehalten sein, der auf der einen Seite mit dem Worte Ja bedruckt ist.

Die drei Stimmzettel, die in diesem Blatte enthalten sind, entsprechen den gesetzlichen Vorschriften und sind zu verwenden.

Herausgeber, Eigentümer und Verleger: „Die Welt", Zeitungs- und Nachrichten-G. m. b. H. — Verantwortlicher Schriftleiter: Dr. Moriz Zalman; beide in Wien, I., Elisabethstraße 20. Telephon A-33-3-93. — Druck: Druckerei- und Verlags-A.-G. Ignaz Steinmann, Wien, IX., Universitätsstraße 6-8.

Abb. 53

Abb. 52-53: Für die Kleinrentner *wie auch für die* Harandbewegung *war die Volksabstimmung für die Selbständigkeit Österreichs von entscheidender Bedeutung. Ihre Organe standen daher in dieser Frage voll in Einklang mit der Bundesregierung und warben für ein eindeutiges ‚Ja!'.* Morgenpost *Extraausgabe, 11. März 1938.*

den! Das alles sind schwache Bilder, getrieben von der Sorge um Österreich, gehetzt von meiner fürchterlichen Vorstellung meine Heimat zu verlieren, aufgestachelt von der Todesangst um Millionen Österreicher jüdischer und christlicher Prägung, das Schicksal der Elisabethstrasse mit allen Freunden, das alles zusammengenommen trieb mich an, liess mich arbeiten, wie ich in meinem ganzen Leben noch nicht gearbeitet habe. Habe ich 6-8 Rendevous absolviert, bin ich todmüde vom Laufen, Stiegensteigen, schwindlig von Autobus und Untergrundbahn, angefüllt mit Bitterkeit, wenn erfolglos, oder nicht das gewünschte Verständnis findend, aber auch bei Erfolgen noch immer nicht wissend, ist's ‚der' Erfolg, – erschöpft im Hotel angelangt. Schnell, nur schnell hinauf in mein Zimmer, ein paar beruhigende Worte an meinen Mann, an Sie, an meine Schwester, an Rösi Fein, an Magda Mayer, an den jungen Dr. S., … der in Kopenhagen auf meine Hilfe wartet, etc. etc. schreiben und dann ins Bett und geweint, viel und ausgiebig geweint! Nur alles herunterspülen von der Seele – und das waren gute Augenblicke! Es gab auch solche, wo ich nicht weinen konnte, wo ich ermattet aufs Bett fiel, gelähmt von all den sich jagenden Vorstellungen, wo mir das Herz wie ein Stein in der Brust lag, wo ich mich ziel-, plan- und hoffnungslos durch die Welt gejagt sah, wo ich in tränenloser Verzweiflung Abschied von allem nahm, was mir lieb war, wo ich Heimat und Volk – Europa begrub, wo ich meinte, ich hätte an Stelle des Herzens ein vierkantig geschliffenes Stück Stahl in der Brust.[579]

Die Zerschlagung der *Harandbewegung* in Österreich

„Diesmal darf es kein ‚Versagen' geben" – Irene Harands Kampf in Paris und London um Österreichs Unabhängigkeit.

Irene Harands Artikel in der *Gerechtigkeit* nach dem Treffen Schuschnigg-Hitler am Obersalzberg waren von Optimismus und der Zuversicht gekennzeichnet, Österreichs Unabhängigkeit könnte zumindest mittelfristig gerettet sein. Ein Vorfall, der sich Tage zuvor in ihrem Büro zugetragen hatte, war beinahe vergessen. Am 4. Februar war plötzlich ein deutscher Offizier erschienen und dieser hatte, ohne sich vorzustellen, nur gesagt: „Hitler plant den Einmarsch in Österreich." Einige Zeit später las Harand in einer Zeitung von einer Gruppe deutscher Offiziere, die sich nach Österreich abgesetzt hatten.[580] Erst bei einem Besuch bei Franz Sobek vom *Österreichischen Bundespressedienst* im Bundeskanzleramt wurde Harand am 17. Februar 1938 über die wahren Vorkommnisse während des Besuchs von Kurt Schuschnigg bei Hitler informiert. Am 30. Jahrestag des Anschlusses erinnerte sich Irene Harand an diesen Tag: „In ending he asked me what I was planning to do. ‚I will call for a hundred mass demonstration all over Austria, and I will tell the assembled people what I have just heard. I will ask them, in the interest of Austria, to unite behind the Austrian government, even though they have disagreed – justifiably disagreed – with various things that happened in the past.' Dr. Sobek replied, ‚There is no time for that now. We don't fear the Austrian Nazis, but we fear their German support. Go to Paris and London and see all your friends. With their help, try to move the Western allies to warn Hitler so that he realizes that – whatever he will do at the Danube or the Elbe – he is going to receive the answer for that on the Rhein.'"[581]

Harand entschloss sich spontan dazu, eine schon länger für Ende Februar geplante Vortragsreise über die Aktivitäten der *Harandbewegung* nach Großbritannien, deren ursprüngliches Ziel es war, die Herausgabe einer englischen Ausgabe der *Gerechtigkeit* vorzubereiten[582], zu einer Goodwill-Tour für Österreich umzufunktionieren.

Noch am Abend desselben Tages verließ Irene Harand Wien. Neben London stand auch eine Fahrt nach Paris auf ihrem Tour-Plan, wo sie ihre Kontakte zum französischen Katholizismus und zur Regierung für die Sache eines unabhängigen Österreichs einsetzen wollte. Über ihre Abreise schrieb sie später in einem Brief: „… Schon die Fahrt von Wien nach Paris war eine unvergessliche Qual, der Abschied am Westbahnhof hart, die vielen Augenpaare, die voller Kummer, gewaltsamer Lustigkeit und doch tränenfeucht auf mich blickten, mich zwingen wollten, erfolgreich zu sein, in jedem Augenpaar lagen Wünsche und Forderungen an mich und mein Können. Dann rollten die Wagen und die Räder liefen alle über mein Herz …"[583]

In ihrem tiefsten Inneren war Irene Harand über die politische Lage aber nicht so optimistisch gestimmt wie „offiziell" in ihren Leitartikeln in den Februar- und Märzausgaben der *Gerechtigkeit*. Die ersten Tage ihrer Reise waren noch von Optimismus und Stimmungshochs geprägt, es klingt aber auch Verwunderung über die französische Einschätzung der Lage Österreichs durch. In einem Brief vom 20. Februar 1938 schrieb sie an ihr Wiener Büro: „Ich stehe unter entsetzlichem Druck, weil mir dauernd alle Leute Asyl anbieten und Arbeitsbewilligungen verschaffen wollen Es ist natürlich ein aufreibender Wettlauf, aber da Lunge gesund – unberufen toi, toi, wird's geschafft werden."[584] Drei Tage später schrieb Harand an Zalman aus Paris: „Alles aus mir herausgeholt, was nur möglich, um Atmosphäre für Schuschnigg-Rede zu verbreiten, es war ein Husarenstückerl, vielleicht das größte meines Lebens."[585]

Ganz anders waren Stimmung und Tonfall ihres schon erwähnten Briefes vom 28. Februar an ihre Büromitarbeiter: „Oh mein Herrgott ich kann mir nicht vorstellen, dass es noch eine größere Not, ein größeres Seelenelend gibt! Ein solches Glück gibt es in der ganzen Welt nicht, dass mich diese zehn Tage vergessen machen könnte. Ich weiß nicht, ob es noch einen größeren Jammer gibt, der das schon erlebte auslöschen könnte … Es gibt keine Zeit zu verlieren. Wirklich jede Minute ist kostbar!! Es wäre ein unverzeihlicher Fehler, wenn wir uns jetzt in Sicherheit wiegen und schlafen gehen würden. Noch einmal hat uns unser Herrgott eine Gnadenfrist gegeben … Diesmal darf es kein ‚Versagen' geben, wenn wir nicht alle mit unserem Österreich zugrunde gehen wollen!"[586]

Harand reiste zwar nicht im offiziellen Auftrag der österreichischen Bundesregierung, doch war diese über ihre Unterredungen ständig informiert. Ihre Hauptansprechpartner waren Franz Sobek und Richard Redler vom *Bundespressedienst* im Bundeskanzleramt, beide Herren hatten sie schon in den Jahren zuvor immer wieder gegen Angriffe der Deutschen Gesandtschaft in Schutz genommen. Zwischen 17. Februar und 1. März telefonierte Irene Harand mit Redler jede Nacht zwischen 2 und 3 Uhr früh. Sie verhalf ihm später auch zu einem Affidavit für die Flucht in die USA.[587] Sobek wurde nach dem Anschluss verhaftet, kam ins KZ und war nach seiner Freilassung Anfang der 1940er Jahre im so genannten „Wiener Siebenerausschuss" im Widerstand aktiv.[588] 1947 veröffentlichte er im *Wiener Kurier* unter dem Titel „Eine große Österreicherin" einen Artikel über Irene Harand.[589]

Doch zurück in die Februar- und Märztage des Jahres 1938. Am 3. März 1938 traf Harand in Paris mit dem französischen Außenminister und mit Kardinal Verdier zusammen, um sie zu einer Intervention zu Gunsten der Österreichischen Unabhängigkeit zu bewegen.[590] Im Pariser Kardinal Verdier fand Harand nicht nur einen Verbündeten im Kampf gegen den Nationalsozialismus, sondern auch einen glühenden Kämpfer gegen den rassischen und katholischen Antisemitismus. Verdier war in der nationalsozialistischen Publizistik jener Zeit Symbol nicht nur für den „Erzfeind Frankreich", sondern auch für den politischen Katholizismus.[591]

Am 7. März hielt sich Harand bereits in London auf, wo sie „für den Legitimismus finanzielle Hilfe beschaffen wolle."[592] Es gelang ihr auch, mit Abgeordneten des Unterhauses und einigen Persönlichkeiten des öffentlichen Lebens zusammenzutreffen.

Neben dem Bundespressedienst und Moriz Zalman informierte sie in ihren Briefen auch den Präsidenten der Union der österreichischen Juden, Dr. Oppenheim, und den Ehrenpräsidenten der Israelitischen Allianz, Jakob Ornstein, von ihren Gesprächen, die aber leider ergebnislos blieben:[593] „… the only result I got was that Paris referred me to London, and London to Washington. Everyone claimed that his country was already one hundred steps ahead and was waiting for the others to do their share."[594]

Auch Moriz Zalman war nicht untätig. Seine Sorge galt der Zukunft der *Harandbewegung*. Einige Tage vor dem Anschluss kam es in Bratislava zu einem Gespräch zwischen Zalman und dem tschechischen Abgeordneten Robert Klein, der führendes Mitglied der *Internationalen Kulturliga* und Herausgeber der mehrsprachigen Zeitschrift *Pax. Friedensblatt* war. Irene Harand stand mit Klein schon einige Jahre in Kontakt und schrieb auch immer wieder Artikel für die *Pax* oder schaltete Anzeigen für die *Gerechtigkeit*.[595] Klein bot Zalman und Harand nicht nur an, die Zentrale der Bewegung nach Prag zu transferieren, sondern bot auch logistische und politische Unterstützung der tschechischen Regierung unter der Bedingung an, dass sich die Arbeit der *Harandbewegung* nicht mehr offen gegen das Dritte Reich richten sollte.[596] Zalman sollte am Morgen des 10. März 1938 nach Prag fahren, um die Einzelheiten zu regeln, als jedoch am Abend des 9. März für den Sonntag darauf die Volksabstimmung verlautbart wurde, entschloss sich Zalman, in Wien zu bleiben. Er wollte sich nicht dem Vorwurf aussetzen, als Obmann des *Kleinrentnerverbandes* Österreich in diesen schicksalhaften Tagen verlassen zu haben. Auch ein Telefonanruf von Harand an diesem Abend konnte ihn nicht umstimmen.

„Gott hat seine Gebete nicht erhört" – Die Zerschlagung der Bewegung und die Verhaftung Zalmans

Bereits am 11. März 1938 um 6 Uhr früh stürmten 30 Mann der *NSKK-Motorstaffel I*[597] der Brigade XII die Räume der *Harandbewegung* in der Elisabethstrasse 20. Die zehn Kanzleiräume von Dr. Moriz Zalman und der Geschäftsstelle der *Harandbewegung* wurden als Diensträume von der Motorstaffel beschlagnahmt. Gertrude Kremser, einer Mitarbeiterin der *Harandbewegung,* und Dr. Hertha Breuer, Zalmans Assistentin, wurde der Zutritt zu den Räumlichkeiten untersagt.[598] Die Akten der Kanzlei Zalman und der *Harandbewegung* wurden zunächst in einer Kammer untergebracht.[599]

Im Rahmen einer Aktion gegen die pazifistischen Verbände in Wien führte der *Sicherheitsdienst* (SD) in Zusammenarbeit mit der *Gestapo Wien* und mit Hilfe der SS bereits am 21. März 1938 eine Hausdurchsuchung in den Räumen der *Harandbewegung* durch. Der SD versuchte, neben Bankkonten auch das Barvermögen zu beschlagnahmen, konnte aber nichts finden. Immerhin wurde dabei aber das gesamte noch vorhandene Aktenmaterial beschlagnahmt.[600] Ein Teil der Akten der *Harandbewegung* war bereits durch die SA ins Braune Haus nach München überführt worden.[601] Der Rest – insgesamt 69 Kisten – wurde Ende März 1938 zur Auswertung nach Berlin transferiert.[602]

Bei der Stürmung der Räume am 11. März sollten Irene Harand und ihr Mann Frank Harand, so lautete der Befehl, bei „Sicht" erschossen werden.[603]

Frank Harand versuchte am Abend davor – unmittelbar nach der Rede Schuschniggs – zusammen mit Moriz Zalman und dessen Freundin Magda Zimmermann mit dem Auto in die damalige Tschechoslowakei zu flüchten. Die Grenze war allerdings bereits von SA-Leuten besetzt, die niemanden mit österreichischem Reisepass passieren ließen. Nun versuchten die drei, über die ungarische Grenze zu entkommen. Doch als sie erfuhren, dass auch dort bei jedem einzelnen Reisenden bei den Behörden in Wien nachgefragt wurde, kehrten alle drei nach Wien zurück und tauchten getrennt bei Freunden und Verwandten unter.[604] Frank Harand versuchte in den folgenden Tagen vergeblich, zu Zalman wieder Kontakt aufzunehmen. Eine Woche nach dem ersten missglückten Fluchtversuch gelang es ihm alleine, illegal über die Grenze in die Tschechoslowakei zu kommen. In Prag setzte er sich mit dem Abgeordneten Robert Klein in Verbindung. Nach dem Anschluss ruhten auf Klein die Hoffnungen, er könne die bedrohten Mitglieder der Bewegung aus Wien schleusen.

Stark bedroht waren neben Frank Harand insbesondere Moriz Zalman und Amtssekretär Josef Führer. Führer und seine Frau Anni wollten allerdings Wien nicht verlassen, da sie sich um den alten Vater kümmern mussten.

Nachdem sich Frank Harand selbst in Sicherheit bringen konnte, setzte Irene Harand all ihre Bemühungen daran, von London aus die Flucht Zalmans zu organisieren. Dr. Simon Wolf, Schriftleiter der *Gerechtigkeit*, der als polnischer Staatsbürger ungehindert Österreich verlassen konnte, fuhr mit einem Gruppenfoto, auf dem auch Moriz Zalman zu erkennen war, nach Prag, wo Frank Harand ein Passbild anfertigen ließ. Er wollte selbst mit gefälschtem Pass, gefärbten Haaren und künstlichem Schnurrbart wieder zurück nach Wien, um Zalman zu suchen, doch Klein hielt ihn davon ab.[605] Zweimal schickte Klein Beauftragte nach Wien, um nach Zalman zu suchen – erfolglos. In der Zwischenzeit ließ Klein einen tschechischen Pass mit dem Foto Zalmans auf den Namen „Bohumil Kratky, Bahnsekretär aus Prag" ausstellen. Auf Umwegen kam dieser Pass am 21. März 1938 nach Bratislava zu Ing. Ludwig Kemeny, einem Baumeister und Mitglied der *Kommunistischen Partei*, der wiederum den arbeitslosen Buchdrucker Ludwig Kovarik beauftragte, den Pass in einem von ihm zur Verfügung gestellten Auto nach Wien zu bringen. Kovarik versprach sich von dieser Kuriertätigkeit eine Anstellung im Betrieb von Kemeny. Einige Tage zuvor, am 18. März, war die Wohnung Zalmans am Magaretengürtel 24/II./IV/12a von SS, SA und Polizisten durchsucht worden, sein Name stand auf allen Verhaftungslisten. Zalman erlitt in diesen Tagen der Flucht und des Versteckens einen Nervenzusammenbruch und war kaum noch in der Lage, einen klaren Gedanken zu fassen. Er hielt sich meistens bei Mitgliedern der *Kleinrentnerbewegung* versteckt und wurde untertags von seiner ehemaligen Mitarbeiterin Hertha Breuer betreut.[606]

Am 22. März vormittags wurde Kovarik mit einem Chauffeur nach Wien gebracht. In einer Wohnung am Lueger-Ring 12, die als Treffpunkt diente, konnte Kovarik nach zwei gescheiterten Versuchen endlich Kontakt mit Hertha Breuer aufnehmen. Am Nachmittag des 22. März trafen sich Kovarik, Breuer und Zalman in der Wohnung von Dr. Gerhard Arnstein in der Wiesingerstraße 6. Als Zalman den tschechischen Pass sah, war er enttäuscht und verzweifelt, denn er hatte gehofft, Irene Harand hätte ihm eine englische Staatsbürgerschaft und einen echten englischen Pass verschaffen können. Er weigerte sich zunächst, mit einem gefälschten Pass auszureisen, doch Breuer konnte ihn nach langem Zureden zur Flucht überreden. Klein hatte auch die tschechischen Grenzbeamten informiert, sodass Zalman keine Probleme bei der Einreise in die Tschechoslowakei zu befürchten gehabt hätte. Jedoch wollte er nicht mit Kovarik nach Bratislawa fahren, da er befürchtete, auf Grund seiner mangelnden Tschechischkenntnisse an der Grenze verhaftet zu werden. So machte er einen folgenschweren Fehler, als er sich zur Flucht über die Schweiz entschloss. Hertha Breuer besorgte ihm beim französischen Verkehrsbüro eine Bahnfahrkarte nach Paris. Am 22. März 1938 abends fuhr Zalman in Begleitung von Kovarik von Wien ab. Kovarik sollte Zalman bis Bludenz – knapp vor die Grenzkontrolle in Feldkirch – begleiten und dann nach Wien zurückkehren. Doch die Passkontrolle fand überraschend bereits vorher statt. Zalman wurde kontrolliert und durfte passieren. Kovarik jedoch wurde eingehender über den Zweck seiner Reise befragt. Seiner Geschichte, dass er nach Bludenz fahre, um eine Bekannte abzuholen, wurde kein Glauben geschenkt. Zalman schilderte diese dramatischen Minuten in seinem autobiographischen Roman *Die Menschheit in der Sackgasse. Ein Gefangener zeigt den Weg:* „Der Zug hatte inzwischen Bludenz erreicht und Petronik (Anm.: Kovarik) stieg in Begleitung des Beamten aus. Noch ahnte dieser nicht, dass zwischen Petronik und Balter (Anm.: Zalman) ein Zusammenhang bestehe. Wer kann die Höllenquallen beschreiben, die Balter empfand, als er die weitere Entwicklung der Dinge abwartete? Diese fürchterliche Wartezeit dauerte aber nicht lange. Bald erschien der gleiche Kriminalbeamte[607] wieder und forderte Balter auf, mitzukommen und seine Koffer mitzunehmen. Petronik hatte den wahren Zweck der Reise angegeben! Unter diesen Umständen blieb Balter nichts anderes übrig, als die Wahrheit zu gestehen. Und nach einigen Minuten konnte man Balter auf der Hauptstrasse von Feldkirchen in Begleitung zweier Männer sehen. Gott hatte sein Gebet nicht erhört. Balter wurde verhaftet. Er wanderte nicht über die Grenze in die Freiheit. Er wanderte in eine Zelle des Gefängnisses Feldkirch. Sehnsüchtig blickte er dem abfahrenden Zug nach."[608]

Zalman und Kovarik blieben zwei Wochen bis zum 9. April 1938 im Gefangenenhaus in Feldkirch, dann wurden sie ins Landesgericht Wien überführt. Kovarik wurde später ins KZ Dachau gebracht. Am 14. Juni 1938 wurde Zalman wie Kovarik ins KZ Dachau, später aber ins KZ Buchenwald überstellt. Hertha Breuer wurde nach Verhören von Zalman und Kovarik am 25. März 1938 verhaftet und ins Frauenkonzentrationslager Lichtenburg bei Pretin deportiert. Der jüdische Arzt Gerhard Arnstein, in dessen Praxis die Passübergabe stattfand, wurde ebenfalls verhaftet, er überlebte das KZ Buchenwald und somit als einziger der damals direkt Beteiligten den Krieg.[609]

„Von diesem dreiblättrigen Kleeblatt haben wir nun zwei wiedergesehen …" – Der Prozess gegen Moriz Zalman und Hertha Breuer

Gegen Zalman erhoben schon bald ehemalige Mitstreiter und Konkurrenten schwere Vorwürfe. Schon am 15. März 1938 brachte der *Verband des Unterstützungsvereins der Kleinrentner und Sparer Österreichs, Linz,* eine Strafanzeige gegen Moriz Zalman ein. In dem Schreiben an die Polizeidirektion Wien wurde ausgeführt, „dass der Vorstand Zalman schon seit Jahren her von seinen Mitgliedern in großer Anzahl Darlehen von S. 100.–, 200.–, 300.– und sogar bis S. 1.000.– als Darlehen aufgenommen hat und diese Darlehen bis heute nicht mehr an die Darlehensgeber zurückgezahlt hat." Weiters beklagte sich der Linzer Kleinrentnerverband: „Seit der Schuschnigg-Regierung hat Zalman und sein jüdischer Obmannstellvertreter Schillein, sowie den Zalman seine Geliebte Frau Harant [sic!] – welche die bekannte schwindelhafte Harantbewegung [sic!] leitet und auf Kosten dessen Mitgliedern [sic!] in Wien ein herrliches Leben führt! – haben in allen öffentlichen Versammlungen erklärt, dass alle seine Mitglieder sich als Monarchisten bekennen müssen und dann wird die Aufwertung[610] kommen, wenn jedoch ‚Hitler' kommen soll, dann bekommen die Inflationsgeschädigten keinen Groschen!!"[611]

Dem Schreiben des Unterstützungsvereins waren einige Briefe von ehemaligen Mitgliedern des Zalman'schen Verbandes angeschlossen, so etwa jener einer Frau Liendlbauer mit offen antisemitischem Unterton: „Bis zum Jahre 1932 habe ich mich von dem Juden Zalman ausbeuten lassen, bis mir endlich das Licht aufgegangen ist und war ich nicht so dumm, wie viele tausende Kleinrentner, wo sich der Jude erlaubte von die armen Kleinrentner Darlehen aufzunehmen, mit dem Vorwande, dass er Druckereischulden hätte und dabei ein flottes Leben auf Kosten dieser Armen führte … Ich habe gleich gesagt, der Jude wird niemanden etwas zurückzahlen. Manche haben ihn geklagt und das Geld nicht bekommen. Seine Geliebte, die Frau Harand, macht große Reisen in der Welt und die armen Kleinrentner zahlen fleißig. Ich verstehe gar nicht, dass diese unerfahrenen Menschen diesen jüdischen Ausbeuter noch nachlaufen."[612]

Im August 1938 veröffentlichte *Der Stürmer* einen Hetzartikel unter dem Titel „Die Wahrheit über die *Harandbewegung* ", der zu einer Generalabrechnung mit Irene Harand und Moriz Zalman wurde. *Der Stürmer* wollte seinen Lesern vermitteln, dass die *Harandbewegung* einzig und allein zu dem Zweck bestand, Geld zu verdienen und der Jude Zalman als Tarnung „die Nichtjüdin Irene Harand, die ihm hörig war … als Lockvogel vorschob um einige alte Betschwestern und so genannte ‚Menschenfreunde' für seine dunklen Zwecke zu gebrauchen."[613] „Die Hauptaufgabe dieser groß aufgezogenen Organisation, die wohl viel Gelder, aber dafür wenig Anhänger hatte, war der Kampf gegen Rassenhass und Menschennot (gemeint ist Judennot!) … Das Judentum der ganzen Welt stellte ihm Geldmittel zur Verfügung. Zeitungen wie die ‚Gerechtigkeit' und andere Schmierenblätter besudelten die Idee des Nationalsozialismus. Die Judengenossin Harand gab ein Buch heraus, in welchen sie sich in hysterischer Weise mit dem Nationalsozialismus auseinanderzusetzen versuchte. Das Hauptgewicht legte man aber darauf möglichst viel Geld zu verdienen."[614] Im Artikel wird ein angeblicher Brief der Harand an Zalman folgend zitiert: „Ich bin mit meinen Nerven schon so fertig und mein Mann fragt mich immer wieder, was mich so bedrückt, wenn der nur wüsste, was uns beide so verbindet. Bitte, lieber, lieber Doktor, machen Sie mir wieder viel Geld flüssig und ich schweige weiterhin wie ein Grab."[615]

Der Artikel endet mit der Prophezeiung: „Jud Zalman wird sich für die von ihm begangenen Verbrechen zu verantworten haben. Es wird über ihn ein Urteil gesprochen werden, das vom nationalsozialistischen Geiste getragen ist. Und dieses Urteil wird dafür Sorge tragen, dass dieser gerissene Gauner kein zweites Mal mehr Gelegenheit hat, Gelder zu verschieben und den nichtjüdischen Staat, der ihm Gastrecht gewährte, auszusaugen und zu berauben."[616]

Die Staatsanwaltschaft Wien erhob gegen Zalman schon bald Anklage wegen Betrugs und Passfälschung, gegen Kovarik und Breuer nur wegen des Delikts der Passfälschung.[617] Zalman und Kovarik wurden im Oktober 1938 aus dem Konzentrationslager Buchwald bzw. Dachau nach Wien transferiert. In der Haft schrieb Zalman seinen schon erwähnten autobiographischen Roman. Darin beschreibt Zalman nicht nur sein Leben, sondern versucht vor allem, sein Wirtschaftsprogramm darzulegen. Wiederholt betont er, dass sein Buch *Die Welt ohne Gold und Hunger* (1933) vom Reichsbankpräsidenten und späteren Wirtschaftsminister des Dritten Reichs, Hjalmar Schacht, gelobt worden war. Immer wieder klingt durch, dass Zalman nun, da die *Harandbewegung* zerschlagen worden war, seinen Kampf gegen den Antisemitismus nicht wieder aufnehmen und sich stattdessen um die Umsetzung seines Wirtschaftsprogramms kümmern wollte.

Die *Harandbewegung* wie auch seine Mitarbeit als Vizepräsident erwähnte er auf den 80 Manuskriptseiten nur kurz: „Isolde Basant[618] hatte schon im Jahre 1933 in Österreich eine Bewegung gegen ‚Rassenhass und Menschennot' entfacht, die man kurz ‚Basantbewegung' nannte. Seit September 1933 hatte sie auch die Wochenschrift *Gerechtigkeit* herausgegeben, in der sie insbesondere gegen den Antisemitismus Stellung nahm. Balter beteiligte sich an dieser Bewegung und an der Zeitung und trat in einen Gegensatz zu dem Nationalsozialismus, den er bekämpfte. Es war merkwürdig! … In vielen Fragen berührten sich die Ansichten Balters mit denen der Nationalsozialisten. In der Rassenfrage klaffte ein Abgrund".[619]

Zalman versuchte in seinem Roman, seine Leistungen für den „kleinen Mann" im Rahmen der *Kleinrentnerbewegung* und der *Österreichischen Volkspartei* so genau wie möglich darzustellen und hoffte mit diesem Buch, auch die Gegner von seiner Redlichkeit und Aufrichtigkeit zu überzeugen. Der Roman endet dementsprechend auch optimistisch in einem utopischen Ausblick in das Jahr 1942, wo alle Gegensätze zwischen den Völkern durch festgesetzte Preise, die Einführung des Staatsmonopols für lebenswichtige Güter und Waren, das Verbot des privaten Zwischenhandels, die Abschaffung der Zölle, ein System fixer Wechselkurse und durch die weltweite Regulierung des freien Warenverkehrs über ein internationales Kontrollamt ausgeräumt wären und die Menschheit einer Epoche des Friedens entgegenginge.

Mitten in die Arbeit an seinem Roman kam die Nachricht vom Tod seines Vaters in New York: „Es war an einem Frühlingstage, als Balter von dem Spaziergange im Hofe des Gefängnisses in seine Zelle zurückgekehrt war. Er nahm an dem langen Tische Platz, der sich in der Zelle befand. Plötzlich hörte man das Klirren der Schlüssel an der schweren eisernen Tür. In der Öffnung erschien ein Justizbeamter, der die Post verteilte. Balter erhielt ein Schreiben seines Bruders Salomon. Es enthielt die Trauerbotschaft von dem Tode des alten Balters in Amerika. Wohl hatte Balters Vater ein Alter von 87 Jahren erreicht, allein der Gedanke, dass der Greis die Augen für immer mit dem Bewusstsein schloss, dass sein Sohn Josef einem ungewissen Schicksal entgegen gehe, erhöhten die Qualen des Gefangenen. Welch Veränderung in seinem Schicksale! Aus einem angesehenen Anwalt, der in vier Betrieben maßgebenden Einfluss ausübte, wurde ein armseliger Häftling, der froh sein musste, eine Stunde täglich die Luft des Gefängnishofes zu genießen. An Stelle der schönen Wohnung mit Telefon und Radioapparat eine Gefängniszelle, die Balter mit neun anderen Insassen teilte. Vorbei die herrlichen Abende in der Gesellschaft Gerdas![620] Und nun die Todesnachricht! Die Veränderung in dem Gesichte Balters, der ganz blass geworden war, fiel seinen Zellengenossen auf ... Man kondolierte ihm und überließ ihm seinen Schmerz."[621]

Der Prozess gegen Zalman, Kovarik und Breuer fand im Frühjahr 1939 im Wiener Landesgericht für Strafsachen statt. Breuer kam direkt vor Prozessbeginn aus dem KZ Lichtenburg am 21. Mai 1939 nach Wien. In die Anklageschrift wurde von allen Beschuldigungen nur jene der Frau Theresia Buchta aufgenommen, die Zalman auf Rückzahlung eines Darlehens in der Höhe von 21.206.– Schilling, das sie dem Kleinrentnerverband in der Zeit von 1932 bis 1935 gewährt hatte, klagte. Tatsächlich hatte Zalman von Buchta ein Darlehen genommen und die monatlichen Zinsen von 9% regelmäßig zurückgezahlt. Das Kapital sollte im Mai 1938 zurückgezahlt werden, da jedoch Zalman nach dem Anschluss auf der Flucht war, nichts mehr verdiente und auch der Verband und die *Harandbewegung* kein Vermögen hatten, konnte er die Darlehenszahlungen nicht weiter fortführen. Als Sicherheit für das Darlehen Buchtas hatte Zalman im Juni 1935 eine Rentenversicherung bei der Versicherungsgesellschaft Anker abgeschlossen, die nach Zalmans Tod an sie ausgezahlt werden sollte. Da Zalman nach dem 11. März 1938 aber keine Prämien mehr einzahlen konnte, wurde die Versicherung von der Firma Anker gekündigt und somit erlosch auch für Buchta jegliche Sicherstellung.[622] Nachdem Frau Buchta mit der schriftlichen Aussage von Zalman konfrontiert worden war, dass sie das Geld freiwillig und ohne Drängen dem *Kleinrentnerverband* als Darlehen zu Verfügung gestellt hatte, zog sie am 1. März 1939 ihre Anzeige zurück und schloss sich auch nicht mehr als Privatklägerin dem Strafverfahren an.[623]

Das Verfahren wurde aber nicht niedergeschlagen. Irene Harand versuchte von New York aus, wo sie und ihr Mann seit September 1938 lebten, alle Hebel in Bewegung zu setzen, um Zalman und Breuer freizubekommen. Sie versuchten, bei Zalmans Verwandten und ihren Freunden Geld aufzutreiben, um das Darlehen an Frau Buchta zurückzahlen zu können. Schließlich gelang es ihr, von 40-50 Personen die Zusage zu bekommen, den ausstehenden Betrag in monatlichen Raten von $ 50 zurückzuzahlen. Am 21. März 1939 wurde Frau Buchta als Vorauszahlung für ein Jahr ein Betrag von $ 600 (rund 1.500 Reichsmark) angewiesen. Daneben hat die schwedische Freiherrin Elisabeth von Tamm einen Teil ihres Besitzes verkauft, um einige tausend Dollar zur Errettung von Zalman und Breuer vorstrecken zu können.[624] Im April 1939 beauftragte Harand den amerikanischen Rechtsanwalt Albert Coyle, nach Wien zu fahren und beim Prozess vor Ort für Zalman und Breuer zu intervenieren. Der Anwalt gab dem Wiener Richter deutlich zu verstehen, dass alle Anstrengungen von Harand und den ausländischen Verwandten und Freunden unternommen wurden, um das Leben von Zalman zu retten. Der Antrag auf vorzeitige Haftentlassung wurde aber abgewiesen. Harand unterstützte auch Zalmans Freundin, Magda Zimmermann, und Hertha Breuers Eltern finanziell. Von Dr. Berndorff, einem Gestapo-Beamten in Berlin, erwirkte Coyle zumindest die Zusage, dass die Erledigung des Gerichtsverfahrens der erste Schritt zur Freilassung Zalmans sei.[625]

Am 22. Mai 1939 fand die Hauptverhandlung im Landesgericht für Strafsachen statt. Noch einmal wurden die Umstände der missglückten Flucht aufgerollt und die Frage der Darlehen behandelt. Als Zeugin wurde die Buchhalterin Frau Kremser aufgerufen, die aussagte, dass die kleineren Darlehen schon vor 1930 aufgenommen worden waren und dass jedem, der sie zurückhaben wollte, das Geld auch zurückerstattet wurde. An größeren Darlehen sei nur jenes der Frau Buchta noch offen gewesen. Frau Buchta erklärte: „Ich habe keine Anzeige erstattet gegen Dr. Zalman, sondern wollte mich nur erkundigen, wie ich zu meinem Geld kommen werde, als ich hörte, dass Dr. Zalman in Schutzhaft sei … Ich schließe mich dem Strafverfahren nicht als Privatbeteiligte an, da ich auch heute noch nicht glaube, dass mich Dr. Zalman betrügen wollte."[626]

Zalman gab an, alle Schulden zurückzahlen zu wollen. Außerdem hätte er bereits die Berufung zu einer Universitätsprofessur in New York erhalten. Das Jahresgehalt von $ 2.000 würde es ihm ermöglichen, die Schuld für Frau Buchta zurückzuzahlen.

Obwohl alle Zeugen für Zalman aussagten, fällte das Gericht in allen Anklagepunkten Schuldsprüche. Zalman wurde vorgeworfen „fahrlässig als Schuldner mehrerer Gläubiger seine Zahlungsunfähigkeit insbesondere dadurch herbeigeführt zu haben, dass er leichtsinnig und unverhältnismäßig Kredit benützte" und „dass er in Kenntnis seiner Zahlungsunfähigkeit eine neue Schuld einging und Schulden zahlte und die Eröffnung eines Befriedigungsverfahrenes nicht beantragte." Dies führte zu einer Verurteilung nach den §§ 197, 199 und § 486/1 und 2 des Strafgesetzbuches. Darüber hinaus wurden Zalman, Breuer und Kovarik wegen Passfälschung des Verbrechens des Betrugs nach „§§ 5, 197, 199 Stg." schuldig gesprochen. Zalman wurde zu acht Monaten, Kovarik zu drei Monaten und Breuer zu zwei Monaten Kerker verurteilt. Zalman und Kovarik wurde die Untersuchungshaft angerechnet, so dass die Strafe als verbüßt angesehen wurde.[627]

Am 23. Mai 1939 brachte das *Neue Wiener Tagblatt* unter dem Titel „Der Kleinrentner-Zalman wegen Betrugs verurteilt" einen Bericht über den Prozess, der in der Fortsetzung der Argumentation des *Stürmers* auch gegen die *Harandbewegung* hetzt: „Fast klingt es wie ein Märchen, wenn man heute von der ‚Harandbewegung' spricht, jener dilettantischen Organisation der Nichtjüdin Irene Harand, die angeblich gegen ‚Rassenhass und Menschennot' kämpfte, in Wirklichkeit aber, wie dieser Prozess zeigt, nur jüdischen Geldverdienern ein Mäntelchen für ihre unsauberen Geschäfte bot und eine Gründung des Dr. Zalman war."[628]

Auch das *Deutsche Volksblatt* brachte unter dem Titel „Buhumil Kratky alias Moritz [sic!] Zalman. Der Freund der Irene Harand hat Pech an der Grenze" einen Bericht über den Prozess, in dem die *Harandbewegung* als „Affentheater gegen den Rassenhass" bezeichnet wurde. Das antisemitische Blatt, gegen das auch mehrere Prozesse geführt wurden, war einer der Hauptgegner der *Harandbewegung* in den 1930er Jahren. Entsprechend zufrieden wurde nun die Verurteilung von Zalman und Breuer kommentiert: „Der schönste Tag dieser wasserreinen jüdischen Rechtsanwältin dürfte wohl der gewesen sein, als es ihr einmal, im Auftrage Irene Harands gelang, eine gerichtliche Beschlagnahme des *Deutschen Volksblatt* zu erwirken. Irene jubelte, Moritz [sic!] rieb sich vergnügt die Hände und die Breuer führte die Amtshandlung durch. Ja das waren noch Zeiten … Von diesem dreiblättrigen Kleeblatt ha-

177

ben wir nun zwei wiedergesehen, den Bohumil-Moritz und die Breuer, und so Gott will, werden wir auch einmal der Irene begegnen; wir würden uns aufrichtig freuen darüber, denn die schrullige Irene hat uns mit ihrer *Gerechtigkeit* so manche lustige Stunde in schwerer Zeit bereitet."[629].

Obwohl die Strafen für Zalman und Kovarik durch die Anrechnung der Untersuchungshaft abgebüßt waren, wurden sie nicht freigelassen. Zalman und Kovarik wurden in das KZ Sachsenhausen bzw. Dachau deportiert. Über das weitere Schicksal des Kuriers Kovarik ist nichts bekannt. Hertha Breuer, Zalmans Assistentin, wurde nach ihrer Haftstrafe wieder in das KZ Lichtenburg und später ins Frauenkonzentrationslager Ravensbrück eingewiesen. Im Dezember 1941 wurde Hertha Breuer in der Euthanasieanstalt Bernburg ermordet. Der tschechische Abgeordnete Robert Klein, der Zalman den falschen tschechischen Pass besorgt hatte, wurde im März 1939 nach der Besetzung der ČSR verhaftet und ins KZ Dachau gebracht, wo er ermordet wurde.[630]

Irene Harand gab ihren Kampf um Zalman nicht auf. Nachdem sie ihm schon eine Anstellung als Universitätsprofessor in New York, die notwendigen Einreisepapiere und die Schiffskarte besorgt hatte, überwies sie auf Bitte von Magda Zimmermann hin $ 1.000 Lösegeld für Zalman „an einen Nazi mit Deckadresse in London."[631] Und auch Zalmans jüdischer Rechtsanwalt, Dr. Lucian Dauber, versuchte in mehreren Eingaben, gegen das Gerichtsurteil und gegen die Deportation in das KZ zu berufen.[632] Trotz all dieser Bemühungen kam Zalman nicht frei. Der 58jährige Zalman litt schwer unter den Bedingungen im Lager. Am 29. Mai 1940 starb er im KZ Sachsenhausen. Seine Asche wurde nach Wien überführt. Seine geschiedene Frau Vally Zalman kauf-

Abb. 54: Gedicht von Josef Führer. Gerechtigkeit.

Abb. 55: Herta Breuer August 1939. Photo aus der erkennungsdienstlichen Kartei der Gestapo Wien, DÖW.

te im Juli 1940 ein Grab am Urnenhain des Wiener Zentralfriedhofs,[633] wo er auch bestattet wurde.

Die Bemühungen von Irene Harand, Zalman aus der Haft der Nazis zu befreien, waren somit gescheitert. Von den führenden Mitgliedern der *Harandbewegung* war auch Josef Führer Verfolgungen durch die Gestapo ausgesetzt. Führer, der als Finanzbeamter arbeitete, wurde am 21. April 1938 verhaftet und bis zum 26. Juni 1938 im Polizeigefangenenhaus Wien interniert. Nach seiner Freilassung wurde er zwangsweise pensioniert und erhielt eine Gnadenpension von 132 Reichsmark im Monat. In der Kriegszeit wurde er zur Wehrmacht eingezogen, es gelang ihm aber, nach einem Jahr seine Entlassung zu erwirken. Dennoch war er, wie er später aussagte, „als politisch unverlässlich den Schikanen der Nationalsozialisten ausgesetzt, die es auch verhinderten, mir eine Existenz zu schaffen, da ich mit der kleinen Gnadenpension nicht leben konnte."[634] Nach dem Krieg wurde Führer wieder in den Finanzdienst übernommen und arbeitete im Finanzamt für den 3., 11. und 23. Bezirk. Er starb am 7. Jänner 1960 in Wien.

„… eine der übelsten Hetzzentralen …" – Rezeption der *Harandbewegung* während der NS-Zeit

Die *Harandbewegung* war mit der Verhaftung von Zalman, Breuer und Führer zerschlagen. Die Organisation selbst wurde von der Gestapo mit Wirkung vom 24. Mai 1938 für aufgelöst erklärt, die Fortführung „sowie die Gründung getarnter Nachfolgeorganisationen" verboten.[635] Angeblich war auf die Ergreifung von Irene Harand eine Kopfprämie von 100.000 Reichsmark ausgesetzt.[636] Jedenfalls scheint ihr Name im Juni 1939 als Nummer sieben auf einer geheimen Suchliste des Reichsführers der SS, Heinrich Himmler, unter dem Titel „Erfassung führender Männer der Systemzeit. Konfessionelle Parteien" auf.[637] Auch die Gestapo und der Sicherheitsdienst befassten

Abb. 56: Grab von Moriz Zalman auf dem Wiener Zentralfriedhof. Photo: Chr. Klösch 2003.

sich weiterhin mit Irene Harand.[638] Der Sicherheitsdienst fasste die Aktivitäten in seiner Auswertung der Akten der *Harandbewegung* zusammen: „Aus dem bisher gesichteten Material ist klar ersichtlich, dass die *Harandbewegung* eine der übelsten Hetzzentralen gewesen ist, die mit sämtlichen Gegnern der nationalsozialistischen Bewegung zusammen gearbeitet hat."[639]

Die Aktivitäten von Irene Harand und ihre Bewegung waren auch in den folgenden Jahren immer wieder Ziel von heftigen Attacken nationalsozialistischer Politiker und Publizisten.

Eine Woche nach dem Anschluss kommentierte das *Deutsche Volksblatt* das Ende der *Harandbewegung* mit Schadenfreude und Sarkasmus.[640]

Als die Nationalsozialisten am 15. Oktober 1938 am Heldenplatz in Wien eine Massenkundgebung gegen Kardinal Innitzer und die katholische Kirche veranstalteten, fiel auch der Name Irene Harand. Die Demonstration war als Reaktion auf die Rosenkranzfeier vom 8. Oktober 1938 organisiert worden, bei der einige tausend katholische Jugendliche im Stephansdom und am Stephansplatz gegen die Kirchenpolitik der NSDAP aufmarschiert waren. Bei der Großkundgebung am 14. Oktober sprachen neben Gauleiter Odilo Globocnik auch Reichskommissar Gauleiter Joseph Bürckel, der, wie der *Völkische Beobachter* berichtete, „... in einer einstündige(n) Auseinandersetzung mit dem politischen Katholizismus wie mit Keulenschläge das ganze Lügengebäude zertrümmerte."[641] Bürckel verlass unter anderem auch einen Brief von Kardinal Innitzer an Irene Harand, in dem er ihr seine Unterstützung versichert hatte. Die kanadische Zeitung *The State* berichtete darüber.[642]

Die Erwähnung des Namens von Irene Harand nahm auch ein Wiener zum Anlass, anonym an Bürckel zu schreiben. Darin versuchte er – etwas unbeholfen – klarzustellen: „Der Wahrheit die Ehre!!! Frau Harand war nicht Jüdin, sondern Arierin, eine etwas überspannte junge Dame, Gattin eines Hauptmannes im ehemaligen Bundesheer und strenggläubige Katholikin. Das ist natürlich etwas anderes als wenn der Kardinal einer Jüdin über ihr Buch geschrieben hätte!"[643]

Innitzers Karte wurde 1939 im Buch „Rassesieg in Wien, der Grenzfeste des Reiches" von Robert Körber abgedruckt. Auf einer Karte datiert mit 4. September 1935 schrieb Innitzer an Harand: „Geehrte Gnädige Frau! Vielen Dank für die gütige Widmung Ihres interessanten, freimütigen und aufschlussreichen Buch. Was Sie über die Zustände im 3. Reich schreiben ist unendlich traurig ... Ich würde Ihnen mehr zu Ihrem Buch sagen, aber ich muss mich reservieren. Nur das eine: Der letzte Absatz Ihres Buches möge Gemeingut und Parole aller Nichtnazi werden! Mit besten Grüssen! Innitzer. Ns.: Bitte mein Urteil nicht zu veröffentlichen!"[644]

Über Harand wusste Körber weiters zu berichten: „Die im Judensold stehende Irene Harand fand in Amsterdam ebenso wie in New York Hilfe und Geld des dortigen Judentums, um in Wien, eine sogenannte Harandbewegung künstlich zu entfachen. Ihr diente die Zeitschrift ‚Gerechtigkeit', die nur Selbstreklame und Lobhudeleien für das Judentum abdruckte, um den geistig Unbemittelten und Unselbständigen die hohen ‚Kulturleistungen' der Juden ein-, und jeden pflichtgemäßen Kampf gegen den fremden Eroberer und Weltfeind auszureden, um so den Antisemitismus als Kulturschande und Religionsfeindlichkeit zu brandmarken. Sie erfreute sich der besten Verbindungen zu den weltlichen und geistlichen Vertretern des politischen Katholizismus, die ihren Kampf gegen Volk und Führer ebenso unterstützten, wie sie die Juden gut bezahlten. Irene Harand ist auch die Verfasserin einer der kulturlosesten Schmähschriften gegen das nationalsozialistische Deutschland und seines begnadeten Führers. Sie beschuldigt darin den Nationalsozialismus selbst des ‚Massenmordes', tischt alle Greulmärchen des Pressejudentums auf, verdächtigt das neue Deutschland der Kriegshetze, fordert sogar die alten deutschen Heerführer auf, dem Hackenkreuz die Macht zu entwenden' und will der Welt die Wege aufzeigen, wie sich ‚der fürchterlichen Gefahr, die der deutsche Nationalsozialismus verkörpert, erwehren kann'. Diese nur im Dienste des jüdischen Erbfeindes geschriebene Schandwerk endigt mit dem Rufe der jüdischen Weltverschwörer und ihrer Trabanten: ‚Das Hackenkreuz [sic!]bedeutet eine große Gefahr für die Menschheit. Das Hackenkreuz [sic!]ist die größte Gefahr des Jahrhunderts.'"[645]

Hanns Schopper bezeichnete Irene Harand in seinem Buch über die Geschichte der nationalsozialistischen Presse als ‚arme Irre', „die sich – angestachelt von dem Juden Wolf[646] – als Verständigungsapostel zwischen Juden und Christen aufzuspielen versuchte"[647].

Irene Harands Ideen waren aber mit der organisatorischen Zerschlagung der Bewegung und der Verhaftung bzw. Flucht ihrer Führung nicht gänzlich aus Österreich verschwunden. Aktivisten der Bewegung blieben offenbar auch weiterhin im Untergrund aktiv. So tauchten im Dezember 1940 in Favoriten Streuzettel der *Harandbewegung* auf.[648]

III.
Irene Harand im Exil

„Es gilt zunächst Menschenleben zu retten" – im Londoner Exil

Den Anschluss erlebte Irene Harand in London. Frank Harand gelang es, illegal die Grenze in die damalige Tschechoslowakei zu überschreiten, spätestens Ende März 1938 reiste er mit dem Flugzeug von Prag über Amsterdam nach London zu seiner Frau.

Einen Monat nach dem Anschluss richtete Irene Harand ein Rundschreiben an die Mitglieder ihrer Bewegung in aller Welt. Der Aufruf hatte folgenden Wortlaut: „Freunde. Richtig ist – ich bin hart geschlagen, richtig ist aber auch, dass ich noch lange nicht besiegt bin! Ich bitte Euch dies einzuprägen. Besiegt bin ich erst, wenn Ihr stumm und ich ohne Eure Hilfe bleibe. Hört mich an! Alles was ein Mensch geben kann, habe ich gerne und freudig gegeben. Mein Büro wurde am 12. März a.c. in Wien um 6 Uhr früh von der SA besetzt. Meine Wohnung wurde am 15. März durchsucht, meine Bilder von der Wand gerissen und zertreten, Bücher etc. mitgenommen, kurz die Wohnung beschlagnahmt und versiegelt. Ich befand mich im Ausland um Hilfe für Österreich bei den Westmächten zu erbitten, so wurde ich von den Ereignissen im Ausland überrascht. Mein Mann war in Wien und konnte nur sein nacktes Leben retten. Ich besitze aber trotzdem noch etwas – meine ungebrochene Kraft und den eisernen Willen gegen Wahnsinn und Verbrechen zu kämpfen. Es gilt zunächst Menschenleben zu retten – das ist meine nächste Aufgabe und dann zu arbeiten, arbeiten Tag und Nacht, nur ein Ziel vor Augen – die Niederlage von Räubern, die ganz Europa zu Grunde richten wollen, zu beschleunigen. Wollt Ihr ehrlich helfen, seid Ihr eingedenk dessen, was für Opfer ich selbst gebracht habe, seid Ihr bereit Treue mit Treue zu vergelten? Dann: Bezahle jeder als Mindestopfer das letzte Jahresabonnements der Gerechtigkeit, selbst wenn er es schon bezahlt hat. Wer leicht mehr tun kann, der soll es auch ohne spezielle Bitte tun! Ich verlange dieses Opfer, – und wenn Sie lieber Freund sogar irgend einen Gebrauchsgegenstand Ihrer Wohnung verkaufen müssten, um dieser Bitte zu entsprechen, bedenkt doch, ich besitze nicht ein Stückchen von meiner Wohnung mehr und ich gab doch alles, immer bis aufs Letzte was ich besaß. Jetzt denke ich aber nicht an mich. Jeder von Euch trägt dazu bei, entweder ein Menschenleben zu retten, oder ihm den Kerker und den Tod in die Arme zu treiben. Ich will und ich werde (und ich habe schon) Menschen aus der Hölle befreit, wenn Ihr nicht wollt, dass ich wahnsinnig werde, helft mir zunächst durch Euer Geldopfer diese meine traurige Pflicht im Leben zu erfüllen. Dann aber geht der Kampf weiter. Bitte sendet Geld nur an nachstehende Adresse. Ihr werdet nach ca. 8 Tagen von mir aus London die Originalbestätigung erhalten. Adresse lautet: Harand-Gruppe, Stavanger-Norway. Es grüßt Euch Eure Irene Harand."[649]

Die Gruppe in Stavanger, die diesen Aufruf in ihrem Namen verschickt hatte, war sehr aktiv. Sie wurde von Rektor Olsen, Direktor des hiesigen Handelsgymnasiums, geleitet. Olsen war auch Vizevorsitzender des Norwegischen Friedensbundes und Ausschussmitglied des Internationalen Versöhnungsbundes. Daneben war auch Arne J. Tharaldsen, Homöopath und Leiter des Esperantoklubs der Stadt, führend in der Gruppe tätig.[650]

Dieser Aufruf gibt auch Einblick in Irene Harands Empfindungen und Gedankengänge in jener frühen Zeit der Emigration. Zweifellos war Harand tief schockiert von den Ereignissen des März 1938. Sie und ihr Mann hatten alles verloren, was sie besessen hatten. Harand befand sich nun in der gleichen Situation wie jene deutschen Flüchtlinge, die sie zwischen 1933 und 1938 in der Elisabethstrasse aufgesucht und um Hilfe gebeten hatten. Nun war sie es, die auf Hilfe angewiesen war. Der Ton des Aufrufs schwankt zwischen der Verzweiflung darüber, dass sie nun von den Nazis „schwer geschlagen" worden war und der fast trotzigen Entschlossenheit, gerade jetzt, da das „Hakenkreuz" noch viel mächtiger und gefährlicher geworden war, mit noch größerer Energie weiter zu kämpfen. Es ist auch anzunehmen, dass Irene Harand, die bereits im Sommer 1937 wegen Überarbeitung einen körperlichen und seelischen Zusammenbruch erlitten hatte, nun, nachdem ihr Lebenswerk von den Nationalsozialisten vernichtet worden war, seelisch wieder stark gefährdet war. „Cassandras despairing sense of frustration", schrieb eine kanadische Tageszeitung 1941 in Anspielung auf die Märzereignisse, „could not have been greater than Mme. Harands."[651]

Irene Harand war aber nicht nur von ihren Landsleuten enttäuscht, die nun so enthusiastisch den Anschluss begrüßten und den „Rassenhass", vor dem sie immer gewarnt hatte, so exzessiv auslebten. Sie war auch ernüchtert und enttäuscht von sich selbst, da sie ihre Ziele nicht erreicht hatte. Sie fühlte sich schuldig, da sie kommen gesehen hatte, was nun gekommen war, und da sie, als es noch möglich gewesen war, nicht noch stärker und vehementer gegen die Nationalsozialisten und den Antisemitismus angekämpft hatte. Nach dem Krieg sprach sie einmal in einem Brief an ihre ehemaligen Mitarbeiter in Wien von der „passiven Schuld", die jeder lesende und schreibende Mensch des 20. Jahrhunderts hätte, weil der Verlauf der Geschichte gezeigt hätte, dass von allen zu wenig getan worden war, um Hitler zu verhindern:[652] „Die Schande des 20. Jahrhunderts ist nicht Hitler, sondern wir, die wir einen Hitler nicht rechtzeitig vor der ganzen Menschheit unmöglich machen konnten. Und das ist mein persönliches Schuldbekenntnis. Je mächtiger, je einflussreicher, je wohlhabender, der Einzelne unter uns, oder die gesamte Nation, der wir angehören, waren, desto größer die Schuld – die passive Schuld!" In einem Vortrag sagte sie einmal: „Only because we were silly and stupid did Hitler gain control"[653] und ein anderes mal betonte sie in einer Versammlung von Frauenorganisationen: „We can learn from the lesson of Austria … that only by unity can we resist opression."[654]

Dieses an ihr nagende Gefühl der „passiven Schuld" mag wohl die Antriebsfeder gewesen sein, in ihrem Kampf gegen den Antisemitismus gegen Hitler und den Nationalsozialismus weiterzumachen.

Der Aufruf Irene Harands vom April 1938 blieb offensichtlich ohne viel Resonanz. Sie ließ bald den Plan fallen, in Europa, sei es nun von Prag, Stavanger oder London aus, die Bewegung zu reorganisieren. Ihr Ziel war es, in die USA zu emigrieren und dort mit der Arbeit neu zu beginnen. Irene Harand hatte in den USA Verwandte und Freunde, so lebte zum Beispiel ihre Schwester Margarethe, die mit dem Bruder ihres Mannes Robert Harand verheiratet war, in New York. Robert Harand gelang es, auf regulärem Wege die nötigen Einwanderungspapiere für seine Schwägerin zu bekommen. Die Bitte um Hilfe bei der Einwanderung wurde vom State Department ausweichend beantwortet.[655] Mitentscheidend für ihren Entschluss zur Emigration dürfte auch der negative Ausgang der Évian-Konferenz gewesen sein, bei der Irene Harand als eine Vertreterin der Hilfs- und Flüchtlingsorganisationen anwesend war.

„Ich träume von einer ‚Friedenskonferenz aller Völker'" – Die Évian Konferenz im Juli 1938 und Irene Harand

Nach dem Anschluss Österreichs an das Dritte Reich schnellte die Zahl der politischen Flüchtlinge in Europa in die Höhe.[656] Nicht nur viele österreichische Emigranten, sondern auch Flüchtlinge aus Deutschland, die bisher in Österreich gelebt hatten, sahen sich nun gezwungen, auf legalem oder illegalem Wege den erweiterten Machtbereich der Nationalsozialisten zu verlassen. Im Deutschen Reich lebten 1933 an die 500.000 Juden, davon konnten bis 1938 etwa 100.000 auswandern. Palästina mit 43.000 und Nordamerika mit 55.000 Flüchtlingen waren dabei die Hauptzielgebiete der Emigration. Mit dem Anschluss Österreichs gab es nun über 200.000 neue potentielle politische Flüchtlinge. Bereits im März 1938 erkannte der amerikanische Präsident Franklin D. Roosevelt, dass etwas unternommen werden musste, um die drohende humanitäre Katastrophe abzuwenden. Bis zum 23. März 1938 konnten nur 11 (!) österreichische Juden eine legale Einreise in die USA erreichen. Roosevelt beauftragte seinen Außenminister Cordel Hulk, an Großbritannien, Frankreich, Belgien, Niederlande, Dänemark, Norwegen, Schweden, die Schweiz und Italien heranzutreten, um eine internationale Konferenz zur Regelung des Flüchtlingsproblems vorzuschlagen. Die Initiative trug bereits am Beginn den Keim des Scheiterns in sich, da von amerikanischer Seite empfohlen wurde, eine Lösung auf Grundlage der in den Ländern bestehenden gesetzlichen Aufnahmebestimmungen zu finden. Doch waren es ja gerade die herrschenden restriktiven Einreisebestimmungen, die das Hauptproblem für die Einreise der Flüchtlinge darstellten. Auch der Ort der Konferenz war lange Zeit umstritten. Ursprünglich war Genf angedacht, doch die Schweizer Regierung weigerte sich, die Konferenz zu veranstalten, weil sie fürchtete, Genf könnte Sitz eines permanenten Flüchtlingskommissariats werden. So sprang Frankreich ein und stellte den Kurort Évian-les-Bains am Genfersee als Tagungsort zur Verfügung. Die Konferenz stand von Beginn an unter keinem guten Stern, da Großbritannien versuchte, die Frage der jüdischen Einwanderung nach Palästina nicht zur Sprache zu bringen und, wie auch die USA und Frankreich, Hitler und das Dritten Reich nicht namentlich zu erwähnen.

Im Vorfeld der Konferenz setzte Roosevelt ein Zeichen, um den sich abzeichnenden negativen Ausgang zu verhindern. Auf Grund der Vorkommnisse in Österreich wies er seine Behörden an, die theoretisch erlaubte jährliche Einwanderungsquote von 27.370 Personen aus dem Deutschen Reich für 1938 vollständig auszuschöpfen. In den Jahren 1933 bis 1938 hätten theoretisch bereits 130.000 deutsche Juden legal aus dem Dritten Reich in die USA auswandern können, wenn die amerikanischen Behörden es zugelassen hätten. Tatsächlich waren es aber nur etwas mehr als ein Drittel, nämlich 55.000.

Die Konferenz in Évian-les-Bains begann am 6. Juli 1938. Etwa 200 Journalisten und Repräsentanten aus 32 Ländern, Vertreter von 39 jüdischen und nicht-jüdischen

Hilfs- und Flüchtlingsorganisationen sowie auch die Reichsvertretung der Juden in Deutschland und ein Sprecher der Kultusgemeinde in Wien als Vertreter der direkt Betroffenen nahmen an der Konferenz teil. Neben den drei großen Demokratien USA, Frankreich und Großbritannien bestand der zweite Block aus Ländern des Britischen Empires wie Kanada, Australien und Südafrika. Diese Länder hatten trotz ihrer großen Fläche und vergleichsweise dünnen Besiedlung legislative Barrieren für die Einwanderung aufgebaut, die sie nicht gewillt waren zu beseitigen. Die dritte Gruppe bestand aus Ländern Mittel- und Südamerikas. Die Reden der Vertreter aller Länder ähnelten sich: Sie gaben Sympathieerklärungen für Roosevelts Initiative und für die Situation der politischen Flüchtlinge ab, führten aber gleichzeitig eloquent und phrasenreich die logistischen Hindernisse aus, die ihre Länder daran hinderten, mehr Flüchtlinge als bisher aufzunehmen.

Während die Ländervertreter tagten, wurden die Vertreter der 39 Flüchtlings- und Hilfsorganisationen in einem Sub-Komitee angehört, das vom australischen Wirtschaftsminister White geführt und aus Vertretern von Belgien, Costa Rica, Cuba, Frankreich, Mexiko, Nicaragua, Peru, Großbritannien, den Vereinigten Staaten und Venezuela bestand. Es hatte die Aufgabe, sich ein Bild über die Situation der jüdischen und nichtjüdischen politischen Flüchtlinge aus dem Dritten Reich zu machen. Zu diesem Zweck wurden 24 Vertreter von Hilfsorganisationen vom Komitee angehört, unter ihnen waren *German Jewish Aid Committee* (London), *American Joint Distributions Committee* (Paris), *Notgemeinschaft Deutscher Wissenschaftler im Ausland* (London), *World Jewish Congress* (Paris), *Jewish Agency for Palestine* (London) oder die *Fédération des immigrés d'Autriche* (Paris). Unter den wenigen nicht-jüdischen Vertretern, die vom Komitee gehört wurden, war auch Irene Harand. Über den Inhalt ihrer Ausführungen ist nichts bekannt. Adler Rudel schildert, dass die Form des am 8. Juli 1938 stattfindenden Hearings von den Organisationen als entwürdigend empfunden wurde. Niemand, weder die Kommissionsmitglieder noch die Vertreter der Organisationen, waren auf diese Gespräche vorbereitet. Die Vertreter mussten vor der Türe Schlange stehen und wurden nacheinander vor die 11-köpfige Kommission geladen, wo sie meist nur zehn Minuten Zeit hatten, ihr Anliegen zu formulieren. Die Position der Hilfsorganisationen wurde auch dadurch geschwächt, dass sie nicht mit einer Stimme sprachen und ihre Statements und Forderungen nicht absprachen. Darüber hinaus waren die meisten Flüchtlingsvertreter, Schriftsteller, Universitätsprofessoren oder Politiker nicht mit einer diplomatischen Verhandlungsführung vertraut.

Die Forderungen der Hilfs- und Flüchtlingsorganisationen gingen im wesentlichen in vier Richtungen:
- Freigabe der jüdischen Einwanderung nach Palästina
- Technische und humanitäre Hilfe für Flüchtlinge, damit sich diese schneller an die wirtschaftlichen und gesellschaftlichen Begebenheiten in den Exilländern anpassen könnten.
- Öffnung dünn oder nicht besiedelter Gebiete für die jüdische Auswanderung, um so einen Konflikt mit den bereits dort lebenden ethnischen Gruppen zu vermeiden
- Verpflichtung aller Staaten der Welt, die staatsbürgerlichen Rechte von Juden zu respektieren

Die Konferenz endete nach neuntägigen Beratungen am 15. Juli 1938 mit dem Plan der Einsetzung eines *Intergovernmental Committee on Refugees*, das die Auswanderung von deutschen und österreichischen Juden koordinieren sollte. Angesichts der hohen Erwartungen, die in der Weltpresse in die Konferenz gesetzt worden waren, war das Ergebnis enttäuschend. Das Signal, das die Konferenz an die im Deutschen Reich verfolgten Juden und politischen Gegner des Nationalsozialismus sandte, war fatal. Das völkerrechtliche Prinzip der Nichteinmischung in die Angelegenheiten anderer Staaten wurde höher bewertet als humanitäre Fragen der Menschenrechte. Von nationalsozialistischer Seite wurde die Konferenz propagandistisch ausgeschlachtet. Die NS-Presse sah sich in ihrer antisemitischen Haltung bestätigt, da nun offensichtlich wurde, dass niemand in der Welt Juden haben wolle.

Von Irene Harand ist keine direkte Stellungnahme zum Ausgang der Évian-Konferenz bekannt. Es ist anzunehmen, dass auch sie von der Haltung der internationalen Staatengemeinschaft tief enttäuscht war. In einem Brief, den sie nach der Katastrophe des Zweiten Weltkriegs und nach dem Holocaust an eine Freundin in Wien schrieb, mag ihr wohl die Évian-Konferenz in den Sinn gekommen sein: „Ich träume von einer ‚Friedenskonferenz aller Völker', wo jeder Vertreter seines Landes aufsteht und die eigenen Fehler bekennt, wo ehrliche menschliche Menschen die Politik machen, wo Hass vollkommen ausgeschaltet wird, wo jeder nur ein Ziel im Auge hat – gutzumachen, aufzubauen, den Nachbarn zu sichern, um dadurch für sein eigenes Land Sicherheit zu erlangen, wo sich jeder in Grund und Boden schämen würde, seinem Nachbarn Unrecht zuzufügen, wo Machtwahn so verachtet ist, wie das Faustrecht unter zwei zivilisierten Individuen. Ich träume davon, dass jeder Mensch in seiner Kirche, Synagoge, Tempel oder im Wald beten darf, in seiner Sprache und dass der Nächste ehrerbietig den Hut zieht – ohne Selbstüberheblichkeit, Spott oder Hohn im Gesicht zu tragen."[657]

„I say the beginning is here too" – Im New Yorker Exil

Nach der Enttäuschung der Évian-Konferenz bereitete sich Irene Harand auf die Reise in ihre nächste Emigrationsstation – New York – vor. Bereits Ende 1936 hatte sie die USA besucht und in Chicago und New York Vorträge in deutscher Sprache gehalten. Eineinhalb Jahre nach ihrer Vortragsreise und ihren Gesprächen mit Politikern und Wirtschaftstreibenden mit der damaligen Zielsetzung, für Verständnis für das Juli-Abkommen zu werben und Irrtümer über Österreich zu beseitigen, kam sie nun als Emigrantin wieder nach New York, jener Stadt, in der sie bis zu ihrem Tod 1975 leben sollte.[658]

Irene und Frank Harand landeten am 11. September 1938 an Bord des Passagierschiffes „Paris" in New York. Sie wurden von Repräsentanten von Anti-Nazi- und Flüchtlingsorganisationen begrüßt. Alle bedeutenden Tageszeitungen New Yorks berichteten in kurzen Notizen über die Ankunft. Nach ihren Plänen befragt, gab Irene Harand bekannt, dass sie amerikanische Staatsbürgerin werden und eine Vortragsreise antreten wollte, um die Amerikaner über den Nationalsozialismus aufzuklären. In einem Zeitungsinterview zeigt sich Harand schockiert darüber, dass in New York

Abb. 57: 854 West End Avenue, erste Wohnung von Irene und Frank Harand in New York. Photo: Chr. Klösch 2002.

deutschsprachige Zeitungen mit Schlagzeilen wie „Befreit Amerika! Bekämpft die Juden!" erschienen und so der Rassenhass und der Antisemitismus auch hier geschürt wurden. „I see these things with my own eyes after one week in New York. So I say the beginning is here too."⁶⁵⁹ Auf die Zukunft ihrer Bewegung angesprochen sagte sie: „There are still 80.000 members of my movement who would work as they worked in the past. I have had letters from them begging to be allowed to carry on. I can not say what I shall do."⁶⁶⁰ Tatsächlich versuchten viele ehemalige Mitglieder und Sympathisanten der Bewegung, mit Irene Harand erneut in Kontakt zu treten. In der bedeutendsten deutschsprachigen Zeitung des Exils vor dem Krieg, der *Pariser Tageszeitung*, erschien folgender Aufruf: „Irene Harrand. [sic!] Wir erhalten ständig Anfragen nach Ihrer Adresse. Sollten Ihnen diese Zeilen zu Gesicht kommen, so bitten wir Sie, uns Ihre jetzige Anschrift mitzuteilen."⁶⁶¹ Irene Harand war bekannt als Kämpferin gegen Antisemitismus und Mahnerin gegen den Terror der Nazis, der seit dem Anschluss Österreichs für Hunderdtausende zur Realität geworden war. Ihr Wort zählte nun noch viel mehr und viele, gerade auch Vertriebene, suchten in der Emigration Persönlichkeiten als Halt und Orientierungshilfe.

Irene Harand war unentschlossen, ob sie die *Harandbewegung* weiter fortführen sollte oder nicht. Die *American Society for Race Tolerance* mit Sitz 1165 am Broadway in New York sah sich als die amerikanische Sektion der Bewegung.[662] Hier hätte Irene Harand wieder ein Büro zu Verfügung gehabt und Mitarbeiter, auf die sie sich verlassen hätte können. Sie wusste aber auch, dass ihre Aktivitäten sehr genau vom Sicherheitsdienst der SS und der Gestapo beobachtet wurden und dass sie durch ein Aufleben der Bewegung in den USA und darüber hinaus die vielen ehemaligen Mitglieder in Österreich und im besetzten Sudentenland in Gefahr hätte bringen können, abgesehen von den bereits inhaftierten Moriz Zalman, Josef Führer und Hertha Breuer.

Vielleicht waren es diese Überlegungen, die sie zu dem Entschluss brachten, die Bewegung in den USA nicht weiterzuführen. Mit Moriz Zalman fehlte aber auch der organisatorische Motor der Bewegung. Harand setzte fortan als Einzelkämpferin und in Zusammenarbeit mit bestehenden Organisationen ihre Mission der Aufklärung gegen Rassenhass und Antisemitismus fort.

Irene Harands Aktivitäten in den Jahren der Emigration hatten drei große Schwerpunkte. Zum einen versuchte sie, die amerikanische Öffentlichkeit über die wahren Ziele des Nationalsozialismus und über den Rassenhass aufzuklären, zum zweiten half sie österreichischen Flüchtlingen bei der Ausreise aus Österreich und in der ersten Zeit in den USA und zum dritten engagierte sie sich in österreichischen Exilorga-

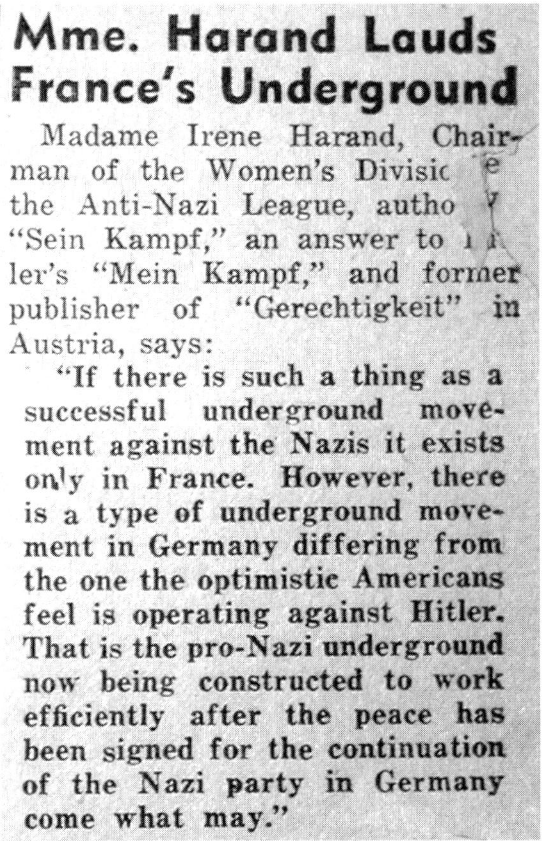

Mme. Harand Lauds France's Underground

Madame Irene Harand, Chairman of the Women's Division of the Anti-Nazi League, author of "Sein Kampf," an answer to Hitler's "Mein Kampf," and former publisher of "Gerechtigkeit" in Austria, says:

"If there is such a thing as a successful underground movement against the Nazis it exists only in France. However, there is a type of underground movement in Germany differing from the one the optimistic Americans feel is operating against Hitler. That is the pro-Nazi underground now being constructed to work efficiently after the peace has been signed for the continuation of the Nazi party in Germany come what may."

Abb. 58: Artikel über Irene Harand. Antinazi Bulletin 2. März 1944, S. 7.

nisationen, um so den Zusammenhalt der Emigranten untereinander zu festigen und die Verbundenheit mit der alten Heimat nicht abreißen zu lassen. Nach dem Krieg kam als vierte Schwerpunktsetzung ihrer Arbeit noch die Organisation von Care- und Hilfspaketen für Wiener Kinder und ehemalige Mitglieder der *Harandbewegung* in Österreich hinzu.

„… und wir werden doch noch helfen können …" – Aktivitäten für österreichische Flüchtlinge

Die Harands lebten zunächst im Appartment ihrer Geschwister Valerie und Robert an der Adresse 657 Teasdale Place in der Bronx, doch schon bald zogen sie nach Manhattan und fanden eine Wohnung auf der Upper West Side, 854 Westend Avenue.[663] Sie waren mittellos, da sie ihr gesamtes Vermögen in Wien verloren hatten. Frank Harand fand einen Job, der ihm $25 die Woche einbrachte, $5 davon bekam seine Frau für ihre Hilfsaktivitäten. Sie bezahlte damit das Porto für Telegramme und Briefe und kochte für Flüchtlingskinder. Irene Harands große Sorge galt den Mitgliedern ihrer Bewegung in Österreich, insbesondere Moriz Zalman und Hertha Breuer, sowie ihren jüdischen und nicht-jüdischen Freunden, für die sie versuchte, Bürgschaften amerikanischer Staatsbürger für die Einreise in die USA zu bekommen. Ihre Gedanken, Ängste und Sehnsüchte dieser frühen Jahre der Emigration schildert sie nach Kriegsende in einem langen Brief an eine ehemalige Mitarbeiterin: „In den Jahren 38, 39, 40 bin ich viele, viele Nächte in meinem kleinen, möblierten Zimmer schlaflos wach gelegen … Mit tränenlosen, wie Feuer brennenden Augen bin ich da gelegen, ratlos, verzweifelt, Angst um den Dr. Zalman, Hertha Breuer und Euch alle hat mich geschüttelt, alle Dinge, die mir je deutsche Flüchtlinge in der Zeit zwischen 1933 und 1938 in der Elisabethstrasse erzählten – alle Unarten, die diese deutschen Flüchtlinge in Kerkern, Konzentrationslagern erlitten, alle Enttäuschungen und Verrat, die ihnen durch Freunde, Familienangehörige zugefügt wurden, haben diese schlaflosen Nächte als marternde Erinnerung ins Gedächtnis zurückgerufen. Wird die arme Hertha, wird der wunderbare Dr. Zalman das ertragen können? Werde ich sie retten können? Was ist mit meinen Freunden in Wien? Meine Mitarbeiter? Wer unter Ihnen hat mich verraten, der Idee für die sie kämpften ins Gesicht gespuckt? Wer steht noch zu uns und unserer Idee und leidet und wird am Ende verfolgt gepeinigt? Und warum bin ich Wurm so machtlos und kann nicht helfen? Ja kann ich mir denn selbst helfen? Stehe da im zweiten Abschnitt meines Lebens, müde von Weinen, Sorgen, Toben, Hass, irrsinniger Hass schüttelt mich gegen … ja gegen wen? Mein Gott und dabei habe ich an tausend Mal in überheizten Sälen in allen europäischen Ländern vom Podium herab mit donnernder Stimme, hingerissen von meiner eigenen Begeisterung und durchdrungen ‚von der Wichtigkeit meiner Worte' verkündet: ‚Hass kann nur durch Liebe überwunden werden; der Hass zerstört den Gehassten, wie den Hassenden.' Wie armselig klein, liege ich da schlaflos – und kämpfe – gegen mich. Ja und Neid fällt mich an, unanständiger Neid, hervorgerufen von dem bittersten Heimweh, das je einen Menschen befallen hat. Nach Haus, nach Haus, ich will nach Haus, irrsinnige Pläne martern mich, ich lasse mir die Haare färben und auch die Augenfarbe kann man ändern, das habe ich durch irgendwas in einem Magazin gelesen. Nicht? Ja und dann lasse ich mir die Nasenform ändern … und dann – fahre ich nach Wien und Berlin und München und Berchtesgaden, so lange bis ich diesem wahnsinnigen Verbrecher begegne und dann schieße ich ihn nieder – mein Gott, das kann doch nicht so schwer sein! Aber es ist Mord und ich bin dann eine Mörderin; wenn man diesen Verbrecher leben lässt, dann wird er Millionen von Menschen morden, ja wenn man ihn nicht tötet, wird man dann an seinen Morden mitschuldig? Sind wir also alle, alle Menschen dieser Zeit an den Morden Hitlers mitschuldig? Wie werden wir sühnen? Wie? Wann? Wer? Gibt es einen Gott? Was hat er mit seiner Schöpfung angestellt? Liebt er nicht die Feinen, die das Gute wollen, die er erbarmungslos von Teufeln hetzen lässt, hinter Kerkermauern und Stacheldraht dem Verderben überlässt? Aber das ist doch Gotteslästerung? … Vater unser, der Du bist in dem Himmel … und dann bete ich 20-30-40 Vaterunser – die Worte machen keinen Sinn mehr, ganz mechanisch und habe tote aufrührerische Gedanken weiter … also habe ich Strafe verdient? Ja, was tat ich denn so böses? Ich liebte meine Heimat, also Liebe ist Sünde? Ich habe Hunger, bestialischen Hunger nach Liebe … der Liebe, die meine Heimat mir schuldig geblieben ist, nach Zärtlichkeit, – der Zärtlichkeit der österreichischen Landschaft, oh ist das alles was ich für meinen guten Willen bekomme, freilich habe ich vieles falsch gemacht, zunächst hätte ich 10x so viel arbeiten müssen, dann gerissener hätte ich sein müssen – mehr erwachsen, nicht so ‚verwöhnter Liebling' und nicht so naiv- und auch wieder nicht so ablehnend der Gesellschaft gegenüber; wenn ich eingeladen wurde, habe ich meistens abgesagt … speziell offizielle Bälle – ich dumme Gans, ich war doch einmal ziemlich hübsch, wozu hat mir der Herrgott das ‚G'sichtel' geben, ich hätte eben ja in Gesellschaft gehen müssen, und wenigstens 2x im Monat zum Friseur, damit ich „etwas gleich sehe" und dann hinein in die diplomatischen Kreise und auch zu den schauderhaften Gesellschaften der Gelangweilten, der Satten, ‚Zufriedenen', drängen hätte ich mich dazu müssen! Und dann zur anderen Seite – ja genauso langweilig, weil auch satt, die kleinen und größeren Bonzen aller Parteieinrichtungen, die nur die eigene Parteifarbe sehen, aber sonst farbenblind sind. – Herrschaften der kleine Adolf ohne Kinderstube, ohne eigene Erziehung, vom Obdachlosenheim hinaus, hat es zu Wege gebracht, dass er alle Staatsmänner und Diplomaten Hampelmänner tanzen machte? Am Ende ist doch Adolf nicht die große Reklame des 20. Jahrh., sondern die Harands, und die viel größeren und vor allem mit viel mehr Macht ausgestatteten ‚großen Herren'? Und wenn ich schon ein niemand bin woher habe ich dann die große Frechheit genommen, die Menschheit erklären zu wollen? Aber ein gutes Wollen, war es doch und ich habe auch nicht die Menschheit erlösen wollen, ich wollte doch nur den Hass tilgen, Vorurteile als solche entlarven, und im Übrigen helfen? Ist das eine Todsünde? Ja hinausschreien will ich es, ich sterbe täglich hundert Tode und die Nächte …!! Die qualvolle Ohnmacht … aber ich muss durch schlafen – um Gottes Barmherzigkeit willen, ich muss schlafen, morgen kommt der Fritz Grünhut mit seiner Frau … sie sind erst seit gestern aus London angekommen und nach denen, der Hans Engel mit seinem 12 jährigen Mäderl – seine Frau hat ihn kalt verlassen, blieb in Europa, der arme Kerl ist halbwahnsinnig, die Sprache kann er nicht, das unmündige Kind allein in einem möblierten Zimmer –

lassen – auf Arbeitsuche – wird ihm das Flüchtlingskomitee die Unterstützung verlängern? Mein Gott, wenn er doch nur nicht so stolz wäre, er stirbt mir noch an seinem Stolz, weil er nicht sagt, was er braucht. Aber es ist ja auch ein miserables Leben. Ehemaliger großer Geschäftsmann, großes Haus, 8 Zimmerwohnung ‚Fräulein' für das Kind – jetzt Tellerwäscher in einer ‚Cafeteria' mit 11 $ in der Woche, davon bezahlt er allein für sein Zimmer 4,5 $ wöchentlich Zins … Gott ja und nachher kommt doch der Rechtsanwalt Dr. Alfred J. mit seiner jungen Frau, er ist jetzt „Handiman" (Hausknecht) bei einem Grünzeughändler, hat ‚Pech', bekommt nur 9,5 $ in der Woche … Sie ist freilich Verkäuferin, sie kann ein bisserl Englisch, aber der Chef hat zu ihr gesagt: „Miss J. you have to dress more American and please smile more often, otherwise I have no use for you Frl. J. … mein Gott wie soll sie lachen! Der Bruder ihres Mannes ist im Konzentrationslager (wie gut wir haben bereits das Affidavit für ihn – wenigstens eine Hoffnung!) die Schwiegereltern haben Selbstmord in Wien begangen, ihre eigenen Eltern sitzen noch in Lissabon, Portugal – das Geld für die Fahrkarten muss aber erst verdient werden!! Wie kann sie da noch amerikanische Kleider kaufen? … Nein, Nein ich muss schlafen, morgen kommen diese Menschen um Rat, werden mir wieder erzählen, was ‚Verwandten' und ‚Freunden' in Wien geschehen ist … geprügelt, auf die Straße gezerrt um Krukenkreuze mit brennender Lauge wegzukratzen … nein ich kann's nicht mehr hören, ich kann nicht mehr … Es dämmert ja noch gar nicht, freilich es ist erst März 1939, was für ein Tag? Der 12. März 1939 – also genau vor einem Jahr geschah es und in 14 Tagen ist es genau ein Jahr, dass man meine beiden Freunde Dr. Zalman und Dr. Breuer verhaftet hat, mein Gott wie tragen sie es? Wissen sie was ich für sie unternommen habe? Freilich wissen sie es, die Vally Z. schrieb mir doch … ob ich heute einen Brief bekommen werde – und was wird drinnen stehen, wieder eine neue ‚Ausreisevorschrift' von den höllischen Gehirnen der Nazis ausgedacht? Dr. Z. hat tausenden Menschen geholfen, tausende vor dem Gastod gerettet, wer rettet ihn heute? Und meine Hertha – unlängst war ein Fräulein bei mir, die mit ihr zusammen verhaftet war, sie erzählt, dass Hertha eine Heilige ist … Nur wahnsinnig darf ich nicht werden, nur wahnsinnig darf ich nicht werden … ein krampfhaftes Weinen schüttelt mich, aber kein gesegnetes, befreiendes Weinen, sondern ein verfluchtes, das einen noch elender, schwächer – hilfloser macht. Und das war eine Nacht von vielen hundert Nächten!!"[664]

Bis zum Kriegseintritt der USA im Dezember 1941 war es für jüdische Emigranten – freilich unter immer schwieriger werdenden Umständen – noch möglich, in die USA zu emigrieren. Irene Harand bekam von hunderten Personen Briefe, die entweder für sich selbst oder für Angehörige um Hilfe bei der Einreise in die USA baten. Harand half selbst und nutzte ihre Kontakte so gut sie konnte. Bei ihren Bemühungen besonders behilflich waren Ann Friedmann von Glen Cove und Emulin Cohn, Vizepräsidentin des *American Jewish Congress*.[665] Als Beispiel für die oft verzweifelten Versuche, Wege zu finden, um Menschen aus Europa zu retten, seien im folgenden zwei Briefe von Irene Harand zitiert.

Der erste Brief ist das Antwortschreiben auf ein Bittgesuch einer österreichischen Emigrantin in South Portland, Maine, ob Harand nicht bei der Flucht ihrer Mutter aus Wien und bei der Überfahrt der Schwester von Lissabon nach New York behilflich sein könnte: „Meine Liebste und nun zu den Affidavits! Mäderl, es ist derzeit unmöglich, wirklich, Sie müssen mir das glauben. Kein Mensch will eine solche Verpflichtung übernehmen. Nur Eltern oder Kinder, die wirklich im Sinn haben, alles für den Menschen, den sie herüberbringen wollen, zu tun, werden so ein Affidavit ausstellen. Sicher tut dies kein fremder Mensch für jemanden, den er nie gesehen hat und von dessen Existenz er bis vor 5 Minuten, ehe wir zu ihm gekommen sind, um ihn um ein Affidavit zu bitten, nichts gewusst hat. Er muss sich nämlich im Affidavit verpflichten, seinen Schützling bis ans Lebensende zu versorgen, muss sogar Versicherungen eingehen, um insbesondere eventuelle Spitalskosten zu bezahlen. Wenn ich in der Lage wäre – und ich bin wirklich entschlossen, für Hertha alles, aber wirklich alles zu tun –, würde ich jetzt Hertha sofort ein Affidavit schicken. Aber sehen Sie, ich kann nicht einmal den ursprünglichen Affidavitgeber dazu bringen, ein neues Affidavit, das den jetzigen Gesetzen entspricht, auszustellen. Ich aber kann kein Affidavit geben, weil ich keine ‚Sicherstellungen' bieten kann, da ich ja nichts besitze. Weder Haus, noch Versicherung, ja nicht einmal Möbel, da ich ja möbliert wohne. Mein guter ehrlicher Wille zählt nicht … Ich könnte ja sterben, und dann würde Hertha, ‚zur Last' fallen. Stellen Sie sich das Unglück vor, das Dr. Vally Zalman hat![666] Ich hab für sie am 1. März [1941] die Schiffskarte einbezahlt. Sie bekam am 26. Juni!! erst das Telegramm von Lissabon, eine Stunde später wurden die Konsulate gesperrt! … Aber es kann und wird noch anders kommen! Jeden Tag werden neue Projekte erdacht, wir müssen nur wachsam sein, und wir werden doch noch helfen können. Lassen Sie sich nicht unterkriegen."[667]

Der zweite Brief ist an den Sozialisten Joseph Buttinger gerichtet. Joseph Buttinger, der mit einer wohlhabenden Amerikanerin aus einflussreicher Familie verheiratet war und daher gute Kontakte ins Weiße Haus hatte, versuchte im Juni 1940, in Zusammenarbeit mit amerikanischen Persönlichkeiten die Flucht von noch in Frankreich lebenden politischen Verfolgten aller Parteien und konfessionellen Richtungen zu organisieren. Durch die schnelle Niederlage Frankreichs im Juni 1940 wurde die Situation für tausende Emigranten und Flüchtlinge, die bis dahin in Frankreich eine Zuflucht finden konnten, sehr kritisch. Durch die Gründung des *Emergency Rescue Committee* und durch die Arbeit des amerikanischen Journalisten Varian Fry konnten hunderte Persönlichkeiten mit sogenannten „Emergency Visas" gerettet werden. Irene Harand bat in ihrem Brief, auch Mitarbeiter ihrer Bewegung auf die Liste zu setzen: „Sehr geehrter Herr Buttinger: Vereinbarungsgemaess gebe ich Ihnen im Nachstehenden die mir bekannt gewordenen Fälle zur freundlichen Intervention weiter: Aniela Birnbaum geboren 10. April 1892 in Maria Grün (Österreich) … und Janina Popper, geboren 28. November 1901 in Krakau … Beide sind unverheiratet, katholisch … ich habe über diese beiden Fälle mit Frl. Zerner und Frl. Loeb gesprochen und habe zu Protokoll gegeben, dass Frl. Popper in Krakau hervorragend in meiner Bewegung tätig war. Beide Frauen sind vor Kriegsausbruch, im August 1939, nach Polen gefahren, um dort gegen die Nazis zu kämpfen. Sie haben sowohl die Belagerung Warschaus als auch den Fall Warschaus miterlebt, sie sind von dort aus nach Wien geflohen und von Wien nach Paris. Es ist ihnen nun gelungen, nach Lissabon zu kommen. Frl. Zerner sagte mir, dass ich mit der Beschaffung der Affidavits warten soll, bis entschieden ist, ob diese beiden Fälle überhaupt als politische Flüchtlinge angesehen werden. Ich kann mir nicht vor-

Abb. 59: Irene und Frank Harand in den USA, 1960er Jahre. Photo: DÖW

stellen, dass jemand, der vor dem drohenden Kriegsausbruch in ein von den Nazis bedrängtes Land geht, um diesem Land gegen die Nazis zu helfen, nicht als politischer Flüchtling angesehen werden kann. Ganz abgesehen davon, war die *Harandbewegung* in Österreich sicher eine Organisation, die eine einzige Aufgabe hatte, nämlich die, den Nazismus zu bekämpfen. Dasselbe gilt von allen Comittees [sic!] und Schwesternorganisationen dieser Bewegung in Polen, Czechoslowakei [sic!], Norwegen, Schweden, Dänemark, usw. Ich kenne beide Frauen, die übrigens Cousinen sind, ganz genau. Ich weiss, dass die beiden weder Communisten [sic!] noch Faschisten sind. Von Aniella Birnbaum weiss ich, dass sie Sekretärin der International Law Association und Mitglied des Call Clubs war ... Paul Münz, derzeit Camps St. Cyprian, Pyrenes Orientales, Illot 1, Barraque 21, France, geboren 22. Juni 1899 in Wien. Der Mann ist Zeichner und hat in diversen Zeitungen scharfe anti-nazistische Karikaturen veröffentlicht. Er hat lange Zeit in Deutschland gelebt und ist im 33er Jahr nach Österreich zurückgekehrt. Ich habe ihn durch seinen Bruder Max Michael Münz kennen gelernt. Max Michael Münz war ein abgestempelter Mitarbeiter von mir. Paul Münz ist nicht nur durch seine Tätigkeit eminent gefährdet, sondern auch durch die Tätigkeit seines Bruders. Wenn er mit seinem Bruder absichtlich oder unabsichtlich verwechselt werden sollte, so ist kein Zweifel, dass er zu Tode gefoltert werden würde ... Sophie Schweiger, derzeitiger Aufenthaltsort in Frankreich ist unbekannt. Eine Tochter von Dr. Margarethe Schweiger war bei mir, zusammen mit Herrn Ing. Markbreiter. Sehen Sie es war und ist für mich unmöglich, alle Mitglieder meiner Bewegung persönlich zu kennen. Mitunter waren jene Menschen, die sich weniger bemühten, meine Aufmerksamkeit auf sich zu lenken, viel intensiver und exponierter tätig als solche, die immer wieder zu mir kamen."[668] Es ist nicht bekannt, ob Irene Harands Interventionen in diesen Fällen erfolgreich waren.

Irene Harands zweites großes Betätigungsfeld in den USA war ihr Engagement im Bereich der Aufklärung über das Wesen des Nationalsozialismus und ihr Kampf gegen den Antisemitismus in den USA

„Cure the European disease" – Als engagierte Kämpferin in den USA

Ihren ersten öffentlichen Auftritt in den USA hatte Irene Harand im Rahmen eines von der *Anti Nazi League* organisierten Vortrags bei einer New Yorker Lokalradiostation.[669] Am 23. November 1938 sprach sie beim „Second Donor's Lunchon of the Amos Auxillary" der jüdischen Freimaurerloge *Bnai Brith* im Hotel Somerset in Boston. Über den Vortrag ist nur der Titel bekannt: „His struggle – my struggle" – „Sein Kampf – mein Kampf".[670]

Irene Harand war nicht nur den amerikanisch-jüdischen, sondern auch den amerikanischen Menschenrechts- und Antirassismusorganisationen bekannt. Im Gegensatz zu ihrer Amerikareise 1936/37, bei der sie alle Vorträge in deutscher Sprache gehalten hatte, hatte Irene Harand ihr Englisch so weit perfektioniert, dass sie nun auch als Rednerin in englischer Sprache auftreten konnte. Ihr Akzent verriet sie zwar gleich als Wienerin, ein Manko, das ihr unter normalen Voraussetzungen Einfluss in gewissen Kreisen erschwert hätte, doch seit der Okkupation Österreichs durch NS-Deutschland war die amerikanische Öffentlichkeit für das österreichische Thema sensibilisiert. Zeugen, die über die Geschehnisse berichten konnten und die noch dazu nicht jüdischer Herkunft waren, waren gefragte Gesprächspartner. Irene Harand war daher prädestiniert dafür, von anti-rassistischen Organisationen als unbeugsame Botschafterin der Menschenrechte und als frühe Mahnerin und Seherin der Verbrechen des NS-Regimes präsentiert zu werden. Sie trat als Versammlungsrednerin in den Kriegsjahren für Organisationen wie der *National Conference of Christians and Jews*, dem *Committee for Catholic Refugees*, *The Committees for Racial and Religious Tolerance*, dem *Allan White Committee*, dem *Committee for Defense of America by Aid to Britain*, der *Non-Sectarian – Anti Nazi League*, der *American Society for Race Tolerance*, *The League for Fair Play* oder dem *American Committee for Protection of Foreign Born and Others* auf.

The League for Fair Play ließ sogar einen Werbefolder mit vorgeschlagenen Redethemen und einem Bild Irene Harands drucken, den sie an Frauenorganisationen und religiöse Vereinigungen versandte.[671]

Harand nahm auch an Demonstrationen gegen die Nationalsozialisten teil. Anfang 1939 trug sie bei einer der vielen von Rabbi Stephen Wise organisierten Demonstrationszügen ein großes Kreuz, um zu zeigen dass auch die Katholiken im Deutschen Reich verfolgt werden.[672]

Irene Harand hatte aber gerade durch ihr bestimmtes und unbeugsames Auftreten aber auch mit Ablehnung zu kämpfen. Oft wurde ihr Angebot, Vorträge zu halten, auch von katholischen Organisationen abgelehnt. So holte *The League of Catholic Women of Detroit* vor einem geplanten Vortrag im Juni 1939 beim renommierten katholischen *America Magazine* Informationen über „Madame Harand" und ihre „Catholic principles" ein. Im Antwortschreiben wurde empfohlen, Irene Harand vorerst nicht einzuladen und stattdessen weiter zu beobachten, wie sich ihre Aktivitäten entwickeln würden. Als Begründung für die Vorsicht wurde angegeben: „She has spoken a lot under Jewish auspieces and before Jewish audiences. In addition, she has been speaker before meetings that were definitely Communistic ... it would not be well to permit Madame Harand to speek before Catholic audience until she has proved herself"[673].

Viele Katholiken – nicht nur in den USA – glaubten, dass der Kampf gegen den Antisemitismus nur von Kommunisten und nur aus propagandistischen Gründen geführt wurde, um die Politik und Weltanschauung des Nationalsozialismus aus rein parteitaktischen Überlegungen heraus zu bekämpfen. Da demzufolge alles, was den Nationalsozialismus schwächte, automatisch nur den Kommunismus stärken könnte, kam jede Aussage gegen den rassischen und religiösen Antisemitismus in Verdacht, „kommunistisch" motiviert zu sein. Harand war mit ihrer starken christlichen Überzeugung und ihren humanistischen Motiven in vielfacher Hinsicht eine Ausnahme. Ihr Standpunkt stellte eine Besonderheit dar, der nicht in das Schema der gängigen Positionen zum Nationalsozialismus und Antisemitismus passte. So kam die überzeugte Anti-Kommunistin mehr als einmal in Verdacht, als „Agentin" des Kommunismus in christlichen Kreisen tätig zu sein. Der Kampf gegen den Antisemitismus und gegen den Nationalsozialismus in den Jahren bis zum Kriegseintritt der USA im Dezember 1941 war von diesen Überlegungen geprägt. Das Stigma des „Kommunismus" wurde von pro-nationalsozialistisch eingestellten Kreisen gerne in der Propaganda eingesetzt, um Berichte deutscher und österreichischer Emigranten unglaubwürdig erscheinen zu lassen.

Ein Beispiel für die oft hart und untergriffig geführten Auseinandersetzungen ist die Diskussion um die am 4. Mai 1939 vom *Committee of Racial and Religious Tolerance* unter dem Titel „That Freedom shall not perish from Earth" organisierte große anti-rassistische und anti-nationalsozialistische Versammlung in der Academy of Music in Philadelphia. Neben Daniel A. Polling, Vorsitzendem des „World Christian Endeavor", Rabbi William H. Fineshriber von der Kneseth-Israel Synagoge in Philadelphia, dem Abgeordneten des Staates New Jersey Crystal Bird Fauset sowie dem bekannten Radio-Moderator Marc Parker trat auch Irene Harand auf. Ihre Rede trug den Titel „Cure the Disease" und wurde in der *Jewish Times* am darauf folgenden Tag in vollem Wortlaut abgedruckt. Harand sprach mit „a strong Viennese accent"[674] von ihrem Werdegang als Aktivistin gegen den Nationalsozialismus in Europa. Sie bezeichnete den Antisemitismus als „europäische Krankheit", der nun auch die USA zu erfassen drohte. Ihre Rede vor 2.500 Zuhörern schloss sie mit einem flammenden Appell, aktiv in den Kampf zwischen „Gut und Böse" einzugreifen: „Ladies and Gentlemen! You are wrong, if you stay aside, if you feel bored when reading the papers, if you think it does not make any difference whether you are in it or out of it; if you repeat thoughtlessly what you have heard without going into the matter, or if you think anti-Semitic lies to be stupid and not worthwhile to be contradicted. I don't even consider the possibility that there is anybody in this hall who believes the anti-Semitic lies. My respect for your present here is much too great for that. But it is not enough that you have come here, each of you has to fulfil a mission. Each of you has to fight the propaganda of hate with the propaganda of love, the propaganda of dictatorship with the propaganda of democracy: Each of you, singly and individually. Ladies and Gentlemen! Protect your democracy, protect your fine country defend the happiness and freedom of your families, defend yourself! Give us a helping hand to cure the world of this disease!"[675]

Im Vorfeld war die Veranstaltung, die von der lokalen Radiostation WFIL live übertragen wurde, in der Öffentlichkeit heftig angefeindet worden. Radiosprecher Marc Parker bekam 200 anonyme Postkarten und Briefe, die ihn davor warnten, an der Veranstaltung teilzunehmen. Auch Irene Harand erhielt anonyme Drohungen. In einer Kampagne wurde versucht, jenes Komitee, das die Veranstaltung finanzierte, als „kommunistisch unterwandert" zu brandmarken.[676] Abgeordneter Crystal Bird Fauset stellte fest, dass jene Personen,,„who conceal their anti-Semitism behind charges of Communism are nothing as disguised Nazis."[677]

Irene Harand fürchtete, dass der Kampf gegen den Antisemitismus und Nationalsozialismus in den USA auf der Kippe stand. Sympathisanten für die wirtschaftlichen Erfolge des Dritten Reiches gab es genug. Auch einflussreiche Persönlichkeiten wie der Industrielle Henry Ford oder der Atlantikflieger Charles Lindbergh hegten Sympathien für den Nationalsozialismus. Auch unter den deutschsprachigen Einwanderern des 19. und frühen 20. Jahrhunderts gab es viele Anhänger der Nazis und viele deklarierte Antisemiten.

Im Herbst 1939 absolvierte Irene Harand eine Vortragstour, die sowohl von christlichen als auch von jüdischen Kirchen und Kongregationen gesponsert wurde. Unter dem Titel „What can we learn from Europe?" hielt sie Vorträge in Schulen und Kirchen. Ende November 1939 besuchte sie unter anderem die *Ursuline Academy* in Wilmington, Delawere[678] und die Westall School in Fall River, Massachusetts. Harand forderte ihre Zuhörer auf, Verständnis für die Situation der Flüchtlinge aus Europa zu haben. Die USA hätten in den letzten hundert Jahren ihres Bestehens sehr von Europa profitiert, nun müsse die USA Europa mit ihren demokratischen Werten helfen. Sie warnte die Menschen in den USA davor zu glauben, dass sie außerhalb des europäischen Konflikts stünden, dass der Nationalsozialismus niemals eine deutsche Angelegenheit gewesen sei, sondern von Anfang an eine internationale Krankheit, die bereits halb Europa infiziert habe. Nun sei die USA in Gefahr, durch die großen Aufwendungen der deutschen Propaganda vom Virus des Rassenhasses angesteckt zu werden. Harand prophezeite, dass nach der Verfolgung der Juden im Dritten Reich genauso die Protestanten und Katholiken verfolgt werden würden. Sie schloss ihren Vortrag mit dem Aufruf „Fight the propaganda of hate with the propaganda of love, and the propaganda of dictatorship with the propaganda of democracy."[679]

Weitere Vorträge folgten beispielsweise im Februar 1940 anlässlich der jährlich von der *National Conference of Christians and Jews* im ganzen Land veranstalteten „Brotherhood Week". Aber auch bei kleineren Initiativen, wie dem lokalen Komitee

Unity, das von einem jüdischen Rabbi und einem christlichen Pfarrer organisiert wurde, hielt Irene Harand Vorträge. Immer wieder versuchte sie ihre Botschaft den Zuhörern näher zu bringen: „Alle Religionen spielen die gleiche Melodie auf verschiedenen Instrumenten, die zusammen ein großes Orchester bilden."[680]

1941 weitete Irene Harand ihre Vortragstätigkeit auch nach Kanada aus. Im Jänner 1941 sprach sie in Winniepeg, Vancouver und Ottawa auf Einladung beispielsweise des *Victoria Business and Professionals Women's Club* und der *Catholic Women's League*.[681] Bei diesen Vorträgen wurde sie von ihrer Freundin Helene Askanasy begleitet[682], die durch ihr Buch über den jüdischen Philosophen Baruch de Spinoza bekannt geworden war.[683] Sie war in den 20er Jahren Mitbegründerin der *Wiener Politischen Schule für Frauen*. Vor ihrer Flucht aus Wien hatte sie an einer „Enzyklopädie der Frau" gearbeitet. Drei Tage nach dem Anschluss wurde ihr Mann von den Nationalsozialisten ermordet; das Manuskript für ihre Enzyklopädie wurde vernichtet.[684]

Harands Vortragsthemen bekamen nun eine neue Stoßrichtung: Frauenpolitik. Sie verlangte größeren Einfluss der Frauen auf Politik, Wirtschaft und Kultur. Ihrer Auffassung nach könnten Frauen durch ihre „Sonderart" und durch ihre „Mütterlichkeit" neue Aspekte in bisher von Männern und männlichen Denk- und Handlungsweisen geprägte Bereiche einbringen. Harand forderte die Gründung einer Zeitschrift, die alleine von Frauen geführt werden sollte und in der nur Frauen schreiben sollten. Frauenseiten in bestehenden Zeitschriften lehnte sie ab. Harand war eine Vertreterin der konservativen Stoßrichtung der Emanzipation der Frau.[685] Sie hatte bereits in den 30er Jahren für die *Österreichische Frauenpartei*[686], einer Gründung von Marianne Hainisch – der Mutter des späteren Bundespräsidenten Michael Hainisch – Vorträge gehalten. Harand war auch im Vorstand des *Wiener Call Clubs* tätig, dessen Ehrenvorsitz Rosa Mayreder innehatte und in dem auch Helene Askanasy tätig war.[687]. Der *Call Club*, der in London gegründet wurde, plante die Herausgabe einer Zeitung für Politik, Wirtschaft und Kultur von Frauen für Frauen und setzte sich zum Ziel, „die Sonderart und Sonderaufgaben der Frau dem Wohle der Staaten dienstbar zu machen, indem sie für Frieden, guten Willen und vor allem Mütterlichkeit in der Behandlung lebenswichtiger Dinge arbeitet."[688] Der *Wiener Call Club* veranstaltete regelmäßig Vorträge im Wiener Hotel Bristol. Harands Vorstellungen von Frauenemanzipation und Frauenpartizipation waren stark beeinflusst von den Ideen dieser Gruppierungen, die sie auch in ihre spätere Arbeit als Leiterin der „Women's Division" der *Non-Sectarian Anti-Nazi League* einbrachte.

„Womanhood represents a tremendous dynamic power for good". Irene Harand und die Anti Nazi League

Irene Harand kam bereits bei ihrem USA-Aufenthalt Ende 1936, Anfang 1937 in Kontakt mit der *Non-Secretarian Anti-Nazi League to Champion Human Rights* (ANL).[689] Die ANL, die 20 West 47th Street in New York City beheimatet war, wurde 1933 von Samuel Untermeyer, Herman Hoffmann und James H. Sheldon in New York gegründet und existierte bis 1976. Herman Hoffmann wurde in Österreich geboren und war später als Richter in New York tätig. Untermeyer war wie Hoffmann Jurist und auch Delegierter zum Konvent der Demokraten und Vizepräsident des *American Jewish Congress*. James H. Sheldon, Assistant Professor für Politikwissenschaften der Bostoner Universität, wurde zum Generalsekretär der ANL nominiert. Ursprünglich hieß die ANL *American League for the Defense of Jewish Rights*, später weitete sie ihre Arbeit durch den Kampf gegen der Diskriminierung der Schwarzen aus. Die ANL, die an ihrem Höhepunkt über 2.300 Organisationen zählte, war eine Föderation von religiösen, sozialen gewerkschaftlichen, politischen und rein gesellschaftlichen Organisationen.[690] Sie koordinierte die anti-rassistische und anti-nationalsozialistische Arbeit und den Kampf gegen religiöse Diskriminierung ihrer Mitgliedsorganisationen. Der Schwerpunkt ihrer Tätigkeit in den 30er Jahren war die organisatorische und propagandistische Arbeit zum Boykott von Gütern aus Nazi-Deutschland, um so die Exportwirtschaft des Dritten Reiches zu treffen. Ziel des Boykotts waren sowohl die großen Kaufhausketten wie die berühmten „10 Cent Stores" des Großindustriellen F.W. Woolworth oder der legendäre Department Store Bloomingdales als auch individuelle Geschäfte.

Die ANL ging dabei Hinweisen von Einzelnen nach, machte flächendeckende Fragebogenaussendungen an Gewerbetreibende über die von ihnen verkauften Güter oder schickte ihre Mitglieder in Geschäfte um herauszufinden, ob Waren aus dem Dritten Reich angeboten würden. Falls sie solche Güter fand, machte die ANL dem Geschäftsinhaber Vorschläge, durch welche in den USA erzeugten Waren diese ersetzt werden könnten. Ging der Geschäftsinhaber nicht auf diesen Vorschlag ein, wurde die Firma im Bulletin der ANL erwähnt und die Öffentlichkeit nicht nur aufgefordert, die dort angebotenen deutschen Waren, sondern die gesamte Firma zu boykottieren. Um diese Aufrufe zu verbreiten, griff die ANL auch zu ungewöhnlichen Werbemitteln. Im Sommer 1938 charterte sie ein Flugzeug für eine „Anti Nazi Air Force", die über die Seebäder an der Küste mit großen Transparenten mit dem Slogan „You Pay For Nazi Spies – If You Buy Nazi Goods" flog.[691]

Als Rechtfertigung für die Boykottaufrufe nahm die ANL oft Bezug auf den amerikanischen Unabhängigkeitskrieg: „The American War of Independence started with a boycott upon goods imported into this country and forced upon the American public under insufferable conditions. Our ancestors respond quickly. The policy of refusing to buy or to support with our patronage any group which is contrary to the interests of the people – that is to say, the policy of the popular boycott as a weapon against tyranny – is as old as the Boston tea party."[692]

Zweiter Schwerpunkt der Arbeit der ANL war die Beobachtung der Aktivitäten von amerikanischen Nazis, Rassisten, Faschisten und anderen rechtsgerichteten Personen. Bekannte Exponenten der amerikanischen Rechten wie Father Coughlin, Edward Lodge Curran, der *Ku-Klux-Klan* oder der *Deutsch-Amerikanische Bund* wurden öffentlich attackiert so wie auch amerikanische Senatoren oder Mitglieder des Repräsentantenhauses, die auf deutsch-deutschen Veranstaltungen auftraten oder die amerikanische Isolationspolitik vertraten. Hauptangriffspunkt der ANL war der *German American Bund* mit seinem Führer Fritz Kuhn. Der *Bund* war der deutschsprachige Ableger der NSDAP in den USA und hatte eine ähnliche Struktur mit Jugendgruppen und einer *Sturmabteilung*. Er arbeitete auch mit antisemitischen Organisationen wie dem *Christian Mobilizer*, der *Christian Front* oder dem *Amerika*

First-Komitee zusammen. Nach dem Kriegseintritt der USA wurde der *Bund* verboten und Kuhn inhaftiert. Die Nazi-Sympathisanten gründeten jedoch auch Tarnorganisationen wie beispielsweise den *Bronx Athletic Club*.[693] Die ANL machte sich zur Aufgabe, diese Tarnorganisationen und das Netzwerk der Nationalsozialisten in den USA zu bekämpfen.

Auch nachdem die USA Ende 1941 in den Krieg gegen NS-Deutschland eingetreten waren, gab es in der amerikanischen Öffentlichkeit immer wieder Stimmen, die für einen vorzeitigen Waffenstillstand der USA mit dem Dritten Reich und mit dessen Verbündeten eintraten. In New York vertrat besonders die Zeitung *Daily News* in ihren Kolumnen und Kommentaren die Linie, dass sich die USA nicht in den Krieg in Europa einmischen sollten. Sie bekämpfte auch die Politik von Präsident Roosevelt, die sie als diktatorisch brandmarkte. „Why fight for Britain? Why help Russia?" waren Schlagzeilen in der *Daily News*, die mit einer Wochenendauflage von drei Millionen Exemplaren rund zehn Millionen LeserInnen erreichte.[694] Die *Daily News* war im Besitz des Millionärs und Zeitungstycoons Joseph Medill Patterson, der auch die *The Chicago Tribune* und *The Philadelphia Record* herausgab. Seine Schwester besaß in Washington DC den *Times Herald*. All diese Blätter vertraten diese Linie und waren gemeinsam ein mächtiges Medienunternehmen, das naturgemäß von der ANL bekämpft wurde. 1942 forderte die ANL zusammen mit 200 anderen amerikanischen Organisationen zum Inseratenboykott der *Daily News* auf: „If we are to boycott a humble storekeeper for selling Nazi goods, how much more important is it that we boycott powerful publishing interests who would distribute pro-appeasement ideas on our street corners"[695]

Dass den Blattlinien der Patterson-Zeitungen nicht eine pazifistische Einstellung zu Grunde lag, sondern Sympathie mit NS-Deutschland, beweist die Berichterstattung über Ereignisse wie die Reichspogromnacht oder die Nürnberger Rassengesetze. Nach dem 9. November 1938 warnte Patterson in einem Editorial, die Ereignisse in Deutschland nicht „zu emotional" zu sehen und bezüglich des Antisemitismus war zu lesen: „The Bill of Rights does not mean that Americans are forbidden to dislike other Americans on religious or other grounds. Plenty of people are now exercising their right to dislike the Jews."[696]

Die ANL machte sich auch für die Bürgerrechte der Schwarzen stark und zog während des Krieges oft Parallelen zur Situation der Juden in Deutschland. Herman Hoffmann erregte großes Aufsehen, als er aus der *New York County Criminal Courts Bar Association* – einer Berufsvereinigung von Rechtsanwälten und Richtern –, austrat, als diese die Aufnahme eines Schwarzen verweigerte. Frank R. Crosswaith, Vorsitzender des *Negro Labor Committee*, unterstützte die Arbeit der ANL mit folgenden Worten: „Enlightened Negro Labor stands solidly behind you in your opposition to Nazism both abroad and at home. We must equip ourselves to slay that dragon wherever and whenever it raises its head so that Jews and Gentiles, black and white, may unite for progress in eventual emancipation from the evils that now haunt our world."[697] Nach dem Krieg verlagerte die ANL den Schwerpunkt ihrer Arbeit auf den Kampf um die Gleichberechtigung der Schwarzen. Sie kämpfte aber auch weiterhin gegen geschäftliche Verbindungen zwischen amerikanischen Firmen und Firmen ehemaliger Nationalsozialisten sowie gegen die Auswanderung von „Nazis" in die USA.

Irene Harand übernahm im Jänner 1943 die Funktion der Leiterin der *Women's Division* der ANL. Sie kündigte an, unter amerikanischen Frauen eine Kampagne zur Aufklärung der Folgen der „Appeasement-Politik" und der „Isolationspolitik" zu starten.[698] In einer Versammlung im Park Central Hotel in New York, die der Mobilisierung von „women-power" für den Kampf gegen den Nationalsozialismus in den USA und im Ausland gewidmet war, sprach Harand im April 1943 vor Repräsentantinnen von über 100 amerikanischen Frauenorganisationen. Harand, die als „world-renowned former leader of the anti-Nazi movement in Austria" bezeichnet wurde, forderte in ihrer Rede die Frauen Amerikas auf, „geeint zu sein für den Kampf an der Heimatfront".[699] Sie appellierte an die Organisationen, ihre Mitglieder und darüber hinaus alle amerikanischen Frauen davon zu überzeugen, dass ein Verhandlungsfriede mit Hitler-Deutschland eine große Gefahr darstellte.

Harand fand als Leiterin der *Women's Division* große Herausforderungen vor. Ihr Engagement beschränkte sich nicht nur darauf, in der amerikanischen Öffentlichkeit mögliche Sympathisanten von Hitler-Deutschland aufzuspüren und zu bekämpfen, der Kampf gegen den Antisemitismus war ein wichtiger Punkt ihrer Arbeit, aber nicht der einzige. Ihre Position erlaubte es, ihre frauenpolitischen Ideen zu propagieren. Sie sah die Rolle der Frau in der Gesellschaft als Schlüssel nicht nur für den Aufbau einer gerechteren Gesellschaft, sondern auch für eine menschlichere Weltordnung. Ihr ging es dabei darum, die ökonomischen und politischen Verstecke jener Geisteshaltungen aufzuspüren, die „Hitlerismus" hervorrufen. Harand dachte dabei an jene Kräfte, die versuchten, Frauen aus politischen und ökonomischen Positionen zu drängen. Jene konservative Position war wie sie sagte, „if not inspired by, at least goes hand in hand with Hitler's dictum to keep women out of active participation in the affairs oft the world."[700] Harand, die eine Zeitlang dem monarchistischen Lager zugerechnet wurde, gab sich in diesem Bericht als glühende Demokratin zu erkennen. Denn nur in Demokratien hätten Frauen Fortschritte in Richtung gesellschaftliche Gleichberechtigung erzielen können. Harand betonte, dass Frauen ihre Fähigkeit, die zum Militär einberufenen Männer innerhalb kurzer Zeit in der Industrie ersetzen zu können, bewiesen hätten: „… women can in a crisis, without long training, become as efficient and dependable as men … This sharing of industrial tasks with men has been viewed as a stop-gap procedure. This is not all so. Women and men must share not only work – but political and social tasks as well – if there has to be a true balance of human relationship, that is the solid basis of a sound democracy."

In Irene Harands Vorstellung ist die Frau als „spirituelle Mutter" die Hoffnung auf eine bessere Welt: „Every women is, whether she has children or not, a spiritual mother. And no woman is a mother in the true sense who is concerned only about her own brood. It is for the freedoms which she has achieved for her children – and the children of the whole world that she must become aroused – and for which she must fight. It is upon women to enlist themselves in that fight."[701] „Mütterlichkeit" war auch das Schlüsselwort für den *Wiener Call Club*. In einem Brief, den Harand nach dem Krieg an eine ehemalige Mitarbeiterin schrieb, wurde sie in Bezug auf Frauengleichberechtigung noch deutlicher: „… ich glaube auch – nach allem was wir in den letzten 30 Jahren erlebt haben, dass nur noch ehrliche Regierungen, die 50% aus Frauen und 50% aus Männern bestehen, der Menschheit wirklich Ruhe und Frieden bringen können – sollten die Frauen aber wider Erwarten derselbe Mist sein – dann ist uns überhaupt nicht mehr zu helfen."[702]

Als im April 1945 in der Konferenz von San Francisco eine Charta der Vereinten Nationen erarbeitet werden sollte, wandte sich Irene Harand in einem Telegramm direkt an Präsident Roosevelt mit der Aufforderung, dass Frauen in den US-amerikanischen Beratungs- und Verhandlungsdelegationen „proportional" repräsentiert sein sollten. Sie argumentierte damit, dass in allen Weltkrisen und Notsituationen Frauen bewiesen hätten, mit schwierigen Situationen umgehen zu können: „Through their natural ingenuity and their organizational talent, ruins have become secure homes again. Womanhood represents a tremendous dynamic power for good which it would be tragic not to utilize to the fullest extent. Women, who have always borne their burden of suffering in the world of mankind, are determined to play their part, and they refuse any longer to sit back as mere spectators."[703]

Nur wenn Frauen auch in der Politik mehr Einfluss hätten, schloss Harand, „can the world move forward toward a genuine democracy, free from fear – free from want and free from prejudices."[704] Zugleich führte sie in einem Brief an alle Frauenorganisationen, die Mitglied in der ANL waren, ihren Standpunkt weiter aus und forderte diese auf, sich mit ähnlich lautenden Petitionen ebenfalls an den Präsidenten zu wenden. „Only by taking an aggressive position can you officially align yourself on the side of those who propose to bring to fruition the fundamental purpose for which women's groups exist".[705]

Irene Harand dürfte noch bis 1946 Leiterin der *Women's Division* der ANL gewesen sein, dann folgte ihre bisherige Stellvertreterin Bertha V. Corets nach. Irene Harand wurde Executive Chairman der *World Mothers League*, einer Frauenorganisation, die ihren Sitz 431 West End Avenue in New York hatte.[706]

„… to foster the old-Austrian culture" – Engagement in österreichischen Exilorganisationen in New York

In den USA bildeten sich ab 1938 bis Kriegsende Dutzende meist kurzlebige Emigranten- und Exilorganisationen. Einen gesamten Überblick über die verschiedenen Organisationen zu gewinnen erwies sich als fast unmöglich. Viele bestanden nur kurze Zeit und wenige blieben nach Kriegsende bestehen. Einige existierten nur als Abspaltung oder Untergruppierung, andere wiederum waren lokale Ableger von Exilorganisationen aus Großbritannien oder Kanada. Gegen Ende 1941 und Anfang 1942 und in unmittelbarem Zusammenhang mit dem Kriegseintritt der USA kam es zur Gründung von einer Vielzahl von Exilorganisationen. Grund für dieses Wachstum war die Erkenntnis des bis dahin schwachen Organisationsgrades der österreichischen Emigration. Von vielen politischen AktivistInnen des Exils wurde dies neben dem Fehlen einer einheitlichen Exilorganisation als großes Manko gesehen. Durch Neugründungen konnte allerdings die Aufsplitterung nicht verhindert werden. Diese Vielzahl an Organisationen repräsentierte auch ein breites Spektrum an politischen Richtungen, die oft nur die Ablehnung des Nationalsozialismus gemeinsam hatten.

Die ungelösten innenpolitischen Konflikte aus dem „alten" Österreich der Habsburger-Monarchie, der Ersten Republik und ‚Austrofaschismus' beeinflussten nachhaltig die Exil-Szene in den USA. Es fehlte auch an einer integrativen Persönlichkeit, deren moralische und politische Autorität von allen politischen Lagern anerkannt worden wäre und die die Kraft und Integrität gehabt hätte, einen Einigungsprozess unter den österreichischen Exilorganisationen zu initiieren.

Alle Organisationen hatten aber auch mit dem Mangel an finanziellen Mittel und dem Desinteresse der schon vor Generationen in die USA eingewanderten Österreicher zu kämpfen. Aber auch viele jüdische Emigranten hatten auf Grund der traumatischen Erfahrungen von Verfolgung und der Pogromstimmung in Österreich nach dem Anschluss mit dem größten Teil ihrer „österreichischen" Identität zumindest äußerlich weitgehend abgeschlossen. Für viele war es von Anfang klar, dass sie nicht mehr nach Österreich zurückkehren könnten und auch nicht mehr zurückkehren wollten. Insbesondere viele jüngere Emigranten wollten auf dem schnellsten Wege amerikanischer Staatsbürger werden und nichts mehr – schon gar nicht politisch – mit Österreich zu tun haben. Nach Schätzungen von Peter Eppel waren etwa 10% der Emigranten in den USA in Exilorganisationen organisiert.[707]

Geht man von einer Anzahl von 40.000 österreichischen Emigranten in den USA aus, so waren etwa 4.000 davon Mitglieder in Exilorganisationen. Darunter waren viele bereits ältere Emigranten, die in Österreich in der einen oder anderen Form bereits eine gewisse Rolle gespielt hatten, sei es nun gesellschaftlich, politisch, wirtschaftlich oder kulturell.

Nach ihrer politischen Ausrichtung kann man zwischen legitimistisch-konservativen, liberal-demokratischen, sozialdemokratischen und kommunistischen Exilorganisationen unterscheiden, wovon sicherlich die Legitimisten eine Zeitlang die am besten organisierte und zahlenmäßig stärkste Gruppierung darstellten. Das hatte auch damit zu tun, dass Otto Habsburg nach der Niederlage Frankreichs im Jahre 1940 in die USA emigriert war und dort nicht unbeträchtlichen Einfluss auf gesellschaftliche Kreise und auch auf Politiker ausübte. Habsburg wurde im amerikanischen Senat wie ein Staatsoberhaupt empfangen. Senator Barkley beklagte in seiner Begrüßungsrede das Verschwinden der österreichisch-ungarischen Monarchie und bezeichnete diese Tatsache als Hauptgrund für die Probleme Europas.[708] Habsburg hatte auch gute Kontakte zu Präsident Roosevelt, auf den er großen Einfluss hatte. Dieser Einfluss machte Habsburg wiederum in österreichischen Exilkreisen äußerst populär.

Die Legitimisten traten offiziell für die Schaffung einer Donauförderation auf demokratischer Basis ein, inoffiziell arbeiteten sie aber für die Restauration der Monarchie. Ihrer Auffassung nach sollte das österreichische Volk später frei über die Staatsform entscheiden können und sie rechneten damit, dass eine Mehrheit für die Wiedereinführung der Monarchie plädieren würde. Otto Habsburg arbeitete in den USA vor allem mit dem Theologieprofessor Willibald Plöchl, dem Kunsthändler Otto Kallir-Nierenstein, dem Universitätsprofessor Dietrich Hildebrandt, dem ehemaligen Minister im ‚Austrofaschismus' Hans Rott und Walter Schuschnigg, dem Cousin des ehemaligen Bundeskanzlers, zusammen. Als Sammelbecken der Legitimisten galt zunächst die am 1. Mai 1939 gegründete *Austro – American League*, die 1942 mit 1.800 Mitgliedern einen Höchststand erreichte. Obwohl ein Grossteil ihrer Mitglieder politisch indifferent war, war die Führung der *League* jedoch immer prononciert legitimistisch eingestellt.[709] Den Vorsitz hatte zunächst Robert Heine-Geldern inne, er wurde zuerst von Otto Kallir und später von Fürst Franz Windischgrätz abgelöst.[710]

Neben der *Austrian American League* wurde das im Dezember 1940 von Hans Rott mit Unterstützung von Otto Habsburg in Toronto gegründete *Free Austrian Movement* die einflussreichste legitimistische Organisation.[711] Es existierte bis nach Kriegsende und hatte in seiner Blütezeit 20 Geschäftsstellen in 13 amerikanischen Bundesstaaten. Das *Free Austrian Movement* initiierte am Jahrestag der Ermordung von Dollfuss am 25. Juli 1942 den sogenannten „Österreichtag" in den USA, organisierte das Festbankett für Otto Habsburgs 30. Geburtstag und verbreitete Verschlussmarken mit der Aufschrift „ Die Österreicher sind keine Deutschen!". Die amerikanische Postverwaltung gab auch eine Österreich-Marke in der Serie der zu befreienden Länder heraus. Otto Habsburgs Einfluss im Weißen Haus war es zu verdanken, dass den exilierten ÖsterreicherInnen der „enemy alien"- Status wieder aberkannt wurde, was Erleichterungen im täglichen Leben und bei der Erlangung der amerikanischen Staatsbürgerschaft mit sich brachte.

Otto Habsburgs Einfluss nahm sowohl im Weißen Haus als auch bei den Emigranten jedoch schon ab Herbst 1942 ab, als der katholische Legitimist Willibald Plöchl der Öffentlichkeit mitteilte, dass Hans Rott in der Funktion des „Bundespräsidenten" und er selbst als „Bundeskanzler" ein *Free Austrian National Council* errichtet hätten, der als österreichische Exilregierung fungieren sollte. Obwohl sich Habsburg sofort gegen die Initiative von Plöchl und Rott aussprach und der Council keinen Einfluss erreichen konnte, führte dies zu einem Prestigeverlust Habsburgs, da beide als Legitimisten bekannt waren. Willibald Plöchl galt des weiteren als strammer Antisemit und wurde durch diese Aktion zu einem der meist gehassten und angefeindeten Männer des amerikanischen Exils. Als schließlich der Versuch zur Gründung eines *Austrian Battalion* fehlschlug, wandten sich auch viele Konservative und Legitimisten, die ihm bisher treu gewesen waren, von Habsburg ab. Viele Emigranten, die sich für die Aufstellung einer österreichischen Einheit innerhalb der US-Army stark machten und auch schon Rekruten suchten, fühlten sich von den Legitimisten übervorteilt, weil deren primäres Ziel es offenbar war, dass diese Einheit nicht nur für die Befreiung Österreichs, sondern für die Wiedererrichtung der Monarchie kämpfen sollte.[712] Als Otto Habsburg im Oktober 1944 die USA verließ und ins befreite Paris zurückkehrte, war der Einfluss des Legitimismus bereits gering. Hans Rott und Robert Heine-Geldern gründeten auch als Reaktion auf Habsburgs Abreise die *Christian-Socialist Party of Austria* als Sammelbecken für konservative Kreise. Sprachrohr wurde die von Octave Otto Günther gegründete Zeitschrift *Austria*, die zwischen November 1944 und Juli 1963 erschien und nach dem Krieg in Österreich mit einer Auflage von etwa 25.000 Exemplaren sehr erfolgreich war.[713]

Die wichtigste Organisation des bürgerlich-liberalen Lagers war die *Austrian Action*, die von Ferdinand Czernin und Gregor Sebba gegründet wurde. Czernin war einer der Söhne des letzten österreichischen Außenministers der k.u.k. Monarchie, gut aussehend und als Playboy bekannt. Einige Zeit hatte er die Funktion eines Abteilungsleiters in der Wiener Tageszeitung *Neue Freie Presse* inne. Wegen privater Konflikte verließ er Österreich noch vor dem Anschluss und lebte eine Zeitlang als Farmer in Ost-Afrika, bevor er in die USA kam. Ferdinand Czernin war im Gegensatz zu seinen Brüdern, die zum Teil hohe Parteifunktionen innerhalb der NSDAP innehatten, nicht nur antinationalsozialistisch eingestellt, sondern auch ein Republikaner. Die *Austrian Action* war nach außen hin überparteilich und wurde zu einem Sammelbecken für die politisch nicht festgelegte Mehrheit der österreichischen Emigranten. Gregor Sebba, ein litauischer Jude, der lange Zeit in Österreich gelebt hatte und der immer wieder im Verdacht stand, für den britischen Geheimdienst zu arbeiten, war neben Clementine Zernik und dem Theaterimpresario Felix G. Gerstmann der eigentliche Motor der *Austrian Action*. Diese hatte auch eine bedeutende Kultursektion, bei der Franz Werfel (Literatur), Paul Wittgenstein (Musik), Oscar Stössl (Kunst), Ernst Lothar (Theater), Martin Fuchs (Radio) und Hermann Mark (Wissenschaft) tätig waren. Das *Free Austrian Youth Committee* unter der Leitung von Vera Ponger, die als Kommunistin galt, war der *Austrian Action* angeschlossen, die bald 1.500 Mitglieder hatte und mit Zweigstellen in allen US-Bundesstaaten sowie in Brasilien, Argentinien, Mexiko und Südafrika die am besten organisierte österreichische Exilorganisation wurde.

Czernin hatte gute Verbindungen zu Kommunisten und Sozialisten und kaum Berührungsängste. So trat die *Austrian Action* im Herbst 1944 der *Free Austrian World Movement*, einer von Exil-Kommunisten in Großbritannien gegründeten Organisation, bei.

Die Sozialisten[714] waren in den USA im Vergleich zu den konservativen und legitimistischen Organisationen in mehrere kleinere Organisationen gegliedert, der aber sehr prominente Sozialisten angehörten. Joseph Buttinger, der in Paris zum Obmann der *Auslandsvertretung der österreichischen Sozialisten* (AVÖS) gewählt wurde, kam Mitte November 1939 nach New York. Im Juni 1940 verlegte die AVÖS ihren Sitz endgültig von Paris nach New York, wo sie rund 80 Mitglieder zählte. Prominente Ex-Sozialisten waren „General" Julius Deutsch, ehemaliger Leiter des Schutzbundes, Ernst Papanek und Friedrich Adler. Dieser war der Sohn des Gründers der Sozialdemokratie Viktor Adler und hatte 1916 ein Attentat auf Ministerpräsident Graf Ernst Stürkh verübt. Im März 1941 beschloss die AVÖS, für die Periode, in der es unmöglich war, mit Österreich in Kontakt zu treten, ihre Arbeit einzustellen. Nach dem Kriegseintritt der USA wurde die AVÖS de facto aufgelöst, da weder Buttinger noch Adler bereit waren weiterzuarbeiten. Die AVÖS vertrat den Standpunkt, dass die zukünftige Politik in Österreich nur von den Menschen in Österreich selbst gestaltet werden dürfte und bekämpfte aus diesem Grund sowohl eine überparteiliche Exilorganisation, als auch die Etablierung einer Exilregierung oder die Schaffung eines Österreich Battalions. Ein Österreich-Battalion hätte, so ihre Befürchtung, nach dem Krieg als Unterdrückungsinstrument in Österreich missbraucht werden können. Somit beschränkten sich die Aktivitäten der Exil-Sozialisten im wesentlichen darauf, die Tätigkeit der Legitimisten und Konservativen zu torpedieren, die danach trachteten, Österreich allein zu repräsentieren. Aus diesem Grunde wurde auch im Februar 1942 das *Austrian Labor Committee* gegründet. In der Frage einer Wiederherstellung der Unabhängigkeit Österreichs waren sich die Sozialisten uneinig. Friedrich Adler, Wilhelm Ellbogen und Manfred Ackermann hielten an Otto Bauers Linie eines gesamtdeutschen Sozialistischen Staates fest. So engagierte sich Buttinger später in der Gruppe der deutschen Sozialdemokraten *Neues Beginnen*.[715] Im April 1942 schloss sich eine Gruppe von Sozialdemokraten, die den Anschluss ablehnten, zur *Assembly for a Democratic Austria* zusammen, das bald rund 130 Mitglieder zählte. Im Juli 1943 fusionierte die Gruppe mit dem *Austrian Social Club* zur *Austro American Association*. Die Frage des Anschlusses wurde unter den Sozialisten nach der Moskauer Deklaration vom November 1943 wieder heftig diskutiert. Julius Deutsch ließ durchklingen, dass er für die Unabhängigkeit Österreichs von Deutschland sei, Friedrich Adler jedoch war weiterhin dagegen. Das *Austrian Labor Committee* löste sich im September 1945 auch auf Grund finanzieller Probleme auf.

Die zahlenmäßig kleinste Gruppe stellten die Kommunisten dar. Deklarierten Kommunisten war die Einwanderung in die USA verboten. So wurde Leo Katz, Leiter der österreichischen Exilkommunisten, 1940 ausgewiesen und musste nach Mexiko emigrieren. Wilhelm Gründorfer wurde Nachfolger von Katz. Durch das Verbot kommunistischer Gruppen in den USA arbeiteten Kommunisten in linken sozialistischen Gruppierungen wie der *Austro American Association* mit, die ab 1943 die *Austrian American Tribune* herausgab.

Das *Austrian American Center*

Über Irene Harands politische Aktivitäten in den österreichischen Exilorganisationen gibt es von ihr selbst keine überlieferten Informationen. Aus der Literatur und aus einschlägigem Quellenmaterial ist aber bekannt, dass Irene Harand recht aktiv war, allerdings dürften diese Aktivitäten für sie selbst nur sekundär gewesen sein. Sie wollte in den USA vor allem „helfen" und „aufklärerisch" tätig sein, wenn sie dies auch in einer österreichischen Exilorganisation tun konnte, war es ihr recht, ansonsten ging sie ihrer eigenen Wege.

Die erste Exilorganisation, die überhaupt in den USA gegründet wurde, war das *Austrian American Center* (AAC). Im Jänner 1939 taten sich Irene Harand und Ernst Karl Winter, der ehemalige Vizebürgermeister von Wien, zusammen und gründeten das Center als überparteiliche Zusammenfassung all jener, „die trotz der Annexion nach wie vor zu Österreich stehen."[716] Die Gründungsversammlung fand in der Wohnung des Dichters und ehemaligen Mitglieds der *Vereinigung sozialistischer Schriftsteller* Ernst Waldinger statt. Irene Harand erinnerte sich an diesen Abend: „We were about 12-14 people. The place of our meeting was Waldinger's apartment. We were planning to found an Austrian organization for the victims of Nazism. We wanted the organization to stand by those who had newly arrived, to foster the old-Austrian culture, and to provide artists with an intellectual home and most importantly a forum … In the course of that evening we told each other how we had escaped our persecutors and what we had experienced. We spoke of treachery and friends' betrayal, but we also heard of unexpected help. It was late. We distributed different tasks among us … and then we said goodbye. Suddenly, Waldinger stepped forward, the former Austrian officer who had been severely wounded in World War I, and who had just told us the experience of his emigration. He said, ‚Yes, and despite everything, I remain a good Austrian!'"[717]

Die erste Versammlung, bei der auch das Programm von Winter und Harand präsentiert wurde, fand am 30. Jänner 1939 in New York statt.

Das AAC wollte bei der „positiven Einordnung der Österreicher in die amerikanische Demokratie mithelfen", „die amerikanische Öffentlichkeit über die wahre Lage in Österreich informieren" und auch dafür sorgen, „dass Österreich nicht in Vergessenheit gerate."[718]

Neben Harand und Winter zählten auch Erich Huka, Rudolf Modley, Robert von Heine Geldern und Otto Kreilisheim zu den Proponenten des AAC. Bei der Gründungsversammlung wurde auch angekündigt, dass Ernst Karl Winter am 4. Februar 1939 in der New History Society einen Vortrag unter dem Titel „Austria yesterday, Austria today and Austria tomorrow" und Irene Harand im Chicagoer Rundfunk eine Ansprache halten würden.

Ernst Karl Winter war zweifellos die treibende Kraft dieser Gründung. Winter war von seiner Weltanschauung her christlich-konservativ eingestellt, versuchte aber zu Sozialisten und Kommunisten eine Brücke zu bauen. Nach dem Bürgerkrieg im Februar 1934 wurde er von Dollfuß dazu auserkoren, die Arbeiter für die Idee des Ständestaates zu gewinnen. Winter versuchte sein Bestes, um eine Zusammenarbeit zustande zu bringen, scheiterte aber wohl auch an seinen zu abgehobenen theoretischen Ansätzen. Jedoch hatte sich Winter die guten Kontakte zu den Sozialisten bewahrt und versuchte im Exil, seine Arbeit eines Ausgleichs fortzusetzen.

Dies führte jedoch schon bald zu inneren Spannungen im AAC, die schließlich in einer Spaltung endeten. Von Winter wurde verlangt, Mitglieder der KPÖ wie Otto Kreilisheim aus dem AAC auszuschließen, was Winter „im Sinne einer rot-weissroten" Emigrationspolitik ablehnte. Daraufhin gründete der legitimistisch-konservative Flügel des AAC am 1. Mai 1939 die schon erwähnte *Austrian American League*. Es ist unklar, ob und welche Rolle Irene Harand bei dieser Spaltung gespielt hatte, von ihr selbst gibt es keine direkte Aussage. Es ist jedoch bekannt, dass Irene Harand den Kommunismus als gleich große Gefahr sah wie den Nationalsozialismus. Sie sprach öfters davon, dass der „Rassenhass" ebenso wie der „Klassenhass" bekämpft werden müsste. Außerdem war Irene Harand noch 1939 pro-Habsburg eingestellt, wie es auch in Berichten des amerikanischen Geheimdienstes immer wieder zum Ausdruck kommt.[719] Irene Harand dürfte dafür verantwortlich gewesen sein, dass sich der Monarchist Robert Heine Geldern, ein Ethnograf und Experte für die Geschichte Südasiens und Indiens, nicht nur für die Exilpolitik zu engagieren begann, sondern auch dafür, dass er Präsident der *Austrian American League* wurde. Heine-Geldern wurde aber ab Mai 1940 von Otto Kallir abgelöst, der sich schließlich auf Grund seiner organisatorischen Fähigkeiten durchsetzte.[720]

Frank Harand war einige Zeit auch im Executive Council der *Austrian American League* tätig und Irene Harand trat zuweilen bei Veranstaltungen des AAC als Rednerin auf, z.B. am 12. Oktober 1939 im „Nord Ballsaal des Riverside Plaza Hotels" in New York. Sie sprach zum Thema „Die letzten vier Wochen Österreichs. Wie ich sie erlebte." Der Regisseur Ernst Lothar war der zweite Hauptredner bei dieser Veranstaltung. Er hielt ein Plädoyer unter dem Titel „Gerechtigkeit für Österreich."[721]

Trotz ihres Einsatzes für die AAL blieb Harand jedoch auch weiterhin freundschaftlich mit Ernst Karl Winter verbunden, der das AAC noch bis September 1941 quasi im Alleingang weiterführte. Beweis für diese Freundschaft ist ein sehr persönlich gehaltener Briefwechsel mit Winter über mehrere Jahre.[722]

Irene und Frank Harands Einfluss auf die AAL dürfte jedoch mit der Ablösung von Heine-Geldern und unter der Leitung von Otto Kallir kleiner geworden sein. Martin Fuchs spricht davon, dass die Führung der AAL „nach der Ausschiffung des Ehepaars Harand", – dieses Ereignis dürfte wohl mit dem Wechsel des Vorsitzes der AAL zusammenfallen –, noch stärker legitimistisch wurde.[723]

Gleich nach ihrer Gründung im Frühjahr 1941 durch Ferdinand Czernin traten Frank und Irene Harand der *Austrian Action* bei. Der Name Irene Harand findet sich auf einer Liste der AA für „Experten" für deren Rundfunkaktivitäten.[724]

Spätestens ab diesem Zeitpunkt ging Irene Harand auf Distanz zu den Legitimisten. Frank Harand wurde Vizepräsident der *Austrian Action*. Er repräsentierte, wie es in einem Bericht des amerikanischen Geheimdienstes OSS hieß, „the moderate bourgeois wing".

Frank Harand, Offizier in der k.u.k Armee im ersten Weltkrieg, angeblich Major in der Heimwehr,[725] war auch Führer der *Austrian War Veterans*[726] und später Mitglied der *Society for the prevention of World War III*.[727] Der Schwenk des Ehepaars Harand von den Legitimisten zu der bürgerlich-republikanischen Gruppe wurde von Otto Habsburg nicht positiv beurteilt. In einer persönlichen Einschätzung aller aktiven Exilösterreicher, die er im Frühjahr 1942 dem amerikanischen Geheimdienst übermittelte, urteilte er über Frank Harand: „Harand has not the deep political judgement although his feelings are always rather violent. His habit of drinking too much and of inconsiderate statements while under the influence of alcohol have completly isolated him."[728] Über Irene Harand urteilte Habsburg damals so: „Was well known in Austria as one of the most violent non-Jewish defenders of the Jewish race. She even overdid the thing to an extend, that her action was of certain harm to the Jewish cause. After coming to the United States in 1938 she continued to play a role in emigration politics being a member of the Austrian Action. Mrs. Harand is extremely nervous. Lately she spent several months in an asylum. It may be therefore assumed, that her political opinions are somewhat irrational and changing."[729]

Tatsächlich dürfte Irene Harand die Zeit vom Sommer 1941 bis zum Februar 1942 in einem Sanatorium verbracht haben. Wie schon 1937, damals auf Grund von Überarbeitung und frustriert von der Absage ihres „Weltkongresses", hatte sie anscheinend wieder einen Nervenzusammenbruch erlitten. Die genauen Ursachen dafür sind unbekannt, doch sind aus den Nachkriegsbriefen Schilderungen ihrer Lebensumstände und ihrer inneren Gewissenskämpfe bekannt, die einen solchen Zusammenbruch sehr wahrscheinlich machen.[730] Vermutlich bekam sie auch Nachrichten aus Wien über die anlaufenden Deportationen von Juden nach dem Osten, die ihre schlimmsten Befürchtungen bestätigten.[731]

Auf alle Fälle nahm Irene Harand etwa ein halbes Jahr an keiner Versammlung teil und hielt keinerlei Vorträge. Erst im Februar 1942 trat sie wieder bei einer Veranstaltung der Austrian Action auf. Am 12. Februar fand in der Transport Hall auf der 64th Street auf der Upper West Side eine *Austrian Roll Call* statt.[732] Über 1.500 Personen nahmen an dieser Veranstaltung teil, bei der neben Guido Zernatto, dem ehemaligen Generalsekretär der *Vaterländischen Front*, Ferdinand Czernin und Professor Sheldon von der *Anti-Nazi League* auch Irene Harand sprach. In der *Österreichischen Rundschau*, dem Mitteilungsblatt der Action, war zu lesen, „… als letzte Rednerin sprach, begeistert begrüßt, Irene Harand, zum ersten mal nach vielen Monaten wieder. Sie sprach von Herzen zu Herzen, so wie wir es von ihr gewohnt sind."[733]

Irene Harand dürfte auch bei der Gründung des *Austrian National Council*, am 14. Februar 1942, eine Rolle gespielt haben. Zum ersten Mal seit Winters und Harands Gründung des *Austrian American Center* fanden sich nun wieder mehrere politische Richtungen zu einer gemeinsamen Zusammenarbeit. Der Gründung des *Austrian National Council* gingen intensive Verhandlungen zwischen den Legitimisten um Hans Rott und den bürgerlich-demokratischen Kräften um Ferdinand Czernin und Guido Zernatto voraus, bis man sich Anfang Jänner 1942 auf die Zusammenarbeit einigte. Die Sozialisten lehnten eine Mitarbeit ab und gründeten wohl als Gegengewicht zum Council Anfang Februar das *Austrian Labor Committe*. Das *Austrian National Council* wurde paritätisch durch je dreizehn Legitimisten und Bürgerlich-Demokraten besetzt. Zur Gruppe der Bürgerlichen um Guido Zernatto gehörte unter anderem auch Irene Harand und Richard Redler aus dem Bundespressedienst des Bundeskanzleramtes, mit dem Irene Harand gut zusammenarbeitete und dem sie zur Flucht in die USA verholfen hatte.

Mit der *Austrian Action* und Ferdinand Czernin gab es jedoch schon bald Meinungsverschiedenheiten. Nach Auffassung von Frank Harand driftete Czernin mit seiner Weltanschauung zu sehr ins linke Lager ab. Nachdem Czernin in einem Artikel in der Zeitschrift *Free World* durchklingen hatte lassen, dass er der Theorie einer „sozialen Revolution" im Nachkriegseuropa der Linken aufgeschlossen gegenüber stünde, trat Frank Harand im Frühjahr 1942 aus Protest von seiner Position als Vize-Chairman der *Austrian Action* zurück.[734]

Der amerikanische Geheimdienst glaubte, dass dieser Rücktritt einen negativen Effekt auf Czernins Position haben könnte, da Frank Harands Frau Irene „extremly populaire among the Jewish refugees" wäre.[735] Diese Einschätzung stellte sich aber als falsch heraus, da die *Austrian Action* weiterhin die größte österreichische Exilorganisation blieb.

Irene Harand spielte im *Austrian National Council* eine untergeordnete Rolle; auf einer Mitgliederliste des Council vom 18. Mai 1942 scheint ihr Name nicht mehr auf.[736] Das Council wurde seinem hochgesteckten Ziel, nämlich der Einigung der Österreicher in der Emigration, nicht gerecht. Schon bald traten die Gegensätze zwischen den Repräsentanten der beiden Lager Hans Rott und Guido Zernatto von neuem hervor. Irene Harand baute ihre Kontakte zur *Anti Nazi League* aus und wurde schließlich Anfang 1943 zur Leiterin der Womens's Division gewählt.

Das *Austrian Institute for Science, Arts and Economy*

Bereits im Herbst 1942 wurde bei diversen Treffen des österreichischen Nationalkomitees die Gründung einer Institution, die sich der Pflege der österreichischen Kultur in den USA und des Diskurses um die wirtschaftliche und politische Zukunft Österreichs widmen sollte, diskutiert. Im Frühjahr 1943 gelang es, diese Idee mit der Gründung des *Austrian Institute* schließlich in die Realität umzusetzen. Daran beteiligt waren Guido Zernatto, Frederic Taylor, Siegfried Altmann und Irene Harand.

Frederic Taylor hatte einen interessanten Lebensweg vorzuweisen. Taylor, der in Österreich Krejci hieß, war Offizier im Ersten Weltkrieg und später in der Wiener Polizei gewesen. 1927 wanderte er in die USA aus und gründete in Carmel, Kalifornien, ein Reisebüro. Nach seiner Rückkehr nach Wien heiratete er Renee Margarethe Doctor, die Tochter eines jüdischen Fabrikanten, mit der er mehrere ausgedehnte Weltreisen unternahm. Als Globetrotter kam er schließlich in die USA, wo er sich nach dem Anschluss niederließ. Taylor engagierte sich in vielen Emigrantenorganisationen, so dem monarchistischen *Free Austrian movement* und dem *National Commitee*. Er brach allerdings mit Habsburg nach dem Abenteuer des *Military Comitee*. Bis zu seinem Tod 1959 unterstützte Taylor die Aktivitäten des *Austrian Institute* mit viel Geld.

Ein weiterer Gründungsvater des Instituts war der promovierte Psychologe Siegfried Altmann, der sich als Leiter des *Israelitischen Blindeninstituts* auf der Hohen Warte in Wien einen Namen gemacht hatte. 1939 emigrierte er in die USA und engagierte sich in jüdischen und jüdisch-österreichischen Exilorganisationen. Aus denselben Gründen wie Taylor brach auch er mit Otto Habsburg. War Taylor der finanzielle Motor des Instituts, so hatte Altmann ausgezeichnete Kontakte zu vielen bedeutenden österreichischen ExilwissenschafterInnen und KünstlerInnen wie Otto Loewi, Victor Hess, Bruno Walter, Paul Wittgenstein, Erich Wolfgang Korngold, Friedrich Torberg oder Ludwig von Misses, die er alle für Vorträge gewinnen konnte. Das *Austrian Institute* begann seine Arbeit im Umfeld von legitimistischen Organisationen und Monarchisten. Doch bemühte es sich auch, offen für andere ReferentInnen und Besucher zu sein. Kritiker behaupteten, das Institut würde seine legitimistische Grundhaltung verheimlichen. Ein Indiz dafür war, dass es sein Büro im sogenannten Austrian Office, 165 West 46th Street, mit dem *Free Austrian Movement*, dem *Austrian National Committee* und später mit der *Austrian Christian Socialist Party* teilte, Organisationen, die bis auf letztere eindeutig legitimistisch ausgerichtet waren.[737]

Am Anfang hielt das Institute kaum öffentliche Vorträge. Seine Aufgabe war es zunächst, „to serve … as a source of information for numerous government agencies in Washington, and that it has tried to archive influence in decisions concerning Austria", wie es Altmann in einem Interview mit dem *Aufbau* formulierte.[738] Erst nach dem Krieg konnte es sich von seinem monarchistischen Image befreien und wurde für viele Exilösterreicher attraktiv. 1946 definierte das Institute seine Arbeit neu. Nun sollte es die Aktivitäten der Österreicher vereinigen, Lobbying in Washington und bei der amerikanischen Bevölkerung machen und die kulturelle und wissenschaftliche Zusammenarbeit zwischen Österreich und den USA stärken.[739] Nach dem Krieg wurden auch regelmäßig Politiker und Intellektuelle aus Österreich zu Vorträgen eingeladen. Die Einladungspolitik führte nicht immer zu ungeteilter Zustimmung unter den Mitgliedern, da einige Vortragende noch als stramme Antisemiten aus den 30er Jahren in Erinnerung waren. Zunächst traf man sich im „New Amsterdam Room" im Rockefeller Center, der ein Fassungsvermögen von 150 Personen hatte, später dann in den Räumen des österreichischen Konsulats. Ab diesem Zeitpunkt war auch der jeweilige österreichische Generalkonsul ständiges Mitglied des Boards des *Austrian Institute*.[740]

Nach dem Tod von Frederic Taylor 1959 und Siegfried Altmann 1963 übernahm Irene Harand die Leitung des *Austrian Institute*. Noch kurz vor dem Tode Altmanns wurde das Institute in *Austrian Forum* umbenannt, da die Republik Österreich in New York ein Kulturinstitut errichtet hatte, für das sie diesen Namen verwenden wollte. Als Abgeltung für den Namenswechsel bezog das Forum einen Büroraum im Kulturinstitut und durfte seine Veranstaltungen dort unentgeltlich abhalten. Unter Irene Harands Leitung veränderte sich die Programmgestaltung des Instituts/Forums wesentlich. Sie gab jenen Vortragenden Raum, die über die Erfahrung des Exils und des Verlusts und über Identität referierten. Das geschah viele Jahre, bevor das offizielle österreichische Kulturinstitut in New York und die Öffentlichkeit in Österreich die Bedeutung des Exils und der Emigranten entdeckte. Das Jahr 1968, in dem sich der Anschluss zum 30. Mal jährte, war für das *Austrian Forum* sehr bedeutend. Im Februar wurde an einem Abend des 25. Todestags seines Gründers Guido Zernatto gedacht und im März 1938 hielt Irene Harand anlässlich der Jahrestags des Anschlusses eine Rede, in der sie auf die vergangenen Jahre und ihre eigenen Erfahrungen zurückblickte: „Thirty years have since passed. But when we – like today – touch the scars that we inflicted on us then, they hurt as much as if everything occurred only yesterday. Ladies and Gentlemen, each of us has been anxious and trembled about lives of relatives and friends. And each of us has been ashamed, bitterly ashamed, about inhumanities that occurred in our own country Austria,' or were committed by Austrian guards in the prisons and concentration camps. We all tried to bring people into safety, to London to America. I, too, contributed modestly to that effort. And when I was lucky to see those we had saved, leaving the boat, and I was able to embrace them, I was conscious of my blessing. We were able to rescue far too few from the hell in Europe, and whatever pain we encountered, it is nothing, compared to the pain of those who had to drink the cup of sorrow to the dregs. Martyrs of the Hitler insanity. We remember them with love and deep respect."[741]

Im April 1968 begann eine Veranstaltungsreihe unter dem Titel „30 Jahre Österreichische Literatur im Exil". Als erstes wurde eine von der Exilschriftstellerin Mimi Grossberg konzipierte Ausstellung eröffnet, in der Leben und Werk von etwa 50 in die USA emigrierten Schriftsteller gezeigt wurden. Der Ausstellung folgten mehrere Lesungen von Exilschriftstellern. Zwar waren Schriftsteller wie Johannes Urzidil, Friedrich Bergammer, Franz Ascher, Rosa Ausländer, Soma Morgenstern, Walter Sorell, Frederic Morton oder Ernst Waldinger schon oft zu Gast bei Abenden des *Austrian Forums* gewesen, doch nun war Platz und Raum, um das gemeinsam Erlebte und Erlittene unter der neuen Kategorie Exilliteratur zu subsummieren. Dass dies im *Austrian Forum* möglich wurde, war zum einen der Verdienst von Mimi Grossberg, der Leiterin der literarischen Sektion des Forums, zum anderen aber auch der Irene Harands.

Anfang der 70er Jahre änderte sich der Charakter des *Austrian Forums* durch die Todesfälle von zahlreichen prominenten Mitgliedern. Ernst Waldinger starb 1970, der Psychologe Alfred Farau und der Komponist Franz Mittler 1972 und die Schriftstellerin Hertha Pauli 1973. Die regelmäßig wiederkehrenden Gedenkabende führten dazu, dass eine gewisse Schwermut und die Nostalgie an das „alte, schöne Vorkriegswien" die Abende überschattete. Gaby Glückselig, die in Deutschland geborene Witwe des Dichters Friedrich Bergammer, sagte einmal: „I would say that the whole affair was always somehow nostalgia … always reminiscent of the good old time in Vienna … looking back at the intellectual thirties in Vienna … For me, the Austrian Forum always meant nostalgia, and that's perhaps why I didn't feel comfortable there. Because it was a retrospective view of at time which I didn't experience. I was outsider there."[742]

Irene Harand hatte die Leitung des Forums bis zu ihrem Tod 1975 inne. Danach übernahm die Musikerin und enge Freundin von Irene Harand, Margarethe Busch, das Forum, die schon Gründungsmitglied gewesen war und später die Leitung der Musikabteilung von Bruno Walter übernommen hatte. Nach Hans Bernfeld nahm Mitte der 80er Jahre schließlich Martha Eggert-Kipura die Agenden des Forums in ihre Hände. Die Wiederentdeckung Martha Eggerts Anfang der 90er Jahre ließ ihr nur mehr wenig Zeit für das Forum. Die Zusammenkünfte wurden seltener. Im Oktober 1992 legte sie ihre Präsidentschaft zurück, ohne dass ein Nachfolger gefunden wurde. Zwar versuchten zwei Personen, darunter mit Kurt Sonnenfeld ein deklarierter Sozialdemokrat, das Forum weiterzuführen, doch bekamen sie nicht die Unterstützung des damaligen Leiters des *Österreichischen Kulturinstituts* in New York.[743] Nach dem Zusperren des alten Gebäudes des Kulturinstituts im Jahre 1994 erlosch schließlich – im 51. Jahr seines Bestehens – auch die Tätigkeit des *Austrian Forums*. Damit war das *Austrian Institute/Forum* wohl die am längsten existierende Organisation des österreichischen Exils.[744]

„Sende mir Namen und Adressen von hungernden Kindern!"[745] Irene Harand und das Nachkriegsösterreich

Irene Harand hatte bis Kriegsende intensiv für die amerikanische *Anti Nazi League* gearbeitet. Ihr Engagement dürfte sie noch einige Zeit über das Kriegsende hinaus fortgesetzt haben. Ihr Hauptinteresse galt nun aber wieder ihren ehemaligen Mitstreitern, Bekannten und Verwandten in Österreich, mit denen sie durch den Krieg jahrelang keinen Kontakt mehr gehabt hatte. Erst Anfang 1946 gelang es ihr, mit ehemaligen Mitarbeitern wie Gertrude Kremser-Angermayer wieder in Kontakt zu treten. Aus dem ausführlichen Briefwechsel erfährt der Leser vieles von dem, was sich in den Jahren 1938 bis 1946 zugetragen hatte.[746] Harand übernahm die Führung der Hilfsorganisation *World Mothers League* in New York. Von dort aus organisierte sie private und institutionelle Hilfe für ihre Freunde in Österreich. Ihre Briefe aus dieser Zeit sind genaue Inhaltsangaben der Hilfspakete, die sie über verschiedene Quellen, sei es die Quäkerhilfe oder die sozialdemokratische Schweden-Hilfe, nach Wien senden ließ. Sehr penibel listete sie auch auf, wer aus den Paketen mit welchen Gütern und in welchem Umfang beteilt werden sollte. Ihre ehemalige Mitarbeiterin und Freundin Gerda Kremser kontaktierte in ihrem Auftrag die Begünstigten und überwachte die Verteilung der Lebensmittel. Die Bedürftigen mussten auf einer Liste unterschreiben, die in die USA geschickt wurde.

Irene Harand arbeitete auch eng mit Trudi Frank, einer sozialdemokratischen Emigrantin aus Wien, zusammen, die in den 40er Jahren – nicht weit vom Büro der *World*

Mothers League- eine „Children's Colony" für Emigrantenkinder in New York gegründet hatte.[747] Trudi Frank fuhr selbst nach Wien, um Adressen von hilfsbedürftigen Wiener Kindern zu sammeln, für die dann Pakete aus den USA verschickt wurden.

Harand hielt nun nicht mehr Vorträge, um gegen die Nazis zu mobilisieren, sondern um auf die Not der Österreicher aufmerksam zu machen.[748] Ein Artikel im Kurier, der über Harands Hilfsaktionen berichtete, bewirkte ein großes Echo. Hunderte Bittbriefe erreichten Irene Harand in New York. An eine Wiener Freundin schrieb sie: „Ihr müsst mich bis nach Wien seufzen hören. Waaas [sic!] der Wiener Kurier mit der Veröffentlichung meiner Adresse angetan hat, weiss er wahrscheinlich gar nicht. Was nützt schon das Jammern und es ist sogar gut, werde ich mir mein Köpferl halt ein bisserl mehr zerreißen – ob da viel herausschaut für die armen Teufel – werden wir ja sehen. Die Post kam buchstäblich in Kübeln, aber wenn man bedenkt wie arm das liebe Österreich ist, hätte die Post eigentlich in Wagenladungen kommen müssen."[749]

Irene Harands erste Reise nach Wien fand im Jahre 1949 statt. Jahre später schrieb sie: „… ich war wie eine Verdurstende, die sich satt getrunken hat – na ja ein bisserl durstig bin ich halt schon wieder, aber weh tut's nicht mehr."[750] Harand verfolgte mit großem Interesse die politischen Entwicklungen in Österreich nach 1945. Sie bat ihre Freunde, ihr regelmäßig die großen österreichischen Tageszeitungen und Parteiorgane zuzusenden. Sie wollte die Ansichten aller Parteien in Österreich besser kennen und verstehen lernen. Mit großer Überraschung nahm sie zu Kenntnis, dass sich die christlich-soziale Partei nach 1945 den Namen ‚Österreichische Volkspartei' gegeben hatte: „Also nun gibt es eine ‚Österreichische Volkspartei', ein ganz eigentümliches Gefühl für mich. Ich erinnere mich, als der arme Doktor (Moriz Zalman Anm. d. Verf.) und ich an einem Sonntag nachm. mit meinem Mann zusammen die Gründung der ‚Österreichische Volkspartei' im Jahre 1930 eingehend besprachen. Immer wieder konnten wir nur zwei Programmpunkte als die wichtigsten produzieren: gegen Haß und Not für ein glückliches österr. Volk. Hoffentlich wird die ‚Österreichische Volkspartei' vom Jahre 1946 nicht nur unseren Namen tragen!"[751]

Irene Harand wünschte sich, dass die Gemeinde Wien Moriz Zalman ein Ehrengrab geben würde und der Antrag hierfür von der *Österreichischen Volkspartei* eingebracht werden würde.[752]

Über die Zusammenarbeit der Christlich-Sozialen und der Sozialdemokratie in einer großen Koalition in Österreich war Irene Harand überrascht. Sie befürwortete zwar die große Koalition, jedoch fürchtete sie, dass die Zusammenarbeit nicht lange halten und Österreich schon bald wieder dort sein würde, wo es 1933 gestanden war.[753] Ihr Pessimismus gründete sich nicht nur auf die Geschehnisse der Jahre zwischen 1918 und 1938, sondern auch auf die Jahre des Exils in New York, in denen es ja erst ab 1946 und das nur im Bereich humanitärer Hilfe für Österreich eine Zusammenarbeit aller politischen Gruppen des Exils gab.

Erst der Abschluss des Staatsvertrages 1955 und der persönliche Kontakt zu Nachkriegspolitikern im Rahmen ihrer Tätigkeit für das *Austrian Institute* stimmte sie ein wenig optimistischer. In einem Brief an Ernst Karl Winter schrieb sie 1956: „… Diese Parteien müssten, meiner Meinung nach, für zumindest die nächsten zwei Dezennien aufrichtig und ehrlich zusammenarbeiten, um den neuen Staat und seine kürzlich gewonnene Neutralität fest und solid zu machen – von Innen her – um stark gegen Außen hin zu sein. Ich habe das Gefühl – freilich auch den Wunsch – dass Österreich das begriffen hat, zumindest einige leitende Persönlichkeiten; ich hörte hier am Konsulat Vorträge von Bürgerlichen, die ihre Erfolge schilderten, aber nie versäumten die Mitarbeit der Sozialisten zu betonen und ebenso machten es die Sozialdemokraten, wenn sie ihre Verdienste besprachen – jedenfalls ein großer Fortschritt."[754]

Es stellt sich natürlich die Frage, warum Irene Harand und ihr Mann, die sich ihr halbes Leben lang für die Unabhängigkeit Österreichs eingesetzt hatten, nicht, wie viele ihrer Bekannten und Mitstreiter im Exil wie Martin Fuchs oder Ernst Karl Winter, nach Österreich zurückkehrten. In einem Brief an eine Freundin lässt sich ein wenig von ihren Gefühlen gegenüber Österreich erahnen und auch warum sie beide nicht nach Österreich zurückkehrten.

„Du weißt, wie sehr ich Österreich liebte und natürlich immer lieben werde, ich danke ihm wunderschöne Kinderjahre, Liebe zu Musik, glückliche und frohe Arbeitsjahre und viel Schönes und Gutes, freilich auch harten, verzweifelten Kampf. Kampf um die gute Seele in Österreich, gegen ihre inneren und äußerlichen Verderber. Trotzdem liebt nur wirklich sein Land, der seine Fehler und Schwächen sieht und bekämpft. Ein Chauvinist ist ein armseliger Patriot und immer am Ende ein Verderber seines Volkes und seines Landes. Ich kann dem armen Österreich heute am besten dadurch helfen dass ich hier bleibe und so viel Hilfe, als es meine schwachen Kräfte und mein Organisationstalent zulassen, hinüber sende. Ich möchte dass Österreich ‚gutmacht', soweit es nur kann, ich möchte, dass es die wirklichen Verbrecher bestraft, aber ich möchte, dass es seine Schwachen und ‚Lauen' stark im Guten macht, dass es die ehrlichen Unbeirrbaren zu den ‚Lehrern' seines Volkes macht."[755]

Ein weiterer Grund dürfte ihr Gesundheitszustand gewesen sein. Irene Harand litt schon längere Zeit an Allergien und an schwerem Asthma, die sie nur mit regelmäßigen Injektionen in Griff bekommen konnte. Darüber hinaus erkrankte sie später an der Gicht, die ihr schwer zu schaffen machte. Eine Übersiedlung nach Österreich hätte wohl ihren Gesundheitszustand schwer in Mitleidenschaft gezogen.

Nach dem Tod ihres Vaters 1944 in Wien hatte Irene Harand auch keine engen Familienangehörigen mehr in Österreich.[756] Harands Mutter war ja schon 1921 gestorben. Mit den in den USA lebenden Schwestern von Irene, Valerie und Margarethe[757], und den zwei Brüdern ihres Mannes bestand hingegen ein enger Kontakt. Dass Teile der Familie Harand scharf gegen das Engagement von Irene eingestellt gewesen waren, dürfte den Wunsch nach Rückkehr nicht verstärkt haben.[758]

Auch hatte Frank Harand eine gute Anstellung gefunden, die dem Ehepaar einen bescheidenen Wohlstand ermöglichte. Alle diese Gründe mögen einzeln unbedeutend gewesen sein, zusammen dürften sie aber den Ausschlag gegeben haben, dass sich das Ehepaar Harand gegen eine Rückkehr nach Österreich entschloss.

Schlussbemerkung: Irene Harand.
Eine Annährung an ein Genie des Gefühls

Irene Harand war eine faszinierende Frau und eine komplexe Persönlichkeit. Wenn man sich als Nachgeborener mit dem Wirken und Fortwirken Irene Harands im Wien der 30er Jahre des 20. Jahrhunderts auseinandersetzt, ist man zunächst einmal überrascht. Wie konnte im antisemitisch geprägten Wien, in dem zwar jeder seinen eigenen „Hofjuden" hatte, aber es sonst genauso zum guten Ton gehörte, auf die Juden zu schimpfen wie auf das Wetter, eine Frau eine visionäre Bewegung initiieren und einen klaren Blick der Zeitverhältnisse entwickeln?

Darüber hinaus überrascht, warum Irene Harand so konsequent von den politischen Kräften der zweiten Republik vergessen wurde. Gerade sie würde sich als Kronzeugin konservativer Kräfte vorzüglich dafür eignen, den antinationalsozialistischen und philo-semitischen Charakter der *Vaterländischen Front*, der die *Harandbewegung* ja angehörte, zu untermauern. War sie ja selbst überzeugte Antifaschistin und glühende Verehrerin von Dollfuss.

Andererseits wäre sie wohl auch als Galionsfigur für die Linke geeignet. Durch ihre Arbeit könnte der Beweis erbracht werden, dass die Katastrophe des Holocaust durchaus schon im Wien der 30er Jahre vorhersehbar war und der Ständestaat als Komplize des Nationalsozialismus nicht willens war, für jüdisches, österreichisches Blut wirklich zu kämpfen.

Irene Harand macht es aber niemanden leicht, sie einzugemeinden. Im Laufe der Jahre wechselte sie von einer Anhängerin des ‚Austrofaschismus' zu einer Monarchistin und schließlich zu einer überzeugten Demokratin in der Ausprägung John F. Kennedys. Was jedoch in all dieser Zeit konstant blieb, war ihr Humanismus, ihr katholischer Glaube sowie ihre klare Ablehnung des Rassen- und des Klassenhasses.

Irene Harand hatte Charisma. Sie hatte ein starkes Sendungs-, ja beinahe schon ‚Missionierungsbedürfnis' für ihre Idee. Wenn sie selbst von der Richtigkeit ihrer Idee überzeugt war, war sie unerbittlich und duldete kein Abweichen von der reinen Lehre. Sie brach Freundschaften und Beziehungen zu Menschen ab, wenn sie den Eindruck hatte, diese würden sich nicht für die Ideen aufopfern. Sie wollte einer Idee, ihrer Idee, dienen und hatte die Vision einer wahrlich christlichen Gesellschaft, in der Nächstenliebe und Gerechtigkeit bestimmend waren. Dem Hass setzte sie die Macht der „Nächstenliebe" entgegen, der Ungerechtigkeit die „Selbstlosigkeit". Daneben war sie eine unerbittliche Verteidigerin der staatlichen Selbstständigkeit Österreichs. Anfang der 1930er Jahre ritt sie hoch zu Ross einem anti-nationalsozialistischen Aufmarsch der *Harandbewegung* mit einer österreichischen Fahne in der Hand voran. Irene Harand, eine Jeanne d'Arc von Österreich?

Dafür war sie wohl zu wenig kriegerisch, obwohl sie Gattin eines Hauptmannes der ehemaligen k. u. k. Armee war, der in den USA einige Zeit den Austrian *War Veterans* vorstand. Viele Zeitgenossen, die von Harands engagiertem Kampf hörten und sie zum ersten Mal trafen, waren sowohl von ihrem Auftreten als auch von ihrem Aussehen überrascht. Mann und Frau erwarteten bei Versammlungen den Wortschwall einer wetternden Brunhilde: männlich, laut und ungestüm. Harand war aber fein, kultiviert, freundlich und vor allem damenhaft. Zeitgenössische Fotos zeigen sie in Modellkleidern mit ausladendem Hut und einem betont femininen Äußeren. Sie war keine zigarettenrauchende Revolutionärin im Hosenanzug. Obwohl sie für ihre Zeit radikal in ihren Ansichten zum Antisemitismus und Nationalsozialismus war, war sei keine Radikale, die die Grundfesten der Welt erschüttern und schon gar nicht jemand, der die herrschenden Besitz- und Machtverhältnisse verändern wollte. Für sie waren Kommunismus und Nationalsozialismus die beiden Seiten der gleichen Medaille. Sie lehnte, wie sie es immer wieder betonte, ebenso den Rassen- wie den Klassenhass auf das Entschiedenste ab.

Harand war ein Genie des Gefühls. Sie hielt der Volksdemagogie und der Propaganda des Hasses das Gefühl der Nächstenliebe und der Empathie mit dem Mitmenschen entgegen. In diesem Sinne war die *Harandbewegung* ein gesellschaftlich-politisches Experiment: Wie kann in einer Zeit, in der tradierte Weltanschauungen und Wertsysteme abgelöst werden durch totalitäre Ideologien, das mitmenschliche Gefühl gerettet werden?

Irene Harand war keine klassische Frauenrechtlerin, doch war sie eine Frau, die Gleichberechtigung verlangte. Sie war geprägt von politisch-konservativ denkenden Frauen im Umfeld von Marianne Hainisch und Rosa Mayreder. Der *Wiener Call-Club*, dessen Vorstand sie bis 1938 angehörte, prägte ihr frauenpolitisches Bild. Mit der Auffassung einer Art neuen „Mütterlichkeit", die interpretiert wurde als globale Verantwortlichkeit für das Wohlergehen der Menschheit als Ganzes, sollten die weltpolitischen Probleme der Zeit gelöst werden. In der Frau, ob nun als tatsächliche oder spirituelle Mutter, sah sie den Schlüssel für eine neue Weltordnung. Deswegen trat sie dafür ein, dass Frauen in Politik, Wirtschaft, und Kultur dieselben Positionen einnehmen sollten wie die Männer. Sie war überzeugt davon, dass das Heil für die Welt von den Frauen, von den Müttern kommt. In diesem Sinne sah sich Irene Harand zeit ihres Lebens, gerade weil sie kinderlos war, als spirituelle Mutter. Einmal schrieb sie davon, dass sie viele Kinder hätte: Die MitarbeiterInnen der *Harandbewegung* und all ihre Mitglieder sah sie als „ihre" Kinder an, für die sie nicht nur sorgen musste, sondern die sie wohl auch manchmal zu erziehen trachtete. Wer Bilder von den fein herausgeputzten Firmpatenkindern der *Harandbewegung* sieht und den weltanschaulichen Hintergrund von Irene Harand nicht kennt, könnte leicht den Eindruck gewinnen, die *Harandbewegung* sei eine Art Charity- und Societyunternehmen einer gelangweilten Dame aus besserer Gesellschaft.

Ohne Moriz Zalman wäre die *Harandbewegung* wohl nie entstanden. So wie Irene Harand Herz und Seele der Bewegung war, so war Zalman Organisator und politischer Kopf. Harand begann als Zalmans Sekretärin in der *Kleinrentner-Bewegung*, aus der politisch die *Österreichische Volkspartei* entstand. Nach der Ausschaltung des Parlaments im März 1933 und dem schrittweisen Verbot der politischen Parteien entschlossen sich beide dazu, die wichtigsten Programmpunkte der Partei herausgreifend, eine *Weltbewegung gegen Rassenhass und Menschennot* zu gründen. Den Namen *Harandbewegung* gab man ihr als bewusstes Zeichen eines Gegenentwurfs zur *Hitlerbewegung*. Die Entscheidung darüber wurde im Vorstand mit einer Gegenstimme gefällt, jener von Irene Harand: Sie wollte nicht, dass nur ihr Name mit der Initiative in Verbindung stand, wurde jedoch auf Grund des taktischen und propagandistischen Effekts, der damit erzielt werden konnte, von den restlichen 11 Vorstandsmitgliedern des Vereins überzeugt.

Harand und Zalman positionierten ihre Bewegung so, dass sie nicht in direktem Widerspruch zum austrofaschistischen Ständestaat geriet. Die *Harandbewegung* wurde Teil der *Vaterländischen Front*. Harand verteidigte offen die politischen Entwicklungen des Ständestaates. Dollfuß blieb für Irene Harand, selbst im Exil, immer der „Märtyrer Österreichs" und nie kam von ihr ein kritisches Wort zu seiner Politik zum Ausdruck. Den Bürgerkrieg im Februar 1934 sah sie als großes Unglück an, der von der Führung der Arbeiterschaft zu verantworten sei. Für die Opfer des Bürgerkrieges beider Seiten gründete sie einen Harand-Fonds, für den sie um Spenden bat. Die Entlassung jüdischer, sozialdemokratischer Ärzte aus dem Dienst der Stadt Wien im März 1934 verteidigte sie als notwendige Maßnahme zur Schaffung einer Front gegen die Nazis, einen antisemitischen Charakter konnte sie darin nicht finden. Selbst das Juli-Abkommen mit dem Deutschen Reich 1936, das es den österreichischen Nazis ermöglichte, sich in der *Vaterländischen Front* zu organisieren, verteidigte sie in der *Gerechtigkeit* als große Errungenschaft zu Sicherung der Unabhängigkeit Österreichs. Antisemitische Vertreter in der Kirche wie Pater Bichlmair und kirchliche Brückenbauer zu den Nationalsozialisten wie Bischof Hudal attackierte sie jedoch genauso leidenschaftlich wie prominente antisemitische Repräsentanten der christlich-sozialen Partei wie Leopold Kunschak.

Der Arbeiterschaft stand sie gespalten gegenüber. Sie lehnte jegliche marxistischen Tendenzen ab, wer der *Harandbewegung* beitrat musste dem Klassenkampf abschwören. Andererseits ließ sie es zu, dass verbotene sozialdemokratische Teilorganisationen in der *Harandbewegung* aufgingen und die Bewegung als legales Feigenblatt für marxistische Agitation benutzten. Dieser seltsame Widerspruch wird heute noch spürbar, wenn Harand, die überzeugte Antifaschistin, Antikommunistin und in jenen Tagen sentimentale Anhängerin Otto Habsburgs, von einigen damaligen Kommunisten beinahe als eine der ihren angesehen wird. Leider ist viel zu wenig darüber bekannt, wie Irene Harand den ‚Austrofaschismus' nach 1945 beurteilte. Sie begrüßte die Zusammenarbeit zwischen Christlich-Sozialen und Sozialdemokraten, genauso, wie sie die zögerliche Haltung der Zweiten Republik in der Frage der Entschädigung jüdischer Opfer verurteilte. Sie war eine der ersten, die die Täterrolle Österreichs als Teil der österreichischen Realität anerkannte.

Die Diskussion um Irene Harand und ihrer *Weltbewegung gegen Rassenhass und Menschennot* kann vielleicht in Zukunft zu einem Ausgangspunkt werden, um die Zeit des Austrofaschismus in Österreich von einer neuen Perspektive jenseits des politischen Lagerdenkens neu zu diskutieren. An Hand dieser Diskussion könnten, neue Aspekte der Vorkriegszeit herausgearbeitet werden, um zu einer gemeinsamen Konfliktsicht der strittigen Punkte der österreichischen Geschichtsschreibung des Austrofaschismus jenseits des parteipolitischen Lagerdenkens zu kommen.

Harand war das Genie des Gefühls, Zalman das Genie der Organisation. Beide ergänzten einander und brauchten einander. Das Scheitern von Zalmans Flucht im März 1938 besiegelte auch das Schicksal der *Harandbewegung*. Ohne den organisatorischen Kopf war die Bewegung tot. Irene Harand setzte ihren Kampf alleine fort und wurde Galionsfigur verschiedenster Initiativen.

Ihre Anhänger verehrten Harand aber auch weiterhin genauso wie ihre Gegner sie hassten. Diese diffamierten sie als „Judenmagd", die von Juden vorgeschoben und missbraucht wurde. Ihr wurde ein Liebesverhältnis mit Zalman nachgesagt, weil es offenbar nicht sein konnte, dass eine christliche Frau und ein jüdischer Mann zusammenarbeiten konnten, ohne dass eine sexuelle Komponente im Spiel war. Am öftesten wurde Irene Harand jedoch eine Art politische „Naivität" vorgeworfen. Viele nahmen, sie nicht ernst und taten ihre Aussagen als überzogene Gräuelpropaganda ab. Erst im Nachhinein, als der Anschluss an das Dritte Reich und die Vernichtung des europäischen Judentums Realität geworden war, erschien Irene Harand als österreichische Kassandra.

Selbst von jüdischer Seite wurden die Aktivitäten der Bewegung mitunter mit Reserviertheit und Skepsis verfolgt: Zum einen sollten die jüdischen Kräfte nicht gesplittet werden, zum anderen zögerten manche, sich für die Sache einer Christin zu engagieren, da sonst das ganze Projekt wieder von den Gegnern als von Juden gekauft und finanziert angreifbar wurde. Ein Teufelskreis, den Irene Harand und Moriz Zalman oft nicht durchbrechen konnten. Aufrufe in der Gerechtigkeit, die die Juden Österreichs zu Einheit im Kampf gegen den Antisemitismus aufrufen, verhallten oft ungehört. Erfolglos war sie auch darin, ihre eigenen Familienmitglieder restlos von ihrer Mission zu überzeugen: Ein Bruder ihres Mannes distanzierte sich öffentlich via Leserbrief in einer NS-Zeitung von ihren Aktivitäten.

Ihre Anhänger verehrten Irene Harand jedoch abgöttisch. Besondere Anerkennung bekam sie von Juden in Osteuropa. Sie war in den 30er Jahren schon überzeugte und kämpferische Zionistin und verlangte die Schaffung eines jüdischen Staates. Sie ermutigte junge Juden, untypische Berufe in der Landwirtschaft und im Handwerk zu erlernen, um so die „ungesunde Berufsverteilung" innerhalb des Judentums, die auf Grund der Berufsverbote für Juden in den Jahrhunderten zuvor hervorgerufen worden war, zu korrigieren. Joseph Hausner, auch er ein osteuropäischer Jude, verehrte Harand als Art jüdische Schutzpatronin und wollte ihr mit seiner Dissertation ein Denkmal setzen. Hausners größter Wunsch in seinen letzten Lebensjahren war die Wiedererrichtung der *Harandbewegung* in Österreich.

Irene Harand war zugleich österreichische Patriotin und überzeugte Zionistin. Als Höhepunkt ihres Lebens sah sie ihre Reise nach Israel im Oktober 1968 an. Die Auszeichnung Harands als *Gerechte der Völker* ging auf die Initiative gerade jener ehemaligen Mitglieder und Sympathisanten der *Harandbewegung* aus Osteuropa zurück. In Österreich blieb sie beinahe vergessen. Von Zeit zu Zeit gibt es einzelne Personen die die Initiative ergreifen, das Andenken an Irene Harand der Vergessenheit zu entreißen. Dabei würde sie sich geradezu idealtypisch als Integrationsfigur für den christlich-jüdischen Dialog und andersseits zu Verbesserung der österreichisch-israelischen Beziehung eignen.

Irene Harand war zweifellos eine der größten christlich-katholischen Humanistinnen des 20. Jahrhunderts. Sie war eine Anti-Ideologin, für sie stand immer das Individuum im Zentrum, genau das macht es schwierig, sie politisch einzuordnen. Sie war keine Intellektuelle, die durch die Ratio und durch Argumente intellektuell zu überzeugen trachtete. Sie war eine Propagandistin der Menschenliebe und des Respekts vor dem Anderen. Sie erkannte, dass nicht die Wirtschaftskrise, die Inflation oder die Arbeitslosigkeit die Ursachen von Nationalismus und Antisemitismus waren, sondern dass das fehlende Mit-Gefühl mit dem Mit-Menschen die wahre Krankheit der Zeit wäre. Ihr war klar, dass Empathie nicht durch den Intellekt, sondern nur durch das Gefühl hervorgerufen werden konnten. Diese Gefühle suchte sie bei den Menschen zu wecken, in diesem Sinne war sie, wie sie einmal in einer tschechischen Zeitung beschrieben wurde, ein „Genie des Gefühls". Die wahre Bedeutung von Irene Harand kann demnach nicht intellektuell, sondern nur emphatisch erfasst werden. Objektiv gesehen ist Irene Harand mit ihrem gesellschaftlichen Experiment *Weltbewegung gegen Rassenhass und Menschennot* gescheitert. Die Orgie des Hasses war schon mitten im Gange als Irene Harand ihre Stimme erhob. Niemand litt unter dieser Niederlage mehr als sie selbst.

Irene Harand war eine Frau die nicht nur gegen die Strömungen der Zeit aufstand und Widerstand leistete im Namen der Humanität, sondern es auch wagte, einen utopischen Gegenentwurf einer menschlichen, von Hass und Not befreiten Welt zu propagieren.

IV.
Sein Kampf – Antwort an Hitler – Ausgewählte Textstellen[759]

Einleitung [der Herausgeber]

Zwei Jahre nach dem Erfolg der Broschüre *So oder So* hatte sich Irene Harand entschieden, die darin angerissenen Themen zu vertiefen und wesentlich auszubauen. Der Propaganda des Nationalsozialismus sollte etwas Stärkeres entgegengesetzt werden, etwas, das sich erstmals direkt und in aller Offenheit gegen Adolf Hitler und seine Ideologie wendete. Im Juli 1935 erschien *Sein Kampf – Antwort an Hitler* im Selbstverlag von Irene Harand.[760] Mit diesem Buch legte die unermüdliche Kämpferin gegen den Nationalsozialismus nicht nur die programmatische Basis für die von ihr ins Leben gerufene Weltbewegung, sondern bezog auch vor aller Öffentlichkeit erstmals zu Hitlers *Mein Kampf* Stellung. Das Buch hatte unter den Anhängern und Sympathisanten der *Harandbewegung* eine gewisse Popularität, an den Auflagenerfolg der vorangegangenen Broschüre vermochte es jedoch nicht heranzukommen. Bis zur zweiten Jahreshälfte 1936 erschienen allerdings drei deutschsprachige Auflagen, jedoch nur mit einer geringen Stückzahl, die sich heute nicht mehr genau feststellen lässt, aber kaum die Gesamtauflage aller Ausgaben von 20.000 Stück überstiegen haben dürfte.[761] Bis März 1938 gelang es noch jeweils eine Auflage in Französisch und eine in Englisch zu veröffentlichen.[762] Eine für 1938 in Holländisch geplante Ausgabe lag zwar bereits in Übersetzung vor, wurde aber von den Ereignissen überrollt und konnte nicht mehr realisiert werden.[763] Die Finanzierung bestritt man größtteils aus eigenen Mitteln, Spenden und über den Verkauf der Bücher selbst.

In einem Brief an die Autorin bemerkt ein Leser aus Cairo über das Buch: „… Ihr Buch, hochverehrte gnädige Frau, ist ein Meisterwerk der Vorurteilslosigkeit. Wenn ich daran denke, daß es mir nur durch einen Zufall in die Hände kam, dann muss ich lebhaft bedauern, daß keine größere Propaganda durch Publizität um dieses Werk herum gemacht wird …"[764] Wie nahezu allen Ideen und Maßnahmen der *Harandbewegung* mangelte es auch – trotz eines nicht abzusprechenden Erfolges – bei *Sein Kampf* an den nötigen Geldmitteln, die eine weite Verbreitung dieser Arbeit wesentlich erleichtert, ja erst ermöglicht hätten. Der schwierige Vertrieb funktionierte fast ausschließlich über die Kontakte der Bewegung und die Vortragsreisen von Irene Harand, bei denen sie immer wieder Gelegenheit hatte, das Buch vorzustellen. Da änderten auch die Wünsche und Hoffnungen der durchwegs positiven Buchkritiken nichts daran. Selbst diese zustimmenden Rezensionen, die teilweise in der *Gerechtigkeit* im Nachdruck erschienen, konnten sich nicht immer ganz von den tief verwurzelten Gegensätzen und Vorbehalten gegenüber den Juden befreien, auch wenn das Buch in weitgehender Übereinstimmung als mutige Antwort auf die fatale Volksverführung des Nationalsozialismus gesehen wurde. Die *Reichspost* und der *Deutsche Weg* beschrieben Irene Harand als katholisch getaufte Jüdin – warum sollte sich die Autorin mit diesem Thema denn auseinandersetzen, wenn sie nicht selber davon betroffen wäre (?) – bzw. kritisierten ihre allzu positive Darstellung der Juden. Die nationalsozialistischen Gegner – im Deutschen Reich wurde das Buch umgehend verboten – nahmen naturgemäß eine strikt ablehnende Position ein und sprachen angesichts der Klarheit der von Irene Harand vorgebrachten Anklage bar jeder ihnen verbliebenen Verteidigung von ‚gemeinen, niederträchtigen Lügen und gewissenlosen Verleumdungen'.[765] Der Druck Deutschlands

Abb. 60: Titelblatt der deutschen Ausgabe

führte gelegentlich dazu, dass das Buch auch in anderen Ländern, wenn schon nicht verboten, so doch nicht beworben werden durfte. Eine Leserin aus Kattowitz berichtete etwa, dass *Sein Kampf* in der Auslage der Buchhandlung ‚Wiener' ausgestellt war, woraufhin aber ein Polizist erschienen sei und veranlasst hätte, diese Werke sofort aus der Auslage zu entfernen. Das Buch sei zwar erlaubt, aber es dürfe nicht in der Auslage stehen – so der Polizist.[766] *Mein Kampf* hingegen war in jedem Schaufenster präsent und erfuhr von den öffentlichen Organen Verteidigung ...[767]

Die dem kommentierten und neu bearbeiteten Nachdruck auszugsweiser Textstellen von *Sein Kampf* beigefügten Originalkritiken sollen dem heutigen Leser dabei helfen, das streckenweise sicherlich nicht immer leicht lesbare, aber durchaus spannende und sprachlich unkompliziert gestaltete Buch für sich als Quelle einer vielfältigen Argumentation gegen Antisemitismus wie Rassismus zu erschließen. Die Autorin verfügte über einen beträchtlichen Informationsstand zu diesem Thema. Dabei konnte sie auf zahlreiche Veröffentlichungen im Ausland zugreifen, auf die sie über Zusendungen ihrer Anhänger aufmerksam gemacht wurde. Unmittelbar nach Kriegsende, als es noch kaum Arbeiten über das Dritte Reich und den Holocaust gab,

Abb. 61: Titelblatt der französischen Ausgabe von Sein Kampf. RGWA 520/1/78.

diente Sein Kampf von Irene Harand als unentbehrliches Nachschlagewerk und Argumentationshilfe gegen den Nationalsozialismus und Antisemitismus.[768] Letztendlich fast 70 Jahre nach dessen Veröffentlichung hat das Buch nichts an seiner traurigen Aktualität eingebüßt …

Abb. 62: Sonderstempel/Sonderpostamt anlässlich eines im Wiener Literaturhaus am 27. September 2000 stattgefundenen Abends zum Gedenken an Irene Harand. Entwurf K. Scharr.

Zeitgenössische Kritiken zu *Sein Kampf*

Jüdische Front – Offizielles Organ des Bundes jüdischer Frontsoldaten Österreichs
Nr. 17, 1. September 1935, S. 1-2

„… *Auf Hitlers Hakenkreuzbibel hat die Verfasserin öffentlich Antwort gegeben, sie hat das ganze Gebäude phrasenhafter und unwahrer Behauptungen und Thesen ihres Schmuckes entkleidet. Nackt und bloß steht ‚Mein Kampf' vor aller Augen da. Den Mann, der das Buch geschrieben hat und die, die seines Wollens sind, wird das sicherlich wenig berühren. Sie sind schon unberührt durch die Engpässe anderer Blamagen durchgegangen. Aber die Adolf Hitler erteilte Lektion einer hochherzigen, vom Geiste wahren Menschentums erfüllten Frau soll eine Mahnung sein an all die vielen Lauen … Die Lektüre dieses Werkes wird sie erschauern lassen vor den Glaubenssätzen jenes Buches, das gerechterweise den Titel tragen sollte: ‚Die Gewalt der Phrase' oder ‚Die Macht der Demagogie' … Der Propaganda der Lüge muss die Propaganda der Wahrheit und der Tat entgegengesetzt werden. Dazu gehört auch ‚Sein Kampf – Antwort an Hitler'.*"

An der Wende der Zeit – Der Deutsche Weg
Nummer 42, 2. Blatt 1935 (RGWA 520/1/518, S. 74), der Erscheinungsort konnte nicht festgestellt werden

„… *Soeben hat Irene Harand, wohl eine Österreicherin jüdischen Blutes und katholischen Glaubens, ein Buch herausgegeben unter dem Titel ‚Sein Kampf' … Es stellt eine ‚Antwort an Hitler' dar, von der man sagen muss, dass sie durchschlagend ist. Eigentlich muss man es erstaunlich finden, dass das Buch ‚Mein Kampf' … noch nicht Gegenstand einer ausführlichen Widerlegung etwa durch angesehene Universitätsprofessoren geworden ist, wie das beim ‚Mythos' [des XX. Jahrhunderts von A. Rosenberg 1930, Anmerkung des Autors] der Fall war. Um so mehr anerkennen wir die Arbeit dieser wackeren Frau, die erkannt hat, dass der Antisemitismus aus Rassenmotiven zutiefst auch eine antichristliche Angelegenheit ist … So furchtbar ihre Anklagen sind, man hat nicht den Eindruck, dass sie aus Gehässigkeit hervorgehen, sondern ganz im Gegenteil, dass hier jener Hunger und Durst nach der Gerechtigkeit vorliegt, den die Bergpredigt selig preist …*"

B'nai B'rith Magazine
Mai 1937, Cincinati Ohio – Oscar Leonhard (RGWA 520/1/509)
„*Fascism as Anti-Christianity …*

Much of the book seems to be adressed especially to Austria, which she loves. She has made an earnest effort to keep Austria from going the way of Hitler. If appeals to reason are still valid in a world like ours, Frau Harand's book will be helpful …"

De Telegraaf
Amsterdam (RGWA 520/1/526, S. 127)

„... *Irene Harands Buch ist populär geschrieben und läßt sich flüssig lesen* ..."

Prager Presse
Prag, 4. Oktober 1935 (RGWA 520/1/526, S. 127)

„... *Viele historische Nachweise, geistreiche Parallelen, scharfe Beobachtungen machen das temperamentvolle Buch auch für jeden Gebildeten wertvoll ... Man würde der Schrift ebenfalls Millionenauflagen wünschen, wie jenem Buch, das zu der tapferen Entgegnung Anlass gab* ..."

National-Zeitung
Basel Nr. 447, 27. September 1935, S. 3, E. K.

„... *Frau Irene Harand hat schon vor längerer Zeit dem Nationalsozialismus mutig erbitterte Fehde angesagt ... Ihrer Aufgabe unterzieht sich die Verfasserin im Geist, scharfer Dialektik und großem Fachwissen. In dieser Beleuchtung erscheinen die von Hitler aufgestellten Axiome als das, was sie wirklich sind: als die auf Massensuggestion berechneten Phrasen eines fanatischen Agitators. Das Dritte Reich hat inzwischen auf die Streitschrift Irene Harands in seiner Art schon Antwort gegeben: es hat das Werk verboten. Es hätte nicht erst dieser Maßnahme bedurft, um dem ausgezeichnet geschriebenen Buche zahlreiche Leser zuzuführen.*"

Reichspost
Wien, Nr. 263, 23. September 1935, S. 7, Dr. S. Brunner

„... *Die Schrift erhält manches Brauchbare und verdient in vielen Belangen volle Zustimmung, insbesondere in der Ablehnung und Brandmarkung der ‚Protokolle der Weisen von Zion'. Die Begeisterung für das Judentum wird indessen in so unverhüllte und übermächtiger Weise zur Schau getragen, die Anerkennung der jüdischen Fähigkeiten und Leistungen so verallgemeinert, daß der Wiederspruch an einzelnen Stellen geradezu herausgefordert wird.*"

Nasz Przeglad
Warschau, 7. August 1935 (RGWA 520/1/526, S. 127, Gerechtigkeit S. 3, 15.8.1935), Pierrot

„... *Das Buch der Frau Irene Harand ist ein mächtiges, fundamentales Werk der Wahrheit. Und diese Wahrheit wird dem Programm der Vernichtung der Kultur und der menschlichen Ethik entgegengestellt. Es ist der stärkste, blitzähnliche Schlag, der vom Standpunkte der christlichen Weltanschauung dem Nazismus versetzt wurde* ..."

Czernowitzer Allgemeine Zeitung
Czernowitz, 29. September 1935 (Gerechtigkeit S. 3, 10.10.1935)

„... *Ihr Feldzug gilt nicht nur der Ausrottung eines die Herzen der Jugend vergiftenden Irrwahns, der zur Weltgefahr sich auswächst, sondern er gilt auch der Rettung der Ehre eines christlichen Volkes, zu dessen Gemeinschaft sie sich mit unterstrichener Bedeutung laut bekennt ... Herzerquickend wirkt Irene Harands geradegewachsene, unverbildete Ausdrucksweise und unbedenkliche Art, dem Gegner ins Gesicht zu sagen, was man denkt ... In der heutigen Zeit, wo durch eine großzügige Propaganda die Völker durch eine Flut von Propagandaschriften mit Millionenauflagen in einseitiger Weise über die Judenfrage informiert werden, ist das Buch Irene Harands doppelt willkommen ...*"

Le Matin
Antwerpen, 6. August 1936 (RGWA 520/1/80, S. 24, Übersetzung Heinz Lichtner)

„... *Eine von den Streitschriften, die den Nationalsozialismus am meisten ins Unrecht setzen, ist wahrscheinlich jene von Madame Irene Harand ... Frau Irene Harand ist Katholikin und man kann sie nicht anklagen, Deutschland zu hassen ... Es ist überflüssig, die These noch einmal darzulegen, die in ‚Sein Kampf, Antwort an Hitler' entwickelt wird. Diese These ist genügend bekannt ... Das Wesentliche ist, an ihre Existenz zu erinnern und die Aufmerksamkeit auf die großherzigen Anstrengungen einer Frau zu lenken, welche um ihr Gewissen zu befreien, nicht gezögert hat, sich in einen Kampf zu stürzen, den sie nicht allein gewinnen kann, den sie aber mit Freimut und mit wunderbarem Stolz annimmt. Die Beispiele solcher Tugenden sind zu selten als dass man sie nicht mit Dankbarkeit vermelden sollte ...*"

Ostjüdische Zeitung
Czernowitz, 19. Februar 1936 (RGWA 520/1/512)

„... *Es gehört viel moralischer Mut dazu, sich des verfemten jüdischen Volkes anzunehmen ... Der Wert des Harandischen Buches liegt nicht so sehr in den historischen Darstellungen, als in dem edlen Geiste, von dem es erfüllt ist ...*"

Czernowitzer Morgenblatt
Czernowitz, 20. September 1936, von Josephine Diamant-Schechter (RGWA 520/1/512)

„... *Obwohl Arierin von Geburt, weist Frau Harand die schamlosen Verleumdungen an die Adresse des Volkes zurück, das das Kulturgebäude der modernen Zivilisation ethisch untermauert hat ... Dem Buch wäre ein Welterfolg zu wünschen. Ob und wie weit seit Weckruf ein Echo in der Seele unseres Jahrhunderts findet, wird ein Gradmesser unserer Kultur für kommende Geschlechter sein.*"

Sein Kampf – Antwort an Hitler

Vorbemerkung zu den auszugsweise zitierten Textstellen

Die Herausgeber versuchten, die oftmals nur sporadischen Literaturangaben bei Irene Harand zu vervollständigen. Die Literaturzitate für den Gesamttext von *Sein Kampf* finden sich im Anschluss. Für den Verständniskontext wichtig erschienene, historische Persönlichkeiten, die von Irene Harand erwähnt werden, sind in den Fußnoten kurze biographische Angaben beigegeben. Die Zitate aus *Mein Kampf* von Adolf Hitler wurden weitestgehend nachgeprüft und mit den entsprechenden Seitenzahlen des Originals versehen. Von einer Kommentierung der Ansichten und des Sprachgebrauchs der Zeit ist abgesehen worden. Der vorliegende Textauszug entspricht, abgesehen von den durch die Herausgeber beigefügten Anmerkungen, vollständig der Ausgabe von 1935. Von einer vollständigen Neuauflage musste leider aus autorenrechtlichen Gründen Abstand genommen werden.

Vorwort[769]

Nach der Machtergreifung Hitlers in Deutschland habe ich in einer kleinen Broschüre einige aufklärende Worte an meine christlichen Mitmenschen gerichtet, um ihnen zu beweisen, daß der Antisemitismus unser Christentum schändet.[770] Seither sind mehr als zwei Jahre verstrichen. Viel Blut ist in Deutschland geflossen. Viele Tränen sind dort vergossen worden. Das Hakenkreuz läßt nicht nur die jüdische Minderheit, sondern auch die Katholiken seine Macht fühlen. Der Hauptangriff gilt aber der deutschen Judenheit, die unsägliche Qualen und Demütigungen im Dritten Reich ertragen muß. Der Antisemitismus bedeutet für das Hakenkreuz nichts anderes als ein Mittel zur Befestigung der hauptsächlich durch Entfachung der Haßinstinkte gegen die Juden nun einmal erlangten Macht. Wir haben während der zwei Jahre der nationalsozialistischen Herrschaft gesehen, daß das Hakenkreuz auch vor dem Massenmord nicht zurückschreckt, wenn es gilt, die errungenen Positionen zu halten. Ich glaube daher, daß es im Interesse der Wahrheit liegt, auf die Hakenkreuzbibel, auf Hitlers „Mein Kampf", öffentlich Antwort zu geben und vor der ganzen Kulturwelt zu prüfen, ob die Hauptlehrsätze dieses Buches, die zur Begründung der Politik des Hakenkreuzes angeführt werden, der Kritik standhalten. Diese Auseinandersetzung mit dem Hakenkreuz ist in erster Linie deshalb notwendig, um klar und deutlich zu beweisen, daß sein entsetzliches Vorgehen gegen das Christentum und Judentum die Menschenrechte schändet, deren Achtung in jedem Kulturstaate eine Selbstverständlichkeit ist. Ich will beweisen, daß es die Pflicht der ganzen gesitteten Welt ist, sich gegen die Brutalitäten aufzubäumen, denen Juden und Christen in Deutschland ausgesetzt sind. Aber noch ein anderes Moment hat mich bestimmt, diese Arbeit zu leisten. Das Hakenkreuz begnügt sich nicht mit der Diffamierung und Peinigung der deutschen Juden, es begnügt sich nicht mit der Verfolgung der Katholiken und jener Christen, die treu zum Heiland halten.

Das Hakenkreuz will seine Herrschaft über die ganze Welt verbreiten und alle Völker dieser Erde bestimmen, seinem blutigen Beispiel zu folgen. Darum will ich die Gefahren für die Menschheit aufzeigen, die das Vordringen des Hakenkreuzes bedeuten würde. Vielleicht gelingt es mir, durch meine Arbeit denjenigen Menschen in Deutschland die Augen zu öffnen, die noch nicht jedes Schamgefühl verloren haben. Vielleicht werden die alten deutschen Heerführer erkennen, welchen ungeheuren Dienst sie gerade jetzt ihrem Vaterlande leisten können, wenn sie dem Hakenkreuz die Macht entwinden … Viel, viel mehr muß man über diese Schande des Hakenkreuzes schreiben … Ich habe zur Begründung meiner Stellungnahme die Meinungen zahlreicher kirchlicher und weltlicher Autoritäten angeführt.[771] Ich wende mich nicht an Gelehrte. Ich will, daß das Volk mich verstehe. Darum werden vielleicht Sprache und Stil nicht alle Schöngeister befriedigen. Der Zweck dieser Arbeit ist, die breiten christlichen Massen von der Verlogenheit der nationalsozialistischen Lehren zu überzeugen und die Wege zu zeigen, wie die Welt sich der fürchterlichen Gefahr, die der deutsche Nationalsozialismus verkörpert, erwehren kann. Den Opfern des Hakenkreuzes soll aber diese Arbeit Trost bieten und die Überzeugung bringen, daß es Menschen in der Welt gibt, die sich mit dem Terror des Dritten Reiches nicht abfinden und die kämpfen wollen, bis von der Menschheit die Gefahr, die die Verbreitung des Hakenkreuzes bedeutet, gebannt, und die Opfer von ihren Peinigern erlöst werden.

Gegen die Lüge[772]

Die wirksamste, aber auch fürchterlichste Waffe des Hakenkreuzes ist die Art seiner Propaganda. In seinem Buche „Mein Kampf" schreibt Hitler auf Seite 200:[773] „Die Aufgabe der Propaganda ist zum Beispiel nicht ein Abwägen der verschiedenen Rechte, sondern das ausschließliche Betonen des einen eben durch sie zu vertretenden. Sie hat nicht objektiv auch die Wahrheit, soweit sie den anderen günstig ist, zu erforschen, um sie dann der Masse in doktrinärer Aufrichtigkeit vorzusetzen, sondern ununterbrochen der eigenen zu dienen. Es war grundfalsch, die Schuld am Kriege von dem Standpunkt zu erörtern, daß nicht nur Deutschland allein verantwortlich gemacht werden könne für den Ausbruch dieser Katastrophe, sondern es wäre richtig gewesen, diese Schuld restlos dem Gegner aufzubürden, selbst wenn dies wirklich nicht so dem wahren Hergang entsprochen hätte, wie es doch nun tatsächlich der Fall war." Diese Stelle in Hitlers Buch faßt das Hakenkreuz als einen Freibrief auf, mit den Waffen der Lüge und Verleumdung den Gegner zu zerschmettern … Der Weg kann, lehrt das Hakenkreuz, auch über Fälschungen und Verdrehungen führen.

Auf diese Weise hat das Hakenkreuz in die Seelen der Jugend ein Gift gepflanzt, das sie zu Schädlingen der Menschheit machen muß. Gott hat den Menschen die Sprache geschenkt, damit sie sich verständigen. Wer seine Nächsten belügt, der mißbraucht diese Gabe. Die Doktrin des Hakenkreuzes, man dürfe dem Volke die Wahrheit nicht vermitteln, weil man sonst Gefahr läuft, daß es dann an das eigene Recht nicht mehr glaubt, ist falsch. Durch Lügen wird die gegenteilige Wirkung erzielt. Erfährt das Volk einmal, daß es belogen wurde, wird es den Lügner nie wieder ernst nehmen. Die Lüge ist eine unsaubere Waffe, eine Versündigung gegen Gott, ein Verbrechen gegen die Natur und die Menschen. Darum will ich das Hakenkreuz entlarven. Die Welt soll erkennen, daß das Hakenkreuz durch Mißachtung der Religion, der Sitte und der Moral, durch Schändung der Wahrheit und der Gerechtigkeit seinen Sieg errungen hat, und daß es die Pflicht aller Menschen und Völker ist, das Hakenkreuz zu bekämpfen, damit sich diese Pest nicht über die Grenzen des Dritten Reiches hinaus verbreite und damit auch die Millionen, die in dem deutschen Käfig schmachten, erlöst werden …

Nationaler Hochmut[774]

Das Hakenkreuz sucht die Massen dadurch zu gewinnen, daß es ihnen die Überzeugung beibringt, das deutsche Volk stehe höher als die anderen Nationen, und jeder Deutsche müsse daher stolz sein, diesem „begnadeten Volke" anzugehören. Das Hakenkreuz pflegt bewußt diese Gefühle des Hochmutes und der Überhebung … Ich muß es offen sagen: man kann dem eigenen Volke keinen schlechteren Dienst leisten, als es zu verleiten, sich über andere erhaben zu fühlen. Ein Staat ist ein Glied innerhalb der Völkerfamilie, die diese Welt ausmacht … Der Nationalismus wirkt wie Gift, wenn er der Jugend eingepflanzt wird, um ihren Haß gegen andere Menschengruppen zu entfachen. Ohne einen solchen Nationalismus gäbe es keinen Krieg. Ich bin gewiß eine gute Österreicherin … Es war in erster Linie die Liebe zu meinem Vaterlande, die mich bestimmt hat, dagegen zu kämpfen, daß Österreich eine Satrapie des Hakenkreuzes werde. Ich habe noch vor der Machtergreifung Hitlers meinen Kampf öffentlich begonnen und in Versammlungen meine Meinung zu einer Zeit unumwunden geäußert, als man noch gar nicht wissen konnte, wie der Kampf enden wird.[775] Ich habe fürwahr aus Liebe zu meinem Volke gehandelt, dem ich die Schande ersparen wollte, daß es die Macht dem Hakenkreuze ausliefert … Es muß die Erkenntnis in jedem Volke wachgerufen werden, daß es gewiß nicht schlechter, aber auch nicht besser ist als die anderen Völker. Wenn man durch die Entfachung eines dummen und egoistischen Nationalismus in einem Volke die Vorstellung wachruft, daß es ein „gottbegnadetes Volk" sei, daß es aus lauter Engeln und Edelknaben bestehe, dann darf man sich nicht wundern, wenn ein anderes Volk ebenso von sich denkt. Die Völker sind in der heutigen Zeit darauf angewiesen, miteinander zu verkehren … Der nationale Stolz besteht in Wirklichkeit nur in den Gehirnen gewisser Politiker und Streber. Weil sie sonst nichts leisten und auch nicht wissen, auf welche Art sie die breiten Massen ködern können, ohne ihnen wirkliche Hilfe zu bringen, haben sie den rasenden Nationalismus erfunden, der sie nichts kostet, der aber geeignet ist, die egoistischen Instinkte im Menschen zu wecken und zu nähren … Man wird die Beobachtung machen, daß dieser Nationalstolz nur dort anzutreffen ist, wo auch ein voller Magen nicht fehlt. Man befrage hundert Arbeiter verschiedener Nationalität, ob sie den geringsten Sinn für nationale Überheblichkeit haben, und man wird sofort sehen, wie dumm dieser Nationalismus ist … Es fällt mir nicht ein, auch nur im geringsten die Verdienste der deutschen Nation zu schmälern. Was ich aber bestreite, ist die Behauptung, daß irgendein Mensch seine Nation als das „allein gottbegnadete Volk" bezeichnen darf … Es gibt fast kein Volk auf der Erde, das nicht Genies, Erfinder und Entdecker hervorgebracht und auf diese Weise zum Wohlergehen der Menschheit beigetragen hätte …

In seinem Buche „Mein Kampf" schildert uns Hitler das Leben einer Arbeiterfamilie in einer elenden Kellerwohnung, wo Kinder Zeugen der Zwistigkeiten zwischen Mutter und Vater sein müssen, der sich auch tätlich an der armen Frau vergreift.[776] Hitler will damit beweisen, daß die sittliche Verwilderung der deutschen Jugend auf die entsetzlichen sozialen Verhältnisse zurückzuführen sei, in denen ein großer Teil des deutschen Volkes zu leben gezwungen ist. Man sollte nun meinen, daß Hitler durch diese Tatsache sich befleißigen müßte, danach zu streben, die Leiden seiner Volksgenossen zu beseitigen, damit ihnen die Qual erspart werde, die ein solches Leben mit sich bringt. Hitler kommt aber zu wunderlichen Ergebnissen. Er ist über diesen Jammer nur deshalb entrüstet, weil die Menschen in solchen Kellerwohnungen für die „nationale Idee" nicht leicht gewonnen werden können. Seiner Meinung nach müßte ihre Lage nur zu dem Zwecke verbessert werden, damit sie leichter „nationalisiert" werden können.

Ich komme zu ganz anderen Ergebnissen ... Und glaubt Hitler wirklich, daß er das Schicksal dieser Arbeiter verbessern kann, wenn er den nationalen Chauvinismus bis zur Siedehitze entfacht? Weiß Hitler nicht, daß der Nationalismus, wenn er in allen Ländern so gesteigert wird, wie er es wünscht – unbedingt zum Krieg führen muß? Würde sich das Los der Einwohner dieser Kellerwohnung bessern, wenn der Familienvater einrückte und den Tod im Schützengraben fände oder als Krüppel heimkehrte? ... Man hat noch selten gesehen, daß irgendein strenger Gläubiger, deutscher oder französischer Nationalität, einen in Not geratenen Schuldner nur deshalb geschont hätte, weil er ein Angehöriger des deutschen oder französischen Volkes ist. Und wenn ein Individuum mit menschenfeindlichen Instinkten irgendein Opfer sucht, ist es ihm gleichgültig, wen es bestiehlt, bewuchert, beraubt oder mordet. Ein Wohltäter aber wird bei der Betätigung seiner Menschenliebe nie danach fragen, welcher Nation der arme Teufel angehört, dem er helfen soll.

... Wenn der „nationale Mensch" wirklich eine „leidenschaftliche Liebe" für sein Volk empfände, dann müßte er ja dasselbe Gefühl auf alle einzelnen Mitglieder seines Volkes ausdehnen. Wie könnte er dann sein Einkommen, seinen Wohlstand und mitunter seinen Reichtum in Ruhe genießen, wenn er weiß, daß Millionen seiner Stammesgenossen hungern, darben, in Fetzen herumgehen oder in Kellerwohnungen hausen, wie sie Hitler selbst so düster beschrieben hat? ... Wie kann es überhaupt möglich sein, daß zwischen Menschen, die durch ein gemeinsames nationales Band von dieser Stärke verbunden sind, eine so fürchterliche Feindschaft entsteht? Warum hat das Hakenkreuz die Schergen in das Haus des Generals Schleicher geschickt, um ihn und seine Frau zu ermorden?[777] Schleicher war ein „deutscher" Mann, der schon im Kriege seinem Vaterlande große Dienste geleistet hatte. Schleicher war auch ein Freund Hindenburgs.[778] Er gehörte derselben Nation an, die Hitler so verherrlicht. General Schleicher und seine Frau waren Menschen, die „den berechtigten Stolz empfinden durften, dem begnadeten deutschen Volk angehören zu dürfen". Warum ging das Hakenkreuz diesem deutschen Mann gegenüber mit einer solchen Grausamkeit vor? Warum hat das Hakenkreuz den Zentrumsmann Klausener ermorden lassen, der wirklich nicht das geringste verbrochen hat?[779] Auch dieser Mensch war ein Deutscher, dessen nationales Empfinden nicht im mindesten angezweifelt werden konnte.

Warum werden in Deutschland katholische Volksgenossen so fürchterlich verfolgt und drangsaliert? Warum geht man mit rücksichtsloser Strenge gegen den edlen Kirchenfürsten Faulhaber vor, der nicht nur tiefe sittliche Religiosität, sondern auch bewunderungswürdigen Mut in den schwersten Tagen seines Lebens bewiesen hat?[780] Ist Kardinal Faulhaber kein Deutscher? Gehören die vielen politischen Opfer, die in die Konzentrationslager geschleppt, in die Gefängnisse geworfen und in Massen abgeschlachtet wurden, nicht auch zu dem deutschen Volk? Warum begegnen wir hier nicht der geringsten Spur von Mitleid in der Behandlung von politischen Gegnern, die Deutsche sind, die durch dieselbe Geschichte und durch dieselbe ruhmreiche Vergangenheit der Ahnen mit Hitler verbunden sind?

Diese Fragen kann man nur dann richtig beantworten, wenn man davon ausgeht, daß der Nationalismus des Hakenkreuzes ein plumper Schwindel, ein ganz gemeiner Betrug ist, eine Erfindung krankhafter oder verbrecherischer Gehirne, die dieses Gespenst nur brauchen, um ihre dunklen Ziele zu erreichen oder ihren krankhaften Ehrgeiz zu befriedigen … Meine Sympathie galt nie der Nation, der der Mensch angehörte, sondern nur seiner Moral und seiner Gesinnung.

Anschlusswille Österreichs?

Der chauvinistische Nationalist muß mit Lügen oder mindestens mit lächerlichen Übertreibungen arbeiten. Wer in Österreich gelebt hat, kennt genau die Ereignisse. Man erzählt der Welt von der „großen Sehnsucht des österreichischen Volkes", sich an das deutsche Volk anzuschließen. Der „Schrei" nach dem Anschlusse an Deutschland ist ebenso unwahr wie die „allgemeine Sehnsucht", von der das Hakenkreuz spricht. Betrachten wir die Ereignisse, wie sie sich wirklich abspielten, so können wir nur feststellen, daß nicht etwa die breiten Schichten des Volkes in die österreichische Verfassung vom Jahre 1918 den Satz eingefügt haben, daß Österreich „ein Bestandteil der deutschen Republik" sei, sondern nur einige politische Führer, die geglaubt haben, durch die Vereinigung der österreichischen und deutschen Parteien ihre Macht zu stärken … Die Arbeitermassen haben ganz andere Sorgen gehabt als die Rückkehr in das „nie vergessene Vaterhaus". Die bürgerlichen Schichten waren ausgesprochene Gegner des Anschlusses an Deutschland. Das konnte man bei jeder Gelegenheit wahrnehmen. Nur widerwillig und unter dem Druck einer Zwangsvorstellung, von der die Christlichsozialen nach dem Zusammenbruch ergriffen waren, haben sie dem Anschluß zugestimmt. Aufrichtig haben den Anschluß nur die deutschnationalen Studenten, die alten Herren der nationalen Verbindungen und ihr sehr geringer Anhang gewünscht … Nie hat man im österreichischen Volk einen Willen wahrnehmen können, die staatliche Unabhängigkeit aufzugeben. In späteren Jahren hat sich ein „deutschösterreichischer Volksbund" gegründet, der den Anschluß an Deutschland vorbereiten sollte. Er hat nie Anklang bei den breiten Massen des Volkes gefunden … Von einem elementaren Anschlußwillen konnte in Österreich nie die Rede sein.[781] …

Das Volk konnte sich für den Anschluß nicht begeistern, es war auch nicht gegen den Anschluß eingestellt. Es verhielt sich in dieser Sache indifferent. Nicht so heute. Heute ist es ganz ausgeschlossen, daß ein Anschluß Österreichs an das Deutsche Reich stattfinde. Man hat gesehen, mit welch leidenschaftlichen Begeisterung Österreich sich gegen die Gleichschaltungsbestrebungen des Hakenkreuzes erhoben hatte. Dr. Dollfuß, der ermordete Bundeskanzler Österreichs, hatte – abgesehen von den Sozialdemokraten – auch sonstige politische Gegner.[782] Aber diese ganze Gegnerschaft ist über Nacht verschwunden, als Dr. Dollfuß den Appell an die Österreicher richtete, sich eng zusammenzuschließen und die gemeinsame Gefahr, die Gleichschaltung mit Deutschland, zu verhindern.[783] … Selbst die Arbeitermassen, die unter dem Einfluß ihrer Dollfuß feindlich gesinnten Führer standen, zeigten großes Verständnis für den Freiheitskampf unseres Vaterlandes … Die Erhebung am 25. Juli 1934, welche den entsetzlichen Tod des Dr. Dollfuß herbeiführte, hat noch weiter dazu beigetragen, die Aussichten der immer noch unentwegten Anschlußfreunde auf ein Minimum herabzusetzen. Heute ist der Anschluß mehr denn je eine Utopie … Der Nationalsozialismus, wie ihn das Hakenkreuz predigt, bringt nur Unglück … „Die Größe jeder gewaltigen Organisation als Verkörperung einer Idee auf dieser Welt liegt im religiösen Fanatismus, in dem sie sich unduldsam gegen alles andere, fanatisch überzeugt vom eigenen Recht, durchsetzt. Wenn eine Idee an sich richtig ist und in solcher Weise gerüstet den Kampf auf dieser Erde aufnimmt, ist sie unbesiegbar und jede Verfolgung wird nur zu ihrer inneren Stärkung führen."[784]

… Da dem Hakenkreuz anscheinend klar geworden war, daß ihm der Weg zur Macht in Österreich versperrt ist, wurden neue Wege gesucht … Schon vorher hatte Hitler verordnet, daß jeder Reichsdeutsche, der seinen Urlaub in Österreich verbringen will, eine Taxe von tausend Mark bezahlen müsse. Gleichzeitig wollte das Hakenkreuz den österreichischen Fremdenverkehr durch Terror- und Sprengstoffanschläge unmöglich machen … Österreich hat seinen großen Kanzler verloren, Europa ist um eine Hoffnung ärmer geworden. Das Hakenkreuz, das Österreich ins Herz treffen wollte, mußte bald erkennen, daß es wohl einen verabscheuungswürdigen Meuchelmord begangen hat, daß aber Dr. Schuschnigg das Erbe Dollfuß' zu verwalten versteht …[785]

Ich bin der Ansicht, daß es viel edler ist, eine fremde Nation zu loben als die eigene … Die Bedeutung, die das Hakenkreuz dem nationalen Gefühl beimißt, ist geradezu phantastisch. Die Menschen wollen in Ruhe und Frieden leben, sie wollen ihre Familien ernähren und ihre Kinder erziehen können. Sie wollen Wohlstand und Lebensglück für sich und ihre Lieben erlangen. Sie wollen darüber hinaus auch ihre kulturellen Bedürfnisse befriedigen können. Die Frage der Nationalität spielt hierbei eine untergeordnete Rolle. Man kann doch um Gottes willen das Schicksal der Menschheit nicht von einem Phantom abhängig machen, von einem Gespenst, das in Wirklichkeit gar nicht existiert …

Vorurteile gegenüber Fremden

Bei der Beschreibung Wiens erwähnt Hitler wiederholt, daß es sehr stark, besonders mit tschechischen Elementen, durchsetzt sei.[786] In der Tat finden wir in Wien, aber auch in den übrigen Ländern Österreichs sehr viele Familien, deren Name uns einen deutlichen Fingerzeig auf ihre Abstammung gibt. Ich übertreibe nicht, wenn ich behaupte, daß die Mehrheit der Bevölkerung Wiens keineswegs aus reinen Deutschen besteht. Der Vater oder der Großvater, die Mutter oder die Großmutter waren Tschechen oder Ungarn, oder sie gehörten einer anderen, nichtdeutschen Nation an ... Nun müssen wir aber feststellen, daß alle diese fremden Elemente sich derart mit uns Deutschen assimiliert haben, daß man sie von uns fast nicht mehr unterscheiden kann ... Solcher Familien gibt es hunderttausende in Wien. Wie will ihnen Hitler ernstlich zumuten, daß sie keine andere Sehnsucht kennen sollen, als den Anschluß an Deutschland? ...

Vaterland

Etwas anderes ist das Gefühl der Heimatliebe, das Gefühl der Vaterlandsliebe. Ich liebe das Land, wo ich meine Kindheit verbrachte, wo ich Freud und Leid erlebte. Jeder Fluß, jeder Berg, ja jede Straße bedeutet für mich eine Fülle von Erinnerungen, die mein ganzes Leben begleiten. Ich kann es gut verstehen, daß Menschen, die einem bestimmten Staate angehören, deren Schicksal daher mit dem Gedeihen und dem Verderben des Vaterlandes verbunden ist, mit leidenschaftlicher Liebe an diesem Vaterlande hängen und daß sie auch imstande sind, ihr Leben für dessen Bestand, Freiheit und Unabhängigkeit einzusetzen. Ich kann mir vorstellen, daß schon wegen des gemeinsamen Schicksals, das sie verbindet, die Menschen, die Bürger eines bestimmten Staates sind, aneinander hängen, sich achten und lieben. Ich liebe den Österreicher nicht deshalb, weil er Deutscher ist, sondern weil er dasselbe Vaterland hat wie ich. Das Kriterium ist nicht die Nation, sondern das gemeinsame Vaterland ... Ich kenne nur die Vaterlandsliebe, aber ich kenne nicht den Fetisch, den man Nationalismus nennt.

Hitler ist sich im übrigen selbst dessen bewußt, daß das nationale Gefühl keineswegs bei den Menschen so stark ist ... Was das Bürgertum betrifft, so fiel es ihm gar nicht ein, anzunehmen, daß er hier „aktive Unterstützung" finden könnte. Er bezeichnete die nationale Gesinnung des Bürgertums als unzulänglich und meinte, daß er nur deshalb hier „keinen Widerstand gegen eine kraftvolle nationale Politik" zu erwarten habe, weil das Bürgertum von anerkannt sprichwörtlicher Feigheit sei. Aber auch an den Nationalismus der Massen glaubte Hitler nicht. Von ihnen sagt er wörtlich: „Sie werden jede deutsche Erhebung genau so niederschlagen, wie sie einst dem deutschen Heere das Rückgrat zertraten."[787] Dabei rechnet Hitler hier mit 15 Millionen Menschen, die sich aus „Marxisten, Demokraten, Pazifisten und Zentrumsleuten" zusammensetzen. Von allen diesen Volksgenossen nimmt Hitler an, daß sie „kraft ihrer Majorität der Zahl jede nationale Außenpolitik verhindern werden". Da aber Hitler ganz genau weiß, daß man die Macht nicht erlangen kann, wenn man nicht die breite Masse des Volkes gewonnen hat, so meinte er, daß man Mittel und Wege finden müsse, die Massen zu „nationalisieren" ...

Um die Massen für die nationale Erhebung zu gewinnen, schreibt Hitler, darf kein Opfer zu schwer sein. Darum glaubt er, daß die deutschen Gewerkschaften während des Krieges die Interessen der Arbeiterschaft auf das rücksichtsloseste hätten wahren müssen, ja, daß sie selbst während des Krieges den Unternehmern durch Streik die Bewilligung der Forderungen hätten abpressen müssen, um die Arbeiter dahin zu bringen, sich „in den Belangen der nationalen Verteidigung" fanatisch zu ihrem

Deutschtum zu bekennen. Hitler meint ganz im Ernst, daß eine solche radikale Nationalisierung der Massen es unmöglich gemacht hätte, den Krieg zu verlieren! „Wie lächerlich", schreibt er, „würden alle und selbst die größten wirtschaftlichen Konzessionen gewesen sein gegenüber der ungeheuren Bedeutung des gewonnenen Krieges."[788]

Wie gering muß Hitler von der Stärke des nationalen Gefühles denken, wenn er glaubt, daß man es erst durch großzügige wirtschaftliche Zugeständnisse entfachen kann, und wie schlecht muß Hitler von den Arbeitern denken, wenn er glaubt, daß sie nur durch materielle Vorteile dahin zu bringen sind, alles für ihr Vaterland hinzugeben! Die Wahrheit ist, daß die deutschen Arbeiter als Soldaten tapfer gekämpft und in nichts den anderen Kriegsteilnehmern nachgestanden haben. Nicht deshalb hat Deutschland den Krieg verloren ... Mit der nationalen Gesinnung der Arbeiter hat der Ausgang des Krieges nicht das geringste zu tun. Hingegen wäre es ein wirklicher „Dolchstoß" gewesen, wenn die Arbeiter während des Krieges ihr Vaterland im Stich gelassen und durch Entfachung von Streiks seine Kampfkraft geschwächt hätten ...

Hitler schreibt weiter: „Die Nationalisierung der breiten Massen kann niemals erfolgen durch Halbheiten, durch schwaches Betonen eines so genannten Objektivitätsstandpunktes, sondern durch rücksichtslose und fanatisch einseitige Einstellung auf das nun einmal zu erstrebende Ziel. Die breite Masse eines Volkes besteht weder aus Professoren noch aus Diplomaten. Die Masse ist nur empfänglich für eine Kraftäußerung und niemals für eine Halbheit. Ihre gefühlsmäßige Einstellung ist schwerer zu erschüttern als das Wissen. Liebe unterliegt weniger dem Wechsel als die Achtung. Haß ist dauerhafter als Abneigung, und die Triebkraft zu den gewaltigsten Umwälzungen auf dieser Erde lag zu allen Zeiten weniger in einer wissenschaftlichen Erkenntnis als in einem die Masse beseelenden Fanatismus und manchmal in einer sie vorwärts jagenden Hysterie."[789]

Und nun der Hauptgedanke Hitlers: „Die Gewinnung der Seele des Volkes kann nur gelingen, wenn man neben der Führung des Kampfes für die eigenen Ziele den Gegner dieser Ziele vernichtet. Das Volk sieht zu allen Zeiten im rücksichtslosen Angriff auf einen Widersacher den Beweis des eigenen Rechtes und es empfindet den Verzicht auf die Vernichtung des anderen als Unsicherheit in Bezug auf das eigene Recht, wenn nicht als Zeichen des eigenen Unrechtes. Die breite Masse ist nur ein Stück der Natur und ihr Empfinden besteht nicht im gegenseitigen Händedruck von Menschen, die behaupten, Gegensätzliches zu wollen. Was sie wünscht, ist der Sieg des Stärkeren und die Vernichtung des Schwachen oder seine bedingungslose Unterwerfung."[790]

Wie wäre es dem deutschen Volke ergangen, wenn die Franzosen diese Idee beim Friedensschluß nach dem Zusammenbruche Deutschlands in die Tat umgesetzt hätten! Nie und nimmer wird man zugeben dürfen, daß Millionen von Menschen von verantwortungslosen Führern zum Hasse anderer Nationen und Völker aufgestachelt werden dürfen, damit jene ihr Ziel erreichen und die Gegner vernichten können ... Dem Hakenkreuz ist es gelungen, das Deutschtum um Jahrhunderte zurückzuwerfen. Es konnte seine Macht nur dadurch befestigen, daß es die Mordbestie im Menschen sich straflos austoben ließ. Hat das Hakenkreuz das deutsche Volk auf einen besseren Lebensstand gebracht?

Kriegsgefahr

Wenn Arbeitslose in Fabriken eingestellt wurden, so nur zu dem Zweck, damit sie Waffen schmieden für einen nächsten Krieg, der noch viel schauerlicher sein würde als das schreckliche Stahlbad, das wir noch alle in unserer Erinnerung haben. Es wird nicht nur in Deutschland gerüstet. Weil die Welt weiß, daß das Hakenkreuz den letzten Pfennig dazu verwendet, um Kanonen zu gießen und um Kriegsflugzeuge herzustellen, darum bemühen sich alle, dasselbe zu tun. Und wenn einmal die Aufrüstung den Höhepunkt erreicht hat, was wird dann mit den Massen geschehen, die heute in die Fabriken geschickt werden, damit sie die Mordwaffen für ihre Mitmenschen vorbereiten? Wird dann das Hakenkreuz seine Volksgenossen in die Schützengräben schicken, werden dann wieder Millionen und Millionen von Menschen ihr Blut hergeben, damit die Hakenkreuzler die Befriedigung empfinden, ihren Nationalismus mit fanatischem Eifer betätigt zu haben? Was kann aus einem solchen Kriege herauskommen? Hält Hitler es für möglich, daß ein Krieg für Deutschland siegreich endet? Weiß Hitler nicht, daß Deutschland heute nicht nur Frankreich und Italien, sondern auch England und Russland gegen sich mobilisiert, wenn er es wagen sollte, einen Krieg zu entfachen? Deutschland war schon auf dem Wege zur Verständigung mit den ehemaligen Feinden. Man erinnere sich nur an die Erfolge des deutschen Staatsmannes Stresemann, der es zuwege gebracht hatte, daß aufrichtige Freundschaftsverträge zwischen den früher feindlich gesinnten Nationen abgeschlossen wurden.[791]

Hitler hat unrecht. Seine Idee, die Massen zu nationalisieren, ist eine verfehlte. Wir müssen die Massen vermenschlichen und nicht durch Entfachung wahnsinniger nationaler Instinkte entmenschen. Wenn es möglich war, daß in den Konzentrationslagern Deutschlands unschuldige Menschen in der fürchterlichsten Weise gedemütigt, gequält und gemartert wurden, so haben wir diese Tatsache nur der Überradikalisierung der Massen zu verdanken. Nicht durch Fanatismus und Unduldsamkeit gegen andere könnte das deutsche Volk den Platz wieder erobern, den es vor dem Kriege eingenommen hat, sondern nur durch Achtung und Liebe für alle Mitmenschen, ohne Unterschied des Glaubens und der Nation und nur durch Völkerverständigung und durch ernste Mitarbeit an dem Weltfrieden ...

Rassenwahn[792]

Wäre das Hakenkreuz nur bei der nationalen Lüge geblieben, so hätte es nicht den Erfolg erringen können, der ihm wirklich beschieden war. Schließlich weiß doch Hitler, daß es nicht nur Deutsche auf der Welt gibt und daß er daran denken muß, auch unter den anderen Nationen Helfershelfer zu finden, die er als Vorspann zur Erreichung seiner Ziele benützen könnte ... Auf diese Weise ist das Hakenkreuz dazu gekommen, die unsinnige Rassentheorie in den Mittelpunkt seines Kampfes zu stellen ... Das Hakenkreuz unterscheidet die Menschen in „Arier" und „Nichtarier". Es ist heute wissenschaftlich fast mit Sicherheit erwiesen, daß es ethnologisch keine Arier gibt ... Daß die Menschen nicht alle gleich waren, ist doch selbstverständlich ... Bei Menschen kann man nicht denselben Maßstab anlegen wie bei Tieren ... Die Menschheit ist nicht, wie Hitler sagt, durch die brutale Gewalt, sondern durch Ideen vorwärts gekommen.

Ich weiß nichts von Moses' körperlicher Beschaffenheit ... Wäre es nicht ein Unsinn, uns darum zu kümmern, ob Moses blondes oder schwarzes Haar, blaue oder dunkle Augen hatte, lang- oder breitschädelig war? Tatsache ist, daß Moses als geistig hoch entwickelter Mensch anzusehen ist. Nur von diesem Standpunkte aus kann ihn die Nachwelt beurteilen. Wenn Moses durch seine Autorität und seinen eisernen Willen durchgesetzt hat, daß seine Zeitgenossen den Mord, den Diebstahl, das falsche Zeugnis und den Ehebruch verpönten, so hat er der Menschheit ungeheure Dienste geleistet. Anderseits wissen wir, daß Nero ein echter Italiker und reinrassiger Arier war. Wäre uns nicht viel lieber gewesen, wenn Nero eine lange Nase und schwarzgekräuseltes Haar, aber eine menschliche Seele gehabt und daher die furchtbaren Mordtaten und Grausamkeiten, die über Tausende von Menschen unsägliches Leid gebracht haben, nicht begangen hätte? ... Und wissen wir denn ganz bestimmt, wie unser Heiland Jesus Christus ausgesehen hat? Soferne er sich uns als Mensch zeigte, war er bestimmt kein „Arier". Er war Semit, ebenso wie Moses. Nur durch seinen Geist und seine Seele hat er sich vor allen anderen Erdenbewohnern ausgezeichnet ... Christus hat sich der Mühsamen und Beladenen angenommen, er hat uns gelehrt, daß wir sogar den Feind lieben sollen, und er hat nicht aufgehört, für die sittliche Hebung seines Volkes zu wirken. Wenn heute der Mensch noch immer die Achtung vor dem Leben seines Nächsten, die Gerechtigkeit und die Wahrheit als die schönsten Ideale ansieht, so hat man diese Weltanschauung nur den Glaubenssätzen zu verdanken, die Jesus Christus gepredigt hat. Können wir den Segen, den unser Heiland über die Welt gebracht hat, von der Farbe seiner Augen oder Haare abhängig machen? Es ist nicht wahr, daß der Stärkere siegen muß, wie Hitler behauptet. Dies gilt nur von den Tieren, nicht aber von den Menschen, bei denen das Geistige und Seelische, nie aber das Körperliche und Tierische entscheidet ...

Ist es nicht gerade heute absurd, wenn das Hakenkreuz die „Arier" deshalb als besondere Kulturträger bezeichnet, weil zu ihnen die Deutschen gehören? Was versteht man unter „Kulturträgern"? Sind das die Leute, die durch Lügen und Verleumdungen, durch Fanatismus und Unduldsamkeit die bösesten Instinkte in den Menschen zu dem Zwecke wecken, damit sie sich wie die wilden Tiere auf ihre Nächsten stürzen, um sie mit einer Bestialität, die man nur in den Dschungeln Afrikas antreffen kann, zu vernichten und auszurotten? Kann man die Menschen als Kulturträger bezeichnen, bei denen die Nächstenliebe ein Fremdwort ist, die nicht vergessen und nicht verzeihen können, die auf die Vertilgung aller Menschen ausgehen, die nicht derselben Nation angehören oder die nicht derselben Gesinnung sind?

Kann man vielleicht die SA-Leute in den Konzentrationslagern Deutschlands als Kulturträger bezeichnen, die die armen Gefangenen den größten Torturen und Demütigungen aussetzen?[793] Ist es nicht eine Versündigung an der Wahrheit und Gerechtigkeit, Menschen als Kulturträger zu bezeichnen, die keine Rücksicht und kein Erbarmen kennen, bei denen das Gefühl für Treue und Dankbarkeit etwas ganz Unbekanntes ist? Hat das Hakenkreuz vielleicht einen Beweis seiner besonders hohen Kultur der Mitwelt dadurch geliefert, daß es in einer einzigen Nacht, nach seinem eigenen Geständnis, ohne Verhandlung und ohne Urteil, ohne Untersuchung und ohne die Möglichkeit der Verteidigung Hunderte von Menschen umbringen ließ, von denen es angenommen hat, daß sie seinen Plänen im Wege stehen, die aber bis zu dem Schreckenstage seine treuen Anhänger und seine Helfer in den Zeiten der Bedrängnis waren? ...

In erster Linie ist es nicht wahr, daß die Arier die ersten Kulturträger waren. Kultur gab es schon Tausende von Jahren bevor die „Arier" überhaupt in der Geschichte auftauchten. Der englische Gelehrte H. G. Wells hat in seiner im Jahre 1928 erschienen „Weltgeschichte" Tatsachen gebracht, wie sie von den Forschern durch Ausgrabungen einwandfrei festgestellt wurden. Hier gibt es kein Bestreiten und kein Ableugnen. Wenn wir die „Weltgeschichte" von Wells studieren, so werden wir finden, daß in der Urzeit, aber auch später, die Menschen nicht nach dem Blute, sondern nach der Sprache unterschieden wurden. Wenn wir Völkern in der Geschichte begegnen, deren Sprachen dieselbe Wurzel aufweisen, so folgt daraus noch keineswegs, daß sie auch dem Blute nach einen gemeinsamen Ursprung haben. Sagt doch Hitler selbst, daß „die Besiegten die Sprache der Sieger angenommen haben." Wenn also aus dem Norden Völker kamen, die zur indogermanischen Sprachengruppe gehörten, so folgt daraus noch keineswegs, daß sie auch körperlich miteinander verwandt waren. Dasselbe gilt von den Völkern, die der semitischen oder mongolischen Sprachengruppe angehören ...

Es ist wirklich schwer, sich einen größeren Unsinn auch nur vorzustellen, als eine verschiedene Behandlung von Leuten gleichen Bildungsgrades wegen angeblicher Rassenverschiedenheit. Das Wahnwitzige der Sache liegt in der Tatsache, daß die Semiten sich von den Ariern eigentlich nur durch ihre Sprache unterscheiden und daß in geradezu hirnverbrannter Weise die Folgerung aus der Sprachverschiedenheit gezogen wird, daß die sprachlichen Grenzen der beiden Gruppen auch körperlich zusammenfallen müssen, eine Behauptung, die heute als Unsinn nachgewiesen ist. Das Wort „Arier" ist nur ein sprachlicher Ausdruck. Die größte und berühmteste Autorität für das Ariertum, Professor Max Müller, beginnt seinen Artikel „Aryan" mit den Worten: „Aryan" ist ein technischer Ausdruck, welcher eine der großen Sprachfamilien, die sich von Indien nach Europa erstreckt, bezeichnet. Wie der Begriff „semitisch" ein rein sprachlicher ist, so ist es auch der Begriff „arisch". Vor einem Jahrhundert wußte die Welt noch nichts von einem rassischen Unterschied zwischen Ariern und Semiten ... Wie sonderbar muten uns daher folgende Äußerungen Hitlers an:

„Was wir heute an menschlicher Kultur, an Ergebnissen von Kunst, Wissenschaft und Technik vor uns sehen, ist nahezu ausschließlich schöpferisches Produkt des Ariers. Gerade diese Tatsache aber läßt den nicht unbegründeten Rückschluß zu, daß er allein der Begründer höheren Menschentums überhaupt war, mithin den Urtyp dessen darstellt, was wir unter dem Wort Mensch verstehen. Er ist der Prometheus der Menschheit, aus dem das Licht der Sterne, der göttliche Funke des Genies zu allen Zeiten hervorsprang, immer von neuem jenes Feuer entzündend, das als Erkenntnis die Nacht der schweigenden Geheimnisse aufhellte und den Menschen so den Weg zum Beherrscher der anderen Wesen dieser Erde emporsteigen ließ. Man schalte ihn aus – und tiefe Dunkelheit wird vielleicht schon nach wenigen Jahrtausenden sich abermals auf die Erde senken, die menschliche Kultur würde vergehen und die Welt veröden."[794]

Hitler wird sich doch entschließen müssen, Weltgeschichte zu studieren. Wenn die Sumerer, die Assyrier, die Babylonier, die Chaldäer, die Phönizier aus ihren Gräbern emporstiegen, wären sie wohl über die heutige Welt erstaunt, allein sie würden mit Recht Hitler daran erinnern, daß ohne ihre Religionen, ohne ihre Leistungen auf dem Gebiete der Kunst und Wissenschaft die heutigen Völker dieser Erde unmöglich auf die Errungenschaften hinweisen könnten, auf die sie heute so stolz sind ...

Die jüdische ‚Rasse'[795]

Die Rassentheorie des Hakenkreuzes ist, meiner Überzeugung nach, ein ganz großer Schwindel. Jede „Rasse" weist minderwertige und hochwertige Individuen auf. Es gibt überhaupt heute innerhalb der weißen Rasse kein reinrassiges Erbgut. Es gehören weder alle Juden einer und derselben „Rasse" an, noch gibt es Rassenmerkmale, die sich bei allen Juden finden. Rassenreine Völker gibt es heute nicht mehr ... Gegen die Behauptungen der antisemitischen Rassenlehre haben sich die größten Gelehrten ausgesprochen, z. B. Alexander v. Humboldt, Bär, Virchow, Kollmann, Ranke, Luschan, Balz, Buckle, die Begründer der indogermanischen Sprachforschung Bott, Müller, Graber, der Rechtslehrer Ihering, der Volkswirtschaftler Werner Sombart – bevor Hitler die Macht ergriffen hatte – die Ethnologen Fr. Müller und Ratzl, die Philosophen Nietzsche, Wilhelm Wundt, Theobald Ziegler, E. v. Aster, die Ethiker Pensig, Jodl, die Soziologen Weber, Müller-Lyer u. a. m ..."Der Germane ist blond, blauäugig und langköpfig", so behauptet die „Rassenlehre" der Antisemiten. Nach Houston Stewart Chamberlain (Grundlagen des 19. Jahrhunderts, Verlag Bruckmann, München 1919, Seite 496) sind die Rassenmerkmale des echten Germanen „große strahlende Himmelsaugen, goldenes Haar, die Riesengestalt, Ebenmaße der Muskulatur, der längliche Schädel, das hohe Antlitz usw." In Wirklichkeit ergab eine deutsche Schulkinderuntersuchung 31,8% rein blond (blaue und graue Augen), die Zahl geht mit zunehmendem Lebensalter bedeutend zurück, brünett (dunkle Haare und Augen) 14,1%, Mischformen 54,1% ... Der Münchner Rassenhygieniker Geheimrat Professor Dr. V. Gruber, Präsident der Bayerischen Akademie der Wissenschaften, der selbst Mitglied des „Alldeutschen Verbandes" und somit ein unverdächtiger Zeuge ist, schreibt in der „Essener Volkswacht"[796] vom 9. November 1929 über Hitler: „Zum ersten Male sah ich Hitler in der Nähe. Gesicht und Kopf schlechte Rasse, Mischling. Niedrige, fliehende Stirne, unschöne Nase, breite Backenknochen, kleine Augen, dunkles Haar. Eine kurze Bürste von Schnurrbart, nur so breit wie die Nase, gibt dem Gesicht etwas Herausforderndes. Gesichtsausdruck ist nicht der eines in voller Selbstbeherrschung Gebietenden, sondern der eines wahnwitzig Erregten. Wiederholtes Zucken der Gesichtsmuskeln. Am Schluß Ausdruck eines beglückten Selbstgefühles." ...

Zu welch unsinnigen Ergebnissen man kommt, wenn man die Rasse und nicht die Leistung als ausschlaggebend ansieht, [zeigt folgendes Beispiel]: ... Auf der Olympiade in Amsterdam (1928) siegte als Meisterin der ganzen Welt im Florettfechten die Primanerin Helene Mayer aus Offenbach. Die deutsche Presse aller Richtungen war voll von Lobeshymnen. Der rechtsgerichtete „Fridericus", Hamburg (ein gewiß unverdächtiger Zeuge) feierte die Weltmeisterin Helene Mayer im höchsten Brustton arischer Seligkeit und schrieb unter anderem: „... Hochachtung vor diesem blonden, deutschen Mädel, das inmitten der schwarzhaarigen, internationalen Mischpoche, die in Amsterdam den Ton anzugeben sich bemühte, sich treu zu ihrer Gesinnung und zum verratenen und verfemten Schwarz-Weiß-Rot bekannte." (Im ersten Siegestaumel hatte Helene Mayer die Farben ihres Fechtklubs, die schwarz-weiß-rot sind, geschwungen.) Abstammung und Religion haben gewiß recht wenig mit sportlicher Tüchtigkeit oder Untüchtigkeit zu tun. Helene Mayer kämpfte in der Amsterdamer Olympiade (1928) lediglich für den Sieg der deutschen Farben. Dieses drastische Beispiel der verstiegenen „arischen Rassenlehre" mußte hier angeführt werden, denn die blauäugige und blondhaarige Helene Mayer war die Tochter des verstorbenen jüdischen Arztes Dr. Mayer und somit jüdische Deutsche. Nach der Machtergreifung Hitlers hat allerdings Helene Mayer Deutschland verlassen, weil sie von jedem Sportwettbewerb ausgeschlossen wurde ...[797]

Befreiung aus dem Ghetto?

Als die Tore des Ghettos geöffnet wurden, haben die Menschen ... ihre Fertigkeit nicht mehr in der Lösung untergeordneter Fragen der Religion verpulvert, sie haben sich in viel höherem Maße den freien Berufen gewidmet und ihre Geistesschärfe zur Lösung von Problemen verwendet, die ganz andere Gebiete des menschlichen Lebens berührten. Aber hier stießen sie schon auf den Widerstand der nichtjüdischen Konkurrenten. Es war nicht einmal immer der Brotneid, der die neue Judenfeindschaft auslöste, es gab Christen, die sich nicht mit dem Gedanken abfinden konnten, daß die „minderwertigen Individuen", die gestern noch den Judenfleck trugen und sich nicht frei bewegen durften, als gleichberechtigte Staatsbürger mit ihnen auf der Hochschule auf derselben Bank saßen, als Ärzte in demselben Spital ihre Praxis ausübten, als Anwälte in den Gerichtssälen erschienen und überhaupt im öffentlichen Leben dieselben Rechte wie die übrigen Menschen in Anspruch nahmen. Wäre ein Wunder geschehen, das es den Juden ermöglicht hätte, ihre äußere Erscheinung und ihr inneres Gehaben, ihre Gesten, ihre Sprache, ihre Bewegungen, ihre Umgangsformen sofort vollständig ihrer Umgebung anzupassen, die Gegensätze hätten sich nie so schroff gezeigt. Generationen aber mußten verstreichen, bevor dieser Angleichungsprozeß vollendet werden konnte. Und in der Zwischenzeit gab es böse Subjekte, die die Phasen der Entwicklung dazu benützten, um auf ihre jüdischen Mitbürger loszuhauen. Schließlich konnten die Juden nicht sofort die notwendige Umschichtung durchführen, so daß ein Teil von ihnen ihren Unterhalt noch immer durch Schacher und Geldgeschäfte verdienen mußte. – Mit raffinierter Geschicklichkeit verstanden es die Judenfeinde, krasse Einzelfälle des Wuchers und des Betruges, die ja schließlich auch bei den christlichen Mitmenschen vorkamen, dazu auszunützen, um die Massen gegen das ganze Judentum aufzustacheln ... weder das religiöse Vorurteil noch die vererbte Antipathie konnte durch die Judenemanzipation aus den Herzen ihrer Mitmenschen herausgerissen werden. So waren und blieben die Juden mit dem Makel ihres Ghettolebens behaftet ... Die Mehrheit der christlichen Intelligenz wollte aber nicht die Tatsache anerkennen, die durch die rechtliche Befreiung der Juden geschaffen wurde. Und so feierte der Judenhaß seine fröhliche Auferstehung auch außerhalb des Ghettos ... Ein großer Teil der Juden hat die Ghettomerkmale längst abgestreift. Schauen wir uns die jüdischen Kaufleute des Westens und einen großen Teil der Geschäftswelt des Ostens an. Schauen wir die jüdischen Angehörigen der freien Berufe, die jüdischen Ärzte und Rechtsanwälte, die jüdischen Gelehrten und Künstler, schauen wir die jüdische Jugend in der ganzen Welt an, die ihre Zeit nicht in den ungelüfteten Räumen der Synagogen und Lehrhäuser verbringt, und wir werden erkennen, wie die Gesamtheit des jüdischen Volkes aussehen könnte, wenn man die richtige Erziehungsarbeit zielbewußt und mit dem Eifer durchführte, den die Sache verdient. Denn es handelt sich hier nicht um bloße Formen. Wenn man will, daß die breiten christlichen Massen die Vorurteile ablegen, so müssen wir auch den äußeren Menschen im Juden gefälliger machen ... Wie schwer hätten es die Antisemiten, wenn man die Millionen Juden, die an überlebten Äußerlichkeiten festhalten, in kultivierte, äußerlich ästhetisch wirkende, selbstbewußte und mutige Menschen umwandeln könnte! Das Ghetto war eine schwere Krankheit für das jüdische Volk ... In Palästina ist jede Spur der Ghettomentalität verschwunden. Die Juden wurden dort der Landwirtschaft zugeführt, wodurch aus den gedemütigten und scheuen Geschöpfen des Ostens wackere und brave jüdische Bauern wurden. Der Erdgeruch hat dieses Wunder vollbracht. Ihre Kinder bieten dieselbe Erscheinung wie die Bauernsöhne und -töchter in den anderen Staaten der Welt. Ein gesunder jüdischer Handwerkerstand erblühte. In den Fabriken sehen wir jüdische Arbeiter, die freudig und selbstbewußt an der Warenproduktion mitwirken. Eine jüdische Jugend entstand auf dem Land und in den Städten, die das Rückgrat des Volkes in körperlicher und geistiger Beziehung bildet.

Palästina

Palästina ist auf dem besten Weg, in ein Paradies verwandelt zu werden, ausschließlich durch Juden, durch dieselben Juden, die man stets als Parasiten, als arbeitsscheu, als genußsüchtig, raffgierig, materialistisch, als bar jedes Idealismus verschrien hat. Diese Juden haben nun den unter den Türken und Arabern völlig verkarsteten, versumpften, malariadurchseuchten palästinensischen Boden unter Einsatz von Leben und Gesundheit zu einem großen Teil wieder urbar gemacht ...

Schon in der zweiten Hälfte des neunzehnten Jahrhunderts wurden innerhalb des Judentums Strömungen bemerkbar, die darauf abzielten, für die Juden eine Heimstätte in Palästina zu schaffen. In den letzten Jahren des vorigen Jahrhunderts trat Dr. Theodor Herzl auf den Plan.[798] ... Herzl wollte durch seine Schrift beweisen, daß der Judenstaat ein Weltbedürfnis sei ... Der Antisemitismus tat ihm weh, nicht allein um der Juden willen, sondern auch wegen der Verrohung und Verwilderung, die er über die europäischen Nationen bringt ...[799]

Mißbrauch Goethes

Auch Deutschlands Dichterfürst Goethe mußte daran glauben. Die Hakenkreuzler wissen: Die Aussprüche dieses überragenden Menschen gelten vielen Deutschen als Heiligtümer, darum muß auch Goethe wenigstens ein einziges Mal herhalten. Aber wie? Man zitiert in antisemitischen Hetzreden ganz einfach eine Stelle aus dem Goetheschen Schwank „Das Jahrmarktfest zu Plundersweilern", in welchem folgendes vorkommt: „Der Jude liebt das Geld und fürchtet die Gefahr, Er weiß mit leichter Müh' und ohne viel zu wagen, Durch Handel und durch Zins Geld aus dem Land zu tragen..." Wie freut sich der Antisemit, der diese Stelle gefunden hat; er verschweigt seinen Lesern oder Zuhörern ganz einfach, daß Goethe diese Worte in seinem Schwank dem Judenfeind Haman in den Mund legt und darauf den König folgendermaßen antworten läßt: „Ich weiß das nur zu gut, mein Freund, ich bin nicht blind; Doch das tun andere mehr, die unbeschnitten sind!" Ja, diese Worte, die Goethes wahre Meinung enthüllen, von denen wollen die Judenfresser natürlich nichts wissen und die verschweigen sie mit Absicht, um dem erhabenen Geist Goethes die Schmach anzutun, daß sie ihn zu den kleinlichen Verblendeten zählen, die dem Gift des Antisemitismus verfallen sind.

In Wirklichkeit ist es selbstverständlich, daß ein so vorurteilsfreier Mensch wie Goethe nur zu gut erkannte, daß unter den Juden Vorzüge und Fehler verteilt sind, wie in jeder anderen menschlichen Gemeinschaft und daß er volles Verständnis für die guten Eigenschaften der Juden zeigte...

Jüdischer Wucher?[800]

Das Hakenkreuz will der Welt einreden, daß die rassischen Eigenschaften des Juden ihn zum Wucherer stempeln. Der Jude habe eine Wuchererseele, sagen die Antisemiten. Nur gedankenlose Menschen können diesen Unsinn glauben. Um diese Anklage gegen die Juden überprüfen zu können, müssen wir die Frage untersuchen, womit sich die Juden beschäftigt haben, als sie noch Palästina bewohnten, und wie es dazu gekommen ist, daß eine gewisse Zeit hindurch das Geldgeschäft der Hauptberuf vieler Juden war. Wir wissen, daß die Juden in ihrem Heimatlande Ackerbauer waren. Sie wohnten zumeist auf dem Lande und befaßten sich wenig mit Handel. Nach der Thora besteht der verheißene Segen der Treue zum Gesetze im Gedeihen der Feldfrüchte... Wenn Hitler behauptet, daß die Juden das Zinsennehmen eingeführt haben, so setzt er sich zu der Geschichte in Widerspruch. Weiß denn Hitler gar nichts vom Auszug der Plebejer nach dem heiligen Berg in Rom, der seinen Grund in dem maßlosen Wucher der arischen Patrizier hatte und der zu der Festsetzung eines Zinsmaximums führte? ... Aus dem bisher Gesagten ergibt sich, daß nicht die Juden den Wucher nach dem Abendlande gebracht, sondern daß sie ihn hier vorgefunden haben und daß auch die Christen im Mittelalter Wucher trieben, oft einen drückenderen als die Juden ... Es ist erwiesen, daß die Juden im Altertum Geldgeschäfte überhaupt nicht und im Mittelalter erst gezwungen betrieben haben ... Allein, die Juden fügten sich keineswegs gerne in diese schimpfliche Berufsart, die auch ihrer Religion widersprach. In den Bemerkungen zu obiger Talmudstelle klagte Rabbi Jakob Tarn (gestorben 1171) bitter darüber, daß das Verbot, von Nichtjuden Zinsen zu nehmen, nicht aufrechterhalten werden kann, indem er sagt: „Man hat uns keinen Erwerbszweig gelassen, unser Leben zu erhalten und die hohen Abgaben zu erschwingen, welche unsere Landesherren uns auferlegen."

... Ich will nun keineswegs bestreiten, daß es noch heute Juden gibt, die Wucher treiben, obwohl kein Zwang mehr besteht. Daraus folgt aber nicht, daß man alle oder auch nur die Mehrheit der Juden als Wucherer hinstellen darf, wie es Hitler tut. Ich behaupte vielmehr, daß es auch Nichtjuden gibt, die wuchern ... Die nichtjüdischen Wucherer fallen weniger auf, und keine Zeitung wird diese Schandtaten unter Hinweis auf die christliche Religionszugehörigkeit breit aufmachen ... Dann heißt es: „ein Jude in Mödling" oder „ein Jude in Floridsdorf", dann überhaupt: „ein jüdischer Halsabschneider" treibt es so und so. Schließlich heißt es dann schon: „Jeder Jude wuchert." Trotzdem konnte das Hakenkreuz bis heute nicht den Beweis liefern, daß auch nur ein Prozent aller existierenden Wucherer der Welt Juden sind ...

Lügen über den Talmud[801]

Eines jener Werke, denen in Vergangenheit und Gegenwart vielfach Unrecht zugefügt worden ist, ist der Talmud. Indem man willkürlich Stellen aus dem Zusammenhang riß, suchte man den Anschein zu erwecken, daß im Talmud Lehren enthalten seien, die den Juden gegenüber Nichtjuden erlaubten, das Recht zu brechen. Das ist unwahr ... Durch Zitate aus dem Talmud versuchen die Judenfeinde, ihren Verleumdungen den Schein der Wahrheit zu geben. Ich werde daher einige Stellen besprechen, damit meine Leser sich überzeugen, wie gemein die Waffen sind, die das Hakenkreuz gegen die Juden anwendet. Das Hakenkreuz behauptet, daß der Talmud „die Nichtjuden samt Weib und Kind zu vernichten" gebietet. Die jüdischen Gesetze schreiben nun vor, daß man sich dem Fremden gegenüber bei Geschäften und bei der Ausübung der Wohltätigkeit genau so verhalten müsse, wie einem Juden gegenüber. Es heißt im 5. B. Moses 14, 21: „Dem Fremden in deinen Toren schenke es, daß er es esse." Die jüdischen Talmudisten haben sogar vorgeschrieben, daß man auch die Kranken der Götzendiener besuche, ihre Toten begrabe und ihre Armen ernähre. Auch in den Psalmen heißt es (145 a. A.): „Gut ist Gott zu allen, sein Erbarmen ergeht über alle seine Werke." ...

Ritualmorde?[802]

Gegen die Juden tritt die Ritualmordbeschuldigung erst seit dem 12. Jahrhundert auf ... Durch furchtbare Folterungen erpreßte man den Angeklagten „Geständnisse", aber weder damals, noch in den folgenden Jahrhunderten ist bei Ritualmordprozessen jemals ein Täter wirklich festgestellt worden. Ein wenig Nachdenken muß dahin führen, die Geschichte von den Ritualmorden als Idiotie zu erkennen ... Schon auf Grund der jüdischen Schriften sind Mordtaten zu rituellen Zwecken unmöglich. Das erklärt jeder, der sich mit der jüdischen Lehre befaßt hat, darunter Größen, wie Delitzsch und Nöldecke[803] ... Dennoch wird immer wieder von dem Ritualmord gesprochen ... Aus neuerer Zeit möchte ich nur noch eine Äußerung des Erzbischofs von Wolhynien[804] wiedergeben, der (laut „Frankfurter Zeitung" vom 25. Mai 1913) sich anläßlich des Kiewer Mordes äußerte:

„Das Volk vergißt seinen eigenen Heiland und geht in seinem Haß so weit, die Juden eines so ungeheuerlichen Verbrechens wie des Ritualmordes anzuklagen. Die Unwissenheit der Leute ist geradezu entsetzlich. Sie bilden sich ein, in der Bibel sei gesagt, die Israeliten müßten sich des Blutes bedienen, um ihre Passahspeisen zuzubereiten! Das ist ein Märchen, ein Märchen, wie man immer wiederholen muß. Und die, die glauben, die Heilige Schrift gebiete den Juden, Blut zu vergießen, haben die Bibel nicht gelesen oder nicht verstanden. Ich behaupte, daß das Gerücht, es gäbe eine Sekte unter den Juden, die Christenblut gebraucht, eine fürchterliche Lüge ist." … Einer der aufsehenerregendsten Fälle der letzten Jahrzehnte spielte sich in Kiew ab. Im März 1911 wurde ein zwölfjähriger Knabe, Jusczynski, ermordet aufgefunden. Die Leiche wies zahlreiche Stichwunden auf. Der Knabe hatte im Hause eines Schulkollegen verkehrt, dessen Mutter im Mittelpunkte einer Diebsbande stand, auf die zunächst der Verdacht fiel. Im Laufe der Untersuchung meldete der radikal-antisemitische Student Golubew dem Untersuchungsrichter, daß der eben genannte Schulkollege mit dem ermordeten Knaben im Hof einer Ziegelei gespielt hätte; dort seien sie „von einem Mann mit einem schwarzen Bart" verscheucht worden. Auf Grund dieser Aussage wurde Mendel Beilis, ein Angestellter dieser Ziegelei, verhaftet. Die Untersuchungshaft dauerte zwei Jahre. Die Behörden nahmen eine feindselige Stellung ein und der Justizminister suchte das schwebende Verfahren in einen Ritualmordprozeß umzuwandeln. Die Kriminalbeamten, die die Unschuld von Beilis ermittelt hatten, wurden entlassen und zur Verantwortung gezogen; einer seiner Verteidiger erhielt einen Verweis vom Kreisgericht; gegen einen anderen Anwalt wurde ein Verfahren wegen angeblicher Zeugenbestechung eingeleitet. Die Verhandlung wurde auf Anordnung höherer Instanzen verschoben, da die Zusammensetzung der Geschworenen der Regierung nicht genehm war. Endlich am 8. Oktober 1913 konnte die Verhandlung beginnen und sie dauerte bis zum 10. November. Die Anklage wurde von zwei Gutachten gestützt; das eine stammte von P. Pranaitis, einem katholischen Kuraten aus Turkestan, der eine von Rohling und Justus beeinflußte Schrift, „Christianus in Talmude", verfaßt hat; das andere Gutachten hatte der Kiewer Psychiater Professor Sikorski erstattet. Noch vor der Verhandlung nahmen hervorragende Vertreter der Wissenschaft in allen Ländern gegen diese Gutachten Stellung. Auch die Sachverständigen, die im Prozeß gegen die Ritualmordbeschuldigung auftraten, darunter Prof. Kokowzew und der Moskauer Rabbiner Mase, widerlegten die von der Anklage beigebrachten Gutachten. Die Zeugenvernehmung ergab, daß die Belastungszeugen nur Vermutungen ausgesprochen, aber gar keine Tatsachen selbst beobachtet hatten. Das Ergebnis des Prozesses ist eine eindeutige Widerlegung der Blutbeschuldigung; denn trotz der gründlichen Bearbeitung der öffentlichen Meinung durch die Behörden konnte sich das aus elf bäuerlichen Geschworenen bestehende Gericht nicht von der Schuld Beilis überzeugen, sondern verneinte die Schuldfrage. Der Angeklagte wurde dementsprechend freigesprochen …

Idealismus und Opfermut der Juden[805]

Hitler meint, daß der Jude niemals im Besitze einer eigenen Kultur war und daß er die Grundlagen seiner geistigen Arbeit immer von anderen Völkern entlehnt hat. „Denn", schreibt Hitler, „wenn auch der Selbsterhaltungstrieb des jüdischen Volkes nicht kleiner, sondern eher noch größer ist als der anderer Völker, wenn auch seine geistigen Fähigkeiten sehr leicht den Eindruck zu erwecken vermögen, daß sie der intellektuellen Veranlagung der übrigen Rassen ebenbürtig wären, so fehlt doch vollständig die allerwesentlichste Voraussetzung für ein Kulturvolk, die idealistische Gesinnung … Der Aufopferungswille im jüdischen Volke geht über den nackten Selbsterhaltungstrieb des einzelnen nicht hinaus … Wären die Juden auf dieser Welt allein, so würden sie ebensosehr in Schmutz und Unrat ersticken wie in haßerfülltem Kampfe sich gegenseitig zu übervorteilen und auszurotten versuchen, sofern nicht der sich in ihrer Feigheit ausdrückende restlose Mangel jedes Aufopferungssinnes auch hier den Kampf zum Theater werden ließe." Braucht man erst viele Beweise, um darzulegen, daß die Behauptungen Hitlers von mangelndem Idealismus bei den Juden, vom Fehlen eines Aufopferungswillens und von ihrer Feigheit jeder Grundlage entbehren?

Ich berufe mich auf Graf Coudenhove-Kalergi, der in seinem bereits erwähnten Buche „Das Wesen des Antisemitismus", Seite 199, nachdem er auf mehr als 70 Seiten die Verfolgungen aufgezählt hat, denen die Juden ausgesetzt wurden, folgendes schreibt:

„Die Juden, die alle diese Qualen standhaft ertrugen, sie waren sicherlich nichts weniger als schlau. Sie hätten ebenfalls, wie so viele ihrer Stammesgenossen, scheinbar zum Christentum übergehen und dabei ruhig an ihre mosaische Religion weiter glauben können, denn ins Herz schaut kein Mensch hinein. Sie taten es aber nicht und litten. Das war nicht weise, und ich bedaure es lebhaft. Aber in dieser Standhaftig-keit liegt ein so kolossaler Heldenmut, eine so überirdische Größe, eine derartige Majestät des Charakters, daß ich nicht umhin kann, mich vor diesen Duldern ehrfurchtsvoll zu beugen in grenzenloser Bewunderung und rufe statt: Jude, Jude, hepp, hepp, hepp – Juda, Juda, hipp, hipp, hurra!" …

Die prozentuale Beteiligung der deutschen Juden an dem Weltkrieg bleibt hinter jener der gesamten deutschen Bevölkerung nicht zurück … Über 96.000 deutsche Juden waren eingezogen, das heißt 17,3% der reichsdeutschen jüdischen Bevölkerung oder jeder sechste deutsche Jude. Von 100 jüdischen Kriegsteilnehmern waren 78, das heißt nahezu vier Fünftel (im ganzen also etwa 80.000) an der Front. Wenn man einer Gesamtbevölkerung von 68 Millionen die Gesamtkriegsteilnehmerzahl von 12,5 Millionen zugrunde legt, so ergibt sich als Prozentsatz der Kriegsteilnehmer 18,38 … Von über 96.000 jüdischen Kriegsteilnehmern sind über 10.000, das heißt 11%, freiwillig in den Krieg gezogen (darunter befand sich der erste gefallene deutsche Reichstagsabgeordnete Frank). Es sind mindestens 12.000 deutsche Juden auf dem Felde der Ehre gefallen … Unter den mit der amtlichen Verlustlistennummer ermittelten Gefallenen befinden sich die genauen Angaben von 270 gefallenen jüdischen Offizieren … Aber wer ein waschechter Antisemit ist, schert sich den Teufel um die Statistik …

Die Wahrheit der Protokolle[806]

Eine der Hauptwaffen der Hakenkreuzler gegen die Juden sind die „Protokolle der Weisen von Zion". Wir lesen in Hitlers „Mein Kampf" folgendes: „Wie sehr das ganze Dasein dieses Volkes der Juden auf einer fortlaufenden Lüge beruht, wird in unvergleichlicher Art in den von den Juden so unendlich gehassten ‚Protokollen der Weisen von Zion' gezeigt. Sie sollen auf einer Fälschung beruhen, stöhnt immer wieder die ‚Frankfurter Zeitung' in die Welt hinaus. Der beste Beweis dafür, daß sie echt sind. Was viele Juden unbewußt tun mögen, ist hier bewußt klargelegt. Darauf aber kommt es an. Es ist ganz gleich, aus welchem Judenkopf diese Enthüllungen stammen. Maßgebend ist, daß sie mit geradezu grauenerregender Sicherheit das Wesen und die Tätigkeit des Judenvolkes aufdecken und in ihren inneren Zusammenhängen sowie den letzten Schlußzielen darlegen. Die beste Kritik an ihnen jedoch bildet die Wirklichkeit. Wer die geschichtliche Entwicklung der letzten hundert Jahre von den Gesichtspunkten dieses Buches aus überprüft, dem wird auch das Geschrei der jüdischen Presse sofort verständlich werden. Denn wenn dieses Buch erst einmal Gemeingut eines Volkes geworden sein wird, darf die jüdische Gefahr auch schon als gebrochen gelten."[807]

Auf diesen Protokollen baut das Hakenkreuz seinen ganzen Feldzugsplan gegen die Juden auf ... Wenn ein einfacher Mensch dieselben liest und sie als wahr annimmt, so kann man sich gar nicht wundern, wenn er ein fanatischer Anhänger des Hakenkreuzes wird. Ein solcher Mensch muß aber auch ein glühender Judenhasser werden. Der Inhalt dieser Protokolle besteht aber vom Anfang bis zum Ende aus einer Kette von Lügen, Fälschungen und Verleumdungen. Wie kann man die Lehren der nationalsozialistischen Partei ernst nehmen, wenn man erfährt, daß die wichtigsten Vorwürfe, die sie gegen die Juden vorbringen, auch nicht ein Fünkchen Wahrheit enthalten? ...

Vor dem Welttribunal kann aber das Hakenkreuz durch seine fönende Stimme die Wahrheit nicht ersticken ... Mit Hilfe der „Protokolle der Weisen von Zion", dieses verbrecherischen Fälscherwerkes, konnte das Hakenkreuz die Macht in Deutschland ergreifen und alle die schändlichen Gesetze beschließen, durch welche Tausende von Menschen in Konzentrationslager gebracht, in die Gefängnisse geworfen und meuchlings ermordet wurden ... Auf welch morschen Grundlagen beruht also das ganze Regierungssystem des Hakenkreuzes, wenn seine Hauptwaffe gegen die Juden sich als plumpe Lüge entpuppt? Genau so wie das Hakenkreuz in der Frage der „Protokolle der Weisen von Zion" gelogen hat, genau so hat es auch in allen anderen Fragen gelogen. Sein ganzes Gebäude besteht in einer Kette von Lügen und Verleumdungen ... Es ist heute erwiesen, daß die „Protokolle" gefälscht sind. Sie sind die größte, wahnwitzigste, gemeinste Fälschung des Jahrhunderts ...

In deutscher Sprache erschienen sie zum ersten Male im Jahre 1919. Ihr Herausgeber und Übersetzer war Gottfried zur Beek. Er erzählt über die Herkunft der „Protokolle" folgendes: Sie wurden im Jahre 1897 in Basel in geheimen Sitzungen des ersten Zionistenkongresses verlesen. Zar Nikolaus II. habe sich sofort für schweres Geld eine Abschrift der „Protokolle" verschafft. Diese Abschrift wurde dann einem gewissen Sergej Nilus übergeben, der sie ins Russische übersetzt hat. – Nilus aber erzählt folgendermaßen, wie er in den Besitz der „Protokolle" gekommen ist: „Alles dies wurde durch meinen Korrespondenten aus dem gleichen Verlies der zionistischen Hauptkanzlei herausgeholt, die sich auf französischem Territorium befindet." Da Basel bekanntlich auf schweizerischem und nicht französischem Territorium liegt, straft Nilus Herrn zur Beek Lügen. Er widerspricht sich aber auch selbst: Im Jahre 1911 erschien eine Neuausgabe der „Protokolle" und diesmal hat Nilus seinen Lesern folgendes Märchen glaubhaft machen wollen: Die „Protokolle" seien „eine getreue Kopieübersetzung der Originaldokumente, die eine Frau bei einem der höchsten und einflußreichsten Führer der Freimaurer nach einer geheimen Sitzung gestohlen hätte".

So weiß die rechte Hand des Verleumders nicht, was seine linke tut. Aber auch ein Übersetzer dieser Fälschung diskreditiert den anderen. Der Herausgeber der neuesten deutschen Ausgabe der „Protokolle", Theodor Fritsch, erzählt über deren Herkunft folgendes im Vorwort zu seiner Übersetzung: „Die russische politische Polizei fand im Jahre 1901 bei einer Haussuchung in einer jüdischen Wohnung ein größeres Manuskript in hebräischer Sprache, dessen Übersetzung dem Orientalisten Prof. Nilus übertragen wurde." Was ist also wahr: Das, was uns Beek, das, was uns Nilus, oder das, was uns Fritsch erzählt? Wurden die „Protokolle" in Basel, in Frankreich oder in Russland gefunden? Und wann: Im Jahre 1897 oder im Jahre 1901? Was von all dem wahr ist? Nichts! ...

Jüdische Leistungen für die Menschheit[808]

In Deutschland erschien ein Buch, das den Titel „Juden sehen Dich an" trägt. Ein gewisser Johann v. Leers hat es geschrieben und dem berüchtigten Gauführer von Franken, Julius Streicher, gewidmet. Nur 95 Seiten hat das Buch und nur sechs Kapitel. Und die Titel der Kapitel sind kurz: I. Blutjuden, II. Lügenjuden, III. Betrugsjuden, IV. Zersetzungsjuden, V, Kunstjuden, VI. Geldjuden. Im ersten Kapitel („Blutjuden") wird mit den jüdischen Sozialisten „abgerechnet". Zu den „Lügenjuden" gehören u. a. Professor Albert Einstein, der hervorragende Romanschriftsteller Lion Feuchtwanger, der meuchlings ermordete Professor Theodor Lessing, einer der besten Publizisten der Gegenwart, Theodor Wolff, und der Schriftsteller Emil Ludwig ... für Herrn Dr. Johann von Leers sind aber alle Juden – ausnahmslos – hassenswert. Und selbstverständlich an allem schuld: an Deutschlands verlorenem Krieg, an Deutschlands Not, an der „Vergiftung der deutschen Seele" usw. ... Diesem Haßprodukt „Juden sehen Dich an" will ich ein Kapitel in meiner Arbeit entgegenhalten, in dem meine Leser viele Juden kennenlernen werden ... Ich werde mich aber bemühen, ein geistiges Bild von ihnen zu entwerfen, so eindringlich und vor allem so wahr, daß wir das Gefühl haben werden, als stünden sie vor uns und als sähen sie uns an.

Auch ich werde die Juden einteilen, aber nicht, indem ich die edelsten Angehörigen der Judenheit mit Beschimpfungen belege, die den Auswürflingen zukämen, sondern, indem ich aufzeige, was die verschiedenen Gruppen von Juden der Menschheit geleistet haben und noch leisten. Auch bei mir wird es sechs Gruppen von Juden geben, und zwar: I. Juden, die den Nobelpreis erhielten, II. Gottbegnadete jüdische Künstler, III. Berühmte jüdische Mediziner, IV. Berühmte jüdische Schriftsteller, V. Berühmte jüdische Erfinder, VI. Berühmte jüdische Forschungsreisende. Wer die Judenfrage unparteiisch studiert, der wird bald erkennen, daß die Juden der Menschheit so Ungeheures geleistet haben, daß man ein Bösewicht oder ein Idiot sein muß, wenn man die ebenso verbrecherische wie kindische Behauptung aufstellt, die Juden seien ein „minderwertiges Volk" ... Viele werden meinen Lesern bekannt sein, von den wenigsten werden sie aber gewußt haben, daß sie Juden sind.

Wer von uns wußte, daß der Erfinder des Grammophons und des Telephons der Jude Berliner war? Ist es nicht eine Dummheit und eine Gemeinheit, das Volk als minderwertig zu bezeichnen, dem ein Ehrlich angehörte, der die Menschheit durch sein „Salvarsan" von der Syphilis befreite, und das einen Robert von Lieben zu seinen Kindern zählte, dem wir es zu verdanken haben, daß wir uns an den Darbietungen des Radios erfreuen können? Und der Überwinder der Entfernungen auf dem Festlande, der Erfinder des Benzinautos, war auch, wie wir sehen werden, ein Jude …

Konzentrationslager[809]

Die Welt hat viel von den Konzentrationslagern Deutschlands gehört. Die Greuel, die dort verübt wurden, waren so fürchterlich, daß ich gar nicht glauben wollte, daß Menschen imstande seien, solche Scheußlichkeiten zu begehen. Ich hatte nicht die Absicht, von den Vorgängen in diesen Höllen zu schreiben, aber vor einigen Monaten ist eine Broschüre erschienen, in der der Rabbiner Max Abraham[810] seine eigenen entsetzlichen Erlebnisse schildert, Namen anführt und sich bereit erklärt, die Wahrheit seiner Aussagen zu beeiden. Ich erachte es daher als meine Pflicht, einen Auszug aus dieser Broschüre zu veröffentlichen …

Max Abraham hat noch vor dem Hitler-Umsturz die kommenden Dinge vorausgeahnt. Und er versuchte, dem drohenden Unheil entgegenzuwirken … Es nützte nicht. Die „Revolution" kam und mit ihr Sadismus, Konzentrationslager, Unmenschlichkeit, Rechtlosigkeit – all das, was heute ein trauriges, kulturschändliches „Wahrzeichen" Hitler-Deutschlands ist …

Katholikenverfolgung

Aber nicht nur wegen ihrer Abstammung werden die Menschen in Deutschland verfolgt, sonder auch wegen ihres Glaubens … Das Hakenkreuz will bekanntlich die Leidenschaften der deutschen Massen dadurch aufpeitschen, daß es das Blut zum Götzen erhebt und den deutschen Menschen einredet, daß sie durch ihr edles Blut sich höher dünken müssen als die anderen Völker und daß insbesondere eine Vermischung mit dem jüdischen Blut den Untergang des deutschen Volkes mit sich bringen müßte … Nach den Lehren des katholischen Glaubens spielt bei der Bewertung des Menschen das Blut und die Rasse keine Rolle. Es ist klar, daß durch diese gegensätzlichen Auffassungen ein Krieg zwischen dem Hakenkreuz und der katholischen Kirche entstehen mußte … Den Hauptschlag gegen die katholische Kirche hat daher Alfred Rosenberg, der deutsche Außenpolitiker und Freund Hitlers, geführt, der ein Buch unter dem Titel „Mythus des 20. Jahrhunderts" veröffentlichte. Wer dieses Schandwerk liest, der erkennt sofort, wie bitter sich die Tatsache rächt, daß man die Veröffentlichung der gemeinsten Lügen und Verleumdungen gegen die Judenheit duldete … Es wäre Pflicht der gesamten gesitteten Menschheit, sich dagegen aufzulehnen, daß man die Lüge als Waffe im politischen Kampf verwendet … Ich werde nun einige der im Buch „Mythus des 20. Jahrhunderts" gegen die katholische Kirche und gegen das Christentum überhaupt veröffentlichten Lügen wiedergeben, wie sie im „Kirchlichen Anzeiger der Erzdiözese Köln" (November 1934) aufgezeigt werden. Die Widerlegung Rosenbergs habe ich ebenfalls dieser mutigen Schrift entnommen ...

Reichstagsbrand

Einen schweren Schlag hat das Hakenkreuz der Ehre des deutschen Volkes durch die Inszenierung des Reichstagsbrandes versetzt. Heute besteht Übereinstimmung in der ganzen Welt darüber, daß das Reichstagsgebäude von Nationalsozialisten angezündet wurde, um einen Vorwand zu finden, ihre politischen Gegner auszurotten ... Die Regierung beschuldigte sofort die Kommunisten der Brandlegung, obwohl nicht der geringste Beweis für diese Behauptung erbracht werden konnte ... Der Prozeß, der lange nachher stattfand, bewies sonnenklar, daß es sich hier um einen Betrug handelte, der an dem ganzen deutschen Volk begangen wurde ... Vom Tage des Reichstagsbrandes an konnte das Hakenkreuz den fürchterlichsten Terror gegen seine politischen Gegner ausüben ... Ich will in diesem Buch nicht von allen Mordtaten sprechen, die das Hakenkreuz auf seinem Gewissen hat. Es ist kein Zufall, daß ein großer Teil der Mörder, die unschuldige Menschen in das Jenseits beförderten, schließlich selbst von Mörderhand gefallen ist. Ich erwähne nur den 30. Juni 1934 ...

Hitlers Versprechungen

Was hat Hitler von seinen Versprechungen gehalten? Während seines Kampfes um die Macht hat das Hakenkreuz den Arbeitern versprochen, den Sozialismus zu verwirklichen. Hitler lehnte den Marxismus ab, aber während der 14 Jahre des Kampfes waren seine wichtigsten Programmpunkte die Sicherung und der Aufbau der sozialen Errungenschaften der Arbeiterklasse. Er versprach seinen Anhängern höhere Löhne und Einfluß in den Betrieben. Was geschah aber? Heute hat der Arbeiter in Deutschland nichts zu reden. Der Herr im Betrieb ist der Unternehmer ... Daß der Streik in Deutschland verboten ist, ist wohl eine Selbstverständlichkeit. Während die Preise der Lebensmittel und der wichtigsten Bedarfsgegenstände wesentlich gestiegen sind, sind die Löhne sehr niedrig ... Dazu kommt noch, daß die Arbeitnehmer sich sehr oft an freiwilligen Spenden und an Sammlungen beteiligen und Eintrittsgelder bei Kundgebungen bezahlen müssen, die ihr ohnehin kärgliches Einkommen noch mehr schmälern. Die Gewerkschaften wurden zertrümmert ... An den Arbeitnehmern hat das Hakenkreuz also glatten Verrat geübt ...

Der Nationalsozialismus hat immer versprochen, die Kartelle und die Trusts, ebenso das Bank- und Geldwesen zum Wohle des Volkes zu verwenden ... Die Besitzer der großen Fabriken, insbesondere die mächtigen Betriebsinhaber der Schwerindustrie, sind heute die wirklichen Herren Deutschlands. Sie häufen fabelhafte Reichtümer an, weil sie den Löwenanteil an der Aufrüstung Deutschlands verdienen. Während das ganze deutsche Volk schwere Not leidet ...

Das Hakenkreuz hat praktisch das Versammlungsrecht und die Preßfreiheit abgeschafft … Die Zeitungen schauen trostlos in Deutschland aus. Sie dürfen nichts enthalten, das der Regierung nicht genehm wäre. Das „Berliner Tageblatt", die „Vossische Zeitung", die früher in der ganzen Welt verbreitet und mit großem Interesse gelesen wurden, befinden sich heute im Besitz der Nationalsozialisten. Sie sind zur Bedeutungslosigkeit herabgesunken … Auch die Wissenschaft wurde in Deutschland gleichgeschaltet. Schon die Volksschule zeigt deutlich die Zeichen der Zeit. Man unterrichtet Rassenkunde, und der Wehrsport bildet einen wesentlichen Bestandteil des Unterrichtes. Den Lehrern schreibt man vor, Geschichte so zu lehren, daß sie nicht vom Mittelmeer aus, sondern vom Norden her gesehen wird … Die Universitäten wurden gesäubert … Der weltberühmte Physiker Albert Einstein, der Begründer der Relativitätstheorie, mußte endgültig von Deutschland Abschied nehmen. Seine wissenschaftlichen Arbeiten wurden unter dem Jubel der Nationalsozialisten auf einem Scheiterhaufen vor der Berliner Universität verbrannt. Einstein ist Nobelpreisträger und der erste deutsche Universitätsprofessor, der nach dem Krieg in Paris Vorlesungen in deutscher Sprache hielt … Man begnügte sich aber nicht mit der Entfernung der Professoren, sondern die Studentenschaft hat auch die Werke der gegnerischen Schriftsteller feierlich auf dem Scheiterhaufen verbrannt … Staunend fragt man, wer eigentlich noch in Deutschland übriggeblieben ist, wenn man solche berühmte Schriftsteller verfemte …

Auch die Musik wurde gleichgeschaltet … Bruno Walter, Dirigent von Weltruf, den man in Amerika oder England ebenso kennt wie in Deutschland, mußte gehen … Gehen mußte Arnold Schönberg, der auf die Entwicklung der modernen Musik den größten und wichtigsten Einfluß ausübte, der eine neue, eigene Musiksprache erfand und als bahnbrechend bezeichnet werden muß …

So schaut Deutschland im Innern aus. Seine Beziehungen zu den Nachbarvölkern sind nicht besser. Das Hakenkreuz vertritt in Übereinstimmung mit Hitlers „Mein Kampf" die Auffassung, daß nur das Edelrassige das Recht hat zu leben. Nur der Deutsche ist „edelrassig". Zur Verschaffung von „Lebensraum" für das „edelrassige" deutsche Volk müssen gewisse Nachbarvölker vernichtet und ausgerottet werden, damit die in hundert Jahren zu erwartende Bevölkerung von 250 Millionen Deutschen den nötigen Boden erhalten kann. Die Folge dieser Ideen war, daß Deutschland heute der am meisten gehaßte und vereinsamte Staat der Welt ist …

Schlussbetrachtung[811]

Das Hakenkreuz bedeutet ein fürchterliches Unglück für die gesamte Menschheit. Es gäbe für die Welt kein edleres Ziel, als das arme deutsche Volk von der Herrschaft des Nationalsozialismus zu befreien … Dem Christentum haben wir es zu verdanken, daß die Begriffe Nächstenliebe und Barmherzigkeit sich über die Welt verbreiteten und die Menschen einander näherbrachten … Gott hat uns die Vernunft gegeben. Mit ihrer Hilfe und durch Anwendung der Gebote der Religion ist es uns gelungen, eine Welt aufzubauen, die es ermöglicht, daß Kranke geheilt, Arme ernährt und Alte versorgt werden. Die Vernunft und das Gefühl haben das Gebäude aufgerichtet, das wir

Kultur und Zivilisation nennen. Das Hakenkreuz will uns beides nehmen ... Das Hakenkreuz will die Vernunft zerstören, indem es die Wahrheit vernichtet ... Das Hakenkreuz hat ein Attentat gegen die Wahrheit und damit gegen die Vernunft organisiert, indem es die Lüge zum Staatsprinzip erhob ... Ein Volk, das die Lüge zur Grundlage seines Handelns macht, kann unmöglich glücklich werden. Wenn die Vernunft ausgeschaltet wird, so muß die gesellschaftliche Entwicklung dem Abgrund entgegensteuern. Wurde sich das Hakenkreuz über die ganze Welt verbreiten, so würde sie in ein Narrenhaus verwandelt werden. Das Hakenkreuz nimmt uns aber nicht nur die Vernunft, es raubt uns auch das menschliche Empfinden. Kann ein deutsches Kind, das ruhig zusehen muß, wie sein jüdischer Spielgenosse grundlos gepeinigt und gedemütigt wird, ein guter Mensch werden? Kann ein deutscher Nationalsozialist, der im Konzentrationslager seine Volksgenossen schlagen, foltern oder gar ermorden darf, das Gefühl der Liebe oder des Mitleids empfinden? Wird seine Seele durch die fortwährenden Scheußlichkeiten, durch die Betätigung der Haßgefühle, der Roheit und der Mordlust nicht abgestumpft? ... Ohne Vernunft und Nächstenliebe gibt es keinen wirksamen Kampf gegen den Krieg ... Wir haben allerdings Pionierarbeit für Hitler geleistet, als wir den Antisemitismus duldeten und nicht rechtzeitig dem Rassenwahn entgegengetreten sind. Wir haben ihn im Gegenteil dadurch genährt, daß wir ihm ein religiöses Mäntelchen umhängten. Mit den Lippen haben wir die Nächstenliebe gepredigt, aber im Herzen hegten wir Neid und Haß gegen eine Menschengruppe, die nichts verbrochen hat ... Diese Wahrheit muß herausgesagt werden, damit man noch rechtzeitig das Unheil verhütet. Noch ist es nicht zu spät. Noch ist es uns Österreichern gelungen, einen Damm aufzurichten gegen das weitere Vordringen des Hakenkreuzes ... Wenn heute der Krieg in greifbare Nähe gerückt ist, so haben wir diese Gefahr hauptsächlich dem Hakenkreuz zu verdanken, das ganz offen die Vorbereitungen für ein neues Blutvergießen trifft ... Wird die übrige Welt noch rechtzeitig die Schlußfolgerungen aus diesen entsetzlichen Tatsachen ziehen? Ich habe das Gefühl, daß man die Gefahr noch nicht überall erkannt hat. Man sucht im Gegenteil der nationalsozialistischen Mentalität entgegenzukommen ... Es ist kein Zweifel, daß die Welt krank ist. Wenn es in unserer Menschengemeinschaft möglich ist, daß man Weizen verbrennt, Baumwolle vernichtet, Kaffee und sonstige wertvolle Produkte in das Meer wirft, die Anbauflächen verringert, Betriebe sperrt, während Hunderte Millionen von Menschen hungern, so ist es zweifellos, daß irgendein Fehler in dem Mechanismus der Weltwirtschaft besteht, der entdeckt und beseitigt werden müßte ... Auf die Lösung der wirtschaftlichen Frage müssen wir unbedingt das Augenmerk richten, damit wir unserer Jugend eine Zukunft bauen und den alten Menschen eine Versorgung sichern können, die sie vor Not schützt ... Das Hakenkreuz bedeutet eine große Gefahr für die Menschheit. Das Hakenkreuz ist die größte Gefahr des Jahrhunderts. Wenn wir ihr beggnen wollen, müssen wir gerade die Waffen anwenden, die dem Hakenkreuz fremd sind: Idealismus und Opfermut, Vernunft und Liebe, Wahrheit und Gerechtigkeit.

Nachgewiesene Literatur aus *Sein Kampf* bzw. *So oder So*

Die Literaturangaben wurden auf Grund der vielfach nur fragmentarischen Erwähnungen in den Arbeiten von Irene Harand so weit als möglich vervollständigt und, wenn vorhanden, mit Verlagsnamen zitiert. Die Vornamen der Autoren sind, soweit erhebbar, ausgeschrieben worden. Die Zusammenstellung umfasst der Vollständigkeit halber oftmals mehrer Zitate eines Autors zu verschiedenen Jahren, wenn nicht ganz klar war, welches Buch Irene Harand verwendet hatte.

Abraham, Max (1934): Juda verrecke. Ein Rabbiner im Konzentrations-Lager, Druck- und Verlagsanstalt, Teplitz-Schönau.

Alberti, E. und Banneitz (Hg.) (1927): Taschenbuch der drahtlosen Telegraphie und Telephonie, Springer, Berlin.

Andersen, Hans Christian (1911): Das Märchen meines Lebens, Holbein, Stuttgart.

Asmussen, Hans (1933): Politik und Christentum. Hanseatische Verlags Anstalt, Hamburg.

Beek, Gotffried zur (1919): Die Geheimnisse der Weisen von Zion. Auf Vorposten, Charlottenburg.

Beek, Gottfried zur (1933): Die Geheimnisse der Weisen von Zion, Frz. Cher Nachf., München.

Bloch, Joseph S. (1922): Israel und die Völker. Nach jüdischer Lehre (1922). 8°. LII – „Mit Berücksichtigung sämtlicher antisemitischer Textfälschungen in Talmud, Schulchan Aruch, Sohar, auf Grund der dem Wiener Landesgericht aus Anlaß des Prozesses Rohling contra Bloch 1885 erstatteten schriftlichen Gutachten der in Eid genommenen Sachverständigen Prof. Dr. Theodor Nöldecke und Lic. theolog. Dr. August Wünsche systematisch dargestellt". Harz Benjamin, Berlin-Wien.

Bloch, Chajim. (1935) Blut und Eros im jüdischen Schrifttum und Leben. Von Eisenmenger über Rohling zu Bischoff. Mit einem Nachwort von Dr.Max Grunwald, Sensen-Verlag, Wien.

Chamberlain, Houston Steward (1922[14]): Die Grundlagen des Neunzehnten Jahrhunderts, 2 Bände, Bruckmann, München.

Class, Heinrich (Pseudonym Einhart) (1909): Deutsche Geschichte. Mit 16 Vollbildern und einer bunten Karte des Siedlungsgebiets in Mitteleuropa, Dietrich, Leipzig.

Class, Heinricht (1914): Deutsche Geschichte, Dietrich, Leipzig.

Coudenhove, Heinrich Graf von (1932): Das Wesen des Antisemitismus. Eingeleitet durch Antisemitismus nach dem Weltkrieg von R. N. Coudenhove-Kalergi, Paneuropa, Leipzig u.a.

Eipper, Paul (1928): Tiere sehen dich an. Mit 32 Bildnisstudien nach Originalaufnahmen von Hedda Walther, Reimer, Berlin.

Eisenmenger, Johann Andreas (1711): Entdecktes Judentum, oder Gründlicher und Wahrhaffter Bericht, welchergestalt Die verstockte Juden die Hochheilige Drey-Einigkeit, ... erschrecklicher Weise lästern und verunehren ..., Königsberg.

Ewers, Hans Heinz (1919): Alraune – Die Geschichte eines lebenden Wesens, Müller, München.

Ewers Hanns Heinz (1921): Vampyr, Paul Steegemann, Hannover.

Ewers, Hanns Heinz (1922): Israel Zangwill. Träumer des Ghetto. Deutsche autorisierte Ausgabe unter Mitwirkung des Verfassers, Berlin.

Ewers, Hanns Heinz (1933): Horst Wessel. Ein deutsches Schicksal, Cotta, Stuttgart.

Faulhaber, Michael (1933a): Das Alte Testament und seine Erfüllung im Christentum. Erste Adventspredigt von Kardinal Faulhaber in St. Michael zu München am 3. Dezember 1933, Huber, München.

Faulhaber, Kardinal (Michael von) (1933b): Die 4 Adventspredigten sowie die Silvesterpredigt von 1933: Das Alte Testament und seine Erfüllung im Christentum – Die sittlichen Werte des Alten Testamentes und ihre Aufwertung im Evangelium – Die sozialen Werte des Alten Testaments – Der Eckstein zwischen Judentum und Christentum – Christentum und Germanentum, 5 Hefte, Huber, München.

Faulhaber, Michael von (1934): Der Eckstein zwischen Judentum und Christentum. Vierte Adventspredigt von Kardinal Faulhaber am Vorabend des Weihnachtsfestes 1933 in St. Michael zu München, Huber, München.

Fiebig, Paul (1929): Der Talmud. Seine Entstehung, sein Wesen, sein Inhalt. Unter besonderer Berücksichtigung seiner Bedeutung für die neutestamentliche Wissenschaft, Leipzig.

Fischer, E. und Lenz, Fritz (1927?): Menschliche Erblichkeitslehre, Lehmann, München.

Fishberg, Maurice (1913): Die Rassenmerkmale der Juden. Eine Einführung in ihre Anthropologie, München.

Fried, Ferdinand (Ferdinand Friedrich Zimmermann) (1931): Das Ende des Kapitalismus. 11.-15. Tsd., Jena.

Fritsch, Theodor (1892): Antisemitenkatechismus, Leipzig.

Fritsch, Theodor (1924): Die Zionistischen Protokolle: Das Programm der internationalen Geheim-Regierung. Hammer, Leipzig.

Fritsch, Theodor (1931[30]): Handbuch der Judenfrage. Die wichtigsten Tatsachen zur Beurteilung des jüdischen Volkes, Hammer, Leipzig.

Graetz, Heinrich (1923): Volkstümliche Geschichte der Juden in drei Bänden. Erster Band. Benjamin Harz, Berlin-Wien.

Gundolf, Friedrich (1911): Shakespeare und der deutsche Geist, Georg Bondi, Berlin.

Gundolf, Friedrich (d.i. Friedrich Leopold Gundelfinger) (1923[7]): Shakespeare und der deutsche Geist, Georg Bondi, Berlin.

Günther, Hans F.K. (1929): Rassenkunde Europas, mit besonderer Berücksichtigung der Rassengeschichte der Hauptvölker indogermanischer Sprache, Lehmann, München.

Günther, Hans F.K. (1929): Rassenkunde des jüdischen Volkes, Lehmann, München.

Grünwedel, Albert (1922): Tusca. 1. Die Agramer Mumienbinden. 2. Die Inschrift des Cippus von Perugia. 3. Die Pulena-Rolle. 4. Das Bleitäfelchen von Magliano. 5. Die

Leber von Piacenza. 6. Golini-GrabI. 7. Die Inschrift von Capua. Unter Zuziehung anderen sachlich zugehörigen archäologischen Materials, Hiersemann, Leipzig.

Hitler, Adolf (1925): Mein Kampf, Franz Eher Nachf., München.

Hommel, Fritz (1885): Geschichte Babyloniens und Assysriens. Grote, Berlin.

Joly, Maurice (1864): Dialogue aux enfers entre Machiavel et Montesquieu ou la politique de Machiavel aux XIXe siècle par un contemporain. Mertens, Bruxelles.

Kopp, Josef (1930): Zur Judenfrage. Nach den Akten des Prozesses Rohling – Bloch von Dr. Josef Kopp, Hof- und Gerichtsadvokat, Abgeordneter des niederösterreichischen Landtags und des österreichischen. Reichsraths, Leipzig.

Kreppel, Jonas (1925): Juden und Judentum von heute übersichtlich dargestellt – Ein Handbuch, Amalthea, Zürich.

Kretschmer, Ernst (1929): Geniale Menschen. Mit einer Porträtsammlung, Springer, Berlin.

Lamparter, Eduard (1928): Das Judentum in seiner kultur- und religionsgeschichtlichen Erscheinung, Klotz, Gotha.

Leers, Johann von (1933): Juden sehen Dich an, NS-Druck und Verlag, Berlin-Schöneberg.

Leers, Johann von (1934[6]): Juden sehen Dich an, Deutsche Kultur-Wacht, Berlin.

Leers, Johann von (1934): Der Kardinal und die Germanen – Eine Auseinandersetzung mit Kardinal Faulhaber, Hanseatische Verlagsanstalt, Hamburg.

Leers. Johann von (1933): Kurzgefaßte Geschichte des Nationalsozialismus, V&K, Bielefeld (NS-Werk für den Schulgebrauch).

Lenz, Fritz (1932): Menschliche Auslese und Rassenhygiene (Eugenik), (=Menschliche Erblehre und Rassenhygiene 2), Lehmann, München.

Liepmann, Heinz (1934): Murder – Made in Germany. A True Story of Present-Day Germany, Hamilton, London.

Loge, C. (alias Anton Orel): Gibt es jüdische Ritualmorde? Eine Sichtung und psychologische Klärung des geschichtlichen Materials, Graz-Leipzig.

Luschan, Felix von (1922): Völker Rassen Sprachen (Einbandzeichnung von Menachem Birnbaum), Welt, Berlin.

Luschan, Felix von (1927): Völker, Rassen, Sprachen. Anthropologische Betrachtungen, DBG, Berlin.

Luzzatto, Mosche Chajim (1925): Der Weg der Frommen = Mesilat yesarîm, herausgegeben und übersetzt von J. Wohlgemuth, Hermon, Frankfurt a. M.

Meyer, Eduard (1923-1925): Ursprung und Anfänge des Christentums, J. G. Cotta, Stuttgart-Berlin, 3 Bände: 1. Die Evangelien. – 2. Die Entwicklung des Judentums und Jesus von Nazaret. – 3. Die Apostelgeschichte und die Anfänge des Christentums.

Müller-Freienfels, Richard (1922): Psychologie des deutschen Menschen und seiner Kultur. Ein volkscharakterologischer Versuch, Beck, München.

Müller-Freienfels, Richard (1930?): Psychologie des deutschen Menschen und seiner Kultur. Ein volkscharakterologischer Versuch, München.

Nietzsche, Friedrich Wilhelm (1886-87): Jenseits von Gut und Böse. Vorspiel einer Philosophie der Zukunft. – (Und:) Zur Genealogie der Moral. Eine Streitschrift. (Dem letztveröffentlichten „Jenseits von Gut und Böse" zur Ergänzung und Verdeutlichung beigegeben). 2 Werke in 1 Band, Naumann, Leipzig.

Nietzsche, Friedrich W. (1915): Die fröhliche Wissenschaft („la gaya scienza") Nietzsche's Werke Erste Abtheilung. Band V, A. Kröner, Leipzig.

Olden, R. (1933): Hitler, der Eroberer. Die Entlarvung einer Legende von einem deutschen Politiker, Berlin.

Raiffeisen, F. W. (1887): Die Darlehnskassen-Vereine. Erster Theil: Die Darlehnskassen-Vereine und sonstige ländliche Genossenschaften, Neuwied.

Rocca, Maria della (1882): Erinnerungen an Heinrich Heine von seiner Nichte Maria Embden-Heine, Principessa della Rocca, Hartleben, Wien.

Rosenberg, Alfred (1934[35]): Der Mythos des 20.Jahrhunderts. Eine Wertung der seelisch-geistigen Gestaltenkämpfe unserer Zeit, Hoheneichen, München.

Schiller, Friedrich von (o. J.): Die Sendung Moses. Völkische Bücherstube, Leipzig.

Schlucks, Adolf (1930): Kampf dem Hakenkreuz, Berlin.

Stern, Ludwig (1879): Die Lehrsätze des neugermanischen Judenhasses mit besonderer Rücksicht auf W. Marr's Schriften. Historisch und sachlich beleuchtet von Ludwig Stern, Stahl, Würzburg.

Strack, Hermann L. (1893): Die Juden, dürfen sie „Verbrecher von Religions wegen" genannt werden? Aktenstücke, zugleich als ein Beitrag zur Kennzeichnung der Gerechtigkeitspflege in Preußen (= Schriften des Institutum Judaicum in Berlin, Nr. 15), Walther, Berlin.

Strack, Hermann L. (1921): Einleitung in Talmud und Midras. Fünfte, ganz neu bearbeitete Auflage der Einleitung in den Talmud, Beck, München.

Theilhaber, Felix A. (1931): Schicksal und Leistung. Juden in der Deutschen Forschung und Technik, Berlin.

Theilhaber Felix A. (1924): Jüdische Flieger im Weltkrieg, Berlin.

Wells, Herbert George (1930): Die Weltgeschichte in 580 Bildern, Zsolnay, Berlin.

Wilser, Ludwig (1903): Die Germanen. Beiträge zur Völkerkunde, Eisenach.

Zangwill, Israel (1922): Die Stimme von Jerusalem. Dt. von Ella Bacharach-Friedmann; mit einem Vorwort v. Hanns Heinz Ewers, Cronbach, Berlin.

Zarek, Otto (1935): Kossuth. Die Liebe eines Volkes, Bibliothek zeitgenössischer Werke, Zürich.

Anmerkungen

1 Vgl. Jagschitz – Karner (1996): S. 66-67.
2 Klösch und Scharr (2000), Scharr (2001): S. 4-11, Weinzierl (2000): S. 18.
3 Pjatigorskij (2001): S. 27.
4 Damals nahm Frau Weinzierl sich vor, als ihre letzte wissenschaftliche Arbeit die Biographie Irene Harands zu schreiben, obwohl sich im Dokumentationsarchiv des österreichischen Widerstandes nur kleine Teile des Nachlasses befanden. Leiter des Dokumentationsarchivs war zu dieser Zeit Univ.-Doz. Dr. Herbert Steiner. Er war davon überzeugt, dass der gesamte übrige Nachlass während der Flucht verloren gegangen sei. Dann kam Dr. Scharr zu ihr und berichtete von seinen Quellenfunden und jenen von Mag. Klösch. Daraufhin übergab Weinzierl ihr gesammeltes Material und die von ihr bis dahin geschriebenen Aufsätze Dr. Scharr und schlug ihm eine Dreierkooperation vor.
5 Bartoszewski (1993): S. 46.
6 Vgl. Neugebauer (1986).
7 Bailer-Galanda (1990): S. 10.
8 *Gerechtigkeit* S. 1, 19.10.1933, Hitler und die *Gerechtigkeit'*.
9 *Gerechtigkeit* S. 1, 28.12.1933,,Das neue Jahr'.
10 Irene war das dritte von vier Kindern der Familie. Sie hatte noch zwei Schwestern: Margarethe (geb. 7.7.1898), Valerie (geb. 23.3.1902) und einen Bruder Franz (geb. 20.12.1898). Nach dem Tod ihrer Mutter heiratete Franz Wedl 1921 Therese Stadler (geb. 1.6.1876). WSLA, polizeiliche Meldeunterlagen, Wedl, Franz.
11 DÖW 11059/1 Harand, maschingeschriebenes Manuskript, datiert mit September-Oktober 1962, S. 1.
12 Lehmann, Wiener Adressbuch 1905. Das Geschäft existierte unter gleichem Namen zumindest bis 1942. Nach 1945 wurde es als Firma „Wedl's Franz Nachfolger Gustav Markeli" unter gleicher Adresse fortgeführt.
13 *Gerechtigkeit* S. 3, 31.10.1935, Interview mit einem schwedischen Korrespondenten der Zeitung Tidevarvet in Stockholm vom 16.10.1935. Irenes Vater kam im Alter von vier Jahren aus Nikolsburg nach Wien. DÖW 11059/1 Harand, maschingeschriebenes Manuskript, datiert mit September-Oktober 1962, S. 8. Franz Wedl wurde am 30. 11.1869 in Oberwisnitz in Mähren geboren; RGWA 515/3/304, S. 2, Bundespolizeidirektion Wien, Informationen über I. Harand, 16.4.1936.
14 Hausner (1974): S. 10.
15 RGWA 520/1/414, S. 19 aus einem Interview einer norwegischen illustrierten Wochenschrift mit I. Harand 1935 (?).
16 Hausner (1974): S. 46; Laut Polizeibericht fand die Trauung am 14.8.1921 statt; RGWA 515/3/304, S. 2v, Bundespolizeidirektion Wien, Informationen über I. Harand, 16.4.1936.
17 DÖW – Personalakt I. Harand, österreichischer Reisepass von Frank Harand.
18 *Gerechtigkeit*, S. 2, 14.12.1933, und S. 4, 17.12.1936, sowie RGWA 520/1/15, S. 1,,Biographische Daten der Frau Irene Harand' (1936?). Frank Harand war schon 1915 aktiver Oberleutnant und nahm an der Durchbruchschlacht bei Tolmein teil. Er beendete seinen Heeresdienst mit Kriegsende als Hauptmann mit zahlreichen Auszeichnungen; RGWA 515/3/304, S. 2v, Bundespolizeidirektion Wien, Informationen über I. Harand, 16.4.1936.
19 Nach einiger Zeit als Bankbeamter wechselte Frank Harand zur Firma Stollwerk und später zu Cabos, ebenfalls ein Schokoladenhersteller; RGWA 515/3/304, S. 2v, Bundespolizeidirektion Wien, Informationen über I. Harand, 16.4.1936.
20 RGWA 520/1/26, S. 6; I. Harand an Saly Braunschweig, Lokalsekretariat der schweizerisch-israelischen Gesellschaft Zürich, 11.6.1937.
21 RGWA 520/1/15, S. 1,,Biographische Daten der Frau Irene Harand' (1936?); RGWA 520/1/123, S. 47 Interview I. Harands mit Oscar Leonhard.
22 RGWA 520/1/15, S. 1,,Biographische Daten der Frau Irene Harand' (1936?).
23 *Gerechtigkeit*, S. 4, 4.10.1934, Abdruck eines Interviews mit dem Lemberger Korrespondenten von Gazetta Poranna – ,Frau Harand und ihre Mission'.
24 RGWA 520/1/143, S. 64-65, I. Harand an Frau S. Millin, Westcliff, Johannesburg, 20. 1.1937.
25 RGWA 520/1/400, S.14-24, Vortrag I. Harand ,Gegen Krieg und Not', 1937.

26 DÖW 11059/1 I. Harand, maschingeschriebenes Manuskript, datiert mit September-Oktober 1962, S. 2. Der älteste Bruder ihrer Mutter Sophie war mit einer Jüdin verheiratet.
27 Ebenda, S. 10. „Im Jahre 1939, zur Zeit als Hitler Österreich bereits eingesteckt hatte und die Welt mit dem Krieg überzog, waren sie alle militärpflichtig; haben sie geholfen Polen zu besiegen, haben sie Paris eingenommen, oder standen sie in den Vierziger Jahren vor Stalingrad? Vielleicht sind sie sogar auf dem Felde der Unehre gefallen? Oder humpeln sie heute auf durchschossenen Beinen durchs Leben? Wer hat die Seelen dieser Buben vergiftet? Ein eifernder Dorfpfarrer ... unredliche deutschnationale Zeitungsschmierer?".
28 *Gerechtigkeit* S. 3, 31.10.1935, RGWA 520/1/424, S. 26-27, Interview für TENK-psychologische Zeitschrift Oslo vom 25. November 1936 ‚Für Menschenliebe gegen Rassenhass und Not – ein Interview mit Kommentar'.
29 *Gerechtigkeit*, S. 5, 26.12.1935.
30 RGWA 520/1/590, S. 12, I. Harand an Dr. Weiser, St. Urban am Ossiachersee, 8.9.1937.
31 DÖW-Akt 11059/1, I. Harand, maschingeschriebenes Manuskript, datiert mit September-Oktober, S. 10.
32 RGWA 520/1/15, S. 1 ‚Biographische Daten der Frau Irene Harand' (1936?).
33 *Gerechtigkeit*, S. 6, 10.12.1933.
34 RGWA 520/1/586, S. 10, ca. 1937.
35 Die Feststellung, die Bailer-Galanda in einem Aufsatz trifft, dass viele der Frauen in den Widerstand (gemeint ist hier allerdings unter der nationalsozialistischen Herrschaft!) über das politische Engagement männlicher Bezugspersonen gelangten und danach durchaus eigenständige Aktivitäten entwickelten, trifft bei Irene Harand in mehrfacher Sicht zu; obwohl sie außerhalb des von Bailer-Galanda verwendeten Widerstandsbegriffs steht. Bailer-Galanda (1990).
36 *Die Welt am Morgen*, S. 5, 14. 9.1929, ‚Hundert schöne Österreicherinnen werden gesucht! Der Wettbewerb des Komitees für Völkerverständigung und Weltfrieden'. Die Aufgabe des Komitees, dessen Sekretärin Irene Harand war, bestand darin, Bilder von ausgewählten Österreicherinnen an die Presse des Auslandes zu verteilen, die dann gewissermaßen dort für Österreich als (Tourismus-) Land werben sollten. Hier wird schon die Vorwegnahme des späteren Ideenreichtums von Irene Harand deutlich, mit dem sie versuchte, für ihre Sache möglichst viele Menschen anzusprechen.
37 WSLA, MA 119 – 6799/30 ÖVP 9.9.1930 – Gründung und Eintrag. Die konstituierende Hauptversammlung fand am 20.8.1931 statt. RGWA 520/1/15 ‚Biographische Daten der Frau Irene Harand', S. 1.
38 *Gerechtigkeit*, S. 1, 7.11.1935.
39 DÖW 11059/1 I. Harand, maschingeschriebenes Manuskript, datiert mit September-Oktober 1962, S. 4.
40 RGWA 520/1/574, S. 12, Antwort I. Harand auf einen Brief von Eduard Weiser, St. Urban am Ossiachersee vom 8.9.1937.
41 RGWA 520/1/143, S. 65-66, I. Harand an Ruth Jacobson, Johannesburg, 24.2.1938.
42 RGWA 520/1/8, S. 34, Anzeige an die Polizeidirektion Wien I, 8.9.1933 unterschrieben von I. Harand.
43 WSLA, MA 119 – 9160/33 – Gründung und Eintrag des Verbandes per 19. 12.1933.
44 RGWA 520/1/522, S. 30, ‚Wie die Bewegung entstanden ist' (nach 1936).
45 RGWA 520/1/586, S. 10, ca. 1937.
46 Weinzierl (1991): S. 14.
47 Dr. Moriz Zalman (geboren am 07. 11.1882) wurde am 29.5.1940 im Konzentrationslager Oranienburg-Sachsenhausen ermordet. DÖW – ‚Namentliche Erfassung der österreichischen Holocaustopfer' www.doew.at (vom 29.11.2001) I. D. Nummer 80560.
48 LBI, I. Harand, New York an Eric Lind, 5.6.1962.
49 DÖW 4231, Abschrift aus der Broschüre ‚Nouvelles d'Autriche' – *Österreichische Nachrichten* Nr. 2, März 1939. Laut einem Bericht des Sicherheitshauptamtes sei Frank Harand im Juni noch in Wien gewesen und durch die Stapoleitstelle Wien II C in Haft genommen worden, BDC ZA VI 3219, Sicherheitshauptamt Abt. II/122, Berlin, 4.6.1938.
50 Meisels (1996): S. 42.
51 Yad Vashem, Urkunde vom 1.12.1969, Beschluss der Kommission für die Gerechten, 26.9.1967.
52 Obituary Irene Harand; In: *New York Times*, 6.2.1975.
53 Irene Harand in Wien beigesetzt. In: *Mitteilungsblatt der Aktion gegen Antisemitismus*, Juli 1975, S. 1.

54 nach Weinzierl (1991): S. 16. Brief von Bezirksrätin Dr. Beatrix Scherlacher an Erika Weinzierl vom 10.9.1990 und ÖVP Bezirksleitung Wien-Innere Stadt vom April 1990.
55 RGWA 520/1/26, S. 6; I. Harand an Saly Braunschweig, Zürich, 11.6.1937.
56 Dietrich von Hildebrand zählte zu den bedeutendsten Philosophen des 20. Jahrhunderts, der sich mit dem Nationalsozialismus vor allem von intellektueller Seite her auseinandersetzte und ihm eine eigene christlich fundierte Ideologie entgegenstellte. Der Franziskanerpater Fischer nahm seine Tätigkeit gegen ‚Die Hakenkreuzler' – so sein erstes 1932 erschienenes Buch – schon sehr früh auf. Zyrill Fischer arbeitete im Auftrag des Wiener Kardinals Piffl an einer Analyse des Nationalsozialismus, die der Kirche eine argumentativ gesicherte Zurückweisung dieses Systems erlauben sollte. Beide näherten sich als Vertreter eines katholischen Widerstandes der jüdischen Frage an und griffen dabei immer wieder den Antisemitismus als Teil der nationalsozialistischen Politik ablehnend auf. Zyrill Fischer starb am 11.5.1945 im Exil in den USA. Dietrich von Hildebrand musste 1933 seine Professur in München aufgeben und ging nach Wien. Seit 1941 bis zu seinem Tod lehrte er an der Fordham University in New York.
57 Zuletzt gaben Weinzierl (1991): S. 15 an, die Akten seien von der Gestapo vernichtet worden; Auch bei Stromberger (1996): S. 19.
58 Haag (1994): S. 584. Haag verweist in seinem Aufsatz darauf und schreibt „Her Nazi enemies almost succeeded in obliterating her memory from the consciousness of her fellow countrymen".
59 Deutsche Nationalbibliographie 1949, Ergänzungsband I – Verzeichnis der Schriften, die 1933-1945 nicht angezeigt werden durften, S. 108, Nr. 1664, Leipzig.
60 Weinzierl (1969): S. 115, in der vierten Auflage (1997) ausführlicher behandelt S. 127 und 152f; Sobek (1947): S. 6. Der Artikel schildert weitestgehend die wichtigsten Ziele und Arbeiten der Weltbewegung gegen Rassenhass und Menschennot. Sobek hebt besonders die Hilfe von Irene Harand hervor, die sie auch im Exil ihrer Heimat angedeihen lässt, so zum Beispiel, „daß sie viele Freunde in Amerika dazu bewegen konnte, Pakete an Hilfsbedürftige nach Österreich zu senden". Sobek scheint offenbar in engerem Kontakt mit Irene Harand gestanden, bzw. sie aus ihrer Vorkriegstätigkeit gut gekannt zu haben, da er in diesem Artikel u. a. erwähnt, dass „aus allen ihren Briefen große Sehnsucht nach ihrer Heimat klingt" und sie zu diesem Zeitpunkt schon seit zwei Jahren US-amerikanische Staatsbürgerin war.
61 Weinzierl (1963).
62 *Wiener Kurier* 5.9.1970, Wien, S. 7: „Irene Harant [sic!], in den USA lebende österreichische Schriftstellerin, feiert dieser Tage ihren 70. Geburtstag." *Die Presse* (Wiener Ausgabe) 5./6. 9.1970, Wien, S.8 meldete unter der Rubrik ‚Kleine Chronik': „Geburtstag. Die Schriftstellerin Irene Harand begeht am Sonntag, den 6. September den 70. Geburtstag." *Volksblatt* 6.9.1970. Irene besuchte im Herbst 1970 Wien und wohnte im Hietzinger Hof Appartement Hotel in der Jodlgasse. DÖW 11059/1 Glückwunschschreiben der ‚Aktion gegen den Antisemitismus in Österreich' mit Sitz in Wien 6.9.1970 an Irene Harand: „… Möge es Ihnen beschieden sein, noch ungezählte Jahre gesund, mit ungebrochener Kraft, an der Seite Ihres Gatten unseren gemeinsamen Idealen dienen zu dürfen. Da ich (Lucie) die Ehre habe diesen Brief zu schreiben, füge ich unseren Wünschen noch ein echt jüdisches ‚bis 120' hinzu …".
63 Weinzierl (1991); Vgl. auch Weinzierl (1990): S. 516.
64 Hausner (1974).
65 Aronsfield (1975), Begov (1975). Lucie Begov arbeitete als Generalsekretärin der ‚Aktion gegen den Antisemitismus in Österreich' und kannte Irene Harand persönlich.
66 *Die Presse* 21.2.1975, S. 4, Kleine Chronik – Todesfälle.
67 Haag (1981) und (1994).
68 Pauley (1993): S. 310.
69 Stromberger (1996).
70 Meisels, M. (1996).
71 Eppel (1995): Bd. 2, S. 356.
72 LBI, Eric Lind Collection, Box 11, World Coucil of Jews from Austria an I. Harand, 18.5.1962.
73 Das Manuskript befindet sich im DÖW, unter der Aktenzahl 11059/1.
74 I. Harand: Speech of the occasion of the 30th anniversary of Austria's Anschluss, March 12, 1968; In: Boveland (1998): S. 248ff.
75 LBI, Eric Lind Collection, Box 11, Brief I. Harand an Lind, 5.6.1962.
76 Ebenda, I. Harand an Eric Lind, 21.1.1963.

77 Ebenda, Eric Lind an „Dear Landsmann", 1.4.1963.
78 Ebenda, I. Harand an Anni Führer, 14.12.1962.
79 *American Examiner*, 7.3.1963; 14.3.1963, 4.4.1963, Jan Barth ‚Stamps of approval'.
80 LBI, Eric Lind Collection, Box 11, I. Harand an Elisabeth Hurwitz, 28.3.1963. Elisabeth Hurwitz geb. Tischler war Sekretärin von Moriz Zalman und fünf Jahre lang Sekretärin der *Harandbewegung*. Hurwitz emigrierte in die USA und lebte in Denver, Colorado.
81 *American Examiner*, 4.4.1963, Jan Bart ‚Stamps of Aproval'.
82 LBI, Eric Lind Collection, Box 11, Eric Lind an I. Harand 21.5.1963.
83 Ebenda, I. Harand an Eric Lind, 29.5.1963. Eric Linds Interesse an der *Harandbewegung* dürfte vorwiegend „philatelistisch" gewesen sein. In einem Brief an einen Briefmarkensammler schrieb er: „It took me more than a year to bring you among the handful ‚Harand Poster Stamp Owners'. You will so I hope, be contacted by her (I. Harand) and even the letter says „please accept these stamps as a little gift you should like the others forward a check of not more or less than $ 3.00 ... Still cheap considering that I paid $ 25.00." LBI, Eric Lind Collection, Box 11, Eric Lind an Dear Fred, 19.4.1964.
84 LBI, Eric Lind Collection, Box 11, I. Harand an Jan Bart, 21.1.1963.
85 Ebenda.
86 Ebenda, I. Harand an Eric Lind, 15.4.1964. Auch dieser Plan wurde nicht realisiert.
87 Ebenda, Eric Lind: I. Harand at the Midyear Convention, 15.11.1966.
88 Hausner (1974): S. IV.
89 Hausner (1974): S. 381.
90 Joseph Hausner starb im Frühjahr 2002 im Alter von 82 Jahren in New York.
91 Hausner (1974): S. 388.
92 In einer Zeremonie im Israelischen Generalkonsulat in New York wurde I. Harand am 1.12.1969 offiziell mit Diplom und Medaille ausgezeichnet.
93 YV, Akt I. Harand, Brief Elisabeth Hurwitz an Yad Vashem, 11.9.1969.
94 Hausner (1974): Fußnote 1, S. 387.
95 Zitiert nach: Begov (1975).
96 Am 24.8.1965 wurde das Grab Moriz Zalmans zum Ehrengrab der Stadt Wien. Das Grab wurde am 9.7.1940 von Zalmans Ex-Frau Vally Zalman angekauft. Es befindet sich in der Abteilung 6 Ring 3 Gruppe 4 Nummer 39. Zalmans Asche ist dort im Sommer 1940 beigesetzt worden. Mitteilung der Friedhofsverwaltung.
97 DÖW 11059/3, *New Yorker Staatszeitung*, o.D., ‚Österreichs Verdienstorden für Zivilcourage. I. Harand half unter Einsatz ihres Lebens den Unterdrückten'.
99 Ebenda.
99 ÖSTA, Präsidentschaftskanzlei GZ 78254/71, GZ 78400/71 und GZ 75682/70. Im Verleihungsprotokoll beantragte das Bundesministerium für Unterricht und Kunst diese Auszeichnung „In Anbetracht der Verdienste ... um die Programmgestaltung und Organisation des Austrian Forum in New York". DÖW 11.059/2, Urkunde zur Verleihung des Goldenen Ehrenzeichens für Verdienste um die Republik Österreich, vom 5.4.1971.
100 *Mitteilungsblatt der Aktion gegen Antisemitismus*, Juli 1971, S. 1, Lucie Begov ‚Empfang für I. Harand'.
101 *Rathaus Korrespondenz* 12.7.1971, Blatt 2099, Stadt Wien, S. 6. Bei dieser Gelegenheit kam es auch zu einem Treffen mit Funktionären der ‚Aktion gegen Antisemitismus' u. a. mit der sozialdemokratischen Widerstandskämpferin und späteren Nationalratsabgeordneten Rosa Jochmann.
102 1999 gab das Frauenreferat der Stadt Wien einen Text- und Bildband über ‚Frauen aus Wien' heraus. Ursula Seeber erwähnt darin in dem von ihr verfassten Vorwort eine Reihe von Frauen, die nicht in den Band aufgenommen werden konnten, darunter auch Irene Harand. Seeber et al. (1999): S. 6.
103 Protokoll der Bischofskonferenz vom 24.-26.11.1931, Nachlaß Memelauer, Diözesanarchiv St. Pölten.
104 Soziale Probleme, Ideologien, Nationalsozialismus, St. Pölten, Diözesanblatt (= St.P.D.Bl.) 1932, Nr. 1.
105 Protokoll der Bischofskonferenz, 16.6.1932, Nachlass Memelauer, Diözesanarchiv St. Pölten.
106 Nationalsozialismus, 21.1.1933, *Linzer Diözesanblatt* 1, 1933.
107 7.10.1933, An den Klerus: Nationalsozialismus, Beilage zum *Seckauer Diözesanblatt* 7, 1933.
108 *Salzburger Diözesanblatt* 11.2.1933.
109 *Linzer Diözesanblatt* 3, 1933.
110 Ebenda.
111 Ebenda.

112 Fried (1947): 178f.
113 Katholikentag. Aktuelle Probleme, *Seckauer Diözesanblatt* 7, 1933.
114 Beschluß vom 30.11.1933, in der *Tagespresse* Anfang Dezember, im *Wiener Diözesanblatt* 21.12.1933 verlautbart.
115 Protokoll der Bischofskonferenz vom 27.-30.11.1933, Nachlass Memelauer, Diözesanarchiv St. Pölten.
116 *Wiener Diözesanblatt* 11.12.1933.
117 *Wiener Neueste Nachrichten* 30.12.1933 und *Reichspost* 17.1.1934.
118 *Reichspost* 30.12.1933.
119 St.P.D.Bl. 1934/2.
120 Eichstädt (1955): S. 45.
121 Zitiert nach *Schönere Zukunft* 8.7.1934.
122 *Linzer Diözesanblatt* 1934/10.
123 *Wiener Diözesanblatt* 27.12.1934.
124 *Linzer Diözesanblatt* 1936/12.
125 *Kirchliches Verordnungsblatt für die Erzdiözese Salzburg* 1935/8.
126 *Reichspost* 23.7.1936.
127 Zitiert nach dem *Kirchlichen Verordnungsblatt für das Gebiet der Apostolischen Administratur Innsbruck-Feldkirch* 1937/2.
128 *Linzer Diözesanblatt* 1937/4.
129 Fried (1947): S. 181.
130 Zangerle (1933): S. 69 u. 76.
131 Schopper (1942): S. 26f. u. 42f.
132 Allein 1936 wurden im *Ständestaat* folgende grundlegende Auseinandersetzungen mit dem Antisemitismus geführt: M. Rhodanus, Judenhaß heute (2.4.1936), O. Brunner, Antisemitismus heute (26.4.1936) u. O. Karpfen, Unordnung in der Judenfrage (26.4.1935).
133 *Ständestaat*, S. 1, 1936.
134 Eichstädt (1955): S. 117.
135 *Ständestaat* 19.7.1936.
136 Winter (1936): S. 4.
137 *Ständestaat*, 18.10.1936.
138 Akten zur deutschen Auswärtigen Politik 1918-1945, Serie 7, Band I., Baden-Baden 1955, Nr. 186.
139 Ebenda, Nr. 219 u. 339.
140 Ebenda, Nr. 311.
141 Ebenda, Nr. 313.
142 Vgl. Einleitung, S. 17 bzw. 43.
143 WSLA Moriz Zalman, *Die Menschheit in der Sackgasse. Ein Gefangener zeigt den Weg*, MS, Wien 1939 Kop., S. 1. (= Menschheit). Zalman schrieb im Wiener Landesgericht diesen autobiographischen Roman, in dem er sich den Namen Josef Balter gab.- Die Verfasser danken Frau Hofrat Dr. Gertrude Enderle, Herrn Direktor a.o. Univ. Prof. Dr. Ferdinand Opelt und Herrn Dr. Fritz Stubenvoll (alle Wien) für die Hilfe bei der Beschaffung der Materialien.
144 Menschheit, S. 5.
145 ÖSTA Personalakt Moriz Zalman, Biographische Dokumentationen der Österreichischen Gesellschaft für Quellenstudien (= Dokumentationen).
146 WSLA Vernehmung des Beschuldigten. Landesgericht für Strafsachen Wien I, am 20.12.1938. Orig.
147 Menschheit, S. 5.
148 Verlag Harbauer, Wien 1917. Genannt in Zalmans Broschüre „Heraus mit der Ausgleichsabgabe! Entwurf eines Gesetzes über die gerechte Verteilung der Schäden der Geldentwertung und über die Beschleunigung des Wiederaufbaues. Im Auftrage der „Schutzaktion für Kronenwerte", im Selbstverlag des Verfassers, (1923), S. 5.
149 Ebenda, S. 5f.
150 Zalman (1920); Erwähnt in: Ebenda, S. 7.
151 Ebenda.
152 Menschheit, 5. Kap.
153 Menschheit, 3. Kap.
154 Ebenda.

155 Bundesgesetz vom 26.9.1923 über die Erhöhung gewisser Geldforderungen zwischen nahen Angehörigen (Familiengläubigergesetz), BGBl. 1923, 103. Stück, Nr. 543, III.
156 Menschheit, 7. Kap.
157 *Reichspost*, 29.10.1923.
158 „Wie die Kleinrenten genarrt werden", in: z.B. *Montagblatt*, 9.2.1925.
159 *Deutschösterreichische Tageszeitung* (= DÖTZ), 17.2.1925.
160 *DÖTZ*, 21.10.1924.
161 *Reichspost*, 8.3.1925.
162 *Neue Freie Presse*, 5.11.1925.
163 Ebenda, Abendblatt, 27.11.1925.
164 *Der Kleinrentner*, 15.11.1925.
165 *Wiener Neueste Nachrichten*, 22.11.1925.
166 *Arbeiter-Zeitung*, 28.11.1925.
167 Die Beschuldigungen gegen Dr. Zalman. Einstellung der Vorerhebung. – Verleumdungsklagen Dr. Wick. Arbeiter-Zeitung, 9.12.1925.
168 WSLA Strafregisteramt Zl. 23 Vr 138/39.
169 *Arbeiter-Zeitung*, 13.10.1926.
170 *DÖTZ*, 6.3.1927.
171 *Die Welt am Morgen*, 27.3.1927.
172 *Arbeiter-Zeitung*, 28.11.1925.
173 Besonders eindringlich vor den Nationalratswahlen am 24.4.1927, *Welt am Morgen*, 23.4.1927.
174 *Freiheit*, 4.2.1928.
175 Ebenda.
176 Vgl. Anm. 143.
177 Zalman (1924): S. 6.
178 Zalman (1926): S. 11.
179 Ebenda, S. 14.
180 Ebenda, S. 31.
181 Ebenda, S. 10.
182 Ebenda.
183 Vgl. auch *Der Abend*, 6.5.1926.
184 Z.B. *Welt am Morgen*, 24.12.1927.
185 Ebenda.
186 *Wiener Neueste Nachrichten*, 24.12.1927.
187 *Welt am Morgen*, 24.12.1927.
188 *Wiener Neueste Nachrichten*, 8.2.1928.
189 *Welt am Morgen*, 13.3.1928.
190 *Welt am Morgen*, 12.3.1928.
191 *Wiener Neueste Nachrichten*, 13.3.1928.
192 *Welt am Morgen*, 13.3.1928.
193 Ebenda.
194 *Welt am Morgen*, 27.4.1928.
195 Menschheit, 11. Kap.
196 Ebenda.
197 Ebenda, 13. Kap.
198 Menschheit, 13. Kap.
199 27.8.1930, Orig., Dokumentationen.
200 Vgl. Vorgängerorganisationen S. 79f.
201 4.9.1930, Orig., Dokumentationen.
202 Menschheit, 13. Kap.
203 ÖSTA, 11.3.1930, Zl. 127251 Orig., Bundeskanzleramt.
204 ÖSTA, 20.3.1930, Bundesministerium für Justiz, Orig., und 27.3.1930, Orig., Bundesministerium für soziale Verwaltung, 1.4.1930, Bundeskanzleramt, Orig.
205 ÖSTA, Protokoll der ao. Delegiertenversammlung vom 2.3.1930, Orig., Genehmigung des Bundeskanzleramtes vom 6.5.1931, Konzept.

206 ÖSTA, Bundeskanzleramt (Generaldirektion für öffentliche Sicherheit) GZ. 328224/GD 2/35 vom 30.4.1935.
207 Bundesgesetz vom 18.7.1929 über die Errichtung eines Fonds zur Gewährung von Unterhaltsrenten an Kleinrentner (Kleinrentnergesetz) BGBl. 1929, 59. Stück, Nr. 251.- Eine Vorstufe vor war das Personalsteuergesetz 1927, BGBl. 1924, Nr. 307, III. Hauptstück betr. Die Rentensteuer.
208 *Arbeiter-Zeitung*, 26.10.1930.
209 Siehe oben, S. 72.
210 Anführungszeichen im Artikel der *Arbeiter-Zeitung*, 26.10.1930.
211 Anführungszeichen im Artikel der *Arbeiter-Zeitung*, 26.10.1930.
212 *Arbeiter-Zeitung*, 31.10.1930.
213 Dr. Adolf Schärf (1890-1965), 1957-1965 österreichischer Bundespräsident.
214 *Arbeiter-Zeitung* 31.10.1930, im Artikel gesperrt.
215 Im Artikel gesperrt.
216 *Arbeiter-Zeitung*, 31.10.1930.
217 ÖSTA, Bundeskanzleramt.
218 Siehe Vorgängerorganisationen S. 79f.
219 *Arbeiter-Zeitung*, 31.10.1930.
220 ÖSTA, Generaldirektion für öffentliche Sicherheit 1937, Bundeskanzleramt.
221 Menschheit, 13. Kap.
222 *Arbeiter-Zeitung*, 12.9.1931.
223 *Arbeiter-Zeitung*, 17.2.1932.
224 Ebenda.
225 Vgl. die Wahlergebnisse 1930 und 1932.
226 Von Rechtsanwalt Dr. Moriz Zalman, Obmann des *Österreichischen Volkspartei*, Wien 1932.
227 Zalman (1932): S. 47.
228 Zalman (1933), 102 S.
229 Ebenda, S. 19ff.
230 Ebenda, S. 33ff.
231 ÖSTA, GZ. 360690/G.D. 2/37.
232 Ebenda.
233 Ebenda.
234 ÖSTA, GZ. 332.673/G.D. 34.
235 Ebenda.
236 ÖSTA, G.Z. 360690/G.D. 2/37, Kop.
237 Zum letzten Lebensjahr Dr. Zalmans siehe Zerschlagung der *Harandbewegung* S. 171f.
238 Vgl. Hausner (1974): S. 60.
239 Zalman (1917).
240 WSLA, MA 119 – 170/24, MA 49, 14.2.1925, Zl. 1829, Gründung des Zweigvereins Innere Stadt, Sitz Wien I, Spiegelgasse 4. Die Hauptleitung hatte vorerst ihren Sitz im Schweizertrakt der Hofburg, später in der Elisabethstraße 20.
241 RGWA 520/2/33, S. 14, Auskunftslokale des Kleinrentnerverbandes; die Ortsgruppen des 6., 7. und 8. Bezirks trafen sich beispielsweise jeden Dienstag von 18.30-20.00 im Gasthaus Hubert VII, Zieglergasse 45, die des 14. Bezirks im Gashaus Simak, Sechshauserstraße 40, jeweils jeden ersten Donnerstag im Monat zwischen 18.00-20.00 usw.
242 Hausner (1974): S. 60.
243 *Die Welt am Morgen* S. 2, 29.3.1927 ‚Die Kleinrentner im Wahlkampf'.
244 Sandkühler et al. (Hg.) (1970): Linzer Programm: II. Klassenkampf (S. 381) und IV. Die nächsten Aufgaben der Sozialdemokratischen Arbeiterpartei (S. 388).
245 *Die Welt am Morgen* S. 2, 27.3.1927 ‚‚Was wollen wir?'.
246 *Die Welt am Morgen*, S. 2, 28.3.1927 ‚‚Die Kleinrentner im Wahlkampf'.
247 *Die Welt am Morgen*, S. 2, 16.4.1927 ‚‚Wahlparole für die Kleinrentner: Wählt sozialdemokratisch!'.
248 *Die Welt am Morgen*, S. 2, 16.4.1927 ‚‚Wahlparole für die Kleinrentner: Wählt sozialdemokratisch!'.
249 *Die Welt am Morgen*, S. 1, 18.5.1927.
250 *Die Welt am Morgen*, S. 1, 4.7.1929 ‚‚Die Kleinrentner marschieren über den Ring. Imposante Straßendemonstration gegen den Kleinrentnerentwurf der Regierung. Kampfwille bis zum Äußersten.'

251 Ernst Streeruwitz (1874-1952) war vom 4.5. bis 26.9.1929 Bundeskanzler der Republik Österreich.
252 Bundesgesetzblatt für die Republik Österreich Nr. 251, 26.7.1929: Bundesgesetz über die Errichtung eines Fonds zur Gewährung von Unterhaltsrenten an Kleinrentner (Kleinrentnergesetz).
253 Bundesgesetzblatt für die Republik Österreich Nr. 251, 26. 7.1929.
254 *Neue Freie Presse*, S. 1, Abendblatt, 17.7.1929, ‚Sechzehn Millionen für die Kleinrentner – Annahme des Gesetzesentwurfes im Budgetausschuß'.
255 *Reichspost*, S. 1, 17.7.1929, ‚Das Recht der Kleinrentner – Der neue Entwurf im Finanzausschuss beschlossen'. Die konservative *Reichspost* konnte sich allerdings nicht verhalten und teilte gegen den Einfluss der Sozialdemokratie auf das Kleinrentnergesetz einige Seitenhiebe aus, wenn sie schreibt: „Das andere jedoch, das Zuviel, ist schlechthin ein Schönheitsfehler, den weder Schminke noch Puder verbergen können, eine Schlackenablagerung aus der Kleinrentnerdemagogie der Sozialdemokraten, deren Eingreifen in das Werden des Gesetzes damit wie mir einer Visitkarte gekennzeichnet ist".
256 http://www-97.oeaw.ac.at/cgi-bin/pdok/wz/imp1180 und http://www-97.oeaw.ac.at/cgi-bin/pdok/wz/all/0570; Datenbank der Wiener Tageszeitungen, 31.12.1995, Datenerhebung und Aufbereitung durch die Kommission für Historische Pressedokumentation an der Österreichischen Akademie der Wissenschaften; Paupié (1960): Band 1, S. 115. Im Rahmen der Schriftleitung war I. Harand auch für Druck und Inhalt der ÖVP-Flugblätter verantwortlich, vlg. ÖNB, Flugblattsammlung ÖVP 1932.
257 http://www-97.oeaw.ac.at/cgi-bin/pdok/wz/all/0570
258 Vgl. Simon (1971).
259 WSLA, MA 119 – 6799/30 ÖVP, MA 49, 9.9.1930 Zl. 6799 Gründung und Eintrag von Dr. Moriz Zahnau (sic!); die Satzungen und Ziele sind im § 2 der Vereinsstatuten aufgelistet und lauten wie folgt: „1. Rückbildung des durch die Inflation zerstörten Volksvermögens. 2. Verteidigung des Mieterschutzes. 3. Bekämpfung der Arbeitslosigkeit. 4. Erhöhung der Löhne, Gehälter und Ruhegenüsse. 5. Förderung der Landwirtschaft, des Handels und des Gewerbes. 6. Volle Genugtuung für die Kriegsbeschädigten. 7. Förderung aller Bestrebungen, welche darauf abzielen, das Los der werktätigen Menschen zu verbessern und einen neuen Mittelstand sowie eine kaufkräftige Arbeiterschaft zu schaffen. 8. Bekämpfung des Rassen- und des Klassenhasses. 9. Alle Bestrebungen zu unterstützen, die auf den wirtschaftlichen Zusammenschluss der europäischen Staaten abzielen".
260 WSLA, MA 119 – 6799/30 ÖVP, MA 49, 9.9.1930 Zl. 6799 Protokoll der konstituierenden Hauptversammlung vom 20.8.1931 um halb acht Uhr abends in den Räumen Wien I, Spiegelgasse Nr. 4. Als Mitglieder des Gründungsausschusses werden genannt: Dr. M. Zalman, Adolfine Kandelhardt, Katharina Brettschneider, Anna Richter, Franz Tilla, Josef Stuckhardt, Direktor Karl Kernecker, Oberstleutnant Warner, Herr Franz Wörner, Med.-Rat Dr. Guido Hiemesch, Gustav Schindler, Johann Hartberger und Irene Harand.
261 Berechnet wurde der Anteil der Frauen an der Summe der Bewerber in einem Bezirk für eine Partei, sich wiederholende Bewerbungen einer Person in verschiedenen Bezirken, sowie die Reihung wurden dabei nicht berücksichtigt.
262 ÖNB, Flugblattsammlung ÖVP 1930, ‚Die Kandidatenliste der Österreichischen Volkspartei für den Nationalrat'.
263 Zum Stein des Anstoßes wurden offene Kredite, die Dr. Zalman für die Finanzierung der *Welt am Morgen* von den Sozialdemokraten erhalten haben soll. Obwohl die Kredite zurückgezahlt wurden, nützten die gegnerischen Parteien diesen Umstand als unlautere Waffe im Wahlkampf. ÖNB, Plakate, Ordner 1932 Neg.-Nr. 7461 ‚Das Ende einer bösen Wahllüge – Die Wahrheit über Dr. Zalman und sein Programm'. Dr. Zalman klagte die *Arbeiterzeitung* für ihre Angriffe gegen ihn und seine Partei. Dabei behauptete die AZ, dass Zalman von der Sozialdemokratische Partei 100.000 Schilling verlangt (zur Deckung der Schulden für *Die Welt am Morgen*) und im Gegenzug dann die Mitglieder seiner Bewegung zur Abstimmung für die Sozialdemokratie bewogen hätte. Unter den im Gerichtssaal gegen Zalman aussagenden Zeugen war auch der spätere österreichische Bundespräsident Dr. Adolf Schärf, damals Sekretär des Verbandes der sozialdemokratischen Abgeordneten. Vgl. *Arbeiterzeitung*, 12.9.1931 ‚Der Kleinrentneradvokat Dr. Zalman klagt die AZ – ein für den Kläger peinlicher Wahrheitsbeweis', ex: ÖSTA-Parteiarchiv, Großdeutsche Volkspartei, Karton LXVIII ‚Z'.
264 ÖNB, Plakate, Ordner Nr. 12 ex 1930, Neg.-Nr. 3005 ‚Für Wahrheit und Gerechtigkeit ist die Parole der Österreichischen Volkspartei!' und Neg.-Nr. 3004 ‚Kommt und hört! Wähler-Massenversammlung der Österreichischen Volkspartei'.

265 ÖNB, Flugblattsammlung, ÖVP 1932, ‚Unzufriedene aller Parteien!'.
266 *Neue Freie Presse*, 6.11.1930, Abendblatt, Titelseite ‚Der Aufmarsch der Wähler in Wien – Die Aussichten der einzelnen Parteien'.
267 *Neue Freie Presse*, S. 2-4, 10.11.1930, Wahlergebnisse der Nationalratswahl nach Wahlreisen.
268 *Neue Freie Presse*, 24.4.1931, Morgenblatt, Titelseite ‚Wahlen des Unsinns. Streit statt Solidarität. Die Pflicht des Bürgertums'.
269 Vgl. ÖNB, Plakate 1932, Ordner 17, Neg.-Nr. 7458 ‚Für einen großen Raub wird Stimmung gemacht – Die Neustabilisierung des Schillings', Neg.-Nr. 7459 ‚Antisemitismus und Wirtschaftskrise', Nr. 2315 ‚Die 10 Gebote der Österreichischen Volkspartei', Nr. 7457 ‚Was treibt man mit dem Schilling?', Nr. 7460 ‚Proteststurm gegen die Neustabilisierung des Schillings', Nr. 2307 ‚Ausplünderung der Verbraucher durch wahnsinnige Zölle, Steuern und Einfuhrverbote' u. a.
270 *Allgemeine Nachrichten*, S. 291, 20.4.1932, ‚Allgemeine Nachrichten. Parteienliste für die Gemeinderats- und Bezirksvertretungswahlen am 24.4.1932'; Neben Zalman und Harand kandidierten für die ÖVP im I. Wiener Gemeindebezirk noch Josef Fischer (Schneidermeister) und Franz Tilla (Privatbeamter).
271 1932 stimmten in den Wiener Wahlbezirken 8.419 und 1932 8.998 Personen für die ÖVP; *Wiener Zeitung*, 26. 4. 1932 ‚Die Wahlen vom 24. April' und *Neue Freie Presse* S. 3, 25.4.1932, ‚Die Wahlen in Österreich'. Im ersten Wiener Bezirk entfielen nur 164 Stimmen auf die ÖVP. Die Ein-Prozent-Marke konnte die ÖVP nur in Ottakring mit 1264 Stimmen (von 98.354 gültigen) überschreiten.
272 *Neue Freie Presse*, S. 1, 25.4.1932, Abendausgabe, ‚Eine große Warnung an das Ausland'.
273 ÖNB, *Morgenpost* 1932-1938. Noch im November 1932 glaubte man, die monetären Schwierigkeiten seien überwunden und ein Bestehen als Tageszeitung, die sich im wesentlichen aus den Beiträgen ihrer Abonnenten finanzierte, gesichert; *Morgenpost*, S. 1, 30.11.1932, ‚Die Morgenpost gerettet – Sie erscheint weiter täglich'. Schon zwei Wochen später musste die Redaktion eingestehen, dass die Finanzlage nur ein wöchentliches Erscheinen ermögliche und Dr. Zalman als Herausgeber überlastet sei. *Morgenpost*, S. 2, 16.12.1932, ‚An unsere Mitkämpfer und Leser der Morgenpost!' auch, 18.12.1932, Titelseite ‚Vorläufiger Abschied von der *Morgenpost* als Tageszeitung'.
274 *Morgenpost*, S. 1, 2.10.1932, ‚Was will die Morgenpost?'.
275 *Morgenpost* S. 1, 6.10.1932, ‚Ablenkung vom Wichtigen' und S. 1, 23.10.1932, ‚Die Wahrheit über das Parlament'.
276 *Morgenpost* S. 1, 7.10.1932, ‚Man lebt in den Tag hinein'. Selbst Dr. Engelbert Dollfuß kritisierte man in Zusammenhang mit seinem Einkommen als Bundeskanzler „Daß Dr. Dollfuß hungert, wird wohl niemand annehmen"; Ebenda.
277 *Morgenpost*, S. 1, 31.12.1932, Ankündigung des Parteitages der ÖVP in Ladners Restaurant Wien XVII, Michaelerstraße 15.
278 *Morgenpost*, S. 1-2, 14.1.1933, ‚Nicht mehr reden, sondern handeln!'.
279 *Morgenpost*, S. 2-4, 14.1.1933, ‚Programm der Österreichischen Volkspartei".
280 *Neue Freie Presse*, Morgenausgabe, 26.4.1932, ‚Hitler und Wien – Das sprunghafte Anschwellen der nationalsozialistischen Bewegung. Die Verluste nur vom Bürgertum getragen'.
281 *Morgenpost*, S. 1, 4.2.1933, ‚Beginn der Diktatur: Vergewaltigung der kleinen Parteien'; „… Die Nationalsozialisten haben sich selbst die Maske vom Gesicht gerissen: Die Entrechtung der kleinen Parteien ist Gewalt, Terror und schamlose Gemeinheit!" und S. 3, 11.2.1933, „In Deutschland herrscht Terror".
282 *Morgenpost*, S. 3, 4.2.1933, ‚Die Welt – ein Narrenhaus, Österreichs Tollhäusler'.
283 *Morgenpost*, S. 2, 11.3.1933, ‚Einschränkung der Volksfreiheiten in Österreich – Die Folgen einer falschen Politik'.
284 *Morgenpost*, S. 2, 2.10.1932, ‚Was will die Morgenpost?'.
285 Die *Morgenpost* 13.5.1933 titelt ‚Dr. Dollfuß auf dem richtigen Weg. Kein Abbau des Mieterschutzes' oder S. 3, 1.7.1933, Anzeige: „Justizminister Dr. Schuschnigg spricht in der von der Österr. Volkspartei für Dienstag, den 11. Juli 1933 1/2 8 Uhr abends im großen Saale des Restaurants Wimberger 7. Bez. Neubaugürtel 34/36 einberufenen Versammlung über die *Vaterländische Front*." S. 3, 22.4.1933, ‚Der Bundeskanzler für die Kleinrentner'. Moriz Zalman wurde sogar als beratendes Mitglied für Kleinrentnerangelegenheiten beim Ministerium für soziale Verwaltung berufen; *Morgenpost*, S. 1, 26.8.1933, ‚Ein Brief an den Finanzminister'.
286 *Morgenpost* S. 1, 8.7.1933 und 3.3.1934, ‚Einem neuen Österreich entgegen', man erwartete nach 15 Jahren unter ‚korrupten Politikern' ein besseres Österreich, in dem der Kampf gegen das Hakenkreuz vorrangig sei, „darum muß jeder Österreicher die Regierung Dollfuß unbedingt unterstützen".

287 RGWA 514/1/630, Brief (und zahlreiche Beilagen) von M. Zalman an Kurt Schuschnigg, Wien, 27.9.1935.
288 *Die Welt am Morgen*, S. 1, 28.5.1927 „Mussolini spielt Alexander den Großen. Auch er phantasiert von neuen Kriegen', S. 1, 11.11.1927 „Mussolini ist eine Gefahr für den Frieden Europas' und *Morgenpost*, S. 3, 13.12.1934 „Mussolini – die Hoffnung der Menschheit'.
289 *Reichspost*, S. 2, 11.5.1933 „Für die *Vaterländische Front*': „Auf Antrag der Obmannstellvertreterin, Frau Irene Harand, … die Hauptleitung der ‚Österr.[eichischen] Volkspartei' (Kleinrentnerpartei) unter Vorsitz des Parteiobmannes Dr. Zalman beschlossen, dem Bundeskanzler Dr. Dollfuß den Dank und die Anerkennung dafür auszusprechen, daß er den österreichischen Gedanken zu fördern beabsichtigt und daß er durch die Errichtung einer österreichischen Front allen Menschen, die sich durch Sprache, Heimat und Kultur als Österreicher fühlen, die Möglichkeit gibt, die Regierung in ihrem Bestreben zu unterstützen, die Unabhängigkeit Österreichs nach allen Richtungen hin zu verteidigen. Die Hauptleitung hat ferner beschlossen, durch ihre Presse und durch ihre in fast 1000 Ortschaften wohnenden Anhänger für die Regierung Dollfuß einzutreten".
290 WSLA, MA 119 – 6799/30 ÖVP-Vereinsakt, Schreiben der ÖVP von M. Zalman an das Polizeikommissariat Innere Stadt, 15.9.1937. Auch der in einer anfänglichen Gründungseuphorie ins Leben gerufene Verband der Handels- und Gewerbetreibenden der ÖVP musste seine Erfolglosigkeit eingestehen und wurde aufgelöst. MA 119-5848/31, MA 49, 4.8.1931 Zl. 5848 (Zulassung), Schreiben von Alfred Pröglhof, Uhrmacher V, Margarethenstr. 125 an das Vereinsbüro der Polizeidirektion Wien I, 31.1.1936.
291 WSLA MA 119 – 9160/33 MA 49, 19.12.1933-9160 Vereinseintragung der ‚Harandbewegung, Weltorganisation gegen Rassenhass und Menschennot'.
292 Momigliano A. (1934/1987): Filippo il Macedone, Mailand, S. 170 und 190; Zitiert nach Fontana, J. (1995): Europa im Spiegel – Eine kritische Revision der europäischen Geschichte, München, S. 15.
293 RGWA 514/1/750, S. 4, Generalsekretariat der *Vaterländischen Front* 1937, Geschäftszahl 73.833-DGr I/1/37 über eine Versammlung der Harandbewegung in Wien 3.11.1937.
294 RGWA 514/1/1425, S. 51, Protokoll der Landesführertagung der *Vaterländischen Front* in Innsbruck, 20.9.1937.
295 Vgl. Pauley (1993): S. 326-333.
296 So fand etwa Anton Orel – antisemitischer Hetzprediger und Verfasser rassistischer Schriften als Vortragsredner bei der *Vaterländischen Front* großen Anklang und wurde 1934 sogar als Vorsitzender der Bundesleitung von ‚Quadragesimo anno' (eine sozial-katholische Einrichtung der Front) vorgeschlagen. RGWA 514/1/32, S. 52-63, Schriftverkehr zwischen Kammer für Arbeiter und Angestellte der Steiermark, Landesleiter Gorbach und Generalsekretariat der *Vaterländischen Front* Dr. Stepan, April-Mai 1934; Orel veröffentlichte 1934 unter dem Pseudonym Christian Loge ein wüst antisemitisches Buch mit dem Titel ‚Gibt es jüdische Ritualmorde? – Eine Sichtung und psychologische Deutung des geschichtlichen Materials' – erschienen in Ulrich Moser Verlag Graz-Leipzig; Der Generalsekretär nahm 1935 in einer politischen Analyse ‚Zum Kapitel Antisemitismus' folgendermaßen Stellung: „Nach den antisemitischen CERMAKS, Ptr. PICHELMEIERS [richtig: Bichlmair Georg, Jesuit und Leiter des Paulus Missionswerkes zur Bekehrung von Juden; Czermak, Emmerich, Obmann der Christlich Sozialen Partei 1934, Anmerkung des Autors], etc. ergaben sich bei Untersuchung verschiedener Wirtschaftszweige ausgesprochene Absatzstockungen in Wien, d. h. der jüdische Kaufmann wurde ängstlich und deckte sich nicht ein. Man muss sich über die Auswirkungen solchen Geredes klar sein. Entweder geht man nach nationalsozialistischem Beispiel auf den rassenmässigen Antisemitismus ein. Dann muss man sich aber auch die wirtschaftlichen Folgen überlegen. Ob ein kleiner, mit dem Auslande wirtschaftlich stark verflochtener Staat wie Österreich sich solche Experimente leisten kann, ist höchst fraglich. Sogar Deutschland hat bisher nur Schaden und keinen Nutzen daraus gezogen. Nun der propagandistische Wert des Antisemitismus: Ein Schlagwort, das voll und ganz von der nationalsozialistischen Bewegung ausgenutzt wurde, kann, wenn es von der Konkurrenz nur teilweise benützt wird, immer nur – Nationalsozialisten erzeugen. Nun ein Experiment. Ich liess in einer Versammlung im Burgenland meinen antisemitisch eingestellten Vorredner richtig losschimpfen! Erfolg: grosser Applaus. Hierauf entwickelte ich in meiner Rede ungefähr: Für uns gibt es nur zwei Rassen! Die Rasse der Anständigen, die sich für eine Idee hergeben, ohne an persönliche Vorteile zu denken und die Rasse der Schweine, die immer nur an ihren eigenen Bauch denken. Die ersten sind für uns, die zweiten gegen uns! Und deshalb gibts keinen anderen Antisemitismus, als den,

Schweinen den Weg zu verrammeln: Verschärfung der Ausgleichsordnung, Errichtung von Ehrengerichten bei den Berufsständen, Entzug der Staatsbürgerschaft bei Wirtschaftsverbrechen, Entzug von Lizenzen bei Kridataren. Das sollten wir anstreben! Und wenn wir dabei ebenso arische wie jüdische Schweine erwischen, so kann es allen, den arischen und den jüdischen Anständigen, nur recht sein! Erfolg: ebenso grosser, wenn nicht stärkerer Applaus! Das erwähnte Experiment zeigt den Weg: Statt Rassismus moralische Momente. Entsprechend handgreiflich gebracht – sind sie die bessere Argument, da der Antisemitismus eine Konkurrenzfrage ist und im Augenblick, wo die Schmutzkonkurrenz durch die zwangsweise Durchsetzung westlicher kaufmännischer Anständigkeitsbegriffe getroffen ist, die gleiche Basis des ehrlichen Wettbewerbs erzielt wird." RGWA 514/1/2181, S. 85-86.

297 RGWA 514/1/750, S. 4, Generalsekretariat der *Vaterländischen Front* 1937, Geschäftszahl 73.833-DGr I/1/37 über eine Versammlung der *Harandbewegung* in Wien 3.11.1937, gegengezeichnet vom Staatssekretär, Generalsekretär und dem Leiter des Werbedienstes der *Vaterländischen Front*.
298 RGWA 514/1/750, S. 5, Bundespolizeidirektion Wien „streng vertraulich", 6.11.1937 an Bundeskanzleramt – Generaldirektion für die öffentliche Sicherheit, Staatspolizeiliches Büro.
299 RGWA 515/1/3/304, S. 1, Bundeskanzleramt, Geschäftszahl 48.742 BPD/35 an I. Harand: Aktenvermerk I. Harand „wurde darauf aufmerksam gemacht, dass sie bei der Bekämpfung des Nationalsozialismus unbedingt auf die bestehenden Gesetze und Verordnungen Rücksicht nehmen muß".
300 RGWA 515/1/3/304, S. 4, die Herausgeberin der *Gerechtigkeit* wurde am 12.10.1933, Zahl 2 U686/32 wegen § 491, 496 St. G. zu 100 S oder 48 Stunden Arrest und vom gleichen Gericht am 1.6.1935 gem. § 491, 496 St. G. zu 150 S oder 5 Tage Arrest verurteilt. Dazu der amtlichte Einsichtsvermerk zur Zl. 38.225/13/1935 „Der Bundespressedienst beehrt sich mitzuteilen, dass die Pol.-Dion. Wien angewiesen wurde, gegen I. Harand die Amtshandlung gemäß der Verordnung der Bundesregierung vom 10. 4. 1933 BGBl. Nr. 120 (Beleidigung von Mitgliedern einer auswärtigen Regierung) und gemäss der Verordnung vom 19. 5. 1933, BGBl. Nr. 185 (Demonstrationsverordnung) wegen des Artikels 'Judengesetze und deutsche Ehre' in der Zeitung 'Gerechtigkeit' Nr. 107 vom 19. 9. einzuleiten und nach der letztzitierten Verordnung die Beschlagnahme der Nummern der genannten Zeitung durchzuführen. Wien, am 4. Okt. 1935".
301 RGWA 515/3/304, S. 5, Bundeskanzleramt – Auswärtige Angelegenheiten, Z. 39.617-13, Wien, 22.11.1935, Dienstzettel an den Bundespressedienst.
302 RGWA 514/1/750, S. 1, Generalsekretariat der *Vaterländischen Front*, Gesch.-Zahl 83.975-DGr. I/1/37.
303 RGWA 514/1/630 S. 2, M. Zalman an K. Schuschnigg, Wien, 27.9.1935.
304 Rednerinformationsdienst der *Vaterländischen Front* Nr. 11, August 1937 „ 'Mein Kampf' – und was die V. F. dazu zu sagen hat", S. 1 Erlass der Generaldirektion für öffentliche Sicherheit 11.8.1937 aufgrund der Vereinbarung mit der Deutschen Reichsregierung über kulturelle Angelegenheiten; RGWA 520/1/512, o. S., Jüdische Pressezentrale Zürich vom 28.1.1938 „Verbot der Harandmarken ... Die österreichische Postverwaltung hat den Gebrauch von Marken der Harand-Bewegung ... im österreichischen Postverkehr verboten".
305 *Morgenpost*, S. 2, 11.3.1933, 'Einschränkung der Volksfreiheiten in Österreich – Die Folgen einer falschen Politik'.
306 *Gerechtigkeit*, S. 1, 6.9.1933, S. 1, 'Helfet Österreich!'.
307 Noch im November 1937 überreichten die Kleinrentner eine Petition an die Bundesregierung mit der Bitte, Härten des Gesetzes von 1929 auszugleichen und eine allgemeine Erhöhung der Unterhaltsrenten zu unterstützen. RGWA 520/1/299, o. S., Sonderausgabe *Morgenpost*, S. 1, 25.11.1937, 'Petition der Kleinrentner an die Regierung'.
308 *Morgenpost*, S. 2, 3.6.1933, 'Unser Weg geht nicht ins Dritte Reich!'.
309 In Zeitungsartikel 'Eine Frau im Dienste der Nächstenliebe' von Heinz Lichtner (Brüssel) über I. Harand beschreibt dieser ihren Arbeitsraum in der Elisabethstraße: „eine Dollfuss-Büste (sie ist glühende Österreicherin!); viele Blumen, von den zahlreichen Verehrern gespendet"; RGWA 520/1/425, S. 104.
310 *Gerechtigkeit*, S. 1, 13.9.1933.
311 *Gerechtigkeit*, S. 1, 5.10.1933.
312 *Gerechtigkeit*, S. 1, 20.9.1933 und 26.10.1933.
313 RGWA 520/1/308, einseitige Extraausgabe der *Gerechtigkeit*, Nr. 23 A, 19.31934?, 'Mitbürger!'.
314 Fey Emil (1886-1938), Selbstmord, Führer der Wiener Heimwehr, Mitglied der Dollfuß- und Schuschniggregierung.

315 ‚Was bedeutet die Regierung Dollfuß-Fey für Österreich und Europa' – Vortrag auf Einladung der *Vaterländischen Front* am 14.3.1934 im Café Weghuber Wien VII, Neustiftgasse; *Gerechtigkeit*, 8.3.1934; In der Ernennung von Major Fey zum Vizekanzler sah sie einen „Schritt, der die Herzen aller wirklich heimattreuen Österreich höher schlagen ließ", *Gerechtigkeit*, S. 1, 18.1.1934, ‚Volksverräter am Werke!'.

316 *Gerechtigkeit*, 17.5.1934 ‚Mehr Respekt vor dem Heimatgedanken!'. Mit dem Blatt scheint hier u. a. die Wochenschrift für Religion und Kultur ‚Schönere Zukunft' angesprochen zu sein, die mehrfach antisemitische Äußerungen und Artikel veröffentlichte und daraufhin in der *Gerechtigkeit* dafür ausführlich kritisiert wurde; *Gerechtigkeit*, S. 2, 27.8.1936, ‚Ist diese Zukunft schöner'.

317 *Gerechtigkeit*, S. 1, 18.4.1935, ‚Ein Unrecht, das wieder gutgemacht werden soll'.

318 *Gerechtigkeit*, S. 1-3, 23.4.1936, ‚Meine Antwort an die Antisemiten' von I. Harand, sie bezog sich dabei auf antisemitische Flugzettel und Äußerungen des Staatsrates Leopold Kunschak (1871-1953, Mitglied der Christlich Sozialen Partei) und Pater Bichlmeiers.

319 *Arbeiter-Zeitung*, Basel, 16.4.1936, ‚Zum Vortrag von Irene Harand', RGWA 520/1/512;

320 *Morgenpost*, S. 1, 16.7.1936, ‚Verständigung mit Deutschland'.

321 RGWA 520/1/518, S. 15, *Das Echo*, 18.1.1937, ‚Frau Harand über den Kampf gegen den Nazismus – Amerikas Verständnis für Oesterreich'.

322 *Gerechtigkeit*, 16.7.1936 ‚Das österreichisch-deutsche Abkommen' sei die „Anerkennung der Unabhängigkeit Österreichs und ein großer Erfolg der Regierung Schuschnigg"; *Gerechtigkeit*, 30.7.1936, ‚11. Juli 1936'.

323 *Gerechtigkeit*, S. 1, 16.7.1936, ‚Das österreichisch-deutsche Abkommen' und S. 2, 23.7.1936, ‚Klare Antwort'. 520/1/239, S. 85, I. Harand an Heinz Lichtner, Brüssel, 22.7.1936. Die Situation in Österreich, wie sie in den ausländischen Zeitungen dargestellt wurde, erschien I. Harand als nicht so schwarz, obwohl sie in diesem Brief auch zugesteht, dass „wir in Österreich allerdings nur die Situation so wie sie im Radio von offizieller Seite verlautbart wurde kennen".

324 RGWA 520/1/138, S. 24, Brief der Wiener Zentralleitung an Professor Singer, England, 18.11.1936.

325 *Morgenpost*, S. 2, 10.3.1938 ‚Die Frage der Woche'.

326 *Morgenpost*, S. 1, zweiseitige Extra-Ausgabe, 11.3.1938, ‚Der Aufruf des Bundeskanzlers'.

327 *Gerechtigkeit*, S. 5, 7.10.1937, Massenversammlung der *Harandbewegung*.

328 RGWA 520/1/26, S. 143; „Erklärung – Ich erkläre ehrenwörtlich, dass ich keiner geheimen kommunistischen, sozialdemokratischen oder nationalsozialistischen Partei oder Gruppe angehöre. Ich nehme zur Kenntnis, dass die Harandbewegung eindeutig vaterländisch ist und dass daher jedes Mitglied der Harandbewegung, welches durch Handlungen, Äußerungen, Lieder oder in anderer Art eine Gesinnung bekundigt oder bestätigt, die eine kommunistische, sozialdemokratische oder nationalsozialistische Tendenz beinhaltet, oder gegen die Selbständigkeit und Freiheit Österreichs gerichtet ist, eine Ehrlosigkeit begeht. Ich verpflichte mich auch künftighin, solange ich der Harandbewegung angehöre, keiner wie immer gearteten Gruppe mich anzuschließen, die dieselben oder ähnliche Ziele, wie die aufgelösten, oberwähnten Parteien verfolgt".

329 *Gerechtigkeit,* S. 1, 24.10.1935, ‚Die neue österreichische Regierung'.

330 *Gerechtigkeit,* S. 1, 6.9.1934, ‚Schämt sich die Welt nicht?', I. Harand greift darin jene Staaten an, deren Gesandte in Vertretung ihrer eigenen Interessen ungeachtet der Politik des Dritten Reiches am offiziellen Empfang durch den Reichskanzler teilnahmen.

331 *Gerechtigkeit*, S. 1, 25.10.1934, ‚Der Feind horcht auf!' und S. 1, 2.7.1934, ‚Der Tod des Bundeskanzlers'.

332 *Gerechtigkeit*, S. 1, 26.9.1935, ‚Verhütet ein neues Menschengemetzel!'.

333 RGWA 520/1/587, Wiener Büro, M. Zalman an I. Harand, 17.9.1937.

334 „Der spanische Bürgerkrieg ist letzten Endes ein Kampf der Ideologien. Es kann kein Zweifel darüber bestehen, wohin wir Österreicher mit unseren Sympathien gehören. Aber es wäre unklug, uns in Dinge zu mischen, die Gott sei Dank sich fern von uns ereignen", RGWA 514/1/1417, S. 32, Protokoll des Führerrates der *Vaterländischen Front*, 28.10.1937, Aussage Dr. Schuschnigg.

335 *Gerechtigkeit*, S. 1, 6.8.1936, ‚Soll das Böse siegen?' und S. 1-2, 27.8.1936, ‚Macht dem Blutvergießen ein Ende!'.

336 *Gerechtigkeit*, S. 1 26.9.1935, ‚Verhütet ein neues Menschengemetzel'.

337 *Gerechtigkeit*, S. 1, 29.7.1937, ‚An den Toren von Peiping'.

338 DÖW 11059/1, undatierter (nach 1941 verfasster) Aufsatz von I. Harand, S. 4.

339 *Morgenpost*, gratis Extraausgabe, Februar 1934, ‚An die Leser der Morgenpost'.

340 *Morgenpost*, S. 1, 17.2.1934, „Das Ende der sozialdemokratischen Partei".
341 *Gerechtigkeit*, S. 1, 16.2.1934, „Unglückstage über Österreich".
342 *Gerechtigkeit*, S. 1, 22.2.1934, „*Gerechtigkeit* für mein Vaterland".
343 *Gerechtigkeit*, S. 3, 22.2.1934, „Menschen, Österreicher, Freunde".
344 RGWA 520/1/94, S. 2, Ing. M. L. Wien XVII an die Harandbewegung 1937, der an und für sich gegenüber der *Harandbewegung* positiv eingestellte, sich selber als Sozialdemokrat deklarierende Leser, kritisiert die in der *Gerechtigkeit* nach außen getragene, öffentliche Haltung der Bewegung: „Gießen sie gnädige Frau aus politischer Rücksicht nicht das Kind mit dem Bade aus. Die Sozialisten sind sozusagen auch Menschen, nicht wahr, und haben in Wien viel mehr geleistet, als die heute herrschenden ... Man hat mit den Sozialisten Österreich erschlagen. Mit den Arbeitern wäre Österreich unabhängig geblieben ... Heute eine Abstimmung und finis Austriae".
345 Simon (1979): S. 118-119. Der Volksliederchor entstand 1933 nach dem Verbot der sozialistischen Mittelschülervereine während einer vierwöchigen Sommerkolonie in Hallein (Salzburg) unter dem damaligen Musikstudenten Fritz Kurzweil; ebenda, S. 87.
346 RGWA 520/1/196, S. 7, I. Harand an Beatrice Sturm, Lemberg, 8.7.1936.
347 *Gerechtigkeit*, S. 7, 4.2.1937, „Mitmenschen".
348 *Gerechtigkeit*, S. 1, 27.9.1933 und S. 3, 5.10.1933 ‚Die Große Versammlung gegen Rassenhass und Menschennot'.
349 RGWA 520/1/523, S. 126, „Hauptziele der Harandbewegung".
350 RGWA 520/1/5, S. 56, „Wie die Bewegung entstanden ist".
351 RGWA 520/1/526, S. 149, I. Harand an Alfred Hirschberger, Schweiz, 20.5.1936.
352 RGWA 520/1/22, S. 32, Harandbewegung an Balthasar Hechenberger, Mittersill, 22.4.1937.
353 *Gerechtigkeit*, S. 1, 8.12.1936, „An die Menschen – und Friedensfreunde der Welt".
354 RGWA 520/1/97, S. 6, I. Harand an Professor J. Matiegka, Prag, 22.2.1937.
355 *Gerechtigkeit*, S. 1, 16.7.1934, „Nationalismus und Antisemitismus".
356 In der *Gerechtigkeit* kritisierte Irene Harand die Reaktionslosigkeit des Völkerbundes gegenüber der Wiedereingliederung des Saarlandes, Bedrohung der jüdischen Bevölkerung und die jedem Menschenrecht Hohn spottende Ariergesetzgebung u. a., *Gerechtigkeit*, 17.1.1935, Titelseite, „Der Völkerbund muß einschreiten", von I. Harand; Ebenso forderte sie vom Völkerbund Mithilfe bei der Gründung eines Staates für die Juden, bei dem allerdings die ansässige Bevölkerung nicht verdrängt werden dürfe, sondern teilnehmen sollte. *Gerechtigkeit*, S. 1, 20.12.1934, „Ein Staat für die Juden!", für einen selbständigen jüdischen Staat tritt sie auch an anderer Stelle der *Gerechtigkeit* mehrmals ein, immer aber ohne dabei auf die arabische Bevölkerung zu vergessen. *Gerechtigkeit*, S. 1, 15.7.1937, „Der selbständige jüdische Staat", S. 1, 29.7.1937, „Palästina Frage und die christliche Mitwelt".
357 *Gerechtigkeit*, S. 6-7, 4.2.1937, „Weltkongreß der Harand-Bewegung".
358 RGWA 520/1/6, S. 92, „Unser Standpunkt in der Frage der Völkerbundreform".
359 *Gerechtigkeit*, S. 6-7, 4.2.1937, „Weltkongreß der Harand-Bewegung".
360 *Gerechtigkeit*, S. 3, 11.3.1937, „Kongreßprobleme".
361 RGWA 520/1/97, S. 6, Harandbewegung an Professor J. Matiegka, Prag, 22.2.1937. Dieser lehnte allerdings aus gesundheitlichen Gründen ab. Detto, S. 5, Antwort, 27.2.1937, die anderen Gutachter bleiben unerwähnt.
362 RGWA 520/1/1, S. 11-21, „§ 2 Zweck, Wirkungskreis und Dauer: Der Zweck des Verbandes ist die Not und damit auch der Hass zu beseitigen und wird durch folgende Zielpunkte umschrieben: 1. Beseitigung aller Vorurteile gegen irgendeine Religion, Rasse oder Klasse, 2. Beseitigung der Arbeitslosigkeit durch die Hebung der Kaufkraft der breiten Schichten der Bevölkerung, durch Förderung des gegenseitigen Austausches der Güter und Dienstleistungen insbesonders in Österreich durch ausgedehnte Propaganda zur Förderung der Ausfuhr österreichischer Waren und des österr. Fremdenverkehrs. 3. Sicherung des Existenzminimums für alle Menschen, insbesondere der Wohnung, Nahrung und Kleidung".
363 RGWA 520/1/6, Skriptum ‚Was wir wollen'; *Gerechtigkeit*, S. 7, 4.2.1937, RGWA 520/1/518, S. 15, *Neue Freie Presse*, 13.1.1937, „England und Amerikareise Irene Harands".
364 RGWA 520/1/212, S. 4, 25.11.1936.
365 RGWA 520/1/87, o. S., Dezember 1936, Bittschreiben an die österreichischen Konsulate.
366 RGWA 520/1/212, S. 4-5, Harandbewegung an die Alliance Israélite Universelles Paris, 25.11.1936.
367 RGWA 520/1/87, o. S., Harandbewegung an das österreichische Konsulat in Riga, 11.12.1936.
368 RGWA 520/1/8, S. 17, Hauptleitungssitzung der Harandbewegung 22.1.1937 und S. 20 detto 18.3.1937.

369 RGWA 520/1/105, S. 4 und 75 und 520/1/579 S. 24-25, Harandbewegung an Karl Bauer, Innsbruck, mit der Bitte um Auskunft über Josef Schubert, 10.12.1936, Karl Bauer an das Wiener Büro, 13.12.1936. Im August d. J. übersiedelte das Büro an eine neue Adresse, ebenfalls in Innsbruck: Nordkettenstraße 2a; RGWA 520/1/105, S. 83.
370 RGWA 520/1/105, S. 4, J. Schubert an Harandbewegung Wien, Postkarte aus Kufstein, 4.8.1937 und S. 87-88.
371 RGWA 520/1/105, S. 5, J. Schubert an Harandbewegung Wien, 16.7.1937.
372 RGWA 520/1/105, G. Kirchner an O. Zipfel, Harandbewegung Wien, 21.9.1937.
373 RGWA 520/1/105, G. Kirchner an O. Zipfel, Harandbewegung Wien, 28.9.1937. Detto, S. 58, 24.9.1937. Detto, S. 56, Harandbewegung Wien, O. Zipfel an G. Kirchner, 30.9.1937. Detto, S. 53, G. Kirchner an O. Zipfel, Harandbewegung Wien, 6.10.1937.
374 RGWA 520/1/105, S. 43, I. Harand an G. Kirchner, 6.10.1937; S. 34, Harandbewegung Wien an J. Schubert, 27.10.1937. Für den 1.1.1938 plante I. Harand eine Wiedereröffnung der Innsbrucker Stelle. Die Einrichtung neuer Büroräumlichkeiten musste allerdings aus Geldknappheit fallen gelassen werden. Wimmer arbeitete in seiner Innsbrucker Wohnung in der Stafflerstraße 17/III; RGWA 520/1/106, S. 15, H. Wimmer, Innsbruck – Harandbewegung Wien, 11.12.1937.
375 RGWA 520/1/526, S. 75, I. Harand an E. Dubois, Zürich, 10.6.1936.
376 RGWA 520/1/263, S. 55, Elly Weber arbeitete seit Oktober 1937 für die Harandbewegung in der Schweiz und wohnte in Zürich 6 – Im Eisernen Zelt 55 und 520/1/18, S. 183, Notiz – aufgenommen mit Fräulein Elly Weber, 9.10.1937. Als Entgelt für das mit 1. November beginnende Dienstverhältnis waren für Frau Weber 200 Schweizer Franken Monatshonorar vorgesehen.
377 RGWA 520/1/263, S. 56 und 520/1/258, Harandbewegung an Paul Altheer, Zürich, 22.6.1936.
378 RGWA 520/1/259, S. 41, Schweizer Aussendung der Harandbewegung.
379 RGWA 520/1/259, S. 11, E. Weber, Zürich an Harandbewegung, 5.1.1938.
380 RGWA 520/1/259, S. 26, E. Weber, Zürich an Harandbewegung, 29.1. und 2.3.1938.
381 *Gerechtigkeit*, S. 3, 11.3.1937, ‚Spendet für den Weltkongreß!' von O. Zipfel.
382 RGWA 520/1/8, S. 20, Sitzungsprotokoll der Hauptsitzungsleitung der Harandbewegung 18.3.1937.
383 RGWA 520/1/106, S. 15 und 520/1/259, S. 14, Harandbewegung an E. Weber, Zürich, 7.1.1938.
384 RGWA 520/1/106, S. 15; GAW-RSHA 362, S. 150, Harandbewegung an Gustav Simon, Piotrowice – polnisch Oberschlesien, 9. September 1936 und S. 193 an Joe Heydecker, Lwow, 10.2.1937.
385 Die Hauptdelegierten trafen sich am 4.10.1937 im Bayrischen Hof in der Wiener Taborstraße. An der Versammlung nahmen folgende Personen teil: Marcu J. Bolboceanu, Student, Führer der nationalbäuerlichen Jugend (Gruppe Manolache-Maniu) aus Cernauți-Rumänien (Czernowitz), Jean Groffier, Schriftsteller, Brüssel, Josef Schubert, Innsbruck, Adalbert Schingshakl, Beamter, Klagenfurt, Konstantin Koutek, Beamter i. R., Prag und Dr. Jan Dabrowski, Anwalt, Warschau. Drei Vorträge umrahmten und erweiterten inhaltlich das Treffen: I. Harand sprach zum Thema ‚Unsere nächsten Ziele', W. Lechner zu ‚Rasse, Rassewahn und das Leben' und M. Zalman gemeinsam mit J. Führer über den ‚Wirtschaftlichen Aufschwung Österreichs'; RGWA 520/1/95, S. 45, Versammlungsprotokoll, 4.10.1937.
386 *Gerechtigkeit*, S. 3, 20.5.1937, ‚An meine Freunde' von I. Harand und ‚To our American Friends' von O. Zipfel, März 1937.
387 RGWA 52/1/18, S. 33, Harandbewegung an Dr. Jan Dabrowski, Warschau (Ernennung zum Kongressbüroleiter und erste Schritte für eine polnische Ausgabe der *Gerechtigkeit*), 8.12.1937; S. 116 w. o. an Konstantin Koutek, Prag (ebenfalls Ernennung zum Büroleiter, tschechische *Gerechtigkeit*); S. 25, w. o. an Marcu L. Bolboceanu, Cernauți (Büroleiter Bukowina-Cernauți, rumänische *Gerechtigkeit*), 15.7.1937 und 520/1/35 S. 7, Gesprächsnotiz vom 3.5.1937 von Szilágyi Károly, Adolf Hochner, Oskar Zipfel und Emmerich (?) über die Errichtung eines Budapester Büros.
388 RGWA 520/1/26, S. 6, I. Harand, an Saly Braunschweig, Lokalsekretariat der Schweizer Israelitischen Gemeinden, Zürich, 11.6.1937.
389 RGWA 520/1/523, S. 118, ‚An unsere Freunde!', 1937.
390 Tucholsky, Kurt (1987): Schnipsel, Hamburg, S. 41.
391 Dieser Leitspruch taucht regelmäßig seit der Nr. 28 vom 15.3.1934 auf den Titelseiten der *Gerechtigkeit* bis zu deren gewaltsamen Einstellung am 10.3.1938 auf.
392 RGWA 520/1/123, S. 52, Interview mit Oskar Leonhard, B'nai B'rith New York mit I. Harand 1936, das ausführende Komitee setzte sich aus zwölf Personen zusammen: 9 Katholiken, 1 Protestant, 1 Altkatholik und 1 Jude – M. Zalman.

393 Körber (1939): S. 265 und DÖW 11059/3, Der Stürmer 1938? ‚Die Wahrheit über die Harandbewegung – Ein jüdischer Schieber in Wien als Politiker/So betrog man das Volk'.
394 RGWA 520/1/26, S. 6, I. Harand an S. Braunschweig, Zürich, 11. 6.1937.
395 RGWA 520/1/9, 1-9 und 520/1/523, S. 203-205 sowie 215-216, ‚An unsere Glaubensgenossen!', ‚Glaubensgenosse, erwache! Dein Haus brennt!', das jüdische Förderkomitee umfasste mehr als 50 Personen und bestand zum großen Teil aus Wiener Bürgern, Ärzten, Kaufleuten und Handwerkern.
396 RGWA 520/1/5, S. 57-60, ‚An die Juden der Welt', der Aufruf wurde von Irene Harand, Jan Dabrowski (Rechtsanwalt und Publizist, Warschau), Jean Groffier (Schriftsteller, Brüssel), Elly Weber (Studentin, Bern), Konstantin Koutek (Magistratsrat, Prag), Josef Schubert (Heeresbeamter, Innsbruck), Adalbert Schwingshakl, (Bundesbeamter, Klagenfurt) Anna Richter (Kleinrentnerin, Wien), Hildegarde Kriz (Tischlermeistersgattin, Wien) Leopold Kail (Buchhalter, Wien), Johann Hartberger (Angestellter, Wien) Gustav Schindler (Kaufmann, Wien) Franz Wörner (Pensionist, Wien), Max von Weltin (Hotelier, Wien), Josef Führer (Amtsekretär der Steueradministration für den IV., V. und X. Bezirk, Wien) unterzeichnet.
397 RGWA 520/1/597, S. 18, Dr. Sem Wolf z. Zt. Katowice an Harandbewegung, 30.6.1934.
398 So unterstützte etwa die Alliance Israélite Universelle Paris die London-USA-Reise von I. Harand im Jahr 1936, die Wiener Israelitische Allianz die 2. Auflage von *Sein Kampf*, die B'Nai B'rith organisierte Komitees in verschiedenen Ländern und veranstaltete Sammlungen, auch die Anti-Defamation-League förderte einige Vorträge, etc. RGWA 500/1/198, S. 2 und RGWA 520/1/859, S. 133, Kommerzialrat T. Lassner an J. Orenstein, Präsident der Israelitischen Allianz, Wien, 11. November 1935, RGWA 520/1/589, Darlehen von Dr. E. v. Schrötter Chicago (Anti-Defamation League), 28.12.1937; GAW, S. 51-54 und 155-156, Förderkomitee der B'Nai B'rith.
399 RGWA 520/1/597, S. 40, I. Harand an Dr. S. Wolf, 13.7.1934, „Ich habe eigentlich keinen Grund, schon alles für herrlich und wunderschön zu finden, denn die 6000 S[chilling] bis 31. Juli liegen mir im Herzen, im Magen und im Kopf. Dabei brauche ich – selbst wenn ich diese 6000 S[chilling] nicht bezahlen müsste – nahezu einen Überbrückungskredit, weil doch die Eingänge so sehr zurückgegangen sind".
400 Zalman setzte privates Kapital ein, um fällige Spesen und Ausgaben der *Harandbewegung* zu begleichen und stundete der Bewegung oft Monate lang seinen Lohn. Irene Harand setzte ihr Erspartes ein, um die laufenden Ausgaben der Weltbewegung decken zu können, „die ersten Geldbeträge … wurden ausschließlich von christlichem Gelde bestritten und zwar von armen kleinen Leuten … Mein Vermögen es ist so lächerlich, aber es war alles, was ich hatte etwa 500-600 Dollar, bildete zusammen mit den groschenweise gesammelten Beträgen von den kleine braven Christen die finanzielle Grundlage"; RGWA 520/1/8, S. 5, Sitzungsprotokoll der Harandbewegung, 15. Jänner 1937 und RGWA 520/1/5, S. 41-42, ‚Wie die Bewegung entstanden ist'.
401 RGWA 520/1/254, S. 19, I. Harand an E. Gourd, Genf, 17.1.1936.
402 RGWA 520/1/133, S. 40 und 110, Harandbewegung an R. Gutstadt, Chicago und Dr. E. v. Schrötter, Darlehen der Anti-Defamation-League, RGWA 520/1/135, o. S. OeNB Wien an Harandbewegung, 27.1.1938, ablehnender Auszahlungsbescheid des Ansuchens vom 23.12.1937 und RGWA 520/1/526, S. 104 I. Harand an S. Braunschweig, Zürich, 5.8.1936.
403 RGWA 520/1/256, S. 71, I. Harand an E. Dubois, Zürich, 20.5.1936.
404 RGWA 520/1/5, S. 52, ‚Wie die Bewegung entstanden ist'.
405 RGWA 520/1/90, S. 150, Brief der Harandbewegung an ihre Mitglieder, 18.9.1937.
406 RGWA 520/1/187, S. 11, I. Harand an Rösi Fein, Stavanger-Norwegen, 29.12.1936.
407 RGWA 520/1/122, S. 35, I. Harand an G. Schnap, New York, 8.11.1937.
408 RGWA 520/1/111, S. 213-219, Antrag auf Mobiliarexekution der Angestelltenkrankenkasse vom 17.12.1937, 11.2.1938 und Versteigerungsedikt vom 4.1.1938 durchgeführt am 9.2.1938.
409 RGWA 520/1/123, S. 43, I. Harand an Mrs. Mildred W. Lyons, New York, 9.1.1936.
410 *Gerechtigkeit*, S. 1, 19.8.1937, ‚Der wahre Sinn unseres Kampfes'.
411 *Gerechtigkeit*, S. 5, 9.9.1937, ‚Irene Harand – erkrankt!'.
412 RGWA 520/1/288, S. 5, I. Harand aus Priessnitz-Sanatorium, Gräfenberg ČSR, Kurhaus Annenhof bei Freiwaldau, 6.9.1937.
413 RGWA 520/1/587, S. 1, M. Zalman an I. Harand, Freiwaldau, 6.9.1937.
414 RGWA 520/1/587, S. 7, M. Zalman an I. Harand, 8.9.1937.
415 RGWA 520/1/587, S. 3, M. Zalman an I. Harand, Freiwaldau, 7.9.1937.
416 *Gerechtigkeit*, S. 5, 7.10.1937, Massenversammlung der Harandbewegung.

417 RGWA 520/1/134, S. 41, I. Harand an G. Hochstädter, American Jewish Committee, New York, 2.11.1937.
418 *Gerechtigkeit*, S. 1, 30.12.1937, ‚Rückblick und Ausblick'.
419 RGWA 520/1/169, S. 8, I. Harand an Magda Meyer, Kopenhagen, 9.9.1936.
420 Hausner (1974): S. 360.
421 RGWA, 520/1/574, S. 11, Dr. Eduard Weiser, St. Urban am Ossiachersee an Harandbewegung, 31.7.1937.
422 RGWA, 520/1/82, S. 157, Arthur M. Faber, Letovice, ČSR an Harandbewegung, 16.10.1936.
423 RGWA 520/1/109, S. 71, Dr. Hans Klepetar, Hortloge Marienbad, ČSR an Harandbewegung, 4.5.1936.
424 RGWA 520/1/574, S. 12, Hans Klassen, St. Urban am Ossiachersee an Harandbewegung, 16.10.1936.
425 RGWA 520/1/574, S. 7, Harry Brody, Graz an I. Harand, 22.5.1937; er war Schüler am Overseegymnasium, freundliche Mitteilung vom 4.6.2002, G. Lamprecht, Universität Graz.
426 RGWA 520/1/178, S. 11-14, O. I. Giniewski, Brüssel an I. Harand, 11.9.1937.
427 RGWA 520/1/36, S. 170, Verband der jüdischen Hochschüler polnischer Staatsbürgerschaft in Österreich (Café Metropol, IX, Berggasse 33), an I. Harand, 31.12.1937.
428 RGWA 520/1/574, Adele Atzler, Graz an I. Harand, 27.8.1937.
429 RGWA 520/1/101, S. 21, Otto F. Römer (deutscher Emigrant seit 1934), Istanbul an I. Harand, 23.11.1937.
430 *Gerechtigkeit*, S. 3, 3.9.1933.
431 RGWA 520/1/8, S. 34 und 35, Anzeige an die Polizeidirektion Wien, 8.9.1933. I. Harand trat dabei als Eigentümerin und Verlegerin auf, Franz Wenninger als verantwortlicher Schriftleiter; Druck: Johann Vernay A. J., Wien IX, Canisiusgasse 8-10; später erfolge der Druck durch die Druckerei- und Verlags-AG Steinmann, ab 3.12.1933 durch die Melantrich AG und ab 18.2.1937 wieder durch Steinmann; ÖNB Signatur 635.709-D.Per.; spätestens seit Juli 1936 war Dr. Sem Wolf mit der Schriftleitung der *Gerechtigkeit* beauftragt, wofür er als polnischer Staatsbürger eine Arbeitsgenehmigung benötigte, 520/1/21, S. 14-16, I. Harand an Landesarbeitsamt Wien, 27.1.1937.
432 Die weitverbreitete und populäre österreichische Tageszeitung *Neue Freue Presse* kostete im Vergleich dazu 50 Groschen (Oktober 1933); während der ersten Ausgaben der *Gerechtigkeit* versuchte man in an die Leser gerichteten Fragebögen, die Stimmung und die Möglichkeiten von eventuell zu schaffenden, österreichischen Bezirksvertretungen der *Harandbewegung* auszuloten; 520/1/5, S. 7-9, ‚An unsere Leser': „In zwei Monaten, d. h. ab Mitte Oktober wird die ‚Gerechtigkeit' als sozial-kulturpolitisches Wochenblatt regelmässig erscheinen. Diese zwei Monate sollen dazu benützt werden, um einen Gründungsfonds zu schaffen, denn jeder Kampf braucht Geld, der Kampf um das Gute noch mehr … Wir zweifeln nicht an dem Willen der Menschheit zum Guten! Wir zweifeln nicht daran, dass sich genügend Menschen guten Willens gerade in diesem Lande finden werden, die der gerechten Sache für Kultur, Freiheit, Völkerverständigung und Volkswohlstand zum Siege verhelfen werden".
433 RGWA 520/1/435, S. 106, Helena Gutman, Katowice an die *Gerechtigkeit*, 3.8.1936, „Als ich das erstemal Ihre Zeitung Gerechtigkeit zu lesen bekam, so war ich ganz begeistert, denn ich hatte schon längst aufgehört daran zu glauben, dass es noch Menschen gibt, welche für Gerechtigkeit kämpfen, und ein Volk verteidigen, welches ungerechter Weise viel leiden muss. Ihre Zeitung hat mir neuen Mut gegeben" und RGWA 520/1/101, S. 19, Josef Petry, Klagenfurt (deutscher Emigrant) an I. Harand, 19.11.1937, „Im ersten Augenblick war ich sehr enttäuscht. Beim Anblick der vielen nationalsozialistischen Machwerke in den Buchhandlungen glaubte ich bei oberflächlicher Betrachtung, dass auch Österreich nur noch einen kleinen Schritt zum Nationalsozialismus zu machen hätte … Jetzt bin ich zwar schon einige Zeit nicht mehr so ängstlich, aber die Zuversicht, dass Österreich doch noch ein wirklicher Kulturstaat ist, hat mir erst ihre Zeitung gegeben. Schon alleine die bloße Existenz der ‚Gerechtigkeit' beweist mir, dass es in Österreich doch noch Menschen gibt die es wagen dürfen menschlich zu denken, in Deutschland ist das leider unmöglich … Dass ich Sie in finanzieller Hinsicht durch ein Abonnement der ‚Gerechtigkeit' nicht unterstützen kann, tut mir sehr leid, aber augenblicklich habe ich fast nichts, doch ich habe den festen Willen alles für Ihre und meine Sache einzusetzen".
434 *Gerechtigkeit*, 15.3.1934 und 10.3.1938; ab der Nummer 100 vom 1.8.1935 umfasste das Blatt 12 großformatige Seiten, teilte sich allerdings aus Kostengründen die Seiten 5-12 (mit einem Schwerpunkt Unterhaltung und Sport) mit der *Morgenpost* der Kleinrentner.
435 RGWA 520/1/160, S. 7, Harandbewegung an Jean Groffier, Brüssel, 15.1.1938.
436 *Gerechtigkeit* Nr. 1, 6.9.1933.

437 *Gerechtigkeit*, S. 1, 1.2.1934, ‚Dem Stürmer wird Gerechtigkeit', Entscheid des Strafbezirksgerichts Wien I, lt. § 491/496 Strafgesetz 12.10.1933, Richter Dr. Standhartinger.
438 Selbst eine südamerikanische Zeitung *Der Deutschösterreicher – Kampfblatt der Deutsch-Oesterreichischen Vereinigung in Südamerika* (Hitlerbewegung), 3. Jahrgang, Buenos Aires, 15.8.1936, Folge 56, S. 548, bezieht sich auf einen Artikel des *Wiener Montagsblattes* – ‚Irene Harand und die Gerechtigkeit' und richtet sich dabei heftig gegen jedwede Inschutznahme von Juden; Aussage Zalmanns (sic!), Wien, 11.4.1938 – Vermerk Berlin, 14.4.1938, BDC ZA VI 3219.
439 RGWA 520/1/254, S. 39, Harandbewegung an Herrn Berkovits, Genf, 22.4.1936, zeitweiliges Verbot der *Gerechtigkeit* in Bukarest; in den baltischen Staaten wurden mehrfach Sendungen der Harandbewegung geöffnet und durch die Zensur zurückbehalten, in Lettland galt die *Gerechtigkeit* seit 1935 als verboten; RGWA 520/1/191, S. 6 und 520/1/180, S. 13, Herr Vachtel, Riga an die Harandbewegung, 5. und 26.8.1936.
440 RGWA 520/1/191, o. S., Herr Vachtel, Riga an Harandbewegung, 28.2.1938.
441 Die Provision betrug 25 % von den durch den Werber hereingebrachten Abo-Bezugsgebühren. Dazu kamen noch 20 % Beteiligung für aufgebrachte Spenden und fallweise 50 % vom Erlös aus dem Verkauf von ‚Sein Kampf'. Als monatliches Einkommen garantierte man einen Mindestbetrag von 180 Schilling, der – sollten die Provisionen geringer sein – vom Büro aufgefüllt wurde; RGWA 520/1/18, S. 198, Harandbewegung an Sigmund Zupnik, Kosice, 18.5.1937 und RGWA 520/1/35, S. 6, Gedächtnisprotokoll einer Vereinbarung mit Philipp Imre, 4.5.1937.
442 RGWA 520/1/5, S. 49-51, ‚Was geleistet wird', 1937.
443 RGWA 520/1/95, S. 57, Harandbewegung an die österreichische Anzeigengesellschaft AG, Wien, 14.6.1937. Erscheinungsorte der fremdsprachigen Ausgaben: Brüssel (französisch), London (englisch), Stavanger (norwegisch), Budapest (ungarisch), Cernauți (rumänisch), Beograd (serbokroatisch), Lwow (polnisch), Märisch Ostrawa (deutsch), Prag (tschechisch); für den 1.7.1937 wollte man folgende Auslandsausgaben der *Gerechtigkeit* umgesetzt haben: norwegische (Norwegen, Schweden, Dänemark), tschechische (Tschechoslowakei), deutsche (Österreich, Schweiz, Tschechoslowakei), französische (Frankreich, Belgien, Levante), englische (USA, England, Südafrika), ungarische (Ungarn) und die polnische (Polen); RGWA 520/1/35, S. 26; 4 Textseiten, mit einem vorwiegend wirtschaftlich kulturellen Schwerpunkt und dem Ziel, den internationalen Warenaustausch zu fördern, die Fremdenverkehrswirtschaft (vor allem in Österreich) zu unterstützen und über einen aktuellen Firmennachweis Importeure wie Exporteure mit Kontakten zu versorgen. Ein ausreichender Inseratenteil hätte dies zu ergänzen gehabt; Ende Februar 1938 gab man sich in der *Harandbewegung* noch zuversichtlich über eine bald in Angriff zu nehmende englische Version der *Gerechtigkeit*; RGWA 520/1/144, S. 3, Harandbewegung an Ruth Jacobson, Johannesburg, 24.2.1938.
444 RGWA 520/1/508, o. S., Verzeichnis der versendeten Zeitungen, Wien per 2.7.1937, Ägypten 4, Argentinien 3, Australien 2, Belgien 302, Brasilien 36, Bulgarien 13, Kanada 1, China 3, Dänemark 38, Ecuador 2, England 38, Estland 3, Finnland 5, Frankreich 120, Holland 57, Indien 1, Italien 37, Jugoslawien 472, Russland 1, Lettland 3, Litauen 16, Luxemburg 28, Palästina 13, Polen 1845, Rumänien 533, San Salvador 1, Südafrika 149, Schweden 51, Schweiz 608, Tschechoslowakei 1166, Türkei 13, Ungarn 288, USA 193; insgesamt 6.087 ins Ausland und 5.750 innerhalb Österreichs; das russische Exemplar ging genauso wie die beiden Ausgaben von Irene Harands *Sein Kampf* (deutsch und französisch) in die staatliche Leninbibliothek und war dort unter ausländischer Literatur nur mit besonderer Genehmigung zugänglich; wie aus einer Postkarte hervorgeht, dürfte auch zumindest ein Exemplar der *Gerechtigkeit* nach Deutschland geliefert worden sein; RGWA 520/1/104, o. S., Ausland-Zeitungshandel GMBH Köln, Stolkgasse 25-31, 25.11.1937, an die Redaktion der Gerechtigkeit.
445 RGWA 520/1/8, S. 31-34; Anzeige an die Polizeidirektion Wien, 8.9.1933; bis zum Umzug (November 1933) in die Elizabethstraße Nr. 20 galt die Spiegelgasse 4 als Sitz der Redaktion.
446 RGWA 520/1/18, S. 1; Wien, 11.3.1935, gezeichnet Wenninger.
447 RGWA 520/1/191b, S. 7, Jonathan Jollin, Jerusalem an Harandbewegung, Jänner 1938 und 23.2.1938, plante eine arabische Ausgabe, die aber zeitlich und finanziell nicht verwirklicht werden konnte, und RGWA 520/1/521, S. 43 (Ägypten).
448 RGWA 520/1/148, S. 38, Harandbewegung an H. Lichtner, Brüssel, 1.4.1936, 520/1/239, S. 123, detto, 23.6.1936 und 520/1/53, S. 18, H. Lichtner, Brüssel an Harandbewegung, 15.1.1938.
449 RGWA 520/1/50, S. 62, Harandbewegung an H. Lichtner, Brüssel, 16.11.1937.

450 RGWA 520/1/50, S. 2, H. Lichtner, Brüssel an Harandbewegung, 27.12.1937, RGWA 520/1/54, S. 8, Harandbewegung an Frau Ing. Rieber, Prag, 12.1.1938 und RGWA 520/1/153, S. 54, Harandbewegung an Raymond Levi, Brüssel, 26.11.1937; um einen Gründungsfonds zu schaffen, versuchte man Leser im vorhinein zu werben. Pro Abonnenten waren 100 belgische Francs/Monat an Abo-Betrag und Spende gedacht, jeder dieser Abonnenten hätte in der folge 30 weitere Personen nennen können, denen die Zeitung gratis zugesandt worden wäre; RGWA 520/1/50, S. 96, Harandbewegung an H. Lichtner, Brüssel, 13.10.1937.

451 RGWA 520/1/78, S. 76, Harandbewegung an J. Orbach, Brüssel, 27.9.1937.

452 RGWA 520/1/160, S. 2-7, Briefwechsel zwischen H. Lichtner und Harandbewegung, S. 29, Harandbewegung an den Oberrabbiner von Belgien M. Joseph Wiener, 23.2.1938: „Die Ereignisse der letzten Zeit und die Tatsache, dass die Herren in Belgien uns keine finanzielle Möglichkeit verschafft haben, die Zeitung herauszugeben, veranlassen uns, vorläufig die Herausgabe der ‚Justice' zu unterlassen" und 520/1/53, S. 5, H. Lichtner, Brüssel an Harandbewegung, 3.2.1938.

453 RGWA 520/1/53, S. 8, Harandbewegung an H. Lichtner, Brüssel, 1.2.1938.

454 RGWA 520/1/528, o. S., Anastasia Giowa, Beckenham-Kent an die Harandbewegung, 8.3.1938.

455 RGWA 520/1/507, Extra-Ausgabe Morgenpost, Nr. 300A, 11.3.1938.

456 Joseph Führer, Sekretär der Harandbewegung bis März 1938, Simon Wolf, Mitarbeiter und Redakteur der *Gerechtigkeit* bis 1936, RGWA 520/1/550, S. 25.

457 RGWA 520/1/93, S. 38, E. Deutsch an Irene Harand, 7.4.1937.

458 RGWA 520/1/102, S. 51, Anonymus an die Redaktion der *Gerechtigkeit*, Wien, 28.11.1937.

459 Am 4.1.1938 fand auf Einladung des Bundes jüdischer Frontsoldaten einer der letzten Vorträge von I. Harand in Österreich statt, im Bezirksheim, Kaffee altes Rathaus, Wien I, Wipplingerstrasse 24; RGWA 520/1/90, S. 80.

460 *Gerechtigkeit*, S. 3, 6.12.1934, Bericht über die Versammlung in den Gisela-Sälen (Wien XXI, Frömmelgasse 42) 30.11.1934, *Gerechtigkeit*, S. 3, 13.12.1934 und S. 4, 4.1.1935, Versammlungen vom 6.12.1934 im Bayrischen Hof (Wien II, Taborstraße 39), 10.12. Kasino Zögernitz (Wien XIX, Döblinger Hauptstraße 76) und 12.12. in den Rosensälen (Wien X, Favoritenstraße 89); *Gerechtigkeit*, 29.11.1934, Titelseite ‚Schänder der Menschheit – Schädling an Österreich' von Irene Harand und S. 2, 4.1.1935.

461 An der Versammlung vom 27.8.1934 im Bayrischen Hof nahm der Staatsopernsänger Anton Arnold mit eröffnenden Liedern zur Menschenversöhnung teil.

462 *Gerechtigkeit*, S. 2, 7.6.1934. Am 22.3.1935/36? organisierte die *Harandbewegung* einen Filmabend, bei dem der zionistische Streifen ‚Land der Verheißung' (USA/Palästina 1934/35 von Jude Leman), der sich mit dem Thema der Auswanderung nach Palästina und der Wiederbesiedlung durch Juden aus Europa auseinandersetzte, vorgeführt wurde. Die Einleitung sprach Irene Harand. RGWA 520/1/425, S. 101.

463 *Gerechtigkeit*, S. 6, 18.2.1937, die Versammlung fand am 10.2.1937 im Hotel Wimberger (Wien VII, Neubaugürtel 34-36) statt. Nachdem Gustav Schindler als Vorsitzender die Versammlung eröffnet hatte und Irene Harand um ihren Vortrag bat, brachte eine geworfene Stinkbombe Unruhe in das Treffen. Auf eine kurze Unterbrechung hin, die man zum Lüften nutzte, setzte man das Programm wieder fort. Niemand hatte den Saal verlassen, im Gegenteil, die Anwesenden honorierten den Mut von Irene Harand mit stehendem Beifall; RGWA 520/1/95, S. 41, Meldungen an die Polizeidirektion Wien, Vereinsbüro.

464 RGWA 520/1/261, S. 26, Harandbewegung an Frau Dr. Edith Rungwald, Basel.

465 *Gerechtigkeit*, S. 2, 28.6.1934, ‚Meine Reise nach Polen' von Irene Harand.

466 RGWA 520/1/169, S. 9, I. Harand an Magda Meyer, Kopenhagen, 9.10.1936.

467 RGWA 520/1/597, S. 30, S. Wolf an Harandbewegung, 9.7.1934, „fahre auf dringendes Anraten des Rabb.[iners, Anmerkung] Dr. Hirschfeld in einer Stunde nach Oświęcim, wo mich Herr Chaim Löw am Bahnhof erwartet. Morgen vormittag weiter nach Krakau ... man nennt mich hier den Dr. Göbbls ... aber ist <u>das</u> eine Ehre?"; RGWA 520/1/523, S. 187, Informationsblatt über die Vortragstourneen von Irene Harand.

468 RGWA 520/1/187, S. 66, I. Harand an Rösi Fein, Stavanger-Norwegen, 13.8.1936. Die Schweizer Kultusgemeinden unterstützten die USA-Reise mit 400 SFR, eine schwedische Anhängerin Freihfrau von Tamm aus Stockholm steuerte 500 Schilling und neben anderen Spenden die Israelitische Allianz in Wien 1.000 Schilling bei; RGWA 520/1/526, S. 106 sowie 113, I. Harand an S. Braunschweig (Schwei-

zer Israelitische Gemeinden, Zürich), 22.8.1936, S. Braunschweig an I. Harand, 25.9.1936 und S. 110, I. Harand an S. Braunschweig, 9.9.1936. Die Finanzierung der Bahnreisekosten in der Tschechoslowakei 1937 übernahm die tschechoslowakische Regierung. Der Chefredakteur der Narodni Oswobozeni Dr. Sychrava im Außenministerium, ein Freund des Präsidenten und Sympathisant der Bewegung, hatte dies ermöglicht. RGWA 520/1/244, S. 128, Ella Rieber, Prag an Harandbewegung, 2.3.1937. Vor ihrer ersten Amerika Reise hatte Irene Harand noch ein wenig Angst, Englisch zu sprechen, das sie doch kaum beherrschte, ihre Freunde bestärkten sie aber darin es in den Gesprächen mit den Menschen trotzdem zu versuchen, die Vorträge waren zu ihrer großen Erleichterung in Deutsch; RGWA 520/1/138, S. 21, Dorothea Singer, Cornwall an I. Harand, 2.12.1936.

469 RGWA 520/1/130, S. 75, Harandbewegung an Valerie Harand, New York, 29.12.1937, RGWA 520/1/132 G. Schnap, New York an Harandbewegung, 5.1.1938, 520/1/122, S. 24-43, November-Dezember 1937; auf Einladung der American Society For Race Tolerance hielt Schnap in der New Yorker Steinway Hall (113 West, 57th Street) am 16.12.1937 einen Vortrag über Antisemitismus und Nationalsozialismus in Europa.

470 RGWA 520/1/169, S. 9, I. Harand an Magda Meyer, Kopenhagen, 9.9.1936.

471 Beispielsweise: Organisation des Basler Vortrages – Frau Edith Ringwald, Tschechien – ‚Komitee der interessierten Organisationen zur Veranstaltung einer Vortragstournee der Fr. Irene Harand', u. a. RGWA 520/1/261, S. 26 und 520/1/240, S. 72.

472 RGWA 520/1/256, S. 65, *Israelitisches Wochenblatt*, 10.6.1936, über den Vortrag in Zürich, RGWA 520/1/123, S. 47-48, Interview mit I. Harand, Oscar Leonhard, New York und RGWA 520/1/138, S. 35, Einführende Worte der Prinzessin Bibesco, 22.10.1936.

473 RGWA 520/1/26, I. Harand an S. Braunschweig, Zürich, 11.6.1937, über die erste Amerikareise.

474 Eine Delegation des American Jewish Committee kam zu folgender Einschätzung: „… A feeling prevails among us that if Frau Harand is not well enough tobe active, her movement is likely to be seriously impaired if not disolved because it evolves so largely about her own personality." RGWA 520/1/134, S. 37, American Jewish Committee, New York, Herr Wallach und Dr. Landauer, 13.10.1937.

475 RGWA 520/1/425, S. 110, ‚Lernet die Sprache Eures Volkes', Manuskript von Irene Harand, 30.12.1935.

476 Die Rundfunkansprache wurde am 25.2.1937 um 18.05 im Prager Rundfunk übertragen; RGWA 520/1/261; *Gerechtigkeit*, S. 3, 20.9.1934, ‚Der Radiovortrag von Frau Harand im Polnischen Rundfunk'.

477 *Gerechtigkeit,* S. 5, 11.11.1937.

478 RGWA 520/1/400, S. 25-27, Manuskript mit handschriftlichen Korrekturen.

479 TILOPHAN Nr. 748 ‚Irene Harand spricht', Nr. 747 ‚Gute Menschen' – Lied von Bernhard Kämpfer, Gesang: Viktor Sternau; Tilophanstudio Wien I, Plankengasse 4; RGWA 520/1/596.

480 Archiv für Phonodokumente der Russischen Föderation Moskau, Archiv-Nr. 47026-P (1-2), pr. Nr. 747/748. Ein Exemplar konnte auch im Nachlass von Irene Harand im DÖW aufgefunden werden.

481 Ab 2. August 1938 war diese Ausstellung auch in der Wiener Nordwestbahnhalle zu sehen.

482 RGWA 520/1/13, o. S., ‚An unsere Freunde!' und RGWA 520/1/11, o. S., ‚Wir wollen …', März 1937 sowie RGWA 520/1/400, S. 36, ‚Aktion jüdische Jugend in Not'.

483 RGWA 520/1/96, S. 135 und 520/1/60, S. 105, Faktura der Gravier- und Kunstprägeanstalt Marzek & Co in Wien an die Harandbewegung, 11.1.1938, über 108.500 Etiketten (Ehrlich-Marke in tschechisch).

484 RGWA 520/1/107, S. 26 und *Gerechtigkeit* S. 5, 11.11.1937.

485 RGWA 520/1/523, S. 53, ‚Die Markenaktion der Harandbewegung'.

486 *Gerechtigkeit* S. 3, 10.3.1938.

487 Gerald Rufus Reading (1889-1960) sein Sohn war 1938 Vorstand und Gründer des ‚britischen Beirates für das deutsche Judentum', der sich mit der Organisation der jüdischen Auswanderung aus Deutschland beschäftigte.

488 Rathenau war seit Februar 1922 Reichsaußenminister und vertrat Deutschland auf der Konferenz von Genua in der Frage der Reparationszahlungen, er fiel am 24.6.1922 einem antisemitisch-national gesinnten Mordattentat zum Opfer.

489 *Gerechtigkeit*, S. 3, 10.3.1938 und RGWA 520/1/528, o. S..

490 RGWA 520/1/58, S 18-19, Herbert Guttmann, Teplitz-Schönau an I. Harand, 16.11.1938. Guttmann weist auch darauf hin, dass es seitens der tschechischen Juden leichter wäre, diese willkommene Aktion zu unterstützen, wenn man sich dabei nicht in einem direkten, gegen Deutschland gerichteten Angriff exponieren müsste und lediglich allgemein den Antisemitismus verurteilte.

491 RGWA 520/1/525, o. S. und 520/1/523, S. 1,,An unsere Freunde!', 10.3.1938.
492 RGWA 520/1/108, S. 9.
493 RGWA 520/1/523, S. 53,,Die Markenaktion der Harandbewegung'.
494 RGWA 520/1/523, S. 40,,An unsere Freunde!', undatiert und GAW, S. 174, B'nei B'rith Krakau an Harandbewegung, 27.12.1937.
495 „Ihr Kampf" – Ein Abend für die österreichische Widerstandskämpferin und Publizistin Irene Harand (1900-1975), Literaturhaus Wien, 27.9.2000.
496 RGWA 520/1/527, S. 1, ein für die *Gerechtigkeit* vorgesehener Artikel ‚Abzeichen und Gruß' vom 2.4.1937, S. 7, verfasst von Georg Thürhaus, Podwoloczyska, Polen.
497 RGWA 520/2/39, Schachtel mit Abzeichen.
498 RGWA 520/1/524, Mitgliedskarte der Harandbewegung.
499 RGWA 520/1/509. o. S.,,Butter gegen Kanonen' sollte als Anspielung auf den Ausspruch von Hermann Göring ‚Kanonen statt Butter' verstanden werden; *Gerechtigkeit*, S. 5, 2.7.1937,,Butter gegen Kanonen'.
500 Vgl. Zalman (1932) und (1933).
501 RGWA 520/1/523, S. 194-195,,Memorandum', 2.10.1936.
502 RGWA 520/1/6, S. 48,,Was wir wollen'.
503 *Morgenpost*, 2./16./30.3. und 13.4.1935,,Fragen und Antworten um die ‚ATAG", *Gerechtigkeit*, S. 2 1.11.1934,,Irrsinn', Nr. 173/174/175/176, Dezember 1936/Jänner 1937,,Diskussion über unsere Ziele VII-X, S. 3, 14.2.1935,,ATAG', S. 3 und 5, 21.2.1935,,Unsere Tauschgesellschaft ‚ATAG",,Die ATAG bekämpft Not und Hass' und RGWA 520/1/523, S. 194,,Memorandum'.
504 RGWA 520/1/63, S. 5-32.
505 Vgl. Harand (1935): S. 347.
506 RGWA 520/1/387, S. 7, Vordruck einer Unterstützungserklärung der Gastwirte Österreichs, 1937 und 520/1/281, S. 323,,An die p. t. österreichischen Hoteliers- und Pensionsinhaber', 1935/36.
507 Das Verhältnis Unterstützer zu Abonnent für 1937 lässt sich österreichweit fast geschlossen aus den Akten erheben: Wien und Niederösterreich 25 Unterstützer davon 12 Abonnenten, Tirol 65:37, Oberösterreich 10:9, Steiermark 7:2, Kärnten 11:8, Salzburg 17:6; RGWA 520/1/387, S. 7-140; *Gerechtigkeit*, S. 3, 28.31935,,Eine Fremdenverkehrsaktion der Harand-Bewegung' und S. 3, 24.5.1935,,Fremdenverkehrsaktion der Harand-Bewegung'.
508 *Gerechtigkeit*, S. 1, 30.11.1933,,Eine Tee- und Wärmestube der Harand-Bewegung, S. 1, 4.1.1934,,Unsere erste Wärmestube'.
509 *Gerechtigkeit*, S. 3, 18.1.1934,,Wärme für Körper und Seele'.
510 RGWA 520/1/357, S. 104-108, *Morgenpost*, S. 3, 16.12.1933, Inserat ‚Lebensmittelaktion der Harandbewegung': „Wer einen Menschen kennt, der Not leidet, wird aufgefordert dessen Adresse der Harand-Bewegung ... mitzuteilen. Die Leitung der Harand-Bewegung wird sich bemühen, nach Zulänglichkeit der Mittel diesen Menschen Lebensmittelpakete und Kohlen fortlaufend zukommen zu lassen".
511 RGWA 520/1/86, S. 3 und 4, Harandbewegung an Kleiderhaus ‚Zum Matrosen' – Leon Abrahamer, Wien, 26.11.1936 und an Ernst Abeles & Bruder, Wien, 21.12.1936.
512 *Gerechtigkeit*, S. 2, 1.2.1934,,Wir schaffen eine Vermittlungsstelle', S. 4, 14.12.1933,,Berücksichtigt unsere Anhänger!' und S. 4, 19.4.1934,,Kleiner Anzeiger'.
513 *Gerechtigkeit*, S. 3, 24.5.1935,,Das erstemal Firmpatin', S. 3, 20.6.1936,,Firmlinge der Frau Harand', S. 5, 11.6.1936,,Firmungsaktion der Harand-Bewegung', S. 5, 27.5.1937,,Firmlinge der Harand-Bewegung'. Aus Dankbarkeit für Spenden an die Bewegung aus Polen bot sich I. Harand an, während einer ihrer Vortragsaufenthalte Firmpatenschaften polnischer Kinder zu übernehmen; GAW, S. 85-87, I. Harand an den Bischof von Kattowitz (Adamski), 27.3.1936. Die Firmgeschenke stellten zumeist Wiener Kaufleute zur Verfügung.
514 RGWA 520/1/576, S. 4, I. Harand an Konsul Karl Zilz, Graz, 16.12.1937. Bitte um einen Arbeitsplatz für ihren Firmling Rudolf Scheifinger, Graz 4, Am Damm 25.
515 *Gerechtigkeit*, S. 5, 23.1.1936,,Studenten-Mittagstisch der Harand-Bewegung'.
516 RGWA 520/1/83, Erklärungen zur Teilnahme an der Fürsorgeaktion, *Gerechtigkeit*, S. 5, 21.11.1935, ‚Nehmt hungernde Kinder zum Mittagstisch' – Unterstützung durch die *Harandbewegung*.
517 *Morgenpost*, S. 21, 23.9.1933, der Jugendbund ‚Österreich' schlug nach einem Ortswechsel seinen Vereinssitz im Jugendheim, 8. Bezirk, Lerchenfelderstraße 120 (später 78-80/6) auf, der monatliche Mit-

gliedsbeitrag war auf 40 Groschen festgesetzt. Im April d. J. hatte der Jugendbund seinen Sitz noch im Girardi-Saal, 8. Bezirk, Langegasse 69/Ecke Alsterstraße 23, *Morgenpost*, S. 3, 22.4.1933 und S. 5, 13.2.1936.

518 *Gerechtigkeit*, 10.5.1934.
519 *Gerechtigkeit*, S. 3, 14.3.1935,,Kostenlose Beratung für schwererziehbare Kinder', S. 2, 21.3.1935,,Unentgeltliche ärztliche Beratung' und S. 10, 14.5.1936,,Unentgeltliche ärztliche Beratungsstelle für Kranke und Gesunde'.
520 *Gerechtigkeit*, S. 4, 14.1.1937,,Briefkasten der Redaktion'.
521 Harand (1933): S. 13.
522 RGWA 520/1/6, S. 65,,Die Judenfrage', ex 1932.
523 *Morgenpost*, S. 2, 9.12.1933,,Mensch'.
524 RGWA 520/1/518, S. 59,,Rassenhass, der größte Feind der Menschheits (sic!)', I. Harand in der Zeitung ,Pase', Prag, November/Dezember 1937.
525 *Gerechtigkeit*, S. 2, 6.9.1933,,Die Christenpflicht' und S. 3,,An die Juden der Welt!'.
526 I. Harand (1933): Einleitung; *Gerechtigkeit*, S. 1, 13.12.1934,,Ein klares Wort in einer heiklen Frage', I. Harand spricht sich darin deutlich gegen jede Missionstätigkeit innerhalb der Bewegung aus „christliche und jüdische Priester sollen zusammen an dem Beratungstische sitzen, um darüber einig zu werden, auf welche Weise jeder Seelsorger seine Religion in den Dienst des großen Ringens um das Wohl der Menschheit stellen kann".
527 Harand (1935): S. 298. In *Sein Kampf* erwähnt sie in diesem Zusammenhang den von Hitler ernannten Bevollmächtigten für die evangelische Kirche, Reichsbischof Ludwig Müller und S. 86-93, wo indirekt die kirchliche Mitschuld an der Jahrhunderte langen Judenverfolgung zu Sprache kommt.
528 *Gerechtigkeit*, S. 1, 14.12.1933,,Das echte Gesicht des Antisemitismus'.
529 „Die *Harandbewegung* ist nicht projüdisch, sie kämpft gegen den Rassenhass und die Menschennot. Jetzt ist die Judenfrage auf der Tagesordnung und man kann nicht behaupten, dass Frau Harand nicht auch gegen die Katholikenverfolgungen auftritt. Freilich wird kein vernünftiger Mensch leugnen, dass das Los der Juden das fürchterlichste ist ..."; RGWA 520/1/148, S. 38, Harandbewegung an H. Lichtner, Brüssel, 1.4.1936.
530 Mehrfach berichtete ein ,Neffe' (Richard Stephanski?) von Irene Harand in privaten Briefen aus Deutschland über die dortigen Zustände und ließ ihr regelmäßig Zeitungsartikel zukommen, u. a. auch über die katholische Kirche, aus Sicherheitsgründen unterschrieb er in den Briefen meist mit ,Austriacus'; 520/1/364a, Schriftverkehr 24.11.1935 (Breslau), 19.1.1936 (Flensburg), 19.8.1936, 6.9.1937, 21.9.1937 (Berlin), 19.10.1937 (Breslau), S. 1-29.
531 Gaston Ritter (1933): Das Judentum und der Schatten des Antichrist, Graz; *Gerechtigkeit*, S. 1, 30.11.1933,,Respekt vor dem Christentum' und Nr. 14-16 (Dezember 1933), sowie Nr. 39 (Mai 1934) unter der Rubrik ,Wer ist der Antichrist'.
532 *Gerechtigkeit*, S. 1, 16.5.1935,,Schändet nicht unser Christentum!'.
533 RGWA 520/1/80, S. 15, H. Lichtner, Brüssel, an Harandbewegung, 3.8.1936, über die mangelnde Bereitschaft zur Zusammenarbeit seitens der Katholiken in Belgien.
534 Hudal, Alois (1937): Die Grundlagen des Nationalsozialismus, Wien-Leipzig; eine anonyme an I. Harand gerichtete Postkarte: „Sie frecher Judenlümmel wagen es, einen so grossen Geist, wie es der hochwürdige Herr Bischof Hudal ist, in so niedriger Weise herabzusetzen ... Sie jüdischer Fremdling, der sie durch unsere Güte in unserem Lande nur geduldet werden ... [der Schreiber bezeichnet I. H. auch als ,Zuhälterin', Anmerkung des Autors] Auf nach Madagaskar dem Mana-Lande der jüd[ischen]. Zukunft", RGWA 520/1/84, o. S., Wien, 30.12.1936.
535 *Gerechtigkeit*, S. 1, 26.3.1936,,Das Volk mit den ,schlechten Erbanlagen', Hudal wird hier vor allem mit Aussagen zitiert, die sich gegen den Antisemitismus richten und als positives Beispiel gegenüber Pater Bichlmair gesehen; sowie S. 4, 19.11.1936, Pressestimmen zum Buch von Hudal ,Die Grundlagen des Nationalsozialismus'.
536 RGWA 520/1/425, S. 101, Filmaufführung ,Land der Verheissung', Wiener Imperialkino, 22.3.1935/36.
537 RGWA 520/1/526, S. 73, E. Dubois, Zürich an I. Harand, 4.7.1936 „Bei sämtlichen Christen, die ich bearbeite, mache ich die Erfahrung, ohne jede Ausnahme, dass irgend eine der vielen Lügen Glauben gefasst hat und im Denken so verankert ist, dass sie nur schwer auszuschalten ist" und RGWA 520/1/80, S. 17, Pfarrer Martin Summer, Buchboden (Vorarlberg), 20.10.1936,,„Man wird das Gefühl nicht los, dass Sie zu einseitig für die jüdische Rasse Partei ergreifen. Wenigstens taktisch halte ich

es nicht für zielführend, bei der heutigen Mentalität vieler Menschen immer wieder hervorzuheben, wie Herrliches gerade die jüdische Rasse geleistet hat und noch leiste ... Hier in Vorarlberg selbst ist die Frage nicht gerade brennend, da wie nur wenige Juden haben und diese von Jahr zu Jahr von den geschäftstüchtigeren Alemannen das Feld räumen müssen ... Hier gibt es nur die Leistung. Kein Mensch frägt nach der Rasse. Wenn es ab und zu doch geschieht, so ist es Import, nichts Bodenständiges".

538 Nur eine Woche vor der Machtübernahme veröffentliche Gföllner diesen Hirtenbrief (23.1.1933), indem er christliche Werte wie Nächstenliebe verteidigte und Rassen- wie Klassenhass sowie den Antisemitismus als mit dem Christentum unvereinbar hinstellte. Im gleichen Schreiben listete Gföllner eine Reihe von antisemitischen Vorurteilen gegenüber Juden auf ('jüdischer, internationaler Weltgeist', 'schädlicher Einfluß auf fast allen Gebieten des modernen Kulturlebens', 'im Bunde mit der Weltfreimaurerei', 'Träger des mammonistischen Kapitalismus ... und Apostel des Sozialismus' etc.) und sprach vom schändlichen Einfluss dieses Volkes in vielen gesellschaftlichen Bereichen. Für die Nationalsozialisten, die sich vorerst noch der kirchlichen Unterstützung versichern mussten, waren vor allem diese letzten Äußerungen ein gelungenes Propagandageschenk. Seine ablehnende Haltung gegenüber dem Antisemitismus verschwieg man dabei. Der missverstandene und unglückliche Hirtenbrief, der noch im Dezember 1933 vom österreichischen Episkopat verurteilt wurde, weil er Rassenhass und Konflikte heraufbeschwor, ist bis heute Gegenstand von Missverständnis und falscher Interpretation von beiden Seiten; vgl. http://www.bautz.de/bbkl/g/Gfoellner.shtml (Biographisch-Bibliographisches Kirchenlexikon, Band XIV. (1998), Spalten 1031-1033, Autor: Ekkart Sauser), http://www.kth-linz.ac.at/institute/kirchengeschichte/Nationalsozialismus.htm (Katholisch-Theologische Privatuniversität Linz, Institut für Kirchengeschichte, Diözesangeschichte und Patrologie Dr. Helmut Wagner) und http://www.jubeljahr2000.de/juden.html (Konzilsbeschlüsse und Zitate großer Katholiken gegen die Juden, Das Große Jubeljahr 2000 Was Jesus wollte – Was Christus will – Wie die Kirche ist, „Es ist strenge Gewissenspflicht eines jeden Christen, das entartete Judentum zu bekämpfen." Bischof Gföllner; (alle Seiten 20.5.2002); Linzer Diözesanblatt, 79. Jahrgang, Nr. 1, S. 1-14, Hirtenbrief Gföllner (besonders S. 5 und 6).

539 „Ich weiß nicht, ob ich mehr über die Dummheit und Schlechtigkeit der Christen, oder über die beispiellose Denkfaulheit der Juden weinen soll. Aber ich setze mich damit eigentlich ins Unrecht. Ich habe ja Zehntausende guter, braver Mitkämpfer aus beiden Lagern an meiner Seite." RGWA 520/1/26, S. 6, I. Harand an S. Braunschweig, Zürich, 11.6.1937.

540 RGWA 520/1/123, S. 47, Interview mit I. Harand von O. Leonard, New York.

541 Harand (1935): S. 343.

542 Diözesanarchiv Wien, Gestionsprotokolle Z147, 1932, Empfang des Vereins der Kleinrentner, 9.12., 11.30; als Bundesminister für soziale Verwaltung von 1929-1930 hatte er sich für die Anliegen der Kleinrentner eingesetzt; Innitzer war seit 1932 Erzbischof von Wien.

543 Die Postkarte bzw. deren Skriptum ist in der Privatkorrespondenz des Kardinals im Diözesanarchiv nicht erhalten geblieben auch nicht in den Beständen der *Harandbewegung*, sondern lediglich als Faksimileabdruck im antisemitischen Buch von Körber (1939): S. 269.

544 RGWA 520/1/597, S. 1, Carl S. Trebitsch, Wien an Innitzer (und Harandbewegung), 29.11.1937, Trebitsch verteidigt darin die *Harandbewegung*, die in einem der Reichspost angehörigen Montagsblatt wegen ihrer Markenaktion 'angemäuert' wurde und bat ihn darum, seinen Einfluss geltend zu machen, dass so etwas in einer katholischen Druckerei nicht mehr zugelassen wird.

545 Die historisch nicht haltbare Legende berichtet über einen von Juden in Trient an einem christlichen Kleinkind verübte, rituelle Mordtat, die am 21.3.1575 stattgefunden haben soll.

546 Diözesanarchiv Wien, Gestionsprotokolle 3301/1936 vom 22.7., Diözesanarchiv Graz, Pfarrakten, Murau-Kirche (1937)-Armenhaus-Kapelle (1946) I. Harand an Kardinal Innitzer, 20.7.1936, Dekanats- und Stadtpfarramt Murau, Kaplan Johann Ninaus (?) an Ordinariat Graz-Seckau, Graz, 1.9.1936; laut freundlicher Telephonauskunft des Murauer Dekans vom 21.5.2002 ist das beanstandete Bild seit Jahren in der nicht zugänglichen Fürstenloge der Matthäuskirche (Stadtpfarrkirche) von Murau verwahrt.

547 *Gerechtigkeit*, S. 1, 19.10.1933, 'Hitler und die Gerechtigkeit'.

548 *Gerechtigkeit*, S. 1, 16.5.1935, 'Schändet nicht unser Christentum'.

549 Vgl. Harand (1935): S. 1.

550 *Morgenpost*, S. 10, 2.10.1932, 'Rund um die Rassenfrage – Gegen den Antisemitismus'.

551 Harand (1935): S. 12-14.
552 Harand (1933): S. 15.
553 *Gerechtigkeit*, S. 2, 17.11.1933, ‚Warum Hitler siegte', S. 1, 28.12.1933, ‚Das neue Jahr', 18.1.1934, ‚Volksverräter am Werke'.
554 *Gerechtigkeit*, S. 6, 26.8.1934, ‚Deutschland erwache!', Harand (1935), *Gerechtigkeit*, S. 1, 5.11.1936, ‚Wann wird die Vernunft endlich siegen?'.
555 Harand (1935): S. 279.
556 RGWA 520/1/101, S. 19, Josef Petry, Klagenfurt an I. Harand, 19.11.1937 und RGWA 520/1/364a, S. 1-29, Richard Stephanski aus Deutschland an I. Harand.
557 *Gerechtigkeit*, S. 1, 9.1.1936, ‚Schändung der Frauenwürde', S. 1, 9.4.1936, ‚Was Deutschland verloren hat'. Harand (1935): S. 310-321, 332 und 337, *Morgenpost*, S. 2, 8.7.1933, ‚Die Menschenverfolgung in Deutschland' – Bericht über eine Rede von I. Harand.
558 Harand (1933): S. 3.
559 RGWA 520/1/123, S. 51, Harand (1937?): Prawda O Antysemityźmié – Lwow (Yad Vashem Archive, Akt Irene Harand), *Gerechtigkeit*, S. 1-2, 23.5.1935, ‚Die Bewegung der Frau Harand'.
560 RGWA 520/1/5, S. 39, ‚Wir hätten der Hitlergefahr entrinnen können".
561 Harand (1933): S. 5.
562 Harand (1933): S. 6.
563 RGWA 520/1/6, S. 82, ‚Lügen und Verleumdungen'.
564 *Gerechtigkeit*, S. 3, 31.10.1935, ‚Glosse ‚Juden und Kommunisten'.
565 Harand (1935): S. 17 und 310-311.
566 Harand (1935): S. 308.
567 *Morgenpost*, S. 3, 12.8.1933, ‚Sie werden zur Schlachtbank getrieben'.
568 Harand (1933): S. 7.
569 Harand (1935): S. 17.
570 *Morgenpost*, S. 2, 9.12.1933, ‚Mensch'.
571 Union der österreichischen Juden (Hg.) (1937): S. 38.
572 *Jüdische Front* – Offizielles Organ des Bundes jüdischer Frontsoldaten Österreichs, Nr. 17, 1.9.1935, S. 1, RGWA 520/1/90, S. 80, Einladung zu einem Vortrag von I. Harand u. a. durch den Bund jüdischer Frontsoldaten in Graz, undatiert; *Die Wahrheit*, 1.6.1936, berichtet über den Stürmerprozess gegen die *Gerechtigkeit*.
573 *Neue Freie Presse*, S. 5, 21.4.1933, Morgenausgabe, ‚Mutige Worte einer Frau gegen den Antisemitismus', S. 4, 5.7.1933, Abendausgabe, ‚Eine Kundgebung gegen den Rassenhass'. Erstmals scheint I. Harand als Referentin während einer Veranstaltung der ÖVP am 10.2.1932 mit einem Vortrag zum Thema ‚Bietet der Talmud Anhaltspunkte, die den Rassenhass rechtfertigen?', ÖNB, Flugblattsammlung, ÖVP 1932, ‚Unzufriedene aller Parteien!'.
574 *Neueste Wiener Nachrichten*, S. 6, 12.12.1933, ‚Weltorganisation gegen den Antisemitismus'. In der Nr. 3163, S. 5, 30.5.1934, kommentierten die *Wiener Neuesten Nachrichten* neuerlich die Existenz der Weltbewegung abwertend: „Es dürfte sich hiebei wohl um eine Geheimbewegung handeln, denn zu bemerken ist von ihr so gut wie nichts".
575 *Deutsches Volksblatt*, S. 2, 13.3.1937, ‚Kronzeugen gegen die Harand-Bewegung'.
576 *Deutsches Volksblatt*, S. 5, 18.3.1938, ‚Abschied von Irene'.
577 Körber (1939): S. 265, RGWA 500/1/617, Abschlußbericht des Ö. A. K. II 112, Berlin, den 28.10.1938, Tätigkeit des Österreichischen Auswertungskommandos 18. Mai – 31. Oktober 1938, Archiv des Instituts für Zeitgeschichte München Aktenzahl 3176/63, Bestand Dc15.02, ‚Der Reichsführer SS Der Chef des Sicherheitshauptamtes – Erfassung führender Männer der Systemzeit', Juni 1939, BDC, SD-Hauptamt/Sonderkommando II, Bericht und ‚Inhaltsübersicht über die von II 122 nach Berlin versandten Kisten'.
578 RGWA 520/1/523, S. 1, ‚An unsere Freunde!', 10.3.1938.
579 RGWA 520/1/523, S. 3-7.
580 LBI, Eric Lind Collection, Box 11, Irene Harand an Eric Lind, 4.2.1963.
581 Irene Harand: Speech on the occasion of the 30th anniversary of Austria's Anschluss, March 12, 1968. Boveland (1998): S. 249.
582 *Gerechtigkeit*, S. 3, 20.1.1938.
583 RGWA 520/1/523, S. 3-7.

584 Ebenda.
585 Zitiert nach: BDC, SD-Hauptamt, Sonderkommando II, Vermerk: *Harandbewegung*, Erste Durchsicht des beschlagnahmten Materials, 1.4.1938.
586 RGWA 520/1/523, S. 3-7.
587 DÖW, 7823, Brief I. Harand an Anni Führer, 22.8.1946.
588 Vgl. Molden (1958): S. 204-208.
589 *Wiener Kurier*, 31.5.1947, S. 6, Franz Sobek,‚Eine große Österreich'. In diesem Artikel schreibt er davon, dass Irene Harand von Freunden auf eine Vortragsreise nach Frankreich und England geschickt wurde, um sie in Sicherheit zu bringen. In einem Brief schrieb Irene Harand über Sobek: „(Er) hat wissentlich oder unwissentlich mein Leben gerettet, ich hab ihn nicht privat gekannt, sondern nur ‚dienstlich', aber er hat den Herren Pappen – sooft er gegen unsere Zeitung ‚*Gerechtigkeit*' im Auftrage des dummen Adolf intervenierte heimgeschickt." Vgl.: DÖW, 7823, Brief Irene Harand an Gustav Schindler, 16.7.1946.
590 BDC, SD-Hauptamt, Sonderkommando II, Bericht Harandbewegung, 7.4.1938.
591 Deutsches Volksblatt, S. 1, 9.12.1938, ‚Eine Kampfgemeinschaft: Rabbiner und Erzbischof. Weltjudentum und Kirche – Arm in Arm gegen Deutschland'.
592 Zitiert nach: BDC, SD-Hauptamt, Sonderkommando II, Vermerk: Harandbewegung, Erste Durchsicht des beschlagnahmten Materials, 1.4.1938.
593 BDC, SD-Hauptamt, Sonderkommando II, Bericht Harandbewegung, 7.4.1938.
594 I. Harand: Speech on the occasion of the 30th anniversary of Austria.' Anschluss, March 12, 1968; In: Boveland (1998): S. 250.
595 Vgl. Pax, Nr. 13, S. 3, 1937, ‚Irene Harand über Völkerverständigung und Frieden'; Pax, Nr. 18, S. 2-3., 1937 ‚Irene Harand Rassenhass der größte Feind der Menschheit'; Pax, Nr. 20, S. 2, 1938, ‚Markenaktion der Harandbewegung'.
596 Vgl. WSLA, Landesgericht für Strafsachen Wien, VR 138/39, Strafverfahren gegen Zalman, Breuer, Kovarik, Die Menschheit in der Sackgasse. Ein Gefangener zeigt den Weg. Roman-Tiposkript, S. 50.
597 NSKK: Nationalsozialistisches Kraftfahrer Korps.
598 WSLA, Landesgericht für Strafsachen Wien, VR 138/39, Strafverfahren gegen Zalman, Breuer, Kovarik, Vernehmung von Gerda Kremser v. 27.9.1938.
599 Ebenda, Bericht v. 21.3.1938.
600 BDC, SD-Hauptamt, Sonderkommando II, Bericht über die Aktion gegen die pazifistischen Verbände (Mittelbewegung II 122).
601 WSLA, Landesgericht für Strafsachen Wien, VR 138/39, Strafverfahren gegen Zalman, Breuer, Kovarik, Bundespolizeidirektion Wien, Bericht v. 21.3.1938.
602 BDC, SD-Hauptamt, Sonderkommando II, Inhaltsübersicht über die von II 122 nach Berlin versandten Kisten v. 1.4.1938.
603 LBI, Eric Lind Collection Box 11, I. Harand an Eric Lind, 11.5.1965.
604 WSLA, Landesgericht für Strafsachen Wien, VR 138/39, Strafverfahren gegen Zalman, Breuer, Kovarik, Die Menschheit in der Sackgasse. Ein Gefangener zeigt den Weg. Roman- Tiposkript, S. 54f.
605 DÖW, 7823, I. Harand an Angerl, 14.4.1946.
606 WSLA, Landesgericht für Strafsachen Wien, VR 138/39, Strafverfahren gegen Zalman, Breuer, Kovarik, hs. Protokoll der Zeugenaussage von Hertha Breuer, 16.2.1939.
607 Nach Angaben im Vernehmungsprotokoll wurden sie von einem Inspektor Gress verhaftet. WStLA, Landesgericht für Strafsachen Wien, VR 138/39, Strafverfahren gegen Zalman, Breuer, Kovarik, Vernehmung Kovarik, 15.12.1938.
608 WSLA, Landesgericht für Strafsachen Wien, VR 138/39, Strafverfahren gegen Zalman, Breuer, Kovarik, Die Menschheit in der Sackgasse. Ein Gefangener zeigt den Weg. Roman-Tiposkript, S. 60.
609 Für diesen Hinweis danken wir Stephan Roth vom DÖW.
610 Aufwertung der Spar- und Wertpapiere der alten Kronenwährung.
611 WSLA, Landesgericht für Strafsachen Wien, VR 138/39, Strafverfahren gegen Zalman, Breuer, Kovarik, Brief Verband des Unterstützungsvereins der Kleinrentner und Sparer Österreichs an Polizeidirektion Wien, 15.3.1938.
612 Ebenda.
613 *Der Stürmer*, Nr. 34, August 1938 ‚Die Wahrheit über die Harandbewegung'.
614 Ebenda.

615 Ebenda. Anm.: Der Vorwurf, Irene Harand sei Moriz Zalmans Geliebte gewesen, wurde von den Gegnern der *Harandbewegung* immer wieder ins Spiel gebracht. Aus den Quellen und dem Briefverkehr ist ein Liebesverhältnis nicht nachweisbar; dieses Gerücht hat wohl nur dazu gedient, die Arbeit und das Engagement der beiden zu desavouieren.
616 Ebenda.
617 Auch gegen Irene Harand wurde ein Gerichtsverfahren angestrebt. Drei Angestellte der *Gerechtigkeit* klagten im Juli 1938 Irene Harand auf Bezahlung von ausstehenden Gehältern in der Höhe von insgesamt RM 1.100,- vor dem damaligen Gewerbegericht Wien (Vorläufer des heutigen Arbeits- und Sozialgerichts). Der Ausgang des Prozesses ist unbekannt, da Akten dieses Gerichts aus dieser Zeit nicht mehr vorhanden sind. Vgl.: WSLB; Archiv des Neuen Wiener Tagblattes, I. Harand, *Wiener Zeitung*, S. 22, 16.7.1938.
618 Isolde Basant: Pseudonym für Irene Harand.
619 WSLA, Landesgericht für Strafsachen Wien, VR 138/39, Strafverfahren gegen Zalman, Breuer, Kovarik, Die Menschheit in der Sackgasse. Ein Gefangener zeigt den Weg. Roman- Tiposkript, S. 49.
620 Gerda: Pseudonym für Zalmans Lebensgefährtin Magda Zimmermann.
621 WSLA, Landesgericht für Strafsachen Wien, VR 138/39, Strafverfahren gegen Zalman, Breuer, Kovarik, Die Menschheit in der Sackgasse. Ein Gefangener zeigt den Weg. Roman- Tiposkript, S. 60.
622 Ebenda, Schreiben Der Anker an Landesgericht f. Strafsachen Wien, 20.1.1939.
623 Ebenda, Zeugeneinvernahme von Frau Buchta vom 1.3.1939.
624 LBI, Eric Lind Collection, Box 4, Folder 1, Harand Movement Vienna, Elisabeth von Tamm, Founder and Coworkers.
625 WSLA, Landesgericht für Strafsachen Wien, VR 138/39, Strafverfahren gegen Zalman, Breuer, Kovarik, Brief Albert Coyle an Landesgerichtsrat Carl Späth, 28.4.1939.
626 Ebenda, Protokoll der Hauptverhandlung v. 21.5.1939, S. 16.
627 Ebenda, Urteil v. 22.5.1939.
628 *Neues Wiener Tagblatt*, 23.5.1939, ‚Der Kleinrentner-Zalman wegen Betruges verurteilt'.
629 *Deutsches Volksblatt*, S. 4, 26.5.1939, ‚‚Bohumil Kratky' alias Moritz Zalmann. Der Freund der Irene Harand hat Pech an der Grenze'.
630 DÖW, 7823, Brief I. Harand an Angerl, 14.4.1946.
631 Ebenda.
632 WSLA, Landesgericht für Strafsachen Wien, VR 138/39, Strafverfahren gegen Zalman, Breuer, Kovarik, Briefe Lucian Dauber an Landesgericht für Strafsachen, 3.6.1939 u. 15.6.1939.
633 Das Grab befindet sich in Abteilung 6 Ring 3 Gruppe 4 Grab 39.
634 DÖW, 20100/3589, Lebenslauf, 25.9.1946.
635 DÖW, 19400/74, Brief Gestapo, an Sicherheitsdienst, 16.6.1939.
636 Vgl.: Auch Zeitungsberichte in amerikanischen Zeitungen zur Ankunft von Irene Harand in den USA, DÖW, 11059/4. Weinzierl (1997[4]): S. 152.
637 Hausjell (1988): S. 1-2.
638 In einem Bericht der V-Person „Edi" über die Führung der Revolutionären Sozialisten in der „Ostmark" hieß es: „Irene Harrand [sic!], die Herausgeberin der Zeitung Gerechtigkeit und Dr. Zalmann [sic!] sind aus der KPÖ wegen trotzkistischer Betätigung im August 1937 ausgeschlossen worden. Beide haben bis zum März d. J. die Intelligenzzirkel der RS geleitet. Diesem Zirkel gehören ausschließlich Juden an. Die Verkäufer der Zeitungsstände auf der Ringstraße, wie Bellaria, Sirkecke, waren fast durchwegs Leute, die der KPÖ angehörten." Vgl. DÖW, 17599, Abteilung II, II (N) 138/38, 11.6.1938. Die in diesem Bericht gemachten Angaben über die Mitgliedschaft von Irene Harand und Moriz Zalman in der KPÖ lassen sich sonst nirgendwo bestätigen und sind auch angesichts der bisherigen Erkenntnisse über Harands und Zalmans politische Aktivitäten und weltanschaulichen Einstellungen unglaubwürdig. Den einzigen möglichen Berührungspunkt zwischen *Harandbewegung* und „Trotzkismus" dürfte der „Harand-Chor" bieten: Diesen Chor nutzten ehemalige Mitglieder der Gruppe 18 der Sozialdemokratischen Mittelschüler als Tarnorganisation. In der Illegalität organisierte die Gruppe unter anderem den Vertrieb der Trotzki-Broschüre „Die Österreichische Krise – Die Sozialdemokratie und der Kommunismus" Vielleicht wusste V-Mann „Edi" davon. Vgl.: Tidl (1977): S. 104.
639 BDC, SD-Hauptamt, Sonderkommando II, Bericht Harandbewegung v. 7.4.1938. Im Jahresbericht des SD heißt es über die *Harandbewegung*: „Eine der übelsten Hetzorganisationen internationaler Art, die Harandbewegung in Wien, wurde von amerikanischen Juden finanziert, ihre Leiterin, die Frau

Harand, arbeitete in Konferenzen bei Kardinal Verdier und Regierungsmitgliedern Frankreichs gegen den Anschluss." Vgl.: Boberach (1968): S. 65 u. 72.
640 *Deutsches Volksblatt*, S. 5, 18.3.1938.
641 *Der Völkische Beobachter*, 14.10.1938.
642 Vgl. DÖW, 11059/5: „Bürckel told the cheering Nazis that the cardinal had written to Irene Harand, anti Nazi writer, assuring her of his support, and also wrote to a Jewish merchant, thanking the latter for contributions on welfare work."
643 ÖStA, AdR, Materie Bürckel, Kt. 529, Ordner anonyme Briefe, Oktober 1938. Für diesen Hinweis danken wir Frau Nina Scholz.
644 Zitiert nach: Körber (1939): S. 269.
645 Ebenda, S. 265f.
646 Dr. Simon Wolf, polnischer Staatsbürger und Schriftleiter der *Gerechtigkeit*.
647 Schopper (1942): S. 27.
648 Weinzierl (1997⁴): S. 127.
649 LBI, Wiener Library, Irene Harand, Rundschreiben 13.4.1938. Die Authentizität dieses Aufrufs ist ungeklärt. Ein Schweizer Journalist versuchte erfolglos, über die angeführte Gruppe in Norwegen mit Harand Kontakt aufzunehmen. Darin hieß unter anderem: „Heute wurde ich von einigen hiesigen Persönlichkeiten von einem Rundschreiben in Kenntnis gesetzt, welches von Ihnen einlangte. Ich wurde stets das gleiche gefragt: ob dieses Rundschreiben bezüglich seines Inhaltes auch echt sei. Die Skepsis verstehe ich sehr wohl: denn ich habe in der Letztzeit vergeblich und vielerorts versucht, mit Frau Harand in Verbindung zu kommen, zumal ich mit der Bewegung in einem freundschaftlichen Vertragsverhältnis stehe, da ich zu Organisationszwecken verwiesen bin." Vgl.: LBI, Wiener Library, *Israelisches Wochenblatt* Nr. 19, S. 17, 13.5.1938, ‚Irene Harand'.
650 Harand hielt im Frühjahr 1936 im Zuge ihrer Skandinavienreise einen Vortrag in Stavanger, bei dem sie laut einer Zeitungsmeldung 200 lokale Nazis bekehren konnte. Harand wurde damals vom Führer der norwegischen Nazis Quistling in seinem Presseorgan scharf attackiert. LBI, Wiener Library, Irene Harand, Working in Norway
651 DÖW, 11059/5, *The Vancouver Daily*, 29.1.1941, ‚Refugee here From Austria'.
652 DÖW, 7823, I. Harand an Meine liebsten Freunde, 19.2.1947.
653 DÖW, 11059/5, *The Vancouver Daily*, 29.1.1941, ‚Refugee here From Austria'.
654 Columbia University Rare Book and Manuscript Library (CU-RBML), Anti-Nazi League, Bulletin of the Anti-Nazi League, S. 4, April 1943.
655 DÖW, 11059/1, Department of State an Robert Harand, New York 16.4.1938: „I have your letter of April 14 with which you were good enough to send me a note which you have received from your sister … I fear that there is nothing that I can do of a direct nature to assist your sister and her husband in getting immigration visas. As you know under our status the issuing of visas is placed in the hands of our consular officers abroad, and as your sister is in England she will have to secure a visa through our consulate general in London. The Austrian quota may be filled but the new quota opens on July 1, 1938."
656 Dieses Kapitel folgt im Wesentlichen der Arbeit von Adler-Rudel (1968): S. 235-273. Adler-Rudel war selbst Delegationsmitglied einer Hilfsorganisation.
657 DÖW, 7823, Brief I. Harand an Gerda Kremser, 18.2.1946. Zitiert auch in: Eppel (1995): Bd. 2, S. 721.
658 *Das Echo*, 18.1.1937.
659 DÖW, 11059/5, „Irene Harand, Gentile foe of Hitlerism, to live in US", September 1938.
660 Ebenda.
661 Ebenda, *Pariser Tageszeitung*, 4.11.1938, ‚Briefkasten'.
662 Offenbar gab es aber auch nicht näher bekannte inhaltliche Differenzen zwischen Irene Harand und dieser Gesellschaft. Vgl.: LBI, Wiener Library, I. Harand, Brief Dorothy L. Greiner, Chairman Committee to Aid Victims of Racial Persecution an ihre Mitglieder, 13.10.1938.
663 DÖW, 11059/4, Zeitungsausschnitt, 11.9.1938.
664 DÖW, 7823, I. Harand an Angerl (Gertrude Kremser-Angermayr) 17.7.1946.
665 Hausner (1974): S. 382.
666 Dr. Vally Zalman (geb. 12.7.1890 in Leipnik) war die erste Frau von Moriz Zalman. Die Ehe bestand von 1913 bis 1918.
667 Zitiert nach Eppel (1995): Bd.1, S. 79f. DÖW, 9301, Brief I. Harand an Rosl Triger, 4.8.1941.
668 DÖW, 18888/7, Brief I. Harand an Joseph Buttinger, 7.11.1940.

669 Columbia University, Herbert H. Lehman Suite and Papers (=CU-Lehmann), Anti Nazi League, The Anti-Nazi Bulletin, S. 10, November 1938, ‚The Paterson Dynasty'.
670 DÖW, 11059/4, Zeitungsausschnitt 23.11.1938.
671 LBI, Eric Lind Collection, Box 11, Folder II.
672 Hausner (1974): S. 382.
673 Georgetown University Library (=GUL), Special Collections, American Magazine, Box 14, Folder 45: Reverend Francis Walbot, S.J., America Presse to League of Catholic Women of Detroit, 1.6.1939.
674 DÖW, 11059/4, *Philadelphia Record*, 5.5.1939.
675 Ebenda, *The Jewish Times*, 5.5.1939, Irene Harand ‚Cure the disease!'
676 Ebenda, *Philadelphia Record*, 5.5.1939.
677 Ebenda, *Evening Bulletin*, 5.5.1939.
678 Ebenda, Catholic Forum to hear Author, o.D.
679 Ebenda, *Fall River Herald News*, 22.11.1939, ‚Nazism is called Disease by Refugee from Austria. To Participate in meeting'.
680 DÖW, 11059/2, *Lakewood Daily Times*, o.D., ‚„Brotherhood Week', February 18. – 25. 1940'. DÖW, 11059/4, „Committee Formed to promote unity", o.D.
681 DÖW, 11059/5, *The Vancouver Daily*, 29.1.1941, ‚Refugee here from Austria'; *Winnipeg Tribune*, ‚Author who wrote answer to ‚Mein Kampf' to speak here'.
682 Hintergrund der gemeinsamen Reise dürfte auch der Plan gewesen sein, auf Vancouver Island eine Kolonie von 30 österreichischen Emigranten zu gründen. Es ist unklar, ob der Plan verwirklicht werden konnte. Angeblich gab es die Erlaubnis der kanadischen Behörden zur Niederlassung von 17 Flüchtlingen. Tatsächlich lebte Helene Askenasy später in Vancouver. I. Harand jedoch blieb mit ihrem Mann weiter in New York. Vgl.: DÖW, 11059/5, „Distinguished Refugee", o.D.
683 Askanasy: Spinoza und de Witt. Neun Bilder vom Kampf der „Freiheit" um die Republik und ein Monolog, Zürich 1931.
684 LBI, Eric Lind Collection, Box 4, Folder 1, Harand Movement Vienna. Founder and Co-workers, A.W. Askenasy.
685 Zu I. Harands Frauenpolitischen Ansichten siehe: *Gerechtigkeit*, S. 1, 11.1.1934, ‚Die Rolle der Frau im Wiederaufbau des Staates'.
686 http://www.demokratiezentrum.org/search_agent/display_GLOSSAR1.asp?ID=194. (20.1.2003).
687 Neben Harand und Mayreder waren noch Eugenie Primavesi, Miriam Arrington-Schilder, Helene Askenasy, Baronin Christa Groedel, Sophie Hall und Grete Husak im Vorstand des Call Club.
688 WSLA, MA 119, Wiener Call Club, Brief Call Club an Magistratsabteilung „Vereinsbüro", 30.10.1934.
689 Ich folge – falls nicht anders ausgewiesen – der Darstellung von Greenberg (1990).
690 CU Lehman, Anti Nazi League, Box 221, Press Release 1943-1945, Anti Nazi League Activities Against racial Discrimination, 28.4.1944.
691 Ebenda, *The Anti-Nazi Bulletin*, S. 10, November 1938, ‚Defend America Now. Fight the Nazi Program'.
692 Ebenda, Anti Nazi League, Box 220, Folder 1942, Press Release 1942, 200 New York organisations Join Boycott against New York Daily News.
693 Ebenda, Anti-Nazi League Exposes Front for Bund; Club Adjoins Police Station, 4.6.1942.
694 Vgl. CU Lehman, Anti Nazi League, *The Anti-Nazi Bulletin*, S. 4, April 1943, ‚The Paterson Dynasty'.
695 CU Lehman, Anti Nazi League, Box 220, Folder 1942, Press Release 1942, 200 New York organisations Join Boycott against New York Daily News.
696 CU Lehman, Anti Nazi League, *The Anti-Nazi Bulletin*, S. 4, April 1943, ‚The Paterson Dynasty'.
697 CU Lehman, Anti Nazi League, Box 220, Folder 1942, Press Release 1942, 200 New York organisations Join Boycott against New York Daily News.
698 CU Lehman, Anti Nazi League, *The Anti-Nazi Bulletin*, S. 3, March 1943, ‚Women's Division Elects Officers'.
699 CU Lehman, Anti Nazi League, *The Anti-Nazi Bulletin*, S. 4, April 1943, ‚Women's Groups Hail of Anti Nazi League'.
700 CU Lehman, Anti Nazi League, *The Anti-Nazi Bulletin*, December 1943, ‚Women's Part in Anti-Nazi fight stressed by League'.
701 Ebenda.
702 DÖW, 7823, I. Harand an Angerl (Gertrude Kremser-Angermayr) 17.7.1946.

703 CU Lehman, Anti Nazi League, Box 221, Press Release 1943-45, I. Harand an Präsident Franklin D. Roosevelt, 12.4.1945.
704 Ebenda.
705 CU Lehman, Anti Nazi League, Box 221, Press Release 1943-45, I. Harand an My dear friend, 12.4.1945.
706 DÖW, 7823, Brief I. Harand an Angerl (Gertrude Kremser-Angermayr), 14.4.1946. Über die Aktivitäten der „World Mothers League" konnte nichts Weiteres in Erfahrung gebracht werden.
707 Eppel (Hg.) (1995): Bd. 2, S. 231.
708 Eppel (Hg.) (1995): Bd. 2, S. 286.
709 Eppel (Hg.) (1995): Bd. 2, S. 251.
710 Eppel (Hg.) (1995): Bd. 2, S. 286.
711 Neben der *Austrian American League* und dem *Free Austrian Movement* hatte Otto Habsburg auch Einfluss auf das *Austrian National Committee*, die *American Friends of Austria*, das *Austrian Committee* die *Pro Austrian Society* sowie die *Christian Socialist Party of Austria*. Publizistische Organe der Legitimisten waren das *Donau-Echo* und die *Voice of Austria*. Vgl. Eppel (Hg.) (1995): Bd. 2, S. 287.
712 National Archives, OSS (=NA) Int-4-Au-466, 15.2.1944. In diesem Bericht werden die früheren Legitimisten Frederick Taylor und Siegfried Altmann zitiert, die darüber berichten, dass es eine immer stärker werdende Tendenz unter früheren Legitimisten gäbe, die Verbindung mit Habsburg abzubrechen. Taylor wäre getäuscht worden, als er sich für das *Austrian Battalion* eingesetzt hat.
713 Eppel (Hg.) (1995): Bd. 2, S. 299f.
714 Eppel (Hg.) (1995): Bd. 2, S. 527-532.
715 NA, OSS, Int 4-Au 303, Foreign politics in the USA, The Austrians, Foreign Nationalities Branch. Office of the coordinator of information, August 1942, S. 18.
716 DÖW, 4231, Abschrift der Gestapo Berlin aus der Zeitschrift *Nouvelles D'Autriche* an Gestapo Wien betreffend Gründung des AAC, Jänner 1939.
717 I. Harand: Introduction to Literarischer und Musikalischer Abend, February 19, 1970. Boveland (1998): S. 254f. Boveland schreibt diesen Bericht der Gründungsversammlung der *Austrian American League* zu. Da aber Ernst Waldinger niemals legitimistisch gesinnt war, vielmehr eine sozialistische Weltanschauung hatte und auch mit dem Kommunismus sympathisierte, liegt der Schluss nahe, dass es sich bei diesem Bericht um die Gründung des *Austrian American Centers* gehandelt haben dürfte. Zu Waldingers politischer Weltanschauung: siehe Eppel (Hg.) (1995): Bd. 2, S. 684f.
718 DÖW, 4231, Abschrift der Gestapo Berlin aus der Zeitschrift *Nouvelles D'Autriche* an Gestapo Wien betreffend Gründung des AAC, Jänner 1939.
719 Z.B.: „This she (I. Harand, Anm. d. A.) did while she was still under the influence of her pro-Habsburg past traditions which have been relinquished in the meantime." NA, OSS Int 4-Au 114, Information on Austria groups supplied by Dr. Jan Papanek, Czechoslowak Information Service, 7.5.1942, S. 15.
720 Ebenda; Eppel (Hg.) (1995): Bd. 2, S. 285.
721 DÖW, 15948/18, Einladung der Austrian American League.
722 DÖW, 15060/41, Briefwechsel Ernst Carl Winter mit Irene und Frank Harand.
723 Brief Martin Fuchs an Ernst. In: Eppel (Hg.) (1995): Bd. 2, S. 248-252, 251.
724 DÖW, 6756/1, Zusammenstellung der Austrian Action betreffend deren Rundfunkexperten und Rundfunkaktivitäten im Frühjahr 1941.
725 NA, OSS, Int 4-AU-1, 29.4.1941.
726 DÖW, 11059/5, New York Post, 25.7.1940, ‚Vienna Wanderes mourn for Dollfuß at mass here'.
727 NA, OSS, Int 4-Au 710, Brief Devoit G. Poole an OSS, 5.2.1945.
728 NA, OSS, Int 4-Au 38, List of politically active Austrians in America. Submitted by Otto of Austria, 14.4.1942.
729 Ebenda.
730 Siehe DÖW, 7823, I. Harand an Angerl (Gertrude Kremser-Angermayr) 17.7.1946.
731 Die New Yorker Emigrantenzeitung *Aufbau* berichtete fast in jeder ihrer Ausgaben über die Deportationen und druckte auch Listen mit Namen der verschiedenen Transporte ab. Die Angaben dürften direkt von der Israelitischen Kultusgemeinde Wien stammen.
732 Dringlichste Frage war des Status der Exil-Österreicher in den USA. Nach dem Kriegseintritt der USA wurden alle und auch die ehemaligen Staatsangehörigen des Dritten Reiches zu „enemy aliens" er-

klärt, was dazu führte, dass alle Radioapparate abgegeben werden mussten, niemand eine Waffen besitzen durfte oder gewisse Jobs, die eventuell für Spionagetätigkeiten missbraucht hätten werden können, für Emigranten nicht offen standen. Es war sicherlich ein Erfolg der Exilorganisationen, insbesondere aber Ferdinand Czernin und seiner *Austrian Action* und dem Einfluss von Otto Habsburg im Weißen Haus zu verdanken, dass sich Österreichische Emigranten nicht als „enemy aliens" registrieren lassen mussten.

733 DÖW, 3071/15a, *Österreichische Rundschau*, 7.3.1942, ‚Bericht über den ‚Austrian Roll Call' der Austrian Action'.
734 NA, OSS, Int 4-Au 272, Austrian Scene, 31.5.1943.
735 Ebenda.
736 DÖW, 20733/1, Mitgliederliste des Austrian National Committees nach dem Stand vom 18.5.1942.
737 NA, OSS, Int 4-Au 710, Brief Devoit G. Poole an OSS, 5.2.1945.
738 NA, OSS, Int 4-Au 497, Aufbau and the Austrian Monarchists, 17.3.1944.
739 Boveland (1998): S. 233.
740 Boveland (1998): S. 235.
741 I. Harand: Speech of the occasion of the 30th anniversary of Austria's Anschluss, March 12, 1968. In: Boveland (1998): S. 248ff.
742 Boveland (1998): S. 257f.
743 Boveland (1998): S. 263.
744 Nachdem an der Stelle des alten österreichischen Kulturinstituts der viel beachtete Neubau des austro-amerikanischen Architekten Abraham errichtet worden war, wurde das Institut unter dem Namen *Austrian Forum* wiedereröffnet.
745 DÖW, 7823, Brief I. Harand an Gerda Angermeyer-Kremser, 18.2.1946.
746 Der ausführliche Briefwechsel ist im DÖW, 7823 zugänglich.
747 DÖW, 7823, I.Harand an Gerda Angermayr-Kremser, 14.4.1946.
748 DÖW, 7823, I. Harand an Gerda Angermayr-Kremser, 19.4.1947.
749 DÖW, 7823, I. Harand an Freunde, 22.8.1947.
750 DÖW, 15060/41, I. Harand an Ernst Carl Winter, 15.6.1956.
751 DÖW, 7823, I. Harand an Gerda Angermayr-Kremser, 18.8.1946. Es ist unwahrscheinlich, dass der Name ÖVP in Anlehnung an die gleichnamige Partei von Zalman und Harand der 1. Republik gewählt wurde. Zum ersten Mal fiel der Name ÖVP als möglicher Parteiname Ende 1939/Anfang 1940 bei einer Diskussion in Wien, bei der auch die späteren Gründungsväter der ÖVP, Lois Weinberger und Felix Hurdes, anwesend waren. Wenn auch auszuschließen ist, dass die ÖVP der Zweiten Republik programmatische Anleihen von der ÖVP der Ersten Republik genommen hat, so ist es zumindest nahe liegend, dass den Gründungsvätern der ÖVP 1945 ihr Namensvetter bekannt war. Lois Weinberger, dem die Namensgebung zugeschrieben wird, war befreundet mit Franz Sobek, der wiederum eng mit I. Harand kooperierte. Vgl.: Kriechbaumer (1995): S. 15. Weinberger (1948): S. 245.
752 Vgl. DÖW, 7823, I. Harand an Meine geliebten Freunde, 19.2.1947. Ihr Wunsch ging erst im Jahre 1965 in Erfüllung, es ist jedoch nicht bekannt, ob die Gemeinderatsfraktion der ÖVP diesen Antrag stellte.
753 DÖW, 15060/41, I. und Frank Harand an Ernst Karl Winter, 6.4.1953.
754 DÖW, 15060/41, I. und Frank Harand an Ernst Karl Winter, 15.6.1956.
755 DÖW, 7823, I. Harand an Gerda Angermayr-Kremser, 18.8.1946.
756 Franz Wedl hatte nach dem Tod seiner Frau Sophie Markely erneut geheiratet. Mit ihrer Stiefmutter Therese Wedl und einem Teil der großen Familie ihres Mannes blieb Harand nach 1945 in brieflichen Kontakt. Vgl. DÖW, 7823, I. Harand an „Meine Lieben", 21.11.1946.
757 Valerie Harand (geb. 20.3.1902), die einen Bruder von Frank Harand heiratete, starb im Jänner 1977 in New York.
758 Ein Verwandter aus Graz schrieb im Februar 1934 gar einen Leserbrief an die Wiener Ausgabe des *Stürmers*: „Geehrte Schriftleitung! In einigen Ihrer letzten Notizen wurde der Name Harand in ungünstigem Sinne erwähnt. Ich bitte Sie darum höflichst um Veröffentlichung meines Schreibens: Ich erkläre hiermit, wohl mit Frau Irene Harand verwandt, aber nicht blutsverwandt zu sein und dass meine Intentionen nicht im geringsten denen der Frau I. Harand geb. Wedl entsprechen. Demgemäß habe ich auch mit der Harand-Bewegung nicht das Geringste zu tun. Bei weiterer Erwähnung der Harand-Bewegung, besonders der Frau Irene Harand geb. Wedl in Ihrem geschätztem Blatte bitte ich Sie höf-

lichst daran zu denken und den Mädchennamen der Dame zu verwenden, da es nicht angeht, einen alten österreichischen Namen für durchsichtige Zwecke zu verwenden. Für ihr entgegenkommen im Voraus bestens dankend zeichne ich hochachtungsvoll, Ing. Josef Harand, Graz, Steirergasse 55 p.r. 7. Feber 1934." Vgl. *Stürmer*, 17.2.1934, S.8.

759 *Kursiv* gehaltene Texstellen sind von den Herausgebern hinzugefügt und heben die jeweilen Schlagwörter des zitierten Textes hervor. Die verwendeten Textstellen sind mit der Seitenangabe der betreffenden Kapitel im Original versehen. Einzelne Passagen wurden fallweise zusammengefügt (wird in den Fußnoten gesondert angemerkt), auch wenn sie im Original in verschiedenen Kapiteln zu finden sind.

760 *Gerechtigkeit*, S. 3, 1.8.1935.

761 RGWA 520/1/523, S. 188.

762 RGWA 520/1/522, S. 8; ,His Struggle. An answer to Hitler – translated by I. W. H. Maguire, C. S. V., The Artcraft Press, Chicago 1937 und Son Combat – réponse à Hitler, Bruxelles et Vienne, Verlag Gerechtigkeit 1936.

763 Die holländische Ausgabe, deren Finanzierung die Allgemeen Israelitische Verband in Amsterdam (Alliance Israélite Universelle) übernommen hatte, sollte bis 1.5.1938 erscheinen, wobei sich der Sponsor erbeten hatte, nicht erwähnt zu werden; RGWA 520/1/163, S7, Alliance Israélite Universelle, Amsterdam an Harandbewegung, 20.10.1936 sowie RGWA 520/1/164, Frau B. Spilker, Voorburg an Harandbewegung, 15.2.1938.

764 RGWA 520/1/173, S. 9, Dr. Sev. Pinkasfeld, Cairo an Harandbewegung Wien, 18. Jänner 1936;

765 LBI, Clara Ebert, München an I. Harand, 3.11.1937.

766 RGWA 520/1/194, S. 9, Herta Nadel, Kattowitz an Harandbewegung, 29.5.1936.

767 Hier nur ein Beispiel: „Am 17. 8. 1937 um 19 Uhr hat in Innsbruck in der Erlerstraße vor der Buchhandlung Kalkschmid eine Demonstration gegen das Buch ‚Mein Kampf' stattgefunden, an der sich etwa 60 Personen beteiligten. Die Demonstranten wurden durch die Polizei zerstreut, ein Hochschüler Namens Egon Weth wurde zur Polizei gebracht und dort verwarnt." RGWA 515/1/82, fol. 54 Bundeskanzleramt, Generaldirektion für öffentliche Sicherheit, Staatspolizeiliches Bureau, Situationsbericht 18.8.1937 9.00.

768 Freundliche Auskunft von Professor Rudolf Gelbard, ein jüdischer Überlebender, der sich kurz nach Kriegsende als Historiker mit dem Geschehen zu beschäftigen begann, Wien, 27.9.2000.

769 Harand (1935): Vorwort, S. 7-9.

770 *So oder So? Die Wahrheit über den Antisemitismus*, Wien 1933.

771 Sie bezieht sich dabei auf zahlreiche von ihr verfasste Artikel in der Wochenzeitschrift *Gerechtigkeit*.

772 Harand (1935): ex Kapitel – *Die Lüge, die Hauptwaffe des Hakenkreuzes*, S. 11-12.

773 Bis 1945 erscheinen unzählige Auflagen des Buches. Heute ist „*Mein Kampf*" für den kommerziellen Handel verboten, allerdings sind heute zahlreiche, unkommentierte Übersetzungen z.B. ins Englische und Russische vielfach als NS-Propagandawerk anzutreffen.

774 Harand (1935): ex Kapitel – *Der rasende Nationalismus*, S. 13-32.

775 Vgl. Kapitel *Vorgänger und geistige Wurzeln* ... I. Harand war seit Ende der 1920iger Jahre als Mitarbeiterin im *Kleinrentnerverband* tätig und begann sich seit dieser Zeit verstärkt gesellschaftspolitischen Fragen zu widmen.

776 Adolf Hitler: Mein Kampf, 631.-635. Auflage, München 1941, S. 32.

777 Kurt von Schleicher (1882-1934), 1932 im Kabinett Papen Reichswehrminister, Dezember 1932 bis Jänner 1933 Reichskanzler, 1934 von der SS ermordet.

778 Hindenburg Paul von Beneckendorf (1847-1934), Chef des deutschen Generalstabes im I. Weltkrieg, seit 1925 Reichspräsident als Nachfolger Friedrich Eberts.

779 Erich Klausener (1885-1934), deutscher Politiker, durch seinen politischen Gegensatz zur NS-Ideologie Opfer der ‚Röhm-Affäre'.

780 Kardinal Michael Faulhaber (1869-1952), seit 1917 Erzbischof von München und Freising, engagierter aber in letzter Zeit vermehr kritisch gesehener Gegner des Nationalsozialismus. Vgl. Rudolf Reiscr (2000): Kardinal Michael Faulhaber. Des Kaisers und des Führers Schutzpatron, Buchendorfer Verlag, München sowie die Ausstellung „Kardinal Michael von Faulhaber 1869 bis 1952" Juni/Juli 2002 im Stadtarchiv München.

781 Tatsächlich gab es in Österreich seit 1918 mehrere Anschlussbewegungen an Deutschland, die sich aber in ihrer Zielrichtung und politischen Gesinnung unterscheiden. Die NS-Propaganda hat – be-

sonders 1938 vor der Volksabstimmung – diese vorangegangenen Anschlussbewegungen für sich ausgenutzt und deren unterschiedliche Beweggründe bewusst verwischt.
782 Engelbert Dollfuß (1892-1934), österreichischer Bundeskanzler, Vertreter eines autoritären Kurses unter Ausschaltung des Parlaments, am 25. Juli 1934 während eines NS-Putschversuches im Wiener Bundeskanzleramt erschossen.
783 Dollfuß versuchte im Herbst 1933 durch die Gründung einer Einheitsbewegung *Vaterländische Front*, seit 1934 alleinregierende, autoritär-faschistische Partei, eine Einigung aller politischen Lager in Österreich herbeizuführen.
784 Hitler: Mein Kampf, S. 385.
785 Harand (1935): vorgezogene Textstelle (Absatz) ex Kapitel – *Die Bilanz des Hakenkreuzes*, S. 224-228.
786 Z.B.: „Widerwärtig war mir das Rassenkonglomerat, dass die Reichshauptstadt zeigte, wiederwärtig dieses ganze Völkergemisch aus Tschechen, Polen, Ungarn, Ruthenen, Serben und Kroaten usw., zwischen allem aber als ewiger Spaltpilz der Menschheit – Juden und wieder Juden." Hitler: Mein Kampf, S. 135.
787 Hitler: Mein Kampf, S. 367.
788 Hitler: Mein Kampf, S. 370.
789 Hitler: Mein Kampf, S. 370f. Harand hat diese Passage nicht wortwörtlich wiedergegeben. Sie hat Sätze gekürzt bzw. ausgelassen. Im Original liest sich die Passage wie folgt: „Die Nationalisierung der breiten Massen kann niemals erfolgen durch Halbheiten, durch schwaches Betonen eines so genannten Objektivitätsstandpunktes, sondern durch rücksichtslose und fanatisch einseitige Einstellung auf das nun einmal zu erstrebende Ziel. *Das heisst also, man kann ein Volk nicht ‚national' machen im Sinne unseres heutigen Bürgertums, also mit soundso viel Einschränkungen, sondern nur nationalistisch mit der ganzen Vehemenz, die dem Extrem innewohnt. Gift wird nur durch Gegengift gebrochen, und nur die Schalheit eines bürgerlichen Gemüts kann die mittlere Linie als den Weg ins Himmelreich betrachten.* Die breite Masse eines Volkes besteht weder aus Professoren noch aus Diplomaten. *Das geringste abstrakte Wissen, das sie besitzt, weißt ihre Empfindungen mehr in die Welt des Gefühls.* Dort ruht ihre entweder positive oder negative Einstellung. Sie (Die Masse) ist nur empfänglich für eine Kraftäußerung *in einer dieser beiden Richtungen* und niemals für eine *zwischen beiden schwebende* Halbheit. Ihre gefühlsmäßige Einstellung *aber bedingt zugleich ohre außerordentliche Stabilität. Der Glaube* ist schwerer zu erschüttern als das Wissen(.), Liebe unterliegt weniger dem Wechsel als (die) Achtung (.), Haß ist dauerhafter als Abneigung, und die Triebkraft zu den gewaltigsten Umwälzungen auf dieser Erde lag zu allen Zeiten weniger in einer wissenschaftlichen Erkenntnis als in einem die Masse beseelenden Fanatismus und manchmal in einer sie vorwärts jagenden Hysterie." Anm. d. Hg: Kursiv gesetzt sind die Auslassungen, in Klammer die Hinzufügungen von Irene Harand.
790 Hitler: Mein Kampf, S. 371f.
791 Gustav Stresemann (1878-1929), deutscher Politiker, seit 1923 bis zu seinem Tod Reichsaussenminister, Vertreter eines Verständigungskurses mit Frankreich.
792 Harand (1935): ex Kapitel – Der Rassenwahn, S. 33-50.
793 SA (Sturmabteilung) Paramilitärischer Wehrverband der NSDAP.
794 Hitler: Mein Kampf, S. 317f.
795 Harand (1935): ex Kapitel – *Die „rassischen" Eigenschaften der Juden*, S. 51-87.
796 Dieses Zitat entnahm I. Harand der Broschüre von Adolf Schlucks: Kampf dem Hakenkreuz, Berlin 1930, S.4. Die *Essener Volkswacht* war die sozialdemokratische Zeitung für Essen und Umgebung und erschien zwischen 1926 und 1933.
797 In der ersten Auflage von *Sein Kampf*, S. 58/59 und S. 286 wird auf Grund von Zeitungsmeldungen berichtet, dass die Fechterin Helene Mayer Selbstmord begangen hatte. Dieser Fehler wurde nach einem Hinweise eines Lesers in der zweiten Auflage korrigiert. RGWA 520/1/232, S. 29, Harandbewegung an Max Reich, Neu-Titschein ČSR, 9.3.1936.
798 Theodor Herzl (1860-1904), österreichischer Journalist, Begründer des politischen Zionismus mit dem Ziel der Gründung eines Staates für die Juden.
799 Harand (1935): ex Kapitel (Absatz) – *Die „Protokolle der Weisen von Zion"*, S. 198-199.
800 Harand (1935): ex Kapitel – *Die Lüge vom jüdischen Wucher*, S. 88-102.
801 Harand (1935): ex Kaptiel – *Die Lügen über den Talmud*, S. 102-116.
802 Harand (1935): ex Kapitel – *Die Ritualmordlüge*, S. 117-130.
803 Franz Delitsch (1813-1890), Bibelübersetzer und einer der Begründer der Wissenschaft vom Judentum. Theodor Nöldecke (1836-1930), deutscher Orientalist.

804 Früher Teil Ostgaliziens bzw. der Republik Polen, heute Teil der Ukraine.
805 Harand (1935): ex Kapitel – *Jüdischer Idealismus und Opfermut*, S. 131-195.
806 Harand (1935): ex Kapitel – „*Die Protokolle der Weisen von Zion*", S. 196-215.
807 Hitler: Mein Kampf, S. 337.
808 Harand (1935): ex Kapitel – „*Juden sehen Dich an*", S. 216-276.
809 Harand (1935): ex Kapitel – *Die Bilanz des Hakenkreuzes*, S. 277-333.
810 Genaue Lebensdaten unbekannt, verstorben in den späten 60iger Jahren des 20. Jahrhunderts, Religionslehrer in Rathenow/Deutschland. Schon 1933 in mehreren NS-Lagern, veröffentlichte 1934 seine Erlebnisse in Buchform, nach seiner Entlassung gelang ihm die Flucht nach England.
811 Harand (1935): Schlussbetrachtung, S. 334-350.

Anhang

Literaturverzeichnis

Diese Aufstellung beinhaltet die Vollzitate der in den einzelnen Kapiteln gekürzt angegebenen Literatur und darüber hinaus weiterführende Arbeiten zum Thema.

Adler-Rudel, S. (1968): The Evian Conference on the Refugee Question; In: Year Book XIII of the Leo Baeck Institute (London), S. 235-273.

Bailer-Galanda, B. (1990): Zur Rolle der Frauen im Widerstand oder die im Dunkeln sieht man nicht; In: Jahrbuch. Dokumentationsarchiv des österreichischen Widerstandes 1990, S. 13-22.

Bailer, B. und W. Neugebauer (1993): Dreißig Jahre Dokumentationsarchiv des österreichischen Widerstandes (1963-1993); In: Jahrbuch. Dokumentationsarchiv des österreichischen Widerstandes 1993, S. 6-34.

Bartoszewski, W. (1993): Der Widerstand – ein Begriff von damals und heute. Festvortrag anläßlich der Jahresversammlung des Dokumentationsarchivs des österreichischen Widerstandes im Alten Rathaus, Wien, 13. März 1992; In: Jahrbuch. Dokumentationsarchiv des österreichischen Widerstandes 1993, S. 44-51.

Bauriedl, T. (1993): Käthe Leichter und Sophie Scholl – Frauen im Widerstand; In: Jahrbuch. Dokumentationsarchiv des österreichischen Widerstandes 1990, S. 4-12.

Boberach, H. (1968): Meldungen aus dem Reich. Auswahl aus den Lageberichten des Sicherheitsdienstes der SS 1939-1944, München.

Boveland, B. (1993): Exile and identity. Narratives of American Jewish Refugees from Nazi Austria, New York.

Coudenhove-Kalergi, H. (1929): Das Wesen des Antisemitismus – eingeleitet durch Antisemitismus nach dem Weltkriege von R. N. Coudenhove-Kalergi, Wien-Leipzig-Paris.

Coudenhove-Kalergi, R. N. (1936?): Judenhaß von heute – Das Wesen des Antisemitismus von H. Coudenhove-Kalergi, Wien-Zürich.

Coudenhove-Kalergi, R. N. (1966): Paneuropa 1922 bis 1966, Wien.

Derman, E. (1988): Aber unsere Stimme drang nach Österreich. Widerstand aus dem Exil via Radio; In: Medien und Zeit 1988/3, S. 31-35.

Dokumentationsarchiv des Österreichischen Widerstandes (Hg.) (1985²): Kampf um Österreich. Die *Vaterländische Front* und ihr Widerstand gegen den Anschluß 1933-1938. Eine Dokumentation, Wien.

Dokumentationsarchiv des Österreichischen Widerstandes (Hg.) (1988): Der österreichische Freiheitskampf. 25 Blätter mit nachgedruckten Photos, Dokumenten, Flugblättern und Zeitungen über Verfolgung und Widerstand von Österreichern 1934 bis 1945, bearbeitet von Hermann Dworczak und Peter Eppel, Wien.

Dokumentationsarchiv des Österreichischen Widerstandes (Hg.) (1998): Gedenken und Mahnen in Wien 1934-1945. Gedenkstätten zu Widerstand und Verfolgung, Exil, Befreiung. Eine Dokumentation, Bearbeitung von Herbert Exenberger, Heinz Arnberger, unter Mitarbeit von Claudia Kuretsidis-Haider, mit einem Vorwort von Heidemarie Uhl, Red. von Christa Mehany-Mitterrutzner; Wien.

Dor, M. (1988): Die österreichische Schizophrenie oder Pflicht zum Widerstand; In: Das jüdische Echo. Zeitschrift für Kultur und Politik 1988/37, S. 69-75.

Eichstädt, U. (1955): Von Dollfuß zu Hitler. Geschichte des Anschlusses Österreichs 1933-1938, Wiesbaden.

Eppel, P. (Hg.) (1995): Österreicher im Exil. USA 1938-45, Bd. 1 u. 2, Wien.

Eppel, P. (1990): Der Schwerpunkt Exilforschung im Dokumentationsarchiv des österreichischen Widerstandes; In: Jahrbuch. Dokumentationsarchiv des österreichischen Widerstandes 1986, S. 104-112.

Fischer, Z. (1932): Die Hakenkreuzler, Wien.

Fischer, Z. (1932): Die Nazisozi, Wien.

Fried, J. (1947): Nationalsozialismus und Katholische Kirche in Österreich, Wien.

Galanda, B. (1987): Die Maßnahmen der Republik Österreich für die Widerstandskämpfer und Opfer des Faschismus – Wiedergutmachung; In: Verdrängte Schuld, verfehlte Sühne. Entnazifizierung in Österreich 1945 bis 1955, Symposion des Instituts für Wissenschaft und Kunst, Wien, März 1985, S. 137-149.

Greenberg, K.G (1990): The Non-Sectarian Anti-Nazi League to Champion Human Rights Papers; In: Archives of the Holocaust. An International Collection of selected Documents. 6. Columbia University Library, New York.

Grisold, M. (1996): Das Bild der Rolle der österreichischen Frau im Widerstand von 1934-1945. Ein Literaturvergleich, unveröffentlichte Diplomarbeit der Universität Wien, Wien.

Haag, J. A. (1981): A Women's struggle against Nazism: Irene Harand and Gerechtigkeit; In: Wiener Library Bulletin 34, neue Serie 53-54, S. 64-72.

Haag, J. (1994): Irene Harand (1900-1975) and the Rise and Resistance to Antisemitism in Austria; In: Historic World leaders 2, Europe A-K (ed. Anne Commire, Deborah Klezmer), Detroit-Washington DC-London, S. 579-589.

Hanisch, E. (1985): Gab es einen spezifischen österreichischen Widerstand? In: Zeitgeschichte 1985/12, 9/10, S. 339-350.

Hanisch, E. (1988): Die Erste Republik; In: Geschichte Salzburgs. Stadt und Land II Neuzeit und Zeitgeschichte, S. 1057-1120.

Hausjell, F. (1988): Mutig und gerecht. Der Kampf der österreichischen Publizistin Irene Harand gegen Antisemitismus und Nationalsozialismus; In: Multimedia – Zeitschrift für kritische Medienarbeit 1, S. 1-2.

Hausner, J. (1974): Irene Harand and the Movement against Racism, Human Misery and War, 1933-1938, unveröffentlichte Dissertation der Columbia University, New York.

Hudal, A. (1937): Die Grundlagen des Nationalsozialismus, Wien-Leipzig.

Jagschitz, G. (1990): Individueller Widerstand; In: Widerstand und Verfolgung in Niederösterreich 1934-1945; Dokumentation. 3 Bde., mit einem Personen- und Ortsregister und einem Bildteil. Auswahl, Bearbeitung und Zusammenstellung Heinz Arnberger und Christa Mitterrutzner, S. 517-601.

Jagschitz, G. u. St. Karner (1996): Beuteakten aus Österreich – Der Österreichbestand im russischen „Sonderarchiv" Moskau, Graz-Wien.

Karl von Vogelsang-Institut (Hg.) (1990): Gelitten für Österreich. Christen und Patrioten in Verfolgung und Widerstand, Wien.

Kindermann, G. K. (1987): Zur Rolle Österreichs in der Frühphase des Widerstandes europäischer Staaten gegen den Nationalsozialismus; In: Christliche Demokratie 1987/5, S. 101-128.

Körber, R. (1939): Rassesieg in Wien, der Grenzfeste des Reiches, Wien.

Kriechbaumer, R., Schausberger, F. (Hg.) (1995) Volkspartei – Anspruch und Realität. Zur Geschichte der ÖVP seit 1945, Wien.

Kugler, M.G. (1991): Zur Frühdiagnose des Nationalsozialismus. Christlich motivierter Widerstand in der österreichischen Publizistik, Dissertation Universität Graz, Graz.

Lauber, W. (Hg.) (1987): Wien. Ein Stadtführer durch den Widerstand 1934 bis 1945, Wien-Köln-Graz; In: Markierungen, Reisen im Alltag. 1/1987, S. 229.

Lichtblau, A. (2001): Antisemitismus – Rahmenbedingungen und Wirkungen auf das Zusammenleben von Juden und Nichtjuden http://www.sbg.ac.at/ges/people/lichtblau/antisem.htm (08. Oktober 2001).

Liebmann, M. (1987): Vom Appeasement zum Widerstand. Kardinal Theodor Innitzers Versuch eines Arrangements Kirche-Staat; In: 1938 – Anatomie eines Jahres, S. 311-351.

Lindner, G. (1988): Der österreichische Widerstand gegen den Nationalsozialismus und seine Behandlung im Zeitgeschichteunterricht; In: Zeitgeschichte 1988/15, 5, S. 196-220.

Lugmayer, F. (1987): Cyrill Fischer – ein vergessener Kämpfer in Wort und Tat gegen den Nationalsozialismus; In: 90 Jahre christlichsoziale und christlich-demokratische Kommunalpolitik in Wien, S. 203-219.

Lugmayer, F. (1990): Der Franziskanerpater Cyrill Fischer; In: Mühlviertler Heimatblätter 1989/29, S. 4-11.

Mayer, A. (1996): Am Anfang stand ‚Paneuropa'. Die Idee des Grafen Coudenhove-Kalergi; In: Das jüdische Echo. Zeitschrift für Kultur und Politik 1996/45: 64-67.

Meisels, M. (1996): Die Gerechten Österreichs, hrsg. von der österreichischen Botschaft in Tel Aviv, Tel Aviv.

Molden, O. (1958): Der Ruf des Gewissens – der österreichische Freiheitskampf 1938-1945, Beiträge zur Geschichte der österreichischen Widerstandsbewegung, Wien.

Mulley, K. D. (1988): Österreicher und der Nationalsozialismus: Mitläufertum als Normalität – Widerstand als Ausnahme; In: Politische Bildung – Zeitschrift für Erwachsenenbildung 1988/10, S. 23-34.

Neugebauer, W. (1986): Was ist Widerstand; In: Jahrbuch. Dokumentationsarchiv des österreichischen Widerstandes 1986, Wien, S. 61-71.

Panzenböck, E. (1988): Widerstand zum Nationalsozialismus in Österreich 1933-1945; In: Politische Bildung – Zeitschrift für Erwachsenenbildung 1988/10, S. 10-16.

Pauley, B. F.: Eine Geschichte des österreichischen Antisemitismus – Von der Ausgrenzung zur Auslöschung, Wien, 1993.

Paupié, K. (1960): Handbuch der österreichischen Pressegeschichte, Bd. 1, Wien.

Pjatigorskij, A. (2001): Erinnerungen an einen fremden Mann, Wien-Bozen.

Plechl, P. M (1985): Richard Coudenhove-Kalergi 1894-1972; In: Große Österreicher, S. 244-245.

Posselt, M. (1987): Richard Coudenhove-Kalergi und die Europäische Parlamentarier-Union. Die parlamentarische Bewegung für eine Europäische Konstituante (1946-1952). 2 Bde, unveröffentlichte Dissertation der Universität Graz, Graz.

Posselt, M. (1993): „Ich bin seit dem Zusammenbruch meines österreichisch-ungarischen Vaterlandes ein überzeugter Patriot". Richard Coudenhove-Kalergi, Paneuropa und Österreich 1940-1950; In: Österreich und die europäische Integration 1945-1993 – Aspekte einer wechselvollen Entwicklung, S. 367-404.

Rütgen, H. (1989): Antisemitismus in allen Lagern – Publizistische Dokumente zur Ersten Republik Österreich 1918-1938 (= Dissertationen der Karl-Franzens-Universität Graz 78), Graz.

Sandkühler, H. J. und R. de la Vega (Hg.) (1970): Austromarxismus – Texte zu „Ideologie und Klassenkampf" von Otto Bauer, Max Adler, Karl Renner, Sigmud Kunfi, Béla Fogarasi und Julius Lengyel, Wien.

Schallhart, V. und S., Ganglmair (1994): Der Schwerpunkt Exil im Dokumentationsarchiv des österreichischen Widerstandes seit 1986; In: Jahrbuch. Dokumentationsarchiv des österreichischen Widerstandes 1994, S. 138-142

Schoeps, J. H. (1996): Richard Graf von Coudenhove-Kalergi und die Anfänge der Paneuropäischen Union; In: Das jüdische Echo. Zeitschrift für Kultur und Politik 1996/45, S. 61-63.

Schopper, H. (1942): Presse im Kampf. Geschichte der Presse während der Kampfzeit der NSDAP (1933-1938) in Österreich, Berlin-München-Wien.

Schuh, C. (1994): „Österreichische Frauen im Widerstand". Eine Untersuchung über die Beweggründe für die Widerstandstätigkeit gegen den Nationalsozialismus, den Widerstand an sich sowie dessen unmittelbare Auswirkungen, unveröffentlichte Diplomarbeit der Universität Wien, Wien.

Seeber, U. und A. Douer (1999): Frauen aus Wien – Ein Fotoband mit Texten, hg. vom Frauenbüro der Stadt Wien, Wien.

Simon, J. T. (1979): Erinnerungen eines österreichischen Sozialisten – eine sehr persönliche Zeitgeschichte, herausgegeben von Wolfgang Neugebauer, Wien.

Simon, W. (1971): The Jewish Vote in Austria; In: Leo-Baeck-Institute Yearbook 16, S. 97-147.

Staudinger, A. (1990): Katholischer Antisemitismus in der Ersten Republik; In: Eine zerstörte Kultur. Jüdisches Leben und Antisemitismus in Wien seit dem 19. Jahrhundert, Buchloe, S. 247-270.

Steffek, A. (1999): Rosa Jochmann – „Nie zusehen, wenn Unrecht geschieht." – Ihr Leben und Wirken von 1901-1945 als Grundlage für ihre Mahnung gegen Faschismus, Nationalsozialismus und das Vergessen, Wien.

Stepan, R. (1988): Der österreichische Abwehrkampf gegen den Nationalsozialismus; In: Die Lehre. Österreich. Schicksalslinien einer europäischen Demokratie, S. 97-124.

Stromberger, Ch. (1996): Irene Harand – eine „Gerechte" (1900-1975) – Die Harand-Bewegung, untersucht anhand der Zeitschrift „Gerechtigkeit. Gegen Rassenhaß und Menschennot" (1933-1938), unveröffentlichte Diplomarbeit der Universität Graz, Graz.

Tidl, G. (1977): Die sozialistischen Mittelschüler Österreichs von 1918 bis 1938, Wien.

Trallori, L. N. (1985): Der „verschwiegene" Widerstand; In: Zeitgeschichte 1985 12/5, S. 151-164.

Union der österreichischen Juden (Hg.) (1937): Festschrift zur Feier des 50jährigen Bestandes der Union österreichischer Juden, Wien.

Verosta, St. (1983): Paneuropa 1923. Richard Coudenhove-Kalergis Staatenbundidee; In: Das größere Österreich – Geistiges und soziales Leben von 1880 bis zur Gegenwart. Hundert Kapitel mit einem Essay von Ernst Krenek: Von der Aufgabe, ein Österreicher zu sein, S. 247-249.

Weinberger, L. (1948): Tatsachen, Begegnungen und Gespräche. Ein Buch um Österreich, Wien.

Weinzierl, E. (1963): Österreichs Katholiken und der Nationalsozialismus; In: Wort und Wahrheit – Zeitschrift für Religion und Kultur 18, S. 417-439 und 493-526.

Weinzierl, E. (1983): Kirche und Politik; In: Österreich 1918-1938. Geschichte der Ersten Republik, herausgegeben von E. Weinzierl und K. Skalnik, Bd. 1, Graz-Wien-Köln, S. 437-496.

Weinzierl, E. (1990): Die Anfänge des österreichischen Widerstandes; In: Österreich, Deutschland und die Mächte. Internationale und österreichische Aspekte des ‚Anschlusses' vom März 1938. Symposion der Österreichischen Akademie der Wissenschaften vom 22. bis 24. Februar 1988 Österreich, Deutschland und die Mächte, S. 511-526 und 527-532.

Weinzierl, E. (1991): Christliche Solidarität mit Juden am Beispiel Irene Harands (1900-1975); In: Israel und Kirche heute, Beiträge zum christlich-jüdischen Dialog (= Ehrlich Festschrift, hg. V. M. Marcus, E. W. Stegemann, E. Jenger), Freiburg-Basel-Wien.

Weinzierl, E. (1997): Widerstand, Verfolgung und Zwangsarbeit 1934-1945; In: Rolf Steiniger, Michael Gehler (Hrsg.): Österreich im 20. Jahrhundert. Ein Studienbuch in zwei Bänden. Bd 1: Von der Monarchie bis zum Zweiten Weltkrieg. Bd 2: Vom Zweiten Weltkrieg bis zur Gegenwart, S. 411-463. Wien-Köln-Weimar 1997.

Weinzierl, E. (1969/1997⁴): Zu wenig Gerechte. Österreicher und Judenverfolgung 1938-1945, Graz-Wien-Köln 1962, ²1985.

Winter, E. K. (1936): Monarchie und Arbeiterschaft, Beiheft zu den Wiener politischen Blättern, September 1936.

Zalman, M. (1917): Das Recht der Kriegsgeschädigten auf volle Genugtuung, Wien (zur Existenz dieser Broschüre, die nicht in der ÖNB vorhanden ist, fand sich nur ein Hinweis im RGWA 520/1/22, S. 23).

Zalman, M. (o.D.): Der Verzweiflungskampf der Kleinrentner und Sparer. Ein Hypothekenprozess, Wien.

Zalman, M. (o.D.): Heraus mit der Ausgleichsabgabe. Entwurf eines Gesetzes über die gerechte Verteilung der Schäden der Geldentwertung und über den Wiederaufbau, Wien.

Zalman, M. (1920): Vermögensabgabe, Notenbank, Noteneinlösung, Wien.

Zalman, M. (1924): Die Valorisierung von Kronenforderungen nach österreichischem Recht, Wien.

Zalman, M. (1926): Die Kleinrentnerfrage in Österreich. Gemeinverständlich dargestellt von Rechtsanwalt Dr. Moriz Zalman, Wien.

Zalman, M. (1932): Die Beseitigung der Not durch Schaffung neuer Kaufkraft. Ein Fünfjahresplan für Österreich und Europa ohne Inflation und Auslandsanleihen, Wien.

Zalman, M. (1933): Die Welt ohne Gold und Hunger, Wien.

Zangerle, J. (1933): Zur Situation der Kirche; In: Der Brenner 14.

Zeitungsartikel (nach 1945):

Aronsfield, C. T. (1975): Great Hearted Champion of Justice. In Memoriam Irene Harand; in: AJR-Information, Nr. 7 (January).

Begov, L. (1975): Irene Harand. Zum Tode einer Gerechten – Nachruf; In: Illustrierte Neue Welt, Nr. 6 (Mai).

Huemer, G. und B. Glaser (1988): Irene Harand; In: Welt der Frau, Wien Oktober, S. 10-12.

Klösch, C. u. K. Scharr (2000): Leben für eine Überzeugung – Biographische Anmerkungen zu Leben und Wirken Irene Harands; In: Gedenkdienst 3/2000, S. 1-3.

o. A. (1970): Wiener Kurier, 5.9., S. 7.

o. A. (1970): Die Presse (Wiener Ausgabe), 5./6. 9., S.8.

o. A. (1975): Die Presse, 21.2., S. 4, Kleine Chronik – Todesfälle.

Scharr, K. (2001): Irene Harand. Leben für eine Idee; In: Dialog – christlich-jüdische Informationen Nr. 43, Wien, S. 4-11

Sobek, F. (1947): Eine große Österreicherin; In: Wiener Kurier, 31.5.1947, S. 6.

Vettermann, D. (2002): Buch erinnert an großes Werk für Österreich – Bewegung gegen Rassenhass, Kronenzeitung (Wiener Ausgabe), 23.5.2002, Lokales, S. 12.

Weinzierl, E. (2000): Ein Leben für die Gerechtigkeit – Erika Weinzierl zum 100. Geburtstag von Irene Harand (1900-1975); In: Der Standard, 27.9.2000, S. 18.

Quellenverzeichnis

Archiv für Phonodokumente der Russischen Föderation Moskau
Schallplatte Irene Harand, Archiv-Nr. 47026-P (1-2), pr. Nr. 747/748

Archiv des Instituts für Zeitgeschichte, München
Aktenzahl 3176/63, Bestand Dc15.02, ‚Der Reichsführer SS Der Chef des Sicherheitshauptamtes – Erfassung führender Männer der Systemzeit', Juni 1939

Berlin Document Center (BDC)
ZA I 1633 – Abschriften aus dem Schriftverkehr der Harandbewegung
ZA VI 3219 – SD-Hauptamt/Sonderkommando II, Bericht

Columbia University, Rare Book and Manuscript Library, New York (CU-RBML)
Bulletin of the Anti Nazi League

Columbia University, Herbert H. Lehman Suite and Papers at Columbia University, (New York) (CU-Lehman)
Nachlass der Anti Nazi League

Diözesanarchiv der Erzdiözese Wien und der Diözese Graz-Seckau
Wien: Briefprotokolle Innitzer (Ein- und Auslauf) auch Präsidiale 1932-1938
Gestionsprotokolle 1932-1938
Diözesanblatt Wien 1932-1938
Indices 1932-1938 Zentralvaria und Varia
Graz: Diözesanarchiv Graz, Pfarrakten, Murau-Kirche

Dokumentationsarchiv des österreichischen Widerstandes – Wien (DÖW)
6756/1 Nachlass Minister Dr. Martin Fuchs
7596 Inspekteur der Sicherheitspolizei, Nachlass Irene Harand
7823 Schriftverkehr Irene Harand
9301 Schriftverkehr
10795 Austro-American-Centre
11059/1-5 Schriftverkehr/Zeitungsartikel
11164 Austrian Action
15948/18 Austrian-American League
15060/41 Schriftverkehr
17599 Abteilung II, II (N) 138/38
19400/74 Brief Gestapo
20100/3589 Lebenslauf
20733/1 Austrian National Committees

Georgetown University Library/Special Collections, Washington DC (GUL)
Nachlass des „American Magazine"

GESTAPO-Archiv – Warschau (GAW)
Główna Komisja Warschau
Sign. 362 Reichssicherheitshauptamt,
597 – Harand-Bewegung

Leo Baeck Institute – New York (LBI)
Eric-Lind-Collection, Wiener Library

National Archives, Washington, DC (NA)
Akten des Office of Secret Service (OSS) über die österreichische Emigration

Österreichische Nationalbibliothek (ÖNB)
Flugblättersammlung
1930 Mappe 12   23 Neg.-Nr.   3004 – Wähler Massenversammlung der ÖVP
                                    3005 – Wählerversammlung am 5. 11. 1930
1931/32 Mappe 17   50 Neg.-Nr.   7453 – Sonderausgabe der ‚Welt am Morgen'
                                    7454 – Sonderausgabe ‚Welt am Morgen'
                                    2307, 2315, 7455, 7456, 7457, 7458, 7459,
                                    7460, 7461, 7462 Wahlplakate

Österreichisches Staatsarchiv (ÖSTA)
104/Gauakten Nr. 74328, Parteiarchiv – Großdeutsche Volkspartei Karton LXVIII ‚Z',
Präsidentschaftskanzlei 75682/70

Wiener Stadt- und Landesarchiv (WSLA)
MA 119 – 170/24   Verband der Sparer und Kleinrentner Österreichs
MA 119 – 6799/30   Österreichische Volkspartei (ÖVP)
MA 119 – 5848/31   Verband der Handels- und Gewerbetreibenden der ÖVP
MA 119 – 3548/38   Verband des Unterstützungsvereins der Kleinrentner und Sparer Österreichs
MA 119 – 9160/33   Harandbewegung, Landesverband für Österreich
Landesgericht für Strafsachen Wien, VR 138/39, Strafverfahren gegen Zalman, Breuer, Kovarik, Bundespolizeidirektion Wien

Wiener Stadt- und Landesbibliothek (WSTLB)
Archiv des Neuen Wiener Tagblattes

Yad Vashem Archive – Jerusalem (YVA)
Personen-Akt ‚Irene Harand' (Verleihung des Titels einer ‚Gerechten unter den Völkern')

Zentrales Kriegsarchiv der Russländischen Förderation in Moskau
Zentral'nij Voennij Archiv Rossijskoj Federazii (RGWA)
Die erste (fett gesetzte) Zahl verweist immer auf den Bestand (‚Fond'), die darauffolgende auf die untergeordnete Einheit des Findbuches (‚Opis') und die letzte auf den Akt bzw. den konkreten Faszikel (‚Delo').

500 – *Hauptverwaltung des Staatssicherheitsdienstes in Deutschland (SD) Stadt Berlin – Reichssicherheitshauptamt*
/1 – 1914-1945
    /198 – Israelitische Allianz Wien
    /617 – Abschlussarbeiten des Österreichischen Auswertungskommandos
    /859 – Auswertungsberichte zur B'nai B'rith
/2 – 1890-1945 (Österreich ab Faszikel 188-191)
    /272 – Berichte der Staatspolizei
/3 – 1921-1945
    /315 – Berichte und Adresse über jüdische Organisationen in Österreich
/4 – 1922-1945
    /48 – Lagebericht der Abteilung II 112
    /260 – Österreichisches Auswertungskommando Abschriften aus dem Privatschriftverkehr des Grafen Coudenhove-Kalergi
    /372 – Berichte über Österreich
    /381 – Berichtsammlungen des Sicherheitsdienstes aus dem Ausland
/5 – 1917-1944
/6 – 1918-1945

514 – *Generalsekretariat der Vaterländischen Front 1918-1938*
/1   /13 – Schriftverkehr mit Organisationen
    /34 – Pan Europabewegung 1934
    /361 – Flugblatt-Denkschrift des Antisemitenbundes 1935
    /630 – Brief von Moriz Zalman an Kurt Schuschnigg 1935
    /750 – Bericht der Polizei über Irene Harand 1937
/3   /304 – Verwarnung wegen der Schreibweise der Zeitung ‚Gerechtigkeit' 1935

515 – *Bundeskanzleramt Wien*
    /1/85 – Situationsberichte der Generaldirektion für öffentliche Sicherheit
    /1/143 – Bericht über die in Wien erscheinenden Journale, Juli 1937
    /3/302 – Österreichischer Esperantobund
    /3/304 – Bericht über die Tätigkeit der ‚Gerechtigkeit' bezüglich von Anschuldigungen gegenüber Mitgliedern ausländischer Regierungen 1935

520/1 und 2 – *‚Harandbewegung – Weltorganisation gegen Rassenhass und Menschennot'*
/1 – insgesamt 600 Faszikel
Inhaltsübersicht:

		Faszikel
1.	Statuten, Anordnungen, Programm, Protokolle, Instruktionen, Aufruf	1-13
2.	Biographische Angaben über die Leiterin der Organisation Irene Harand	14-17
3.	Korrespondenz über Anwerbung und Tätigkeit der Abo-Werber	18-61
4.	Beitrittserklärungen zur Organisation	62-63
5.	Korrespondenz mit Abonnenten der Zeitschrift ‚Gerechtigkeit'	64-277
6.	Verzeichnis der Abonnenten der Zeitschrift ‚Gerechtigkeit', der Anhänger der Harandbewegung u. a.	278-355

7. Korrespondenz über Hilfeleistungen der Wiener Bevölkerung   356-385
8. Einladungsbriefe an Irene Harand   386-387
9. Pläne zur Herausgabe der Zeitschrift ‚Gerechtigkeit'   388-389
10. Bestellungen der Zeitschrift und von Büchern   390 395
11. Aufsätze, Broschüren, Referate u. ä.   396-528
12. Dokumente über die Finanzen und Korrespondenz
    mit den Finanzbehörden   529-549
13. Angaben über die Arbeitsbedingungen der Journalisten   550-555
14. Angaben über die Genossenschaft, über den Warenaustausch   556-562
15. Angaben über den ‚Deutsch-Österreichischen Antisemitischen Bund'   563
16. Angaben über den Kleinrentnerverband   564-568
17. Angaben über die ‚Erneuerungsbewegung'   569
18. Dokumente des ‚Klubs der Freunde der Individualpsychologie'   570
/2 – insgesamt 39 Faszikel

552 – *Verband der Sparer und Kleinrentner Österreichs 1924-1938*
/1   /1 – Statut
        /2 – Kassenbuch
        /3-12 – Finanzbericht 1927-37
        /13 – Einnahmen und Ausgaben der Kasse des Verbandes 1937-38
        /14-15 – Mitgliedsbeiträge 1935-37
        /16 – Broschüre des Professors der Grazer Universität Ernst Svoboda über
              die ökonomischen Folgen der Inflation in Österreich 1924
        /17 – Broschüre des Grazer Univ.-Prof. Johann Ude über die Wiederher-
              stellung des Geldwertes nach der Inflation und über die Lage der Klein-
              rentner in Österreich 1926
        /18 – Auskunftsbuch für Wohnungsfragen 1929
/2   /7 – Mitgliedsbeiträge der Ortsorganisationen des Verbandes 1932/33
        /8 und 9 – Kassabuch, Mitgliedsbeiträge, Ausgaben an Hilfsbedürftige 1930/32

587/1 – *Redaktion der Zeitung ‚Welt am Morgen'*
        /9 – Schriftverkehr – Versicherung der Mitarbeiter
        /11 – Schriftverkehr mit Mitarbeitern der Redaktion und Anwälten, Ab-
              rechnungen mit verschiedenen Korrespondenzdiensten, etc.
        /22 – übergeben, nicht mehr im RGWA
        /23 – Abonnementskartothek der Zeitung
        /35 – Krankenkassenangelegenheiten

588/1 – *Redaktion der Zeitung ‚Morgenpost'*

690/1 und 2 – *Katholische Frauenorganisationen für die Erzdiözese Wien 1932-1938*
        1/1 – Sitzungsprotokolle 1936
        1/3 – Schriftverkehr 1936/37
        2/2 – Protokolle der Hauptversammlung 1933/35
        2/3 – Mitgliederlisten

1298/1 – *Präsidium der Bundespolizeidirektion Wien 1915-1942*
1316/1 – *Politische Organisationen in Österreich 1923-1939*
   /5 – *Österreichische Volkspartei*
1333/1 – *Pazifistische Organisationen in Österreich 1919-1929*

Verzeichnis benutzter Zeitungen

Nur in der Österreichischen Nationalbibliothek nachgewiesene:
Gerechtigkeit 1933-1938, Morgenpost 1932-1938, Die Welt am Morgen 1927-1932

Andere:
Neue Freie Presse, Die Presse, Reichspost, Der Stürmer (Wiener Ausgabe), Deutsches Volksblatt, Wiener Kurier, Wiener Neueste Nachrichten, Wiener Zeitung

Interviews

Otto Straßer – Wien, 12. Juni 2002
Ernestine Brhel – Wien, 13. Juni 2002
Frau Gabriel – Wien, Sommer 2002
Josef Hausner – New York, Sommer 2001

Verzeichnis der Arbeiten von Irene Harand

Bücher und Broschüren:

Harand, I. (1933): So? oder So? Die Wahrheit über den Antisemitismus. Schrift der österreichischen Volkspartei.
Harand, I. (1935): Sein Kampf. Antwort an Hitler, Wien.
Harand, I. (1936): Son Combat, Réponse à Hitler, Wien.
Harand, I. (1937): His Struggle. Answer to Hitler, Wien.

Artikel in Zeitschriften:

Die Welt am Morgen, Wien
Die Welt am Morgen, Nr. 888, 14.9.1929, ‚Hundert schöne Österreicherinnen werden gesucht! Der Wettbewerb des Komitees für Völkerverständigung und Weltfrieden.'

Morgenpost, Wien
Morgenpost, Nr. 1, 2.10.1932, ‚Rund um die Rassenfrage – Gegen den Antisemitismus'.
Morgenpost, Nr. 7, 9.10.1932, ‚Schädlinge im Judentum – Ein mutiges Blatt, das aber zu viel des Gutes tut'.
Morgenpost, Nr. 97, 22.7.1933, ‚Verschärfter Antisemitismus in Österreich? Der Hetzartikel im Bauernbündler – von Irene Harand, Leiterin der Abteilung der „Österreichischen Volkspartei" zur Bekämpfung des Rassenhasses'.
Morgenpost, Nr. 108, 7.10.1933, ‚Unser Bundeskanzler Dr. Dollfuß'.
Morgenpost, Nr. 112, 4.11.1933, ‚Wie gewinnt man Österreichs Jugend'.
Morgenpost, Nr. 117, 9.12.1933, ‚Mensch'.
Morgenpost, Nr. 129, 17.3.1934, ‚Irene Harand an die Auslandsfrauen'.

Gerechtigkeit, Wien[1]
Gerechtigkeit, Nr. 1, 6.9.1933, ‚An die Juden der Welt'.
Gerechtigkeit, Nr. 1, 6.9.1933, ‚Was wir wirklich wollen'.
Gerechtigkeit, Nr. 1, 6.9.1933, ‚Die Christenpflicht'.
Gerechtigkeit, Nr. 1, 6.9.1933, ‚Verschärfter Antisemitismus in Österreich'.
Gerechtigkeit, Nr. 1, 6.9.1933, ‚Weltverband gegen Rassenhass'.
Gerechtigkeit, Nr. 2, 13.9.1933, ‚Eine Front der Gutgesinnten für Dollfuss'.
Gerechtigkeit, Nr. 2, 13.9.1933, ‚Die Wahrheit über Heinrich Heine'.
Gerechtigkeit, Nr. 2, 13.9.1933, ‚Der erste Stein'.
Gerechtigkeit, Nr. 2, 13.9.1933, ‚Ist auch Dir die Mutter heilig'.
Gerechtigkeit, Nr. 3, 20.9.1933, ‚Das Hakenkreuz horcht auf'.
Gerechtigkeit, Nr. 3, 20.9.1933, ‚In eigener Sache'.
Gerechtigkeit, Nr. 4, 28.9.1933, ‚Kreuz und Hakenkreuz'.
Gerechtigkeit, Nr. 5, 5.10.1933, ‚Unser Bundeskanzler Dollfuss'.

Gerechtigkeit, Nr. 6, 12.10.1933, ‚Wie schützt man sich vor der Lügenpest?'
Gerechtigkeit, Nr. 6, 12.10.1933, ‚Vaterlandsliebe der Judenheit'.
Gerechtigkeit, Nr. 6, 12.10.1933, ‚Ihr lehrt mich nicht Hassen!'.
Gerechtigkeit, Nr. 7, 19.10.1933, ‚Hitler und die Gerechtigkeit'.
Gerechtigkeit, Nr. 8, 26.10.1933, ‚Für ein gemeinsames Vaterland'.
Gerechtigkeit, Nr. 8, 26.10.1933, ‚Der Kampf gegen Rassenhass und Menschennot, – Massenversammlung 19. Oktober'.
Gerechtigkeit, Nr. 9, 3.11.1933, ‚Ordnung in der Judenfrage'.
Gerechtigkeit, Nr. 10, 10.11.1933, ‚Zwei Internationalen'.
Gerechtigkeit, Nr. 10, 10.11.1933, ‚Rassenlehre und Antisemitismus'.
Gerechtigkeit, Nr. 11, 17.11.1933, ‚Partei oder Vaterland?'.
Gerechtigkeit, Nr. 11, 17.11.1933, ‚Jud!'.
Gerechtigkeit, Nr. 12, 23.11.1933, ‚Wird die Vernunft siegen?'.
Gerechtigkeit, Nr. 13, 30.11.1933, ‚Respekt vor dem Christentum!'.
Gerechtigkeit, Nr. 14, 7.12.1933, ‚Schutz dem Priesterkleide!'.
Gerechtigkeit, Nr. 14, 7.12.1933, ‚Die Sorgen eines Parteiobmannes'.
Gerechtigkeit, Nr. 15, 14.12.1933, ‚Das echte Gesicht des Antisemitismus'.
Gerechtigkeit, Nr. 16, 21.12.1933, ‚Die Hetze gegen die jüdischen Kaufleute'.
Gerechtigkeit, Nr. 16, 21.12.1933, ‚Weihnacht'.
Gerechtigkeit, Nr. 17, 28.12.1933, ‚Das neue Jahr'.
Gerechtigkeit, Nr. 18, 4.1.1934, ‚Unsere Weltbewegung'.
Gerechtigkeit, Nr. 18, 4.1.1934, ‚Meine Antwort an die Antisemiten. Teil 1'.
Gerechtigkeit, Nr. 19, 11.1.1934, ‚Die Frau im Wiederaufbau des Staates'.
Gerechtigkeit, Nr. 19, 11.1.1934, ‚Meine Antwort an die Antisemiten. Teil 2.
Gerechtigkeit, Nr. 20, 18.1.1934, ‚Volksverräter am Werke!'.
Gerechtigkeit, Nr. 20, 18.1.1934, ‚Meine Antwort an die Antisemiten. Teil 3'.
Gerechtigkeit, Nr. 20, 18.1.1934, ‚Judenknechte'.
Gerechtigkeit, Nr. 20, 18.1.1934, ‚Mitmenschen!'.
Gerechtigkeit, Nr. 21, 25.1.1934, ‚Wer stört der Weltfrieden?'.
Gerechtigkeit, Nr. 22, 1.2.1934, ‚Dem Stürmer wird Gerechtigkeit'.
Gerechtigkeit, Nr. 23, 8.2.1934, ‚Wozu … und weshalb … ?'.
Gerechtigkeit, Nr. 24, 16.2.1934, ‚Unglückstage in Österreich'.
Gerechtigkeit, Nr. 24, 16.2.1934, ‚Keine falschen Schlüsse!'.
Gerechtigkeit, Nr. 25, 22.2.1934, ‚Gerechtigkeit für mein Vaterland!'.
Gerechtigkeit, Nr. 25, 22.2.1934, ‚Menschen, Österreicher, Freunde!'.
Gerechtigkeit, Nr. 25, 22.2.1934, ‚Ein antisemitischer Pornograph schreibt mir …'.
Gerechtigkeit, Nr. 26, 1.3.1934, ‚Die kompromittierte Demokratie'.
Gerechtigkeit, Nr. 26, 1.3.1934, ‚Ich lebe!'.
Gerechtigkeit, Nr. 27, 7.3.1934, ‚Die Maske herunter!'.
Gerechtigkeit, Nr. 27, 7.3.1934, ‚Für Wahrheit und Gerechtigkeit'.
Gerechtigkeit, Nr. 28, 15.3.1934, ‚Vergiftung der Jugend'.
Gerechtigkeit, Nr. 28, 15.3.1934, ‚Schluss mit der Hetze!'.
Gerechtigkeit, Nr. 29, 22.3.1934, ‚Ist das das wahre Christentum?'.
Gerechtigkeit, Nr. 29, 22.3.1934, ‚Für Wahrheit und Gerechtigkeit'.
Gerechtigkeit, Nr. 29, 22.3.1934, ‚Eine Versammlung der Begeisterung'.

Gerechtigkeit, Nr. 29, 22.3.1934, ‚Massenversammlung in Linz'.
Gerechtigkeit, Nr. 30, 29.3.1934, ‚Der Rummel mit den jüdischen Ärzten'.
Gerechtigkeit, Nr. 30, 29.3.1934, ‚Ostern'.
Gerechtigkeit, Nr. 30, 29.3.1934, ‚Versammlung in Mürzzuschlag'.
Gerechtigkeit, Nr. 31, 5.4.1934, ‚Keine Staatsbürger zweiter Klasse'.
Gerechtigkeit, Nr. 31, 5.4.1934, ‚Massenversammlung im Kasino Zögernitz'.
Gerechtigkeit, Nr. 32, 12.4.1934, ‚Verwerfliche Verallgemeinerungen'.
Gerechtigkeit, Nr. 32, 12.4.1934, ‚Alte Methoden im neuen Österreich?'.
Gerechtigkeit, Nr. 33, 19.4.1934, ‚Dr. Dollfuss gegen Hass'.
Gerechtigkeit, Nr. 34, 26.4.1934, ‚Klärung in der Judenfrage'.
Gerechtigkeit, Nr. 34, 26.4.1934, ‚Versammlung in Floridsdorf'.
Gerechtigkeit, Nr. 35, 3.5.1934, ‚Die neue österreichische Verfassung'.
Gerechtigkeit, Nr. 35, 3.5.1934, ‚Die Arbeiterschaft strömt der Harand-Bewegung zu'.
Gerechtigkeit, Nr. 35, 3.5.1934, ‚Wieder einmal …'.
Gerechtigkeit, Nr. 36, 10.5.1934, ‚Wir fordern Gerechtigkeit!'.
Gerechtigkeit, Nr. 37, 17.5.1934, ‚Mehr Respekt vor dem Heimtagedanken!'.
Gerechtigkeit, Nr. 37, 17.5.1934, ‚Bund jüdischer Frontsoldaten'.
Gerechtigkeit, Nr. 38, 24.5.1934, ‚Kein Antisemitismus in Österreich'.
Gerechtigkeit, Nr. 38, 24.5.1934, ‚Das erste Mal Firmpatin'.
Gerechtigkeit, Nr. 39, 31.5.1934, ‚Wichtigtuer als Volksverräter'.
Gerechtigkeit, Nr. 40, 7.6.1934, ‚Die Lüge als politische Waffe'.
Gerechtigkeit, Nr. 40, 7.6.1934, ‚Eine Richtigstellung'.
Gerechtigkeit, Nr. 41, 14.6.1934, ‚Das Kainszeichen des Hakenkreuzes'.
Gerechtigkeit, Nr. 41, 14.6.1934, ‚Irene Harand in Warschau'.
Gerechtigkeit, Nr. 42, 21.6.1934, ‚Giftige Pfeile des Judenhasses'.
Gerechtigkeit, Nr. 43, 28.6.1934, ‚Die Schande des Jahrhunderts'.
Gerechtigkeit, Nr. 43, 28.6.1934, ‚Meine Reise nach Polen'.
Gerechtigkeit, Nr. 44, 5.7.1934, ‚Das Schicksal des Hakenkreuzes erfüllt'.
Gerechtigkeit, Nr. 45, 12.7.1934, ‚Befreit die Welt vom Hakenkreuz'.
Gerechtigkeit, Nr. 45, 12.7.1934, ‚Offener Brief an die englische Regierung'.
Gerechtigkeit, Nr. 46, 19.7.1934, ‚Nationalismus und Antisemitismus'.
Gerechtigkeit, Nr. 47, 26.7.1934, ‚Deutschland erwache'.
Gerechtigkeit, Nr. 48, 2.8.1934, ‚Der Tod des Bundeskanzler Dr. Dollfuss'.
Gerechtigkeit, Nr. 49, 9.8.1934, ‚Ein sicheres Fundament für Österreich'.
Gerechtigkeit, Nr. 49, 9.8.1934, ‚Kardinal Faulhaber gegen Judenhass'.
Gerechtigkeit, Nr. 50, 16.8.1934, ‚Die Mission des Herrn Pappen'.
Gerechtigkeit, Nr. 50, 16.8.1934, ‚Constantine'.
Gerechtigkeit, Nr. 51, 23.8.1934, ‚Was sagen uns die deutschen Wahlen?'.
Gerechtigkeit, Nr. 51, 23.8.1934, ‚Irene Harand bei jüdischen Pfadfindern'.
Gerechtigkeit, Nr. 52, 30.8.1934, ‚Ein Jahr Gerechtigkeit'.
Gerechtigkeit, Nr. 52, 30.8.1934, ‚Massen, immer größere Massen'.
Gerechtigkeit, Nr. 53, 6.9.1934, ‚Schämt sich die Welt nicht?'.
Gerechtigkeit, Nr. 54, 13.9.1934, ‚Worüber man in Genf sprechen sollte'.
Gerechtigkeit, Nr. 54, 13.9.1934, ‚Wir sind in Gott Brüder'.
Gerechtigkeit, Nr. 54, 13.9.1934, ‚Die Sache der Gerechtigkeit marschiert'.

Gerechtigkeit, Nr. 55, 20.9.1934, ‚Gleichberechtigung im Sterben und – im Laben!'.
Gerechtigkeit, Nr. 55, 20.9.1934, ‚Frau Harand auf dem Moralisten Kongress in Krakau'.
Gerechtigkeit, Nr. 55, 20.9.1934, ‚Radiovortrag von Frau Harand im polnischen Rundfunk'.
Gerechtigkeit, Nr. 57, 4.10.1934, ‚Antisemitenversammlung des Herrn Jerzabek'.
Gerechtigkeit, Nr. 57, 4.10.1934, ‚An all meine Freunde in Plen!'.
Gerechtigkeit, Nr. 57, 4.10.1934, ‚Eine Rede an die Jugend'.
Gerechtigkeit, Nr. 58, 11.10.1934, ‚Wozu ein Antisemitenbund in Österreich?'.
Gerechtigkeit, Nr. 59, 18.10.1934, ‚Antisemitismus und wahres Christentum'.
Gerechtigkeit, Nr. 60, 25.10.1934, ‚Der Feind horcht auf!'.
Gerechtigkeit, Nr. 60, 25.10.1934, ‚Harand Vorträge in der Tschechoslowakei'.
Gerechtigkeit, Nr. 61, 1.11.1934, ‚Gericht über Lüge und Volksbetrug'.
Gerechtigkeit, Nr. 61, 1.11.1934, ‚Tätigkeit für Bridgestuben?'.
Gerechtigkeit, Nr. 62, 8.11.1934, ‚Schach dem Antisemitismus'.
Gerechtigkeit, Nr. 62, 8.11.1934, ‚Die Harand-Bewegung breitet sich aus'.
Gerechtigkeit, Nr. 63, 15.11.1934, ‚Die Lüge von der jüdischen Feigheit'.
Gerechtigkeit, Nr. 63, 15.11.1934, ‚Ein falscher und gefährlicher Weg'.
Gerechtigkeit, Nr. 64, 22.11.1934, ‚Ein Sträfling – Gewährsmann der Antisemiten'.
Gerechtigkeit, Nr. 65, 29.11.1934, ‚Schänder der Menschheit und Schädling an Österreich'.
Gerechtigkeit, Nr. 65, 29.11.1934, ‚Antisemitismus und Menschennot'.
Gerechtigkeit, Nr. 66, 6.12.1934, ‚Die Rassenfrage ist auch ein Wirtschaftsproblem'.
Gerechtigkeit, Nr. 66, 6.12.1934, ‚Gegen Ritualmordbeschuldigungen'.
Gerechtigkeit, Nr. 67, 12.12.1934, ‚Ein klares Wort in einer heiklen Frage'.
Gerechtigkeit, Nr. 67, 12.12.1934, ‚Harand-Versammlung in Döbling'.
Gerechtigkeit, Nr. 68, 20.12.1934, ‚Ein Staat für die Juden!'.
Gerechtigkeit, Nr. 68, 20.12.1934, ‚Weihnacht!'.
Gerechtigkeit, Nr. 69, 28.12.1934, ‚Die wahre Gleichberechtigung'.
Gerechtigkeit, Nr. 69, 28.12.1934, ‚Zur Gründung eines jüdischen Staates'.
Gerechtigkeit, Nr. 70, 4.1.1935, ‚Österreich – kein Boden für das Hakenkreuz'.
Gerechtigkeit, Nr. 70, 4.1.1935, ‚Unsere Versammlung auf der Wieden'.
Gerechtigkeit, Nr. 70, 4.1.1935, ‚An die Menschenfreunde in der Welt'.
Gerechtigkeit, Nr. 70, 4.1.1935, ‚Wer schändet unseren Glauben?'.
Gerechtigkeit, Nr. 71, 10.1.1935, ‚Eine dumme und bösartige Hetze'.
Gerechtigkeit, Nr. 72, 17.1.1935, ‚Der Völkerbund muss einschreiten'.
Gerechtigkeit, Nr. 72, 17.1.1935, ‚Frau Harand in Rudolfsheim'.
Gerechtigkeit, Nr. 73, 24.1.1935, ‚Julius Streicher lügt schon wieder'.
Gerechtigkeit, Nr. 73, 24.1.1935, ‚Die Drohung mit dem Auslande'.
Gerechtigkeit, Nr. 73, 24.1.1935, ‚Das Negerproblem'.
Gerechtigkeit, Nr. 74, 31.1.1935, ‚Was sie für die Menschheit leisten'.
Gerechtigkeit, Nr. 74, 31.1.1935, ‚Ein offener Brief'.
Gerechtigkeit, Nr. 75, 7.2.1935, ‚Kein allgemeiner und kein spezifischer Hass'.
Gerechtigkeit, Nr. 76, 14.2.1935, ‚Ein Verbrecher als Regierungspräsident'.
Gerechtigkeit, Nr. 77, 21.2.1935, ‚Zurück zu Vernunft und Menschlichkeit'.
Gerechtigkeit, Nr. 78, 28.2.1935, ‚Schluss mit dem kaltem Antisemitismus!'.

Gerechtigkeit, Nr. 78, 28.2.1935, ‚Der Kampf gegen Hass und die Not'.
Gerechtigkeit, Nr. 79, 5.3.1935, ‚Erworbene Rechte dürfen nicht verletzt werden'.
Gerechtigkeit, Nr. 80, 14.3.1935, ‚Helft mir im Kampfe gegen die Weltpest!'.
Gerechtigkeit, Nr. 81, 21.3.1935, ‚Eine begrüßenswerte Aktion'.
Gerechtigkeit, Nr. 82, 28.3.1935, ‚Die Verfolgung der Katholiken in Mexiko'.
Gerechtigkeit, Nr. 83, 4.4.1935, ‚Der christlich-deutsche Staat Österreich'.
Gerechtigkeit, Nr. 84, 11.4.1935, ‚Genf's Beispiel zur Nachahmung empfohlen'.
Gerechtigkeit, Nr. 84, 11.4.1935, ‚Verlegenheit'.
Gerechtigkeit, Nr. 84, 11.4.1935, ‚Irene Harand vor dem Pressrichter'.
Gerechtigkeit, Nr. 85, 18.4.1935, ‚Ein Unrecht das wieder gutgemacht werden soll'.
Gerechtigkeit, Nr. 85, 18.4.1935, ‚Frau Harand bei den Zionisten'.
Gerechtigkeit, Nr. 86, 25.4.1935, ‚Keine straflose Diffamierung einer Menschengruppe'.
Gerechtigkeit, Nr. 87, 2.5.1935, ‚Stärkere Abwehr des Hakenkreuzes notwendig'.
Gerechtigkeit, Nr. 88, 9.5.1935, ‚Sie fordern Gleichberechtigung!'.
Gerechtigkeit, Nr. 89, 16.5.1935, ‚Schändet nicht unser Christentum!'.
Gerechtigkeit, Nr. 89, 16.5.1935, ‚‚Die österreichische Frau wirbt' An meine Freunde!'.
Gerechtigkeit, Nr. 89, 16.5.1935, ‚Die Protokolle – Fälschung, Plagiat, Schund, Unsinn!'.
Gerechtigkeit, Nr. 90, 23.5.1935, ‚Warum österreichische Arbeitsanleihe zeichnen?'.
Gerechtigkeit, Nr. 91, 30.5.1935, ‚Rassenhass, Wirtschaftskrise und Berufsschichtung'.
Gerechtigkeit, Nr. 92, 6.6.1935, ‚Der Angriff auf Geist und Seele'.
Gerechtigkeit, Nr. 93, 13.6.1935, ‚Wolken am Horizonte Europas'.
Gerechtigkeit, Nr. 94, 20.6.1935, ‚Wer verhindert das Lebensglück der Menschheit?'.
Gerechtigkeit, Nr. 95, 27.6.1935, ‚England bereut das Flottenabkommen'.
Gerechtigkeit, Nr. 96, 4.7.1935, ‚Der Jahrestag des Grauens'.
Gerechtigkeit, Nr. 97, 11.7.1935, ‚Katholizismus in Gefahr!'.
Gerechtigkeit, Nr. 97, 11.7.1935, ‚Eine Frage der Berufsschichtung'.
Gerechtigkeit, Nr. 98, 18.7.1935, ‚Herma von Schuschnigg'.
Gerechtigkeit, Nr. 99, 25.7.1935, ‚Ein Mord den man nicht vergessen darf'.
Gerechtigkeit, Nr. 99, 25.7.1935, ‚Unser Kanzler Dollfuss!'.
Gerechtigkeit, Nr. 100, 1.8.1935, ‚Hundert Wochen Gerechtigkeit'.
Gerechtigkeit, Nr. 101, 8.8.1935, ‚Wirtschafttragödie der Juden Österreichs'.
Gerechtigkeit, Nr. 101, 8.8.1935, ‚Hinter den Kulissen des Abessinienkonfliktes'.
Gerechtigkeit, Nr. 102, 15.8.1935, ‚Wie lange noch, Ihr Herren?'.
Gerechtigkeit, Nr. 103, 22.8.1935, ‚Streicher und Schacht haben gesprochen'.
Gerechtigkeit, Nr. 104, 29.8.1935, ‚Die Olympischen Spiele 1936'.
Gerechtigkeit, Nr. 105, 5.9.1935, ‚Wie kämpft man gegen das Hackenkreuz?'.
Gerechtigkeit, Nr. 106, 12.9.1935, ‚Moralisch kranke Menschen in Deutschland'.
Gerechtigkeit, Nr. 107, 19.9.1935, ‚Judengesetze und deutsche Ehre'.
Gerechtigkeit, Nr. 108, 26.9.1935, ‚Verhütet ein neues Menschengemetzel!'.
Gerechtigkeit, Nr. 109, 3.10.1935, ‚Ein Staat von vorbildlicher Toleranz'.
Gerechtigkeit, Nr. 110, 10.10.1935, ‚Ein dem Ghetto entsprungener Judenjunge'.
Gerechtigkeit, Nr. 111, 17.10.1935, ‚Eine Einheitsfront tut Not'.
Gerechtigkeit, Nr. 111, 17.10.1935, ‚Frau Harand in Genf'.
Gerechtigkeit, Nr. 112, 24.10.1935, ‚Die neue österreichische Regierung'.
Gerechtigkeit, Nr. 113, 31.10.1935, ‚Österreich und die Judenfrage'.

Gerechtigkeit, Nr. 114, 7.11.1935, ‚Vorbehalte, die erörtert werden müssen'.
Gerechtigkeit, Nr. 115, 14.11.1935, ‚Worauf es in Wirklichkeit ankommt!'.
Gerechtigkeit, Nr. 115, 14.11.1935, ‚Es gibt keine jüdische Rasse'.
Gerechtigkeit, Nr. 116, 21.11.1935, ‚Verständigung durch Nächstenliebe'.
Gerechtigkeit, Nr. 116, 21.11.1935, ‚Nehmt hungernde Kinder zum Mittagstisch!'.
Gerechtigkeit, Nr. 116, 21.11.1935, ‚Die Konstituierung der N.Z.O. Frau Harand in einer zionistischen Versammlung'.
Gerechtigkeit, Nr. 117, 28.11.1935, ‚Die Welt der Verheißung'.
Gerechtigkeit, Nr. 118, 5.12.1935, ‚Die Judenheit und die Olympiade'.
Gerechtigkeit, Nr. 118, 5.12.1935, ‚Frau Harand in den Nordischen Staaten'.
Gerechtigkeit, Nr. 119, 12.12.1935, ‚Nordische Menschen'.
Gerechtigkeit, Nr. 120, 19.12.1935, ‚Die ‚Andersartigkeit' der jüdischen Menschen'.
Gerechtigkeit, Nr. 121/122, 26.12.1935, ‚Einem neuen Jahre entgegen'.
Gerechtigkeit, Nr. 121/122, 26.12.1935, ‚Frau Harand bei zionistischen Akademikern'.
Gerechtigkeit, Nr. 123, 9.1.1936, ‚Schändung der Frauenwürde'.
Gerechtigkeit, Nr. 123, 9.1.1936, ‚Moise et Salomon, le parfumers'.
Gerechtigkeit, Nr. 124, 16.1.1936, ‚Nationalsozialismus als Friedenswächter'. (von österr. Behörden zensuriert)
Gerechtigkeit, Nr. 125, 23.1.1936, ‚Was gehen uns die Judenverfolgungen an'.
Gerechtigkeit, Nr. 126, 30.1.1936, ‚Die Rassengesetze und das Lebensrecht Deutschlands'.
Gerechtigkeit, Nr. 126, 30.1.1936, ‚Irene Harand über ihre nordische Reise'.
Gerechtigkeit, Nr. 126, 30.1.1936, ‚Irene Harand im Ring der Alt-Herren-Verbände'.
Gerechtigkeit, Nr. 126, 30.1.1936, ‚28 Dänische Vereine für Frau Harand'.
Gerechtigkeit, Nr. 128, 13.2.1936, ‚Irene Harand in Dänemark'.
Gerechtigkeit, Nr. 129, 20.2.1936, ‚Großer Erfolg der Frau Harand in Skandinavien'.
Gerechtigkeit, Nr. 130, 27.2.1936, ‚Irene Harand in Göteborg und Bergen'.
Gerechtigkeit, Nr. 131, 5.3.1936, ‚Die Bewegung marschiert'.
Gerechtigkeit, Nr. 132, 12.3.1936, ‚Vulkanische Wellen in der Welt'.
Gerechtigkeit, Nr. 132, 12.3.1936, ‚Die Bewegung marschiert'.
Gerechtigkeit, Nr. 133, 19.3.1936, ‚Staat Liebe und Brot, Hass und Hunger'.
Gerechtigkeit, Nr. 134, 26.3.1936, ‚Das Volk mit den ‚schlimmen Erbanlagen''.
Gerechtigkeit, Nr. 135, 2.4.1936, ‚Worte und Taten'.
Gerechtigkeit, Nr. 137, 16.4.1936, ‚Fehler, die vermieden werden müssen'.
Gerechtigkeit, Nr. 137, 16.4.1936, ‚Das Echo der Schweizer Reise'.
Gerechtigkeit, Nr. 138, 23.4.1936, ‚Meine Antwort an die Antisemiten'.
Gerechtigkeit, Nr. 139, 30.4.1936, ‚Die Plage der Verallgemeinerung'.
Gerechtigkeit, Nr. 140, 7.5.1936, ‚Eindeutig gegen den Antisemitismus'.
Gerechtigkeit, Nr. 141, 14.5.1936, ‚Wahrheit, Liebe und Gerechtigkeit'.
Gerechtigkeit, Nr. 142, 21.5.1936, ‚Ich kann nicht schweigen!'.
Gerechtigkeit, Nr. 142, 21.5.1936, ‚Versammlung der Harand-Bewegung'.
Gerechtigkeit, Nr. 143, 28.5.1936, ‚Früchte der Hasspropaganda'.
Gerechtigkeit, Nr. 144, 4.6.1936, ‚Gerechtigkeit für die Menschen aus dem Osten'.
Gerechtigkeit, Nr. 145, 11.6.1936, ‚Der Weg zur Menschlichkeit'.
Gerechtigkeit, Nr. 146, 18.6.1936, ‚Das andere Lager'.

Gerechtigkeit, Nr. 147, 25.6.1936, ‚Was geht in Rumänien vor?'.
Gerechtigkeit, Nr. 149, 9.7.1936, ‚Leitsätze des Antisemitenbundes'.
Gerechtigkeit, Nr. 149, 9.7.1936, ‚In memoriam Dr. Feuchtwang'.
Gerechtigkeit, Nr. 150, 16.7.1936, ‚Das österreichisch-deutsche Abkommen'.
Gerechtigkeit, Nr. 151, 23.7.1936, ‚Freie Bahn für rettende Tat!'.
Gerechtigkeit, Nr. 151, 23.7.1936, ‚Klare Antwort'.
Gerechtigkeit, Nr. 152, 30.7.1936, ‚Ein Fememord in Rumänien'.
Gerechtigkeit, Nr. 152, 30.7.1936, ‚… und vergib uns unsere Schuld …'.
Gerechtigkeit, Nr. 153, 6.8.1936, ‚Soll das Böse siegen?'.
Gerechtigkeit, Nr. 153, 6.8.1936, ‚Gründe und Ziele'.
Gerechtigkeit, Nr. 154, 13.8.1936, ‚Tückische Waffen'.
Gerechtigkeit, Nr. 155, 13.8.1936, ‚Wahre Religiosität'.
Gerechtigkeit, Nr. 156, 27.8.1936, ‚Macht dem Blutvergießen ein Ende'.
Gerechtigkeit, Nr. 157, 3.9.1936, ‚Der wahre Sinn der Verständigung'.
Gerechtigkeit, Nr. 158, 10.9.1936, ‚Gegen Krieg, Hass und Not!'.
Gerechtigkeit, Nr. 159, 17.9.1936, ‚Wer soll den Kampf gegen den Bolschewismus führen?'.
Gerechtigkeit, Nr. 160, 24.9.1936, ‚Sind die Bauern antisemitisch?'.
Gerechtigkeit, Nr. 161, 1.10.1936, ‚Ein aufwühlender Protestruf'.
Gerechtigkeit, Nr. 162, 8.10.1936, ‚An die Menschen und Friedensfreunde der Welt! Aufruf für den Weltkongress'.
Gerechtigkeit, Nr. 164, 22.10.1936, ‚Wer führt Österreich?'.
Gerechtigkeit, Nr. 166, 5.11.1936, ‚Wann wird endlich die Vernunft siegen?'.
Gerechtigkeit, Nr. 167, 12.11.1936, ‚Was uns die amerikanischen Wahlen lehren'.
Gerechtigkeit, Nr. 168, 19.11.1936, ‚Die Menschheit am Scheidewege'.
Gerechtigkeit, Nr. 172, 17.12.1936, ‚Meine Erfahrungen in Amerika'.
Gerechtigkeit, Nr. 173, 24.12.1936, ‚Friede den Menschen auf Erden!'.
Gerechtigkeit, Nr. 174, 31.12.1936, ‚An der Schwelle des Neuen Jahres'.
Gerechtigkeit, Nr. 175, 7.1.1937, ‚Nur die Tat bringt Erfolg'.
Gerechtigkeit, Nr. 176, 14.1.1937, ‚Der Kampf um die Religionen'.
Gerechtigkeit, Nr. 177, 21.1.1937, ‚Das Entweder-Oder'.
Gerechtigkeit, Nr. 178, 28.1.1937, ‚Die Verantwortung der Führer'.
Gerechtigkeit, Nr. 178, 28.1.1937, ‚Die Ansprache der Frau Harand. Meine Eindrücke aus England und Amerika'.
Gerechtigkeit, Nr. 179, 4.2.1937, ‚Die Hauptwaffe des Nationalsozialismus'.
Gerechtigkeit, Nr. 179, 4.2.1937, ‚Keine Zeit zu verlieren!'.
Gerechtigkeit, Nr. 180, 11.2.1937, ‚Wie retten wir das religiöse Kulturgut?'.
Gerechtigkeit, Nr. 181, 18.2.1937, ‚Helfet mit!'.
Gerechtigkeit, Nr. 181, 18.2.1937, ‚Harand-Versammlung bei Wimberger'.
Gerechtigkeit, Nr. 183, 4.3.1937, ‚Irene Harand in der Tschechoslowakei'.
Gerechtigkeit, Nr. 184, 11.3.1937, ‚Irene Harand ein Genie des Gefühls'.
Gerechtigkeit, Nr. 184, 11.3.1937, ‚Pressestimmen aus Reichenberg'.
Gerechtigkeit, Nr. 186, 25.3.1937, ‚Ostern 1937'.
Gerechtigkeit, Nr. 187, 2.4.1937, ‚Zusammenschluss der Menschenfreunde!'.
Gerechtigkeit, Nr. 188, 8.4.1937, ‚Es geht um das Christentum!'.

Gerechtigkeit, Nr. 189, 15.4.1937, ‚Der gefährliche Egoismus'.
Gerechtigkeit, Nr. 189, 15.4.1937, ‚Hauptversammlung der Harand-Bewegung, April 6, 1937'.
Gerechtigkeit, Nr. 190, 22.4.1937, ‚Ritterlichkeit verpflichtet'.
Gerechtigkeit, Nr. 190, 22.4.1937, ‚Eindrücke aus England und der C.S.R. Der Vortrag der Frau Harand'.
Gerechtigkeit, Nr. 191, 29.4.1937, ‚Um die Unabhängigkeit Österreichs!'
Gerechtigkeit, Nr. 192, 6.5.1937, ‚Wer sind die Staatsfeinde?'.
Gerechtigkeit, Nr. 194, 20.5.1937, ‚Wühlarbeit'.
Gerechtigkeit, Nr. 194, 20.5.1937, ‚An meine Freunde! Aufruf der Irene Harand'.
Gerechtigkeit, Nr. 195, 27.5.1937, ‚Not und Hass'.
Gerechtigkeit, Nr. 196, 3.6.1937, ‚Die Prager Rede der Frau Harand. Ein Vortrag, ein Bekenntnis'.
Gerechtigkeit, Nr. 197, 10.6.1937, ‚Die Reihen fester schließen'.
Gerechtigkeit, Nr. 198, 17.6.1937, ‚Die Internationale der Ethik'.
Gerechtigkeit, Nr. 202, 15.7.1937, ‚Der selbständige jüdische Staat'.
Gerechtigkeit, Nr. 203, 22.7.1937, ‚Wirkliche Kunst ist international'.
Gerechtigkeit, Nr. 203, 22.7.1937, ‚Offener Brief an den Schriftleiter der ‚Apararea Nationala', Bukarest'.
Gerechtigkeit, Nr. 204, 29.7.1937, ‚Palästina Frage und die christliche Mitwelt'.
Gerechtigkeit, Nr. 205, 5.8.1937, ‚Österreichische Grundhaltung'.
Gerechtigkeit, Nr. 206, 19.8.1937, ‚Haben wir den Mut dazu!'.
Gerechtigkeit, Nr. 207, 19.8.1937, ‚Der wahre Sinn unseres Kampfes'.
Gerechtigkeit, Nr. 208, 26.8.1937, ‚Mehr Aktivität, Freunde!'.
Gerechtigkeit, Nr. 209, 2.9.1937, ‚Vier Jahre Gerechtigkeit'.
Gerechtigkeit, Nr. 213, 30.9.1937, ‚Die Judenfrage in Polen'.
Gerechtigkeit, Nr. 214, 7.10.1937, ‚Einige Worte an unsere Gäste'.
Gerechtigkeit, Nr. 214, 7.10.1937, ‚Massenversammlung der Harand-Bewegung'.
Gerechtigkeit, Nr. 215, 14.10.1937, ‚Die Welt ruft nach Zola's …'.
Gerechtigkeit, Nr. 215, 14.10.1937, ‚An die Juden der Welt'.
Gerechtigkeit, Nr. 216, 21.10.1937, ‚Die schillernde Gerechtigkeit'.
Gerechtigkeit, Nr. 217, 28.10.1937, ‚Klare Worte'.
Gerechtigkeit, Nr. 218, 4.11.1937, ‚Immer wieder: Verallgemeinerungen'.
Gerechtigkeit, Nr. 219, 11.11.1937, ‚Die Welt am Scheideweg'.
Gerechtigkeit, Nr. 220, 19.11.1937, ‚Das Problem ‚Stürmer"'.
Gerechtigkeit, Nr. 220, 19.11.1937, ‚Wo sind die Zola's von heute?'.
Gerechtigkeit, Nr. 221, 25.11.1937, ‚Christen, kauft nur bei anständigen Kaufleuten!'.
Gerechtigkeit, Nr. 222, 2.12.1937, ‚Der Antisemitismus vernebelt die Gehirne'.
Gerechtigkeit, Nr. 223, 10.12.1937, ‚In den Klauen der Lüge'.
Gerechtigkeit, Nr. 223, 10.12.1937, ‚Junge Menschen – unsere Zukunft'.
Gerechtigkeit, Nr. 224, 16.12.1937, ‚Flammenzeichen'.
Gerechtigkeit, Nr. 225, 23.12.1937, ‚Friede für die Menschheit!'.
Gerechtigkeit, Nr. 226, 30.12.1937, ‚Rückblick und Ausblick'.
Gerechtigkeit, Nr. 227, 7.1.1938, ‚Ein Friedensplan'.
Gerechtigkeit, Nr. 228, 13.1.1938, ‚Siedlungsmöglichkeiten für alle Menschen'.

Gerechtigkeit, Nr. 229, 20.1.1938, ‚Schädliche Strömungen'.
Gerechtigkeit, Nr. 230, 27.1.1938, ‚Rumänisches Volk, Wohin?'.
Gerechtigkeit, Nr. 232, 10.2.1938, ‚Verkehrsfreiheit für Menschen und Waren!'.
Gerechtigkeit, Nr. 233, 17.2.1938, ‚Nach der Aussprache in Berchtesgaden'.
Gerechtigkeit, Nr. 236, 10.3.1938, ‚Ohne Hass!'.

Pax, Prag
Pax, Nr. 13, S. 3, 1937, ‚Irene Harand über Völkerverständigung und Frieden'.
Pax, Nr. 18, S. 2-3., 1937 ‚Irene Harand Rassenhass der größte Feind der Menschheit'.
Pax, Nr. 20, S 2, 1938, ‚Markenaktion der Harandbewegung'.

Anmerkung:

1 Die Ausgaben der Gerechtigkeit Nr. 109 und Nr. 231 fehlen in der Österreichischen Nationalbibliothek. In dieser Aufstellung wurden alle von Irene Harand bzw. als I.H. gezeichnete Artikel aufgenommen sowie Artikel, die Textpassagen aus Reden und Vorträgen von Irene Harand enthielten.

Verzeichnis der Verschlussmarken der *Harandbewegung*

Paul Ehrlich, erste gedruckte Marke, *deutsch*, erste Auflage auf gelbem Papier mit einem roten Portrait von Ehrlich und der Wertangabe „20". Inschrift: *Paul Ehrlich, Arzt, der die Syphilis heilte.*

Paul Ehrlich, *deutsch*, zweite Auflage auf weißem Papier, auf blauem Grund, schwarze und weiße Inschrift mit einem Portrait von Ehrlich. Inschrift: *Harand-Bewegung Wien antwortet auf die Münchner Ausstellung „Der Ewige Jude". Prof. Paul Ehrlich Nobelpreisträger. Deutscher Jude. Bewahrte durch seine Erfindung Millionen Menschen vor grauenvollem Siechtum.*

Paul Ehrlich, *französisch*, auf gelbem Papier mit schwarzer Schrift und einem rotbraunen Portrait Paul Ehrlichs zu einem Nominalwert von einem Franc. Inschrift: *Action Harand contre la haine raciale et la misère humaine. Le professeur Paul Ehrlich, prix Nobel, juif allemand, préserva, par sa découverte, des millions d'hommes d'une mort lente et affreuse.*

Paul Ehrlich, *tschechisch*, auf weißem Papier mit blauem und schwarzem Grund und blauer und schwarzer Inschrift und einem Portrait von Ehrlich. Inschrift: *Harandovské Hnuti proti rasové zásti a lidské bídé. Prof Paul Ehrlich vyznamenaný cenou nobelovou, Nemecky zid, zachranil svym vynálezem miliony lidí pred hrozným pozvolným umíráním.*

Paul Ehrlich, *englisch*, auf weißem Papier mit einem hellblauen Portrait von Ehrlich und einem Nominalwert von $ 2,05. Design von Martha Fuchs.

Albert Ballin, zweite gedruckte Marke, *deutsch*, auf weißem Papier auf blauem Grund, schwarz-weiße Inschrift. Inschrift: *Harandbewegung Wien antwortet auf die Münchner Ausstellung „Der ewige Jude". Albert Ballin. Bahnbrecher auf dem Gebiete der deutschen Schifffahrt, Jude, der einzige Deutsche, der Selbstmord aus Gram über Deutschlands Niederlage im Weltkrieg begangen hat.*

Die deutschen Juden im Weltkriege, Statistikmarke, *deutsch*, auf weißem Papier mit roter Umrandung und rotem Schriftzug. Inschrift: *Harand-Bewegung Wien antwortet auf die Münchner Ausstellung „Der ewige Jude" Die deutschen Juden im Weltkriege: 555.000 Juden in Deutschland, 96.000 Eingerückt, 80.000 an der Front, 10.000 Kriegsfreiwillige, 12.000 Gefallen, 165 Kriegsflieger, 35.000 Dekoriert, 2.000 zu Offizieren ernannt. Der jüngste deutsche Kriegsfreiwillige der 13-jährige Josef Cynes – Jude. Der älteste der 68-jährige Adolf Stern – Jude. Der einzige gefallene und kriegsfreiwillige Reichstagsabgeordnete Dr. Frank – Jude.*

Giacomo Meyerbeer, *deutsch*, auf weißem Papier, rote Inschrift, Dekor und Portrait von Meyerbeer. Inschrift: *Harandbewegung Wien antwortet auf die Münchner Ausstellung „Der ewige Jude". Giacomo Meyerbeer 1791-1864, deutscher Jude. Komponierte die Opern „Hugenotten", „Die Afrikanerin", „Der Prophet", u.a. Meyerbeer hat Richard Wagner den Weg zum Ruhm geebnet. (Brief Wagner an Robert Schuhmann vom Dezember 1840, zitiert bei Glasenann „Richard Wagners Leben" I. S.39).*

Heinrich Heine, *deutsch,* auf weißem Papier, rote Inschrift, Dekor und Portrait von Heine. Inschrift: *Harandbewegung Wien antwortet auf die Münchner Ausstellung „Der ewige Jude".* Heinrich Heine, 1799-1856, deutscher Jude, Dichter der „Lorelei". *„Heine war ein Liederdichter neben dem nur noch Goethe genannt werden darf (Bismarck). „Den höchsten Begriff" vom Lyriker hat mir Heinrich Heine gegeben. (Nietzsche).*

Dr. I.I. Zamenhof, *deutsch,* auf weißem Papier, rote Inschrift, Dekor und Portrait von Zamenhof. Inschrift: *Harandbewegung Wien antwortet auf die Münchner Ausstellung „Der ewige Jude". Dr. I.I. Zamenhof, Jude/ geboren in Bialytock (Polen), 1859-1917, Esperanto. Schöpfer der Welthilfssprache Esperanto, die bereits Millionen von Menschen erfasst hat. Esperanto dient der Völkerverständigung und dem Weltfrieden.*

Baruch Spinoza, *deutsch,* auf weißem Papier, rote Inschrift, Dekor und Portrait von Spinoza. Inschrift: *Harandbewegung Wien antwortet auf die Münchner Ausstellung „Der ewige Jude". Baruch Spinoza, 1632-1677. Nachkomme vertriebener portugiesischer Juden. Einer der größten Philosophen aller Zeiten. Lessing, Herder und vor allem Goethe bekannten sich zu ihm.*

Siegfried Marcus, *deutsch,* auf weißem Papier, rote Inschrift, Dekor und Portrait von Marcus. Inschrift: *Harandbewegung Wien antwortet auf die Münchner Ausstellung „Der ewige Jude". Siegfried Marcus, 1831-1898, Wiener Mechaniker, Jude, hat 1864, somit vor Benz und Daimler, das Benzinauto erfunden, welches seinen Siegeslauf über die ganze Erde genommen hat. Marcus wurde in Wien ein Denkmal errichtet.*

Heinrich Heine, *deutsch,* auf weißem Papier, braune Inschrift, braun-oranges Dekor und Portrait von Heine. Inschrift: *Harandbewegung Wien antwortet auf die Münchner Ausstellung „Der ewige Jude".* Heinrich Heine, 1799-1856, deutscher Jude, Dichter der „Lorelei". *„Heine war ein Liederdichter neben dem nur noch Goethe genannt werden darf (Bismarck). „Den höchsten Begriff" vom Lyriker hat mir Heinrich Heine gegeben. (Nietzsche).*

Heinrich Heine, *französisch.*

Heinrich Heine, *englisch.*

Pestalozzi, *deutsch,* auf weißem Papier, blauer und schwarzer Grund, blaue und schwarze Inschrift mit einem Portrait von Pestalozzi. Inschrift: *Harandbewegung Wien gegen Krieg, Hass und Not. „Wir wollen keine Verstaatlichung des Menschen, aber eine Vermenschlichung des Staates." Pestalozzi.*

Lord Beaconsfield-Disraeli, *englisch,* auf weißem Papier, brauner Grund und weiße Schrift mit einem Portrait von Disraeli. Design von Wilhlem Wachtel. Inschrift: *Harand-Movement Vienna against Race Hatred and Human Misery. Lord Beaconsfield-Disraeli, English Jew, Prime Minister, Important and Distinguished Statesman. Worked for the Extension of the British Empire.*

Marquis of Reading, *englisch,* auf weißem Papier, brauner Grund und weiße Schrift mit einem Portrait von Marquis Reading. Design von Wilhlem Wachtel. Inschrift: *Harand-Movement Vienna against Race Hatred and Human Misery. Marquis Reading, English Jew was Viceroy of India.*

Heinrich Hertz und Robert v. Lieben, *englisch,* auf weißem Papier, brauner Grund und weiße Schrift mit Portraits von Hertz und Lieben und einer stilisierten Antenne. Design von Wilhlem Wachtel. Inschrift: *Harand-Movement Vienna against Race Hatred and Human Misery. Pioneers of Progress: Heinrich Hertz German Half Jew. Robert v. Lieben Austrian Jew. To their Genius The World Owes The Present Day's Wireless.*

Josef Popper-Lynkeus, *englisch,* auf weißem Papier, braunem Grund und weißer Schrift mit einem Portrait von Popper-Lynkeus. Design von Wilhlem Wachtel. Inschrift: *Harand-Movement Vienna against Race Hatred and Human Misery. Josef Popper-Lynkeus. Austrian Jew, to whom a memorial was erected in Vienna. Dedicated his life to the fight for the safeguarding of existence for all mankind.*

Walther Rathenau, *englisch,* auf weißem Papier, brauner Grund und weiße Schrift mit einem Portrait von Rathenau. Design von Wilhlem Wachtel. Inschrift: *Harand-Movement Vienna against Race Hatred and Human Misery. Walter Rathenau, German Jew. Rendered his fatherland service of utmost importance through obtaining raw materials during World's War. Minister. Treacherously Murdered by National Socialist 1922.*

Emile Berliner, *englisch,* auf weißem Papier, brauner Grund und weiße Schrift mit einem Portrait von Berliner. Design von Wilhelm Wachtel. Inschrift: *Harand-Movement Vienna against Race Hatred and Human Misery. Emil Berliner German Jew. Inventor of the Microphone. Co-Inventor of the Telephone and Gramophone Record.*

Irene Harand, *polnisch,* weißes Papier mit roter Schrift und einem roten Portrait von Irene Harand nach einem Foto aus dem Wiener Fotoatelier Weizmann sowie einem Nominalwert von 10 Zloty. Inschrift: *Irena Harand. Nienawić rasowa Hańbi chrześcijaństwo. Nasze".*[1]

Miniaturbild von Salzburg, *deutsch,* mit der Inschrift: *„Die Unabhängigkeit Österreichs dient dem Frieden. Helft unserer Wirtschaft, damit wir unsere Freiheit erhalten können. Kauft österreichische Waren! Besuchet unsere schöne Heimat!"*[2]

Anmerkungen:

1 Diese Marke hat Irene Harand nach eigenen Angaben nie gesehen. Ein Original befindet sich bei den Büroakten der Harand-Bewegung. RGWA, 520/1/108, S 9.
2 Zu dieser Marke findet sich nur ein Hinweis in der Prager Zeitschrift *Pax,* Nr. 20, 1937, S. 2.

Personenindex

In diesen Namensindex sind mit Ausnahme von Irene Harand und der in den Fußnoten vorkommenden Namen alle aufgenommen worden.

Angermayer-Kremser, Gertrude	72, 80, 113, 171, 177, 214
Abraham, Max	251
Ackermann, Manfred	207
Adler, Friedrich	207f
Altmann, Siegfried	211-213
Angermayer	70
Armon, Benjamin	50
Arnstein, Gerhard	172f
Aronsfield, C.P.	44
Ascher, Franz	213
Askanasy, Helene	47, 200
Aster, E. von	242
Ausländer, Rosa	213
Ballin, Albert	141
Balz	242
Bär	242
Barkley	205
Bart, Jan	47f
Bartoszewski, Wladyslaw	42
Bauer, Otto	25, 76, 105, 207
Beaconsfield-Disraeli, Earl	141, 149
Beek, Gottfried	249
Beer-Hoffmann, Richard	47
Begov, Lucie	44
Beilis, Mendel	247
Beneš, Edward	150
Bergammer, Friedrich	213f
Berger	71f
Berliner, Emil	141, 149, 251
Bernaschek, Richard	25
Berndorff	176
Bernfeld, Hans	214
Bibesco, Prinzessin	137
Bichlmair, Pater	155f, 219
Birnbaum, Aniela	195f
Bolboceanu, Marcu J.	49
Brand	67
Breitner, Hugo	70, 76
Breuer, Hertha	47, 50, 113, 171-179, 191f, 194
Brhel, Ernestine	113
Brody, Harry	122
Brunner, S.	229
Brychta,	65f
Buchta, Theresia	176f
Buckle	242
Bürckel, Joseph	29, 180
Buresch, Karl	24
Bush, Margarethe	214
Butler Murray, Nicholas	151
Buttinger, Joseph	195, 207
Cecil, Robert	151
Chamberlain, Houston Stewart	242
Clement, Joseph	151
Cohn, Emulin	194
Correts, Bertha V	204
Coudenhove-Kalergi, Richard	88, 248
Coughlin, Father	201
Coyle, Albert	176
Crosswaith, Frank	202
Curran, Edward Lodge	201
Czermak, Emmerich	154
Czernin, Ferdinand	206f, 210f
Daniel, Anita	47
Dauber, Lucian	178
David, Franz (=Schwarz, David)	141, 143
Deutsch, Ellenor	131
Deutsch, Julius	25, 207f
Diamant-Schächter, Josephine	230
Dinghofer, Franz	69
Divish	32

Doctor, Rene Margarethe	212	Giniewski, Otto I.	122
Dollfuss, Engelbert	24ff, 61, 78, 94f, 98, 100f, 103, 106, 217, 219, 236	Girter, Michael F.	151
		Glaise-Horstenau, Edmund	27
		Gleissner, Heinrich A	52
Done, Leo	134	Globocnik, Odilo	180
Dubois, Elly	115	Glückselig, Gaby	213
		Goethe, Johann Wolfgang	244f
Eggert-Kipura, Martha	214	Goldmark	141
Ehrenpreis, Markus	151	Golubew	247
Ehrlich, Paul	140, 149, 251	Göbbels	161
Einstein, Albert	250, 253	Göring, Hermann	28
Eisler	75ff	Gregor, Fred	50
Ellbogen, Wilhelm	207	Gregor, Trude	50
Ender, Otto	24	Grinhut, Frederic	50
Engel, Hans	193	Grinhut, Gertrude	50
Ettinger	67	Groffier, Jean	128
Everett	151	Grossberg, Mimi	213
		Gruber, V.	242
Farau, Alfred	213	Gründorfer, Wilhelm	208
Faulhaber, Michael	235	Grünhut, Fritz	193
Fauset, Crystal Bird	198f	Gryger, Anna	148
Fein, Rösi	167	Günther	67
Feuchtwanger, Lion	250	Günther, Octave Otto	206
Fey, Emil	101, 106		
Ficker, Ludwig	64	Haag, John	44
Fineshriber, William H.	198	Habsburg, Otto	205f, 210, 219
Fischböck, Hans	26	Haider, Elfriede	148
Fischer, Zyrill	39, 43	Hainisch, Marianne	200, 218
Ford, Henry	199	Hainisch, Michael	200
Fraenkel, Josef	45	Halevey	143
Frank, Trudi	214f	Harand, Frank	32, 34, 39f, 51, 53, 71, 171f, 189f, 192, 209-211, 216
Frankl, Viktor	65		
Franz Ferdinand	21f		
Franz Joseph I.	21f	Harand, Margarethe	31-33, 186, 216
Frauendorfer, Hedwig	113	Harand, Robert	186, 192
Friedmann, Ann	194	Harand, Valerie	192, 216
Fritsch, Theodor	250	Haubner, Theodora	148
Fry, Varian	195	Hauser, Carry	40
Fuchs, Martin	207, 209, 216	Hausner, Gideon	50
Führer, Anny	40	Hausner, Joseph	17, 44, 49, 71, 120, 220
Führer, Josef	39f, 50, 131, 134, 148, 161, 174, 178f, 191	Heine, Heinrich	140, 149
		Heine-Geldern, Robert	206, 209f
		Hertz, Heinrich	141, 149
Gerstmann, Felix	207	Herzl, Theodor	244
Gföllner, Johannes Maria	58-62, 158	Hess, Victor	212

Hildebrand, Dietrich	39, 43, 65, 205	Körber, Robert	181
Hillegeist, Friedrich	27	Korn, Alexius	67
Hindenburg, Paul	234	Korngold, Erich Wolfgang	212
Hirschfeld, Charles	46f	Kostka	150
Hitler, Adolf	24, 26-29, 31, 38, 95, 101ff, 125, 153, 157, 187, 193, 203, 225, 228-242, 245-248, 251-254	Kovarik, Ludwig	172-178
		Kreilisheim, Otto	209
		Kremser	78
		Kuhn, Fritz	201f
Hofer, Abgeordneter	74	Kunschak, Leopold	70, 219
Hoffmann	150	Kurzweil, Fritz	106, 133
Hoffmann, Franziska	50	Kwasniewski, Michaly	150
Hoffmann, Herman	201f		
Hoffmann, Karl	50	Leers, Johann	250
Hudal, Alois	61, 155f, 219	Leonhard, Oskar	226
Hulk, Cordel	187	Lessing, Theodor	250
Hulka, Erich	209	Levanony, Avigdor	49f
Humboldt, Alexander	242	Lichtner, Heinz	128
Huxley, Julian S.	151	Lieben, Robert von	141, 149, 251
		Liendlbauer	174
Innitzer, Theodor	58f, 156, 180f	Lind, Eric	46ff
		Lindbergh, Charles	199
Jansa	64	Loeb	195
Jodl	242	Loewi, Otto	212
Jonas, Franz	52	Lothar, Ernst	207, 209
Jünger, Hans	148	Löw, Hans	50
Jünger, Wilhelm	148	Ludwig, Eduard	63
Justus	247	Ludwig, Emil	250
		Lugmayer, Karl	63
Kämpfer, Bernhard	138	Lunder, Karoline	145
Kail, Leopold	72	Luschan	242
Kallir-Nierenstein, Otto	205f, 209	Lust, Peter	47
Karl I.	22		
Kaspar, Bischof	150	Mahler, Gustav	141
Katz, Leo	208	Marboe, Peter	40
Kelsen, Hans	23	Marcus, Siegfried	142
Kemeny, Ludwig	174	Mark, Hermann	207
Kennedy, John F.	217	Markbreiter	196
Kienböck, Viktor	64, 69	Markely, Sophie	31
Kirchner, Gustav	115	Marx, Karl	163
Klaus, Josef	52	Masaryk, Alice	150
Klausener, Hubert	234	Mase	247
Klein, Robert	40, 171f, 178	Mataja, Heinrich	63
Knapitsch, Siegfried	68	Mayer, Helene	242f
Kokowzew	247	Mayer, Magda	167
Kollmann	242	Mayreder, Rosa	200, 218

Meisels, Moshe	45
Memelauer, Bischof	60
Mendelsohn-Bartholdy, Felix	141
Meyerbeer, Giacomo	140f, 149
Miklas, Wilhelm	24, 26, 28, 69
Misses, Ludwig	212
Mittler, Franz	213
Modley, Rudolf	209
Morawetz, Hermine	161
Morgenstern, Soma	213
Morton, Frederic	213
Müller, Fr.	242
Müller, Max	241
Müller-Lyer	242
Münichreiter, Karl	25
Münz, Max Michael	196
Münz, Paul	196
Mussolini, Benito	24, 26, 95, 103
Nietzsche, Friedrich	242
Nikolaus, Zar	249
Nilus, Sergej	249
Nowak, Hans	123, 125
Offenbach, Jacques	141
Olsen	185f
Oppenheim	170
Orel, Anton	87, 135, 155f
Ornstein, Jakob	170
Papanek, Ernst	207
Papen, Franz von	60f, 64
Paranaitis, P.	245
Parker, Marc	198f
Patterson, Medill Joseph	202
Pauley, P.F	44
Pauli, Hertha	213
Pawlikowski, Bischof	57ff
Pensik	242
Pestalozzi, Johann Heinrich	141
Pfeifer, Emil	148
Pierrot	229
Piffl, Kardinal	58
Pierrot	227
Pius XI.	59, 62

Pjatigorskij, Alexander	18
Planetta, Otto	25
Plöchl, Willibald	205f
Pollak, Oscar	76
Polling, Daniel A.	198
Ponger, Vera	207
Popper, Anina	195
Popper-Lynkeus, Josef	141, 149
Poukar, Raimund	63
Pranaitis, P.	247
Puaux	27
Ramek, Rudolf	24
Ranke	242
Rappelsberger, Julian	161
Rathenau, Walther	141, 149
Ratzl	242
Reading, Rufus Daniel Isaacs of	141, 149
Redler, Richard	170, 211
Reiter, Charlotte	148
Renner, Karl	22ff, 71
Resch, Josef	63
Richter,	76
Richter, Anna	72
Rieder, Erzbischof	58, 60
Rohling, August	247
Roosevelt, Franklin	187, 202, 204f
Rosenberg, Alfred	228, 251
Rott, Hans	205f, 211
Rudel, Adler	188
Sandler	151
Schacht, Hjalmar	175
Schärf, Adolf	75ff
Schenk, Franz	113
Scherlacher, Beatrix	40
Schillein	174
Schindler, Gustav	113
Schleicher, Kurt von	234
Schmidt, Guido	98
Schmidt, Wilhelm	154
Schmitz, Richard	64, 74
Schnap, Gerhard	106, 113, 136f, 161
Schnofel	70

Schober, Johann	23
Schönberg, Arnold	253
Schopper, Hans	181
Schröder, Marry	50
Schubert, Rudolf	93, 115
Schuschnigg, Kurt	24, 26ff, 39, 64, 95, 98f, 101-103, 169, 236
Schuschnigg, Walter	205
Schweiger, Margarethe	196
Schweiger, Sophie	196
Sebba, Gregor	206f
Seipel, Ignaz	23, 69
Seitz, Karl	23, 70
Setler, Franz	113
Settler, Grete	161
Seyß-Inquart, Arthur	26ff
Sheldon, James H.	200f, 210
Sibilia, Nuntius	58
Sikorski	247
Silving, Bert	138
Slavik, Felix	51, 53
Sobek, Franz	45, 169f
Sombart, Werner	242
Sonnenfeld, Kurt	214
Sorell, Walter	213
Spinoza, Baruch	140
Starhemberg, Rüdiger	98
Staud, Johann	63
Steiner, Robert	113
Stempien, Eduard	161
Sternau, Viktor	138
Sternfeld, Wilhelm	45
Stössl, Oscar	207
Straffner, Sepp	24
Strasser, Otto	161f
Streeruwitz, E.	83
Streicher, Julius	123, 250
Stresemann, Gustav	239
Tamm, Elisabeth von	176
Tarn, Jakob	245
Taylor, Frederic	211-213
Tharaldsen, J.	185
Tilla, Franz	72, 77
Tischler-Hurwitz, Elisabeth	50
Torberg, Friedrich	212
Trejbal, Hans	87
Tucholsky, Kurt	117
Ullman	78
Untermeyer, Samuel	201
Urzidil, Johannes	213
Van Roey, Kardinal	151
Verdier, Kardinal	170
Virchow	242
Vogler, Frida	113
Waitz, Bischof	57, 61f
Waldinger, Ernst	208, 213
Walter, Bruno	212, 214, 253
Weber, Elly	115f
Weber, Max	242
Wedl, Franz	31
Weizsäcker, Ernst	64
Wells, H.G.	241
Weninger, Franz	84
Werfel, Franz	207
Wessing, Oskar	72, 76
Weyde, Julius	67
White	188
Wick, Stephan	66f
Wimmer, Herbert	115
Windischgrätz, Franz	206
Winter, Ernst Karl	62f, 208, 209, 215f
Wise, Stephen	197
Wissgoth, Josefine	113
Wittgenstein, Paul	207, 212
Wolf, Simon	131, 134, 136, 172, 181
Wolff, Theodor	250
Woolworth	201
Wörner, Leopold	113
Wundt, Wilhelm	242
Zach, Barbara	148
Zalman, Eugenie	65
Zalman, Hirsch	65
Zalman, Jolanda	65

Zalman, Moriz	18, 34, 36f, 39, 46, 50f, 57, 63-79, 82ff, 87-91, 94f, 97, 99f, 105, 107, 113, 117-120, 131f, 134, 143f, 146, 164, 170-180, 191f, 194, 215, 218-220	Zamenhof, Ludwig Lazarus	140
		Zangerle, Ignaz	62
		Zernatto, Guido	210f, 213
		Zerner	195f
		Zernik, Clementine	207
		Zeßner-Spitzenberg, Hans	63
		Ziegler, Theobald	242
Zalman, Sandla	65	Zimmermann, Magdalena	39, 113, 171, 178, 181
Zalman, Vally	65, 178, 195		